JN434963

중국사업 이야기

중국인의 타고난 상술 속에서
사업하고 철수하기까지

저자 김명식은 1983년 전남대 경제학과를 졸업하고, 산업은행에 입행하여 기업대출 업무를 담당하기도 했지만, 주로 중국과 북한 등 동북아 산업경제 조사업무를 담당했다.

2002년 중국 선양시 금융고문으로 파견되면서 중국에서 주재원 생활을 하기 시작했다. 산업은행 선양사무소 대표와 산업은행 중국총괄점포장 겸 북경지점장 등을 역임했다. 2012년 산업은행을 퇴직 후 한국 회사의 중국 지사장으로 생활하면서 회사를 성공적으로 매각하여 철수시킨 경험을 가지고 있다.

연세대에서 경제학 석사학위를 거쳐, 중국 라오닝대에서 "獨日韓政策性開發銀行體制比較硏究"라는 주제로 경제학 박사학위(금융)를 받았다. 동 논문은 랴오닝대에서 우수논문으로 선정된 바 있다. 그 간 대만에서 중국어 연수, 중국 사회과학원 및 독일 ifo 경제연구소 등에서 연구한 경험을 토대로 "북한의 산업", "중국 동북3성의 투자환경", "통일독일의 통합과정 연구", "체제전환국의 사례 연구" 등 논문 및 저서(공저)가 있다.

중국에서 14년째 생활하면서 중국 선양시의 금융고문, 은행 지점장, 중국 지사장 등의 경험과 개인적으로 커피숍과 식당을 운영한 경험, 경영지도자로서의 기업체 컨설팅, 중국어 관광통역사 자격으로 여러 중국 기업가들을 한국에서 관광 및 기업체 시찰시킨 경험 등을 살려 현재는 중국과 한국에서 한중 기업 간 컨설팅회사를 운영하고 있다.

중국사업 이야기

중국인의 타고난 상술 속에서 사업하고 철수하기까지

인 쇄 | 2018년 2월 5일
발 행 | 2018년 2월 10일

저 자 | 김명식
발행인 | 정병석
발행처 | 전남대학교출판문화원

등 록 | 1981. 5. 21. 제53호
주 소 | 61186 광주광역시 북구 용봉로 77
전 화 | (062) 530-0571~2
마케팅 | (062) 530-0573
팩 스 | (062) 530-0579
홈페이지 | http://www.cnup.co.kr
이메일 | cnup0571@hanmail.net

값 20,000 원

ISBN 978-89-6849-473-4 (03320)

이 도서의 국립중앙도서관 출판예정도서목록(CIP)은 서지정보유통지원시스템 홈페이지(http://seoji.nl.go.kr)와 국가자료공동목록시스템(http://www.nl.go.kr/kolisnet)에서 이용하실 수 있습니다.
(CIP제어번호: CIP2018003611)

중국사업 이야기

중국인의 타고난 상술 속에서 사업하고 철수하기까지

김명식 저

전남대학교출판문화원

일러두기

1. 중국어의 발음은 국립국어원 외래어 표기법을 바탕으로 코트라 중국사업단이 재작성한 중국어 표기법을 따랐다.
   예) 모택동 → 마오쩌둥 식으로

2. 중국의 글자는 번체자와 간체자로 구분되는데 여기서는 우리나라 사람들이 쉽게 이해하기 위해 번체자로 표기했다.

3. 중국 인명은 1949년 신중국을 기점으로 하여 그 이전 사람은 우리의 한자음으로, 그 이후 사람은 중국어 표기법에 따라 표기했으며, 괄호안에 한자음을 병기했다.

4. 중국 지명은 가능한 현재의 지명으로 중국어 표기법에 따라 표기했으며, 괄호 안에 한자음을 병기했다.
   예) 북경 → 베이징(北京) 식으로

발간사

중국에서 생활한 지 벌써 13년이 넘었다. 27년 전 대만으로 중국어 연수를 떠나면서부터 업무적으로나 개인적으로 중국을 매우 밀접하게 접해왔다. 중국에서 생활하면서 항상 머릿속에 남아있었던 문제는 과연 중국과 중국인들을 어떻게 규정할 수 있는가? 였다. 때로는 도저히 이해할 수 없는 부분들이 너무 많아 마치 넓이와 깊이를 알 수 없는 늪에서 허우적거리는 느낌을 떨칠 수 없었다. 그만큼 중국은 크고 넓고 다양했다.

우리는 여전히 중국 또는 중국인에 대해 부정적으로 인식하고 있는 사항이 많은데 이런 현상은 조만간 없어질 것이다. 예를 들면 우리는 중국인하면 지저분하고 시끄러우며 무례하다는 매우 부정적인 인식을 주로 가지고 있다. 우리가 냉정하게 살펴본다면 이처럼 부정적인 인식을 갖고 있는 중국인을 우리는 교류하거나 사업상 별로 마주치지 않는다. 우리가 대하는 중국인은 최소한 이런 심한 부정적인 인식을 주는 중국인은 아니다. 또한 경제가 발전함에 따라 중국인의 이런 부정적인 인식이 매우 빠른 속도로 개선되고 있다.

벌써부터 중국은 과거 상호불신의 시대에서 신용의 시대로 성큼 다가서버렸다. 언제까지 우리는 부정적인 인식 때문에 중국인을 멀리해야 할 것인가? 중국은 앞으로도 크게 발전할 것이기에, 중국의 발전과정에서 우리가 취할 수 있는 이익을 우리는 극대화하도록 노력해야 할 것이다. 이런 면에서 중국과 중국인에 대한 이해는 필수적이다.

중국이나 중국인을 생각하거나 중국에서 일상생활을 하면서 내 스스로 많은 반성을 하기도 했다. 우리끼리 모여 잡담하면서 우리가 비난하고 있는 중국인의 나쁜 인식이나 행동들에서 상당 부분은 우리의 자화상을 볼 수 있었기 때문이다. 때로는 오히려 우리가 더 부끄러운 일을 하는 경우도 많았음을 알게 되었다. 그럼에도 불구하고 우리는 여전히 중국인에 대한 표면적인 부정적인 인식만 가지고 이들을 너무 우습게 대하고 있지는 않는지 반성해야 할 것이다.

이 책에서는 우리가 절대로 옳거나 낫다는 게 아니라, 필자 한 사람의 시각에서 본 중국이나 중국인을 통해서 우리를 반성하고 되돌아보는 시간이 되도록 했다. 한편으로는 중국이나 중국인을 통해 우리가 더 잘 살아갈 수 있는 길이 있음을 알리는 데 목적이 있다.

우리는 정치·경제·문화 등에서 중국과는 이제 뗄래야 뗄 수 없는 관계로 고착되었다. 과거의 많은 좋았던 싫었던 가슴 아팠던 역사적 경험들이 이를 말해주고 있다. 앞으로도 중국인과 더 밀접하게 지내야 할 것이고, 그들과 협력해야 할 사항이 더 많아질 것이다. 늦었지만 지금부터라도 그들을 더 자세히 실질적으로 알아가는 게 현명하다.

이 책은 중국이나 중국인의 사고, 문화, 상술 등을 보여준다. 주로 부정적인 측면에서 우리보다 정도가 워낙 심한 경우도 있고, 우리와 비슷한 경우도 있다. 때로는 우리가 배워야 할 점이 무척 많기도 하다. 아울러 이 책에서는 깊이와 넓이를 알 수 없는 중국에서 커피숍과 식당을 설립하여 경영한 경험 및 회사의 중국 사장으로 근무하면서 회사를 매각하고 철수했던 사례를 곁들였다. 법을 제대로 지키면서 회사를 철수하기는 불가능하다는 중국에서 회사를 매각하고, 철수한 사례는 현재 중국에서 사업을 하려하거나, 사업을 하고 있거나 또는 회사를 매각하고 철수를 검토하고 있는 회사에게 상당한 도움이 될 것으로 믿는다.

이 책은 8장으로 구성되었다. 1장에서는 중국이라는 거대한 나라를 좀 더 구체적으로 살펴보기 위해 각 지역별로 어떠한 차이가 있는지를 살피고자 했다. 이를 통해 중국이라는 나라가 매우 다양하고 복잡한 인종, 언어와 문화 등으로 얽혀 있음을 알게 된다. 아울러 용을 통해 중국인들의 포용력과 상상력을 알아본다. 또한 쓰촨극의 변검을 통해 중국이 필요할 때마다 수시로 갑작스럽게 안면을 몰수하는 수법을 이해하게 될 것이다. 사드 보복과 같이 중국은 이제 막강한 경제력을 무기로 수시로 안면을 몰수하거나 보복을 단행하고 있다.

2장에서는 중국인의 여러 복잡한 기질을 살피고자 했다. 이 글을 통해 중국인들은 옛부터 이익을 위해서는 수단과 방법을 가리지 않았음을 알게 될 것이다. 아울러 우리는 이 장에서 설명한 중국인의 인내심, 관용, 실리주의와 통 큰 스타일 등을 더 배웠으면 한다.

3장에서는 중국인이 발명한 세계적으로 유명한 각종 발명품 중 대표적인 것을 설명했다. 예를 들면 한자, 종이, 인쇄술, 화약과 나침반 등을 들 수 있다. 아울러 여전히 오락으로 각광을 받고 있는 바둑, 장기와 마작등도 약술했다. 거대한 인구를 가진 중국은 타고난 창의력을 바탕으로 세계의 경제를 이끄는 초강대국이 될 것이다.

4장에서는 춘추전국시대 이전부터 전해 내려온 중국인의 중상주의 사상과 당시 유명한 상인들의 상업 활동을 설명하였다. 시대의 변천과 정부의 정책에 따라 중국 상인들의 뛰어난 상술과, 상업 활동으로 얻은 이익을 사회로 환원함으로써 의를 추구하려는 훌륭한 유상(儒商)의 거울이 되고자 했던 그들의 훌륭한 도덕성을 살펴 보기도 했다. 아울러 나라가 어려움에 처해 있을 때 많은 자금을 희사하여 국방력을 강화하도록 했던 그들의 애국심을 느낄 수 있었다.

5장에서는 70년대 후반 개혁개방의 추진으로 막강한 경제력을 자랑하게 된 중국 경제에 대한 비관론과 낙관론을 비교분석해 보았다. 나는 앞으로도 중국 경제는 약간의 침체는 겪겠지만 이를 잘 극복하면서 안정적인 경제발전을 이룩하리라 확신한다. 다만 중국이 막강한 경제력을 무기화하여 관련국들을 경제적으로 보복하는 사례는 온당치 않다고 판단한다.

6장에서는 내가 중국에서 생활하면서 직접 경영해 보았던 커피숍과 식당에 대한 투자와 철수에 대해 설명을 했다. 이를 통해 중국에서 개인 사업을 하는 분들에게 실질적인 도움을 주고자 했다.

7장에서는 자금난으로 어려움에 처한 회사의 중국 사장으로 근무하면서 매수자를 찾아 회사를 매각하고 철수할 때까지의 경험을 살려 이에 따른 시사점을 나열했다. 향후 중국에서의 철수를 검토하고 있는 회사들에 약간이나마 실질적인 도움이 되길 희망한다.

마지막으로 8장에서는 중국인과 협상 시 우리가 유의해야 할 사항에 대해 서술하였다. 이제 우리는 중국인의 심리와 상황을 더 자세히 파악하여 더 많은 이익을 꾀하거나, 손실을 덜 입는 노련한 협상가가 되길 기대해 본다.

1990년대 대만으로 어학연수를 떠날 때만 하더라도 중국이 이처럼 급속하게 발전할 줄 전혀 예상을 못했다.

1994년 북경에 있을 때 도심호텔 인근 조그마한 단독주택 방 하나에, 신문지로 시멘트벽을 바르며 살았던 그곳은 이제 가장 비싼 고급 주택단지가 되었다. 앞으로 10년 후의 중국인도 더욱 문명화될 것이고, 중국은 더 위대해져 있을 것이다.

책을 집필하기로 마음먹은 때가 2009년이었으니 8년이란 오랜 세월이 지났다. 여기에는 과연 이 책이 세상에 나와서 사람들에게 아무런 도움이 되지 않을까 하는 우려와 걱정이 마음속에서 떠나지 않았기 때문이다. 그럼에도 불구하고 이 책이 중국에서 사업을 하거나, 생활하고 있는 많은 우리나라 사람들이나 기업가, 또는 앞으로 중국인들과 교류, 사업을 하기로 마음먹은 분들에게 중국과 중국인을 이해하는 데 조금이라도 도움이 된다면 나로서는 더할 나위 없는 보람과 즐거움이 될 것이다.

이 책을 발간하게 되는 과정에서 많은 분들의 도움을 받았다. 그 분들을 일일이 열거하기에는 무리가 있다. 이 책은 나의 중국 생활에서 우러나온 것이기에, 이 책을 통해 나의 중국 생활에 많은 도움을 주신 분들에게 감사를 표하고자 한다. 먼저 첫 중국 생활에 많은 도움을 주었던 나의 친구 정우성 전 LG전자 상무를 들고 싶다. 다음으로 항상 내게 정신적인 평안과 삶의 자양분을 넣어주셨던 선양한인성당 신부님들과 수녀님들께 이 자리를 빌어 감사를 드린다. 아울러 나의 중국생활을 많이 도와주웠던 선양한인 무궁화테니스 회원분께도 감사를 드린다. 또한 선양에 많은 분들 중 특히 나종수 선양한인회장을 비롯하여 김철락 선양녹도운천구락부 회장, 허경무 선양산경복장 회장과 김성배 동북제약 한국담당 사장에게도 감사를 드린다. 아울러 조선족동포인 길경갑 회장에게도 감사를 드린다. 또한 이 책 발간을 위해 교열을 봐주신 이찬우 일본 데이코(帝京)대학 교수와 선양무역관의 허성무 박사의 노고에도 감사를 드린다. 끝으로 이 책자를 편집해주신 송미숙 전남대출판문화원 과장을 비롯한 편집인들에게 감사를 드린다.

2018. 2.

저자 김명식

차 례

제 3 장 중국인의 능력 — 221

제 4 장 과거 중국인의 상술 — 241

제 5 장 무서운 중국 — 283

제 6 장 중국에서의 개인 사업 — 329

제 7 장 회사 투자 및 철수의 시사점 — 361

제 8 장 중국인과 협상 시 유의사항 — 391

제1장

중국을 바로 보자

1. 차이나는 China
2. 중국의 대표적인 문화

01

중국을 바로 보자

우리나라 사람들은 중국 또는 중국인에 대해 일반적으로 좋지 않은 인상을 갖고 있다. 예를 들면 중국인이 더럽고 지저분하다, 주변을 배려하지 않고 너무 시끄럽게 떠든다, 예의가 없다 등이다. 나도 이런 인식에 동의한다. 또 다른 면에서 중국 또는 중국인 하면 '돈이 매우 많아, 돈을 펑펑 잘 쓴다'라는 인식도 갖게 되었다.

사실 중국이 70년대 말 개혁개방을 추진한 이래 그간 고도의 경제성장을 이룩하여, 현재 중국 사람들이 전 세계에서 돈을 이유로 대우를 잘 받고 있다. 이런 상황에서 우리가 위에 설명한 부정적인 인식만 갖고 그들을 대한다기보다는, 이들을 이해하며 이들과 더불어 서로 교류하며 잘 살아가는 방법을 모색하는 것이 훨씬 현명하리라 판단한다.

특히 우리가 인식해 왔던 중국인에 대한 부정적 요소들이 중국 경제가 발전함에 따라 점차 감소하고 있는 데다, 우리들이 교류하거나 협력하고자 하는 중국인들은 부정적 요인들만 갖고 있는 중국인들이 결코 아니다. 언제까지 부정적 인식만 가지고 중국인들을 대할 수는 없다. 이런 차원에서 우리는 중국이나 중국인들에 대해 좀 더 자세히 살펴볼 가치가 있다.

중국은 워낙 크고 넓은 데다 많은 인구를 가지고 있고, 다양한 민족으로 구성되어 있다. 게다가 각 지역마다 여러 분야에서 차이가 매우 심하다. 때문에 중국을 하나의 나라로 인식하고, 중국인을 단일민족으로 취급하여 중국은 이렇고, 중국인은 이러하다고 단정 짓기는 매우 어렵다.

하지만 우리는 여러 지역과 분야에서 나름대로의 경험을 바탕으로 그들의 성격을 파악한 다음, 그 부분을 조합해서 현상에 근접시키는 방안이라도 채택하여 중국이나 중국인의 성격을 나름대로 하나하나 규명하도록 노력해야 할 것이다. 비록 장님이 코끼리 만지듯 코는 코대로, 머리는 머리대로, 다리는 다리대로, 몸통은 몸통대로 만지고 조합을 하면 코끼리의 형상에 대체로 근접할 수 있는 방법이다.

우리가 중국이나 중국인에 대한 기질을 규정하려는 이유는, 이제 우리는 중국이나 중국인과 매우 밀접한 생활이나 협력을 하고 있기 때문이다. 또한 앞으로도 우리는 중국인과의 교류 내지는 협력을 더욱 확대하고 심화해야 하기 때문이다. 물론 사드의 보복과 같이 한중관계가 다소 긴장되는 시기도 있을 것이지만, 그런 관계는 그다지 오래 지속되지는 않을 것이다.

중국과 수교한 지 이미 25년이 된 현재 우리는 장님이 코끼리 만지는 단계는 훨씬 지났다. 이제는 커다란 코끼리의 몸속에 들어와 있다. 지금부터라도 내장 곳곳의 상태나 기능 등을 알아보면서 우리의 이익이 될 수 있는 부분을 취하는 전략이 중요하다. 특히 지금부터라도 중국이라는 거대 코끼리의 머리와 심장을 연구하여 그들의 기질이나 감성과 능력을 파악하도록 노력해야 할 것이다. 이런 차원에서 먼저 중국이나 중국인을 좀 더 구체적으로 알아보고자 한다.

1 차이나는 China

내가 손님맞이를 좋아해서인지 몰라도 많은 관광객들이 내가 있는 곳을 거쳐 갔다. 그 가운데 어떤 분들이 중국은 우리와 여러 면에서 차이나기 때문에 영어의 차이나China라는 우스개 소리를 한 적이 있었다. 그 이후로 많은 손님들로 하여금 중국을 쉽고 단순하면서도 이해를 돕기 위한 단어를 고민하다가 중국의 영어 발음 '차이나'에 착안하게 되었다.

중국은 우리와 여러 면에서 다르기 때문에 차이나가 아니라, 중국 자체적으로 워낙 다양한 인종과 문화 등이 섞여 있기 때문에 영어의 차이나라고 설명을 해 주었다. 그랬더니 많은 관광객들이 중국을 이해하는 데 매우 쉽고도 재미있다며 좋아했다. 사실 중국하면 워낙 복잡하고 다양하기 때문에 일률적으로 '이것이다'라고 설정할 수는 없다. 그렇지만 다음과 같은 방식으로 접근할 경우 중국을 이해하는 데 많은 도움이 될 거라 믿는다.

중국은 영어로 차이나China이며 이 영어 한 단어에 중국을 이해할 수 있는 내용이 담겨져 있을 정도로 중국은 각 지역별로 크게 '차이나'는 국가다. 나는 중국을 특징짓는 가장 적합한 말이 이 영어 단어 하나에 그대로 숨어있다고 생각한다.

C : 문화적 차이

차이나China의 첫 음절 C는 문화Culture로서 각 지방마다 문화적 차이가 큼을 의미한다. 예를 들면 민족이 다양하기 때문이기도 하겠지만 국토가 넓은 데다, 교통이 그 동안 불편했던 탓에 교류가 적어서 지역 간 문화적 차이가 매우 크다. 그리하여 동북3성 중국인들은 다소 직선적이고 과격하며 허풍이 센 대신에 의리와 정이 많다. 남방 사람들은 언뜻 매우 신사적인 것 같지만 계산적이고 교활하다는 등 지역 간 성격 차이는 물론 불교, 도교, 유교, 이슬람교 등 지역 간 종교적 차이도 심하다. 게다가 중국은 육지로 러시아, 북한, 몽골, 카자흐스탄, 타지크스탄, 아프가니스탄, 파키스탄, 인도, 네팔, 부탄, 뱅글라데시, 미얀마, 태국, 라오스, 베트남 등으로 홍콩과 마카오를 제외하고라도 15개 국가와 인접하고 있다. 바다로는 우리나라를 비롯하여 타이완, 필리핀, 일본 등과도 관련되어 있다. 세계 어떤 나라도 중국만큼 이처럼 많은 다른 나라와 국경을 접하고 있는 나라는 없다. 그만큼 중국은 복잡한 인종, 나라와 복잡하게 연결되어 있다.

중국의 전역을 현재의 행정구역으로 세분하여 그들의 문화를 살피기에는 지면상의 한계가 있기 때문에 우리가 일반적으로 잘 알고 있는 광둥, 상하이, 원저우, 쓰촨, 베이징, 산둥, 동북 지역으로 대별하여 간략하게 살펴보기로 한다. 사실 내가 생활하고 있는 동북 지역만 하더라도 도시 간 문화적 차이가 매우 크다. 그럼에도 불구하고 크게 나눠 대략적으로 각 지역별 중국인의 차이나는 문화와 그에 따른 기질 등을 약술하고자 한다. 지역의 문화는 지리적 환경과 역사적 배경이 가장 큰 영향을 미치기 때문에 여기서는 지리적 환경과 역사적 배경을 약술하고 독특한 지역의 음식문화를 간단히 소개하기로 한다.

참고로 중국의 행정구역은 편의상 2345+2로 기억하면 매우 쉽다. 앞의 23은 중국의 23개 성을 의미한다. 여기서는 정치적으로 매

중국 지도

자료 : 중국문화, 김태만·김창경·박노종·안승용 공저, 다락원, 2012, 15쪽 재인용

우 민감하지만 중국 정부가 공식적으로 인정한 것으로서 타이완도 타이완성으로 포함된다. 그 다음의 4는 4개의 직할시(베이징, 상하이, 텐진, 충칭)를 의미한다. 5는 5개의 자치구(신장웨이얼, 시장, 네이멍구, 광시좡족, 닝샤후이)를 의미한다. 그 다음의 2는 홍콩과 마카오를 뜻한다.

광둥(廣東)

우선 광둥성은 중국의 최남단에 위치해 푸젠(福建), 장시(江西), 후난(湖南), 광시(廣西), 홍콩, 마카오와 인접해 있고 남해와 접해있다. 광둥지역은 전통 왕조들의 오지나 유배지에 불과했으나, 아편전쟁이 발발한 장소로서 영국 등 유럽이 문화적 충격에 가장 먼지 직면했다. 또한 영국과의 전쟁에서 패해 남쪽의 홍콩을 영국에 할양한 지역도 광둥이었다. 따라서 현대 중국의 가장 아픈 지역이기도 하며, 한편으로는 개혁개방의 발원지라고도 할 수 있다.

광둥은 지역적으로도 중앙 정부와 워낙 먼 곳에 위치해서인지 반골 기질이 가장 센 곳이기도 하다. 광둥인은 일을 통쾌하게 처리하며 의협심이 강한 걸로 정평이 나 있다. 광둥인은 솔직담백하며 비교적 충동적으로서 있는 그대로 표현을 잘한다. 물론 여기에 대한 반론도 있는데, 외지인들은 광둥인이 상대방을 잘 믿지 않으며 솔직하지 않다고 여긴다. 광둥 지방의 부녀자들은 북방의 여자들에 비해 가정적이고 고생을 잘 이겨내면서 가정의 전반적인 일을 관장한다. 반면에 남자들은 돈 버는 일에만 열중한다.

광둥인은 중국 어느 지역보다도 빨리 유럽식 자본주의에 눈을 떠서 '공허한 것을 취하지 않고 실속을 취한다'는 실리주의 경향을 갖게 되었다. 광둥인은 개방적이며, 중국에 기독교를 최초로 전파한 사람도, 제일 먼저 외국 유학을 다녀와 서양 문명을 배울 것을 주장한 사람도 광둥 사람이었다. 개척자적 성격에 선진적인 사고방식이 강한 광둥인은 적응력이 뛰어났다.[1)]

중국 4대 음식(광둥, 베이징, 상하이, 쓰촨) 중의 하나인 광둥 음식은 덥고 습한 기후 탓에 전체적으로 담백하고, 신선함을 강조하는 요리들이 발달했다. 소위 인간이 소화를 시킬 수 있는 모든 것이 음식재료가 되는 것도 광둥 요리의 특징이다. 영화에서나 볼 수 있는 각종 엽기적인 요리의 본고장이다. 광둥 요리의 대표로는 불도장(佛跳墻, 음식이 워낙 맛있어서 스님이 절담을 넘어 맛을 본다는 음식)과 상어 지느러미 요리를 들 수 있다. 또한 딤섬(뎬신, 點心)으로 유명한 광둥 특유의 만두로 새우살, 전복과 해삼 등의 알찬 만두속과 함께 반투명한 만두피가 일품이다.[2)] 대체적으로 광둥 요리는 담백하여 우리나라 사람들의 입맛에 매우 맞는 음식이다.

상하이(上海)

상하이는 우리의 임시정부가 오랜 기간 머물렀던 곳이기도 하며 창장의 머리 부분에 해당하는 지역으로, 습하고 무더운 기후를 보인다. 상하이는 바다와 접해 있으며 모험을 꿈꾸는 제국주의의 조차지가 많아서, 열강의 개척자들이 모여 동양의 최대 도시에서 세계적인 모험과 낭만의 도시로 성장했다.

---

1) 中國人 性格地圖, 鄭紅峰, 吉林出版集團有限責任公司, 2011, 50~54쪽.

2) 중국 100배 즐기기, 전명윤·김영남, 랜덤하우스, 2010, 531쪽, 963쪽.

상하이 사람들은 여러 열강들의 침략에 오랜 기간 시달렸던 탓인지 조용하며 실리를 차분하게 따진다. 또한 상하이 사람들은 섬세하면서도 계산력이 뛰어나며 남으로부터 결코 손해를 보지 않는 성격이다. 이와 더불어 바다를 끼고 있어서인지 매우 진취적인 성향도 가지고 있다.[3]

상하이 사람들은 베이징을 의식해서인지 경제의 수도 또는 금융의 수도라는 자부심을 지니고 생활한다. 어느 지역의 사람들도 다 자기 나름의 자부심이 있지만 특히 상하이 사람들의 자부심은 정말 대단하다.

상하이 지역의 음식으로는 상차이(上菜)라고 하는데, 강남지방이라고 하는 장쑤 성과 저장 성이 요리를 총칭한다. 호수에서 잡은 민물고기 요리가 유명하고, 단맛의 걸죽한 소스를 뿌려먹는 특징이 있다. 대표적인 요리로는 상하이 게 요리와 동포로우(東坡肉)와 시후추위(西湖醋魚)를 들 수 있다. 서민 요리로는 양저우 볶음밥과 샤오롱빠오쯔(小籠包子)를 손꼽을 수 있다. 간장과 설탕을 배합한 달짝지근한 소스는 상하이 요리의 특징 중 하나이다. 재료의 신선한 맛을 살려내는 조리법과 풍부한 해물요리가 유명하다.[4]

원저우(溫州)

저장성의 원저우는 태평양에 접해 있는 하나의 작은 항구에 불과했다. 1980년 이후 개혁개방 시대로 진입하면서 원저우인들은 노

3) 중국이 두렵지 않은가, 유광종, 책밭, 2015, 200~218쪽.

4) 중국 100배 즐기기, 전명윤·김영남, 랜덤하우스, 2010, 374쪽, 959쪽.

동력을 주로 수출했고, 소규모 상품에 대한 도매업 위주로 상업을 시작했다.

중국에서도 상술이 가장 뛰어나다는 원저우 사람들은 근면함, 똑똑함과 세밀함을 지님과 동시에 개방의식과 민첩한 판단력 등을 갖추고 있었다.

원저우식 성장모델에는 몇 가지 특징이 있다. 첫째, 모두가 자립적으로 설립한 주시회사들이라는 데 있다. 국가의 지시나 성 정부의 지도는 전혀 없었다. 둘째, 주주들이 생산과 경영 그리고 판매에 직접 참여하는 종업원지주제를 택했다. 셋째, 이들 기업들이 자발적으로 이익 일부분을 투자하여 공공 인프라 건설을 위해 공공기금 설립을 지원했다.[5)]

원저우가 속해있는 저장성 요리의 특징은 시큼한 맛과 달짝지근한 맛이 조화를 이룬다. 일반적으로 우리가 즐기는 새콤달콤한 맛과는 약간의 차이가 있다.[6)]

쓰촨(四川)

쓰촨성은 중국 남서 내륙 창장 상류에 위치하고 있다. 옛날 촉나라의 도읍이 있었던 쓰촨성은 깊은 골짜기에 강이 둥글게 이어져 있고 이곳을 여러 산이 둘러싸고 있다. 중국의 중심지역에 있으면서도 분지 지형이라 다른 성과의 교통이 매우 불편하다.

쓰촨 지역은 창장의 큰 강을 비롯해 다양한 갈래의 하천이 지나

---

5) 차이나 머천트, 김동하, 한스미디어, 2016, 256~267쪽.

6) 중국 100배 즐기기, 전명윤·김영남, 랜덤하우스, 2010, 443쪽.

간다. 따라서 비옥한 땅, 풍부한 수량과 온화한 날씨 등 천혜의 농업자원을 모두 지녀 천부지국으로 불린다.[7]

한편 풍요로운 생산품 덕분에 쓰촨인들은 안일적이며 보수주의적 성격이다.[8] 농산물이 풍부하기 때문에 자연히 농업을 중요시하고 상업을 경시하는 중농억상의 전통도 생겨났다. 쓰촨인은 풍족함에서 오는 여유와 만족감을 지니고 있다. 쓰촨인은 신뢰가 깊어 '믿지 않으면 움직이지 않는다'는 신념이 있다 따라서 타인의 부탁을 받은 경우 아무리 어려워도 이를 수행한다. 쓰촨인은 온화하고 가족적이다.

쓰촨성의 음식은 매우 독특해서 먹는 음식에는 무엇이든 매운 고추를 넣는다. 특별한 요리 재료가 풍부하지 않기 때문에 자극적인 맛을 내는 데 치중했기 때문이다. 다만 이 매운 고추는 입안과 혀를 얼얼하게 맵게만 할뿐 우리의 청양 고추처럼 나중에 고소하거나 단 맛은 없다. 쓰촨 사람들은 매운 맛 외에 짠맛, 신맛, 고소한 맛, 쓴맛이 느껴져야 제대로 된 쓰촨 요리라고 한다. 우리나라에 널리 알려진 쓰촨 요리로는 마포도우푸(麻婆豆腐)를 손꼽을 수 있다. 또한 대표적인 쓰촨 요리로 매운 훠궈(火鍋, 우리의 샤브샤브와 유사)를 들 수 있다.[9]

베이징(北京)

중국의 수도 베이징은 기원전 10세기경 연나라의 근거지였고, 그

7) 중국이 두렵지 않은가, 유광종, 책밭, 2015, 17쪽.

8) 中國人 性格地圖, 鄭紅峰, 吉林出版集團有限責任公司, 2011, .86~92쪽.

9) 중국 100배 즐기기, 전명윤·김영남, 랜덤하우스, 2010, 959~963쪽.

후 1153년 금나라 때 도읍지가 된 후 원, 명과 청을 거쳐 현재까지 860년간 중국의 수도였다. 베이징 상인들은 업무를 처리할 때 기율이 엄격하고 공정한 편이며, 상황을 끌거나 겉과 속이 다른 행동을 잘 하지 않는다. 일상생활 중 베이징 사람들은 상당히 솔직하고 담백한 태도를 보인다. 다만 황제가 거주했던 지역의 출신이라는 자부심이 대단하여 약간 거만한 습관이 형성되어 있고, 자연히 외지인을 경멸하는 습성이 있다.[10] 베이징 사람들은 수도에서 살고 있다는 자부심외에도 정치적 중심지에서 생활하고 있다는 긍지도 높아 자주 정치적인 논쟁을 즐기기도 한다.

베이징은 지리적으로 한랭한 북방에 위치해 겨울이 길고 몹시 추운 곳이다. 원래 베이징 음식은 산둥에서 발달한 요리였다. 원나라 이후 베이징이 중국의 중심이 되면서, 베이징 요리로 통칭되었다. 베이징이 매우 오랜 기간 중국의 수도였기 때문에 황실요리를 최고로 친다. 베이징 음식은 자연히 육류 중심이고 튀김과 볶음 요리가 많은 것은 추위를 이기기 위해 고 칼로리 음식이 필요했기 때문이다. 음식은 대개 강한 화력으로 단시간에 조리하며, 오리 · 잉어 · 새끼돼지 등의 재료를 통째로 요리하는 게 특징이다 일반인들이 즐길 수 있는 대표적인 베이징 요리로 카오야(烤鴨, 구운 오리요리)와 샤브샤브의 원조인 쑤안양로우(涮羊肉)가 있다.[11]

---

10) 차이나 머천트, 김동하, 한스미디어, 2016, 391~396쪽.
中國人 性格地圖, 鄭紅峰, 吉林出版集團有限責任公司, 2011, 2~17쪽.

11) 중국 100배 즐기기, 전명윤·김영남, 랜덤하우스, 2010, 78쪽, 957~959쪽.

산둥성(山東省)

산둥성은 태산 동쪽에 있다고 해서 산둥으로 불렀다. 춘추전국시대에는 제나라와 노나라 2개 제후국이 소재하여 산둥지역을 제노지역이라 불리다가, 최근에는 그냥 노(魯)로 표기하고 있다.

산둥 사람들은 우리가 잘 알고 있는 공자와 맹자가 모두 산둥지역에서 출생했다는 사실에 상당한 자부심을 가지고 있다. 따라서 유교 문화의 영향을 자연스럽게 많이 받은 산둥 사람들의 성격은 대체로 순박하며 선비정신이 강하다. 다른 사람에 대해 관용적이며, 소박하고 성실하다.[12] 아울러 관념을 폐쇄적으로 만들기도 하고, 사상이 낙후하여 오늘날의 시장경제를 발전시키는 데 필요한 요소와 서로 모순되기도 한다.

산둥 사람들은 유가의 영향으로 가정과 사회의 안정을 중시하여 그들로 하여금 시종일관 정직과 충성, 애국의 기질을 보존하도록 만들었다. 이에 따라 산둥 사람들은 전통을 존중하면서 권위에 복종하고 힘든 일을 원망 없이 해내며 이재에도 밝아서 대세 판단을 잘 한다.[13]

동북(東北)

동북은 중국 동북부 3개 성(랴오닝성, 지린성, 헤이룽장성)을 의미한다. 동북 지역은 기후가 대륙성 기후로 겨울이 약 6개월이나 되며 혹독한 시베리아 바람이 몰아치는 지역이다. 여름에는 상대적

12) 中國人性格地圖, 鄭紅峰, 吉林出版集團有限責任公司, 2011, 236~237쪽.

13) 차이나 머천트, 김동하, 한스미디어, 2016, 349~356쪽.

으로 더운 대륙성 기후를 보이고 있다.

동북 사람들은 우리나라 사람들의 기질과 비슷하다. 자기들 말로는 계산적이지 못해 항상 남방 사람들에게 사기를 당한다며 남방 사람들을 교활하고 믿을 수 없다고 비난한다. 내가 겪어본 바에 의하면 이들은 감정이 상하면 손해날 것임을 뻔히 아는 데도 불구하고 감정을 노출시키며 일을 그르치게 한다.

호방하고 대범한 기질을 곧잘 나타내기도 하며 의리를 중요시한다.[14] 특히 술을 마실 때는 서로 상대방에게 지지 않으려고 노력하여 만취가 되기도 하다. 동북에서의 상담은 술과 음식 속에서 이루어지며 그 경계가 분명하지 않다. 동북 사람들은 '먼저 친구가 되고 나서 나중에 장사를 이야기하자(先做朋友 後作生意)'는 말을 자주 한다.[15]

내 친구는 모 상사에서 중국 동북지역 가전제품 판매총괄을 했는데 한 번은 하얼빈의 유명한 백화점에서 갑자기 자기 회사 제품의 매장을 백화점 내 구석진 곳으로 배치했다고 한다. 친구는 그 백화점 사장에게 연락하여 같이 점심을 하기로 했다. 백화점 사장은 여성이었는데 점심 때 가볍게 고량주를 한 병 마시자며, 자기랑 대작을 할 수 있는 주량이어야만 원하는 위치에 매장을 정해주겠다고 했단다. 백화점에서 가전제품 매장의 위치는 매출과 직결되기 때문에 친구는 죽는다는 각오로 대작을 했다. 점심을 하면서 둘이 술을 계속 마셔서 결국 3병 정도의 고량주를 마셨다고 한다. 친구는 도

---

14) 中國人 性格地圖, 鄭紅峰, 吉林出版集團有限責任公司, 2011, 146~150쪽.

15) 차이나 머천트, 김동하, 한스미디어, 2016, 376~380쪽.

저히 정신을 못 차릴 정도가 되어 식당을 나선 다음에 바로 호텔에 가서 쓰러져 버렸다.

다음 날 일어나서 공항에 가는 길에 그 여사장이 걱정되기도 하고, 또 백화점 내 매장의 위치를 좋은 곳으로 옮겨달라고 요청도 할 겸 전화를 했다. 여사장은 곧 죽어가는 소리로 지금 병원에서 링겔 주사를 맞고 있다며 '내가 사장으로 있는 한 우리 백화점에서 당신 회사 매장의 위치는 전혀 걱정하지 말라'고 했단다.

동북은 추운 지방이기 때문에 주로 기름진 음식이 주를 이루며, 우리의 샤브샤브와 비슷한 훠궈(火鍋) 음식이 많다. 주로 내륙지역이 많아서인지 음식이 상당히 짜다.

H : 인종 간 차이

차이나China의 둘째 음절 H는 인종Human Race으로서 중국은 2016년 말 기준 56개 민족이 13억 8천만 명으로 구성되어 있다. 홍콩의 740만 명, 마카오의 64만 명과 타이완의 2,350만 명을 합한다면 중국의 인구는 14억 1천만 명이 된다. 이 가운데 한족이 91.5%를 차지하고 있으며 55개 소수민족이 8.5%를 차지하고 있다.[16] 사실 중국의 소수민족은 이보다 훨씬 더 많다. 그럼에도 그냥 55개 소수민족으로 통폐합되었다고 보면 된다. 이밖에도 민족 성분이 명확하게 식별되지 않은 인구가 약 70만 명에 달할 것으로 추정되고 있다. 참고로 우리의 동포인 조선족은 약 190만 명으로 추산된다.

중국에는 소수민족 자치 강화의 일환으로 지역에 따라 소수민족

16) http://baike.baidu.com/item baidu 百科

의 자치주, 또는 자치구나 자치 현 등이 있다. 동북지역 연변조선족 자치주만 하더라도 조선족의 비중이 약 40% 되며 - 지금은 조선족 비중이 약 35% 정도로 현저히 떨어져 자치주로 이름 유지하기도 힘들다 - 모든 가게나 기관의 간판마다 중국어와 조선어를 병행하도록 되어 있다.

공식적인 55개 소수민족들이 사용하는 자기들의 고유한 말과 언어를 제외하고, 같은 한족으로 취급되고 있는 한족들 간에도 지역에 따라 말과 언어가 영어와 독일어 다른 만큼 다르다. 때문에 같은 중국 사람이라 하더라도 자기 지방 사투리를 사용할 경우 도저히 알아듣지를 못한다.

예를 들면 표준어를 상용하는 인구가 약 70%, 상하이와 푸젠 북부를 중심으로 한 지역의 오어(吳語: 또는 강동화, 강남화라고도 한다), 이 오어를 사용하는 인구가 약 1.1억 명에 달하며 같은 오어라도 지역에 따라 또 상당히 다르다. 다음은 후난(湖南)을 중심으로 한 상어(湘語: 호남화)를 사용하는 인구가 약 7천만 명, 장시(江西)라는 강을 중심으로 한 감어(赣語)를 사용하는 인구가 약 5천만 명, 중국과 타이완 등에 많이 흩어져 거주하고 있는 객가(客家)들의 언어인 객가 방언을 사용할 줄 아는 인구가 약 7천만 명, 푸젠지역의 민강을 중심으로 한 민어(閩語)를 사용하는 인구가 약 7천 만 명, 흔히들 광둥화라고 불리는 월어(粤語)를 사용하는 인구가 약 7천만 명 등에 달하니 중국내 언어의 다양성이 참으로 대단하다.[17]이들 언어는 서로 달라 전혀 알아들을 수 없다.

---

17) https://baike.com/item baidu 百科

중국은 1949년 건국과 함께 전국에 산재해 있는 각 민족을 중국에 편입하는 민족정책을 최우선과제로 삼았다. 우선 1952년에는 「중화인민공화국민족구역 자치실시요강」를 제정하여 민족을 행정구획 화하는 민족자치제를 전면적으로 시행했다. 이러한 신속한 조치의 이면에는 민족을 일정한 단위로 묶어 통제하고 자신들의 구역을 확고히 하려는 의도로 볼 수 있다.

한편 역사적으로 중국의 역대 왕조는 이른바 기미(羈縻)라 불리는 방식으로 변방을 정벌하며 인위적으로 타민족들을 병합하거나 지역을 분리하며 유화정책을 펼쳤다. 기(羈)란 말의 굴레를 뜻하며, 미(縻)란 소의 고삐를 뜻하는데, 주로 서남지역의 소수민족을 통제하는 역대 왕조의 정책을 의미하는 말로 사용되었다. '기'는 군사수단과 정치적 압력을 행사하는 방식의 통제를 의미하고, '미'는 물질적 원조와 경제적 조치로 달래는 방식의 통제를 의미하기[18] 때문에 현대적으로 소위 말하는 '채찍과 당근'으로 해석될 수 있다. 중국의 이러한 역사적 경험과 교훈은 오늘날 소수민족을 통제하는 방법으로 여전히 유효하게 활용되고 있다.

다민족으로 구성된 중국으로서는 무엇보다도 화합과 단결이 가장 중요하기 때문에 한족의 주도권을 강조하기 보다는 각 민족의 화합과 단결에 기초한 중화민족론을 표방하고 있다. 중국 정부는 이를 위해 소수민족에 자치권을 부여하고, 고유의 풍습을 존중하며 자신들의 언어와 문자사용을 지지하고 있다. 그러나 한편으로는 국가의 정치적 통합 차원에서 연방제와 분리주의를 절대적으로 반대

---

18) 중국문화, 김태만·김창경·박노종·안승용 공저, 다락원, 2012, 34~35쪽.

중국의 민족 분포도

자료 : http://image.baidu.com/search baidu 百科.

하며, 소수민족의 독립운동에 대해서는 절대적 비타협적인 태도를 견지하고 있다.[19]

중국 내부적으로 표면적으로는 소수민족이 우대받고 있는 것 같지만, 내면적으로는 소수민족이 많은 차별을 받고 있으며 이에 대한 소수민족들의 반감도 꽤 내재하고 있다.

I : 법 · 제도 차이

차이나China의 셋째 음절 I는 법·제도Institute로서 지역 간, 개인 간

19) 중국문화, 김태만·김창경·박노종·안승용 공저, 다락원, 2012, 34~35쪽.

법이나 제도 적용이 매우 탄력적이다. 중국이 경제적 측면에서 기존의 사회주의에서 시장경제로 옮겨왔기 때문에 아직 법제도가 미흡한 부분이 많다. 또한 지역 간 또는 같은 지역이라도 정부 부처나 법을 시행하는 사람에 따라 법률적용이 달라 법적용의 탄력성이 매우 크기 때문에 관시(關係, 인맥)라는 말이 유행할 정도로 결과의 차이가 크다.

사실 중국 법률을 보면 도대체 이게 무슨 뜻일까 하고 한참을 들여다봐도 이해가 제대로 되지 않는 경우가 너무 많다. 아무래도 오랜 사회주의 정치를 하다 보니, 법률보다는 윗사람의 지시나 발언이 훨씬 더 강력한 힘을 발휘해왔다. 그러다보니 중국은 법치가 아니라 인치라는 말이 아직도 유행하고 있다.

법률에서 설명하고 있는 내용이 너무 추상적이거나 광범위하기 때문에 변호사마다 해석의 차이가 심하다. 결국엔 재판을 담당하는 법관의 해석에 따라야하거나 아니면 권력을 갖춘 고위층 판단에 의존해야 했다.

또한 법률에 명시되어 있다 하더라도 담당자가 그렇게는 안 된다 하면 그만이다. 거기에 대해 관련 법률을 들이대며 법률에는 이렇게 나와 있다고 해도 전혀 개의치 않는다. 나는 중국에서 생활한지 얼마 되지 않아 업무를 처리할 때마다 우리나라 식으로 중국 공무원에게 관련 법률이나 근거를 달라며 잘난 척 하다가 창구 직원들로부터 호되게 몇 번 당한 적이 있었다. 나중에야 중국 공무원의 위력이 얼마나 대단한지를 점차 알게 되었다. 중국에서 생활하면 할수록 공무원들이 무서워진다.

한국에서 송금해준 돈을 찾으려 할 때도, 비자를 연장하려 할 때도 관련 법률이 어떻게 된 지도 모른 채 그저 창구직원이 시키는 대로만 해야 했다. 그러니 일 처리가 한 번에 되질 않고 여러 번 퇴짜를 맞아야 했으며, 더욱 기막힌 건 기존에 담당자가 인사이동이나 출장으로 다른 직원이 담당하면 또 다른 소리를 해대니 참으로 난감했다. 속은 부글부글 끓었지만 화를 냈다간 나만 손해라는 생각에 또 추가 자료를 구하고 갖다 주면서 참아야만 했다.

나중에 자세히 설명하겠지만 같은 정부 부처라 하더라도 같은 업무를 담당한 공무원도 각각의 해석이 달라 곤란을 겪는 일이 많았다. 어떻게 된 게 물어본 공무원들마다 대답이 다르니 업무를 처리할 때 참으로 난감한 경우가 많았다. 특히 회사를 매각하고 철수하고자 할 때 은행은 물론 담당 공무원마다 우리 회사에 대한 처리가 달랐다.

결국에는 많은 공무원을 만나 서로의 의견을 들은 다음에 다른 공무원에게 이를 전달하거나, 아니면 견해가 다른 공무원과 함께 회의를 거쳐 의견 일치를 봐서 업무를 처리한 경우도 있었다. 물론 업무를 처리하면서 의견이 다르면 아무래도 상관의 의견에 따르는 게 당연하지만 중국은 반드시 그게 옳은 건 아니다. 괜히 윗사람 말만 믿고 업무를 처리하려다가 실무자의 기분을 상하게 하여 업무가 처리되지 않는 경우를 많이 당했다. 특히 비자 연기 문제의 경우는 더욱 심했다. 창구 담당자의 발언이 매우 중요했다. 윗사람도 비자 문제 같은 경우는 함부로 창구직원의 의견을 무시하지 않고 눈치를 보는 경우가 많았다.

중국은 법률 내용이 구체적이지 못한 데다, 지역이 너무 넓고 각 지역마다 추진하고 있는 정책이 달라서 곤혹을 치른 경우도 있다.

예를 들면 은행에 근무할 때 다른 지역에서는 부동산에 대한 대출이 가능한 반면에, 광동성에서는 부동산에 대한 대출을 할 수 없도록 한 때도 있었다. 항상 은행 업무를 하려 할 때도 중앙 정부의 법률과 해당지역의 관습법이나 지시나 창구지도 등을 참고해야 했다.

같은 성이라 할지라도 도시에 따라 비자 적용이 다른 경우도 많다. 예를 들면 베이징에 근무할 때는 베이징에서는 외국인이 많아서 그런지는 몰라도 비자 심사에 필요한 자료도 적었다. 이에 반해 동북 선양에 근무할 때는 베이징에 근무할 때보다 관련 서류 요청이 훨씬 많고 복잡했다. 그런데 더 소도시에서 근무하니까 그 소도시에서는 나에 대한 비자 기간을 6개월만 허락해줬다. 베이징이나 선양을 비롯한 대부분의 도시에서는 외국인에 대한 비자기간이 일반적으로 1년이었다. 그런데 소도시에서 비자를 신청할 때 다른 도시에서는 기간이 1년인데, 왜 여기만 6개월만 주느냐?고 아무리 따져도 막무가내였다. 싫으면 관두라는 식에 질려 어쩔 수 없이 6개월마다 비자를 신청해야 했다.

은행에 근무할 때 가끔 우리를 곤혹스럽게 만드는 게 있다. 각 지역마다 은행의 업무를 관리 감독하는 은행감독원(줄여서 은감국)이 있다. 이들은 가끔 소위 창구지도라는 형식으로 전화로 업무관련 지시를 하기도 한다. 어떠한 업무는 어떻게 하라는 식이다. 우리로서는 당연히 관련 규정이 있는 문서를 보내달라고 할 수밖에 없고, 그럴 때마다 그쪽에서는 매우 짜증을 부린다. 한 마디로 알아서 하라는 식이다. 아무런 근거도 없이 그저 감독하는 상부기관의 전화만 받고 업무를 할 수는 없었다. 그런다고 아무런 근거 자료도 마련할 수 없었다. 게다가 그들의 전화 지시만 받고 그렇게 업무를 했는데, 담당자가 바뀌거나 하면서 새로운 담당자가 다른 말을 하는 경우가 꽤 있다.

한편으로는 본사에서 감사를 나오거나 할 때 우리의 이런 사정을 아무리 설명을 해도 중국을 이해 못하는 본사 직원으로서는 우리의 말을 믿을 수도 안 믿을 수도 없었다. 우리만 중간에서 곤혹을 당하는 경우가 많았다. 중국 은행에 근무하는 중국 직원들은 이런 문서없는 지시나 전달을 아무 거부반응 없이 받아들였다. 그들은 이미 습관되어 있었던 것이다. 이처럼 중국 공무원들은 문서를 통한 지시를 꺼려하고, 단순히 말로만 하거나 전화를 이용했다. 한 마디로 우리가 알아서 대처하는 수밖에 없었다.

우리 회사를 매각하고 철수할 때도 이와 유사한 일이 발생했다. 공업단지나 시와 협의를 잘했고, 철수를 준비하려 할 즈음에 우리 회사의 본사는 시나 공업단지로부터 '철수해도 좋다'는 문서를 받아오기를 바랬다. 중국에서 근무하고 있는 우리도 그걸 받음으로써 확실히 다짐을 받고자 했다. 하지만 시나 공업단지 어느 누구도 그런 전례가 없다는 이유로 문서를 발급해 줄 수 없다고 했다. 그냥 알아서 빨리 철수하라고만 했다.

우리는 외국 회사이고 본사 대주주들이 문서로 확약한 내용을 원한다고 아무리 애걸을 해도 막무가내였다. 답은 간단했다. '그냥 철수하라면 하면 되지, 뭘 그리 따지느냐? 우릴 그렇게 못 믿겠다는 거냐? 한 번도 문서를 발급한 적이 없다. 알아서 철수해라.' 이걸로 끝이었다.

우리야 그쪽 공무원들이 빨리 철수하라 하니까 천만다행이다 싶기도 했지만 문서하나 없이 철수를 하려하니 뭔가 매우 찜찜했다.

이삿짐을 한국에서 중국으로 들이더라도 어느 가정은 관세를 약 50만원 부담하는 가정이 있는가 하면, 어떤 가정은 소위 관시를 이용하여 7만원에 해결하는 사례가 있을 정도로 법적용의 탄력성이 크다. 그러다보니 공무원의 부정부패가 더 심한지도 모르겠다.

N : 자원 분포의 차이

차이나China의 넷째 음절 N는 자원Natural Resource으로서 지역 간 자연자원이나 인적자원 등에서 차이가 크다. 동북3성은 대규모의 삼림과 초원을 비롯하여 석유, 석탄과 철광석 등이 풍부하며, 우리와 같은 종류의 쌀을 비롯한 농산물과 육류 등이 풍부하다. 남방은 곳곳에 강과 호수가 많아 유명한 관광단지가 산재해 있으며 모든 과일의 원산지라 불릴 정도로 과일이 풍부하며 각종 해산물도 풍부하다.

농작물을 재배하는 농경지는 주로 내륙의 평원지대와 분지에 넓게 분포되어 있는데, 주요 농작물은 벼, 밀, 옥수수, 콩 등이며 경제작물로 면화, 땅콩, 유채, 사탕수수, 사탕무 등을 생산한다. 고온다습한 남쪽의 벼농사와 건조한 북쪽의 밀농사 지대로 크게 나뉜다. 동북 3성은 옥수수와 벼 농사가 주를 이룬다. 초지는 내몽고와 서북부의 외곽 초원지대에, 삼림은 동북과 서남 변경에 밀집되어 있으며, 그 지역의 주요 산업수단이 되고 있다.

토지자원

토지자원을 놓고 볼 때, 중국은 전통적으로 농경사회를 기반으로 한 농경문화가 그 중심을 이루고 있어 경작지에 대한 애착이 무엇보다 강한 편이다. 오늘날에도 여전히 세계 최대 농업국의 하나이며, 전체 인구의 과반수가 되는 7억 명이 농업에 종사하고 있다. 따라서 절대 농지의 확보는 생활을 유지하는 관건이 되었다. 그러나 지형의 특성상 산지가 많고 평원이 적으며, 반 건조지대와 건조지대가 차지하는 면적이 전국 토지면적의 약 50% 이상 된다. 전 국토의 육지면적 960만 km^2 중 경작지는 단 122.5만 km^2에 불과하다. 이는 세계 농지 면적의 7%에 해당하지만, 면적에 비해 인구 당 경작지는 오히려 턱없이 부족한 편이다.

이에 중국 정부는 국토의 활용도를 극대화하기 위해 50년대 중반부터 정책적으로 상산하향(上山下鄕) 운동[20]을 지속적으로 펼쳐

중국의 농경지 분포도

자료 : http://www.360doc.com/content/16/0303

① 동북평원 ② 화북평원 ③ 창장 중하류평원 ④ 쓰촨평원 ⑤ 주강삼각지평원

---

20) 중국이 구소련의 50년대 초반 농촌계몽 운동을 모방하여 지식청년들을 농촌으로 보낸 정책. http://baike.baidu.com/item baidu 百科

나갔고, 그 결과 이주정책의 효과와 함께 경작지를 개간하는 성과를 거두기도 했다. 그 대표적인 사례가 동북의 베이다황(北大荒)간척 사업[21]이다.

지하자원

중국의 지하자원은 그 매장량에서 세계적인 규모를 자랑한다. 광물자원만 놓고 볼 때, 세상에 알려진 광산물은 거의 모두 매장되어 있다고 해도 과언이 아니다. 현재 매장량이 밝혀진 광물만 150여 종이며, 석탄, 철, 구리, 알루미늄 등 주요 광물의 매장량은 모두 세계에서 1, 2위를 다툰다.

특히 최근 세계적인 이슈가 되고 있는 희토류(稀土類) 등의 희귀광물은 각국의 경제 기반을 뒤흔들 정도로 자원의 독점과 예속화를 강화하고 있다. 중국은 현재 희토류 금속의 95%를 생산하고 있으며, 매장량도 세계의 60%를 차지한다. 그밖에 네오듐 93%, 텅스텐 90%, 안티몬 80%, 인듐 55%, 망간 95%가 중국에서 생산되고 있다. 이는 모두 첨단기술 산업과 군수품에 절대적인 필수 자원으로서, 최근 들어 중국은 이들 자원을 무기로 내세워 세계 경제에 영향력을 행사하는 한편, 중국에 대한 견제와 무역 규제에 맞서고 있다.

중국의 석유와 천연가스 매장량은 정확히 가늠하기 어렵다. 석유는 주로 서북 지역에 많이 매장되어 있고, 동북과 화북 지역 그리고 동부 연해의 대륙붕에도 많이 매장되어 있는 것으로 확인되고 있

21) 중국이 1958년부터 수 만 명의 군인과 지식청년들을 동원하여 헤이룽장성내 베이다황이라는 대규모의 황무지를 개간한 정책
http://baike.baidu.com/item baidu 百科

다. 1997년부터 2008년까지 중국의 원유 생산량은 12년 연속 1억 6,000만 톤을 넘어 세계 5위를 차지하고 있다. 2009년 중국의 천연가스 생산량은 830억 m^3를 기록했으나, 막대한 수요와 함께 앞으로 그 중요성이 높아지면서 현재 댜오위다오(釣魚島, 현재 일본이 실효 지배) 부근의 개발을 두고 일본과 신경전을 벌이고 있다. 오늘날 중국은 자국의 자원 개발에 그치지 않고 전 세계의 석유와 천연가스 등 에너지 자원의 확보에 열을 올리고 있다.[22)]

중국의 에너지 자원 분포도

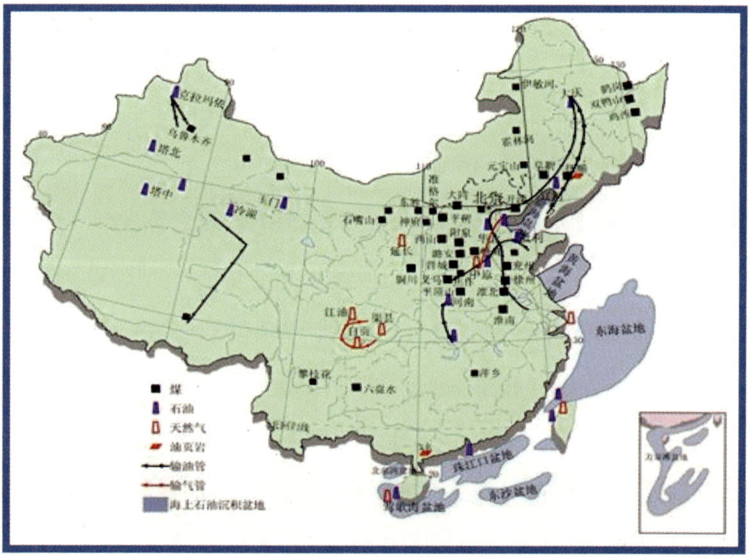

자료 : http://m.fei123.com/1670000/1660204.shtml

22) 쉽게 이해하는 중국문화, 김태만 외, 다락원, 2011.
http://terms.naver.com/print.nhn?docId naver 지식백과 재인용.

중국의 주요 철광석 및 철강공장 분포도

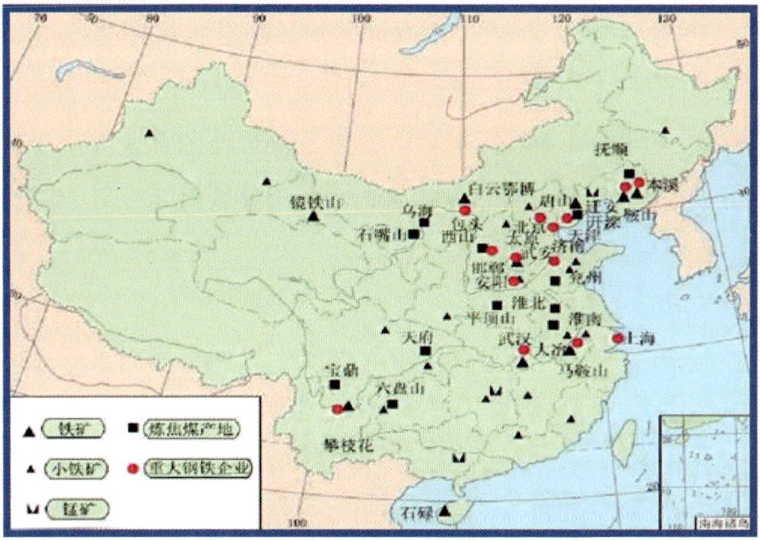

자료 : http://m.fei123.com/1670000/1660204.shtml

중국의 에너지자원 분포도를 보면 석탄과 석유가 화북 지방과 동부 지방에 주로 매장되어 있음을 알 수 있다.

중국의 주요 철광석도 화북 지방과 동북 지방에 주로 매장되어 있으며 철강 공장들도 주로 이 지역에 집중되어 있다.

A : 능력의 차이

차이나China의 다섯째 음절 A는 능력Ability으로서 개인별 능력의 차이가 매우 큼을 의미한다. 개인 간, 지역 간 능력의 차이는 곧 소득의 차이로 나타난다. 중국의 농촌 소득은 연간 약 백만 원이 되지 않는 반면에 도시 중국인의 소득은 지역에 따라 천만 원 정도는 거뜬하다. 중국인 간 능력의 차이는 인구가 많은 만큼 대단하다. 이에 따른 소득의 차이도 대단하다.

이처럼 중국은 영어의 차이나라는 발음과 같이 여러 민족과 그에 따른 복잡다단한 문화가 서로 어우러져 있는 지역이다. 따라서 우리가 중국에서 사업을 하고자 할 때는 사람과 지역에 따라 적절하고도 다양한 대응책을 마련해야 한다. 협상에 따라서 엄청난 이익을 볼 수 있기도 하고, 협상에 따라서 막대한 손실을 볼 수 있음을 명심해야 한다.

아울러 우리가 중국에서 사업을 하고자 할 때나 중국인과 교류를 하고자 할 때는 어떤 사람을 만나느냐에 따라 성공 여부가 확연히 달라질 수 있다. 약 10여 년 전만 하더라도 중국인들은 우리에 대한 태도가 그나마 상당히 우호적이었으며, 매우 친근하였다. 그들의 의도가 외자 유치였든 아니면 한류의 영향이 커서 우리와 교류하고 싶어하는 욕망 때문이었는지 모른다.

이제는 중국인들도 한국이나 한국인을 막연히 동경하거나 부러워하지는 않는다. 가끔은 우리나라 사람들을 비하하거나 우리의 태도에 대해 불만을 노골적으로 표시하기도 한다. 또한 이제는 우리가 상당히 영향력을 갖춘 중국인들을 만나고자 해도 그들이 우리를 만나주지 않는 상황이 되어 버렸다.

베이징이나 상하이 등 중국의 대도시에서 살고 있는 중국인들은 화장품이나 식료품 등을 제외하고는 우리 제품을 그다지 선호하지 않는다. 우리 제품의 경쟁력이 점차 없어지고 있는 것이다.

2 중국의 대표적인 문화

중국의 문화를 이해하기 위해서는 여러 요인들을 검토할 수 있지만 여기서는 크게 그들의 지리적 환경, 그들이 가장 신성시하는 용이라는 동물과 그들의 문화 속에서 이어 내려오는 변검(變臉)이라는 전통극의 일부를 통해 중국인들을 이해해보기로 한다.

지리적 환경

중국은 남북이 위도 49도가 차이 나며, 동서로는 경도 60도가 차이난다. 이러한 위도와 경도의 커다란 차이가 중국의 다양한 문화의 차이로 나타나기도 한다. 참고로 우리나라는 북한까지 포함해도 위도가 약 10도 밖에 차이가 나질 않는다. 동서간의 경도는 겨우 6도 정도밖에 차이가 나질 않는다. 중국 남북의 길이는 약 5,500km에 달하며, 동서의 길이는 5,200km에 달하여 실제적인 시차만으로도 4시간 차이가 난다.[23]

중국의 지형은 동저서고 형으로 동으로 가면서 점차 낮아지는 계단식 모형을 띄고 있다. 그래서 창장과 황허[24] 등 주요 강들이 서에서 동쪽으로 향해 흘러 태평양으로 흘러간다. 이처럼 계단식 지형으로 인해 중국인들은 생산, 생활, 교통, 조직, 언어, 풍속, 흥미,

23) 中国人, 曹世潮, 上海文化出版社, 2004, 5쪽.

24) 중국에서 유명한 강은 창장과 황허로 2개의 강이다. 원래 창장의 하류를 창장으로 부르는데, 우리나라에서는 창장 전체를 창장으로 부르고 있다. 창장과 황허에 대한 유래는 여러 설이 있으나, 일반적으로 예로부터 창장은 江水로, 황허는 河水로 불렀다. https://zhidao.baidu.com, http://terms.naver.com/entry.nhn. 현재 창장은 江으로, 황허는 河로 부르는 이유는 황허가 창장에 비해 훨씬 굽이치고 흐르기 때문으로 풀이된다. 필자 주

취향 등 다방면에서 서로 다르다.[25]

중국은 국경이 육지로는 약 2만 km에 달하며, 바다로는 약 1만 8천 km에 달한다. 또한 중국에 속한 섬은 약 5천 여 개에 달한다. 이러한 다양성 때문에 문화적으로 다양하고 풍부하다.[26]

더욱이 수많은 강과 산들이 중국 전역을 가로지르면서 지역 간 분산과 밀집을 조성해왔다. 이 가운데 가장 유명한 강으로 창장(長江)과 황허(黃河)를 들 수 있다. 그들 문화의 모태, 도도하게 흘러가는 두 강의 지속력과 저항력, 순응력과 파괴력 등이 수많은 지역을 가로질러 가면서 교류와 활력, 때로는 장벽 역할 등을 해왔다.

때로는 백성들을 먹여 살리면서도 때로는 무서운 파괴력으로 수많은 백성들의 생명을 빼앗는 두 개의 얼굴을 지니고 있다. 때로는 풍요로운 양식을 제공하기도 하지만, 때로는 엄청난 파괴력을 자랑하여 주변을 황폐화시켜 버리기도 한다. 일반 백성들은 두 강의 전혀 다른 이질적인 성격을 통해 자연을 고마워하면서도 매우 무서워하며 살아왔다.

가장 신성시하는 동물 : 용

세계 각지의 민족들은 각기 나름대로 특정 동물들을 신성시했으며, 중국인들은 전통적으로 용과 봉황을 숭배하였다. 이들은 융합(포용, 관용 등 종합적인 의미를 부여)을 상징하고 있다.[27] 또는 협조와

25) 中国人, 曹世潮, 上海文化出版社, 2004, 6쪽.

26) 앞의 책, 6~7쪽.

27) 龍子龍孫 龍文化, 龐進, 中國社會出版社, 2006, 3~5쪽.

화합의 상징이다.[28] 용과 봉황 중에서 중국인들이 동서고금을 통틀어 가장 신성시하면서도 일상생활에서 흔히 볼 수 있는 동물로 용을 들 수 있다. 중국의 용은 서양의 용과는 외관상 크게 차이가 있다.

서양의 용과 중국은 몇 가지 다른 점이 있다. 서양 용의 머리는 대개 하나이긴 하지만, 2개나 3개인 용도 있는 반면에 중국의 용은 전부 머리가 하나다. 서양 용은 입에서 주로 불을 뿜는 반면에 중국 용은 입에서 주로 물을 뿜어낸다.[29]

물론 중국의 용은 약 40종으로 나뉘며 그 가운데 날개가 달린 용도 나타나기도 하지만[30] 중국에서 대부분의 용은 날개가 없는 용이다. 중국 용은 날아갈 추진제가 없는데도 용이 날아다닌다고 여겼다. 이런 사실은 중국인 특유의 허황성과 상상력의 발로로 여겨진다. 그렇다면 왜 중국인들은 전통적으로 용이라는 기이한 동물을 상상력을 동원하여 그려낸 다음 이를 신성시했을까?

대부분의 국가는 거의 현존하는 동물을 국가의 상징 동물화한 반면에 중국은 허구의 동물을 국가의 상징 동물화했다. 중국에서 용은 과연 무엇인가?

용은 중국민족과 중화 문명에서 약 1만 년 이상의 발전사를 가지고 있다.[31] 서양에서 용이란 사악함을 상징하지만 중국에서는 민족, 조상과 길상을 상징하고, 농업, 어업과 하늘을 상징하기도 한다. 용

28) 앞의 책, 16쪽.

29) 中國文化, 韓鑑堂 編著, 北京語言大學出版社, 2004, 62쪽.

30) 中华龙种文化, 王大有, 中国时代经济出版社, 2006, 3쪽.

31) 중국 산시성 앙소문화 유적지에서 출토된 용무늬가 새겨진 목이 좁은 물병은 지금으로부터 약 7천 년 전의 유물이다. 龍子龍孫 龍文化, 龐進, 中國社會出版社, 2006, 125쪽.

은 중국에서는 자연계에서 실재하는 동물이고 바람을 불러일으키며 비를 가져다오고, 구름을 움직이며 안개를 흩뿌리고, 우레와 번개를 다루기도 하며 물을 관리하는 신성한 동물이다.[32]

일반적으로 용의 머리는 말이나 낙타에게서, 뿔은 사슴에게서, 눈은 토끼나 거북이에게서, 목과 몸은 뱀에게서, 배는 대합(蜃)에게서, 비늘은 물고기에서, 발바닥은 호랑이에게서, 귀는 소에게서 취했다. 이처럼 용은 화합을 필요로 하는 사회에 합당한 상징적 동물이다.[33]

용이 신성시되기도 했지만 일반 백성들의 생활에 녹아나는 사례도 있다. 중화민족의 전통 절기 가운데 룽타이토우(龍台頭)라는 절기가 있다. 음력 2월2일인데 이날 북방의 농촌에서는 두부를 볶아 먹는 습속이 있다. 또한 그 날이 청명한지 구름이 낀 날씨인지를 토대로 그 해의 가뭄과 홍수 등을 예견할 수 있었다고 한다.[34]

중국에서의 용은 화합과 융합의 상징이기도 하지만, 생업에 지대한 영향력을 발휘할 수 있는 동물이기도 하다. 한편 용은 중국인들의 상상력에서 나온 동물이기도 하지만 때로는 제왕을 뜻하기도 하며 때로는 일반 백성들의 삶속에서 살아가는 동물이기도 하다. 용은 제후 대신들로부터는 막강한 권력욕을, 일반 백성들로부터는 용을 통해 자연에 의지하고자 하는 강력한 생명력을 엿볼 수도 있다.

---

32) 中华龙种文化, 王大有, 中国时代经济出版社, 2006, 1쪽.
龍子龍孫 龍文化, 龐進, 中國社會出版社, 2006, 141쪽.

33) 龍子龍孫 龍文化, 龐進, 中國社會出版社, 2006, 17~18쪽.
다른 자료에서는 뱀의 몸, 돼지의 머리, 사슴의 뿔, 소의 귀, 양의 목, 독수리의 발톱, 고기의 비늘을 합체한 것으로 묘사하기도 한다. 中國文化, 韓鑑堂 編著, 北京語言大學出版社, 2004, 63쪽.
또 다른 자료에서는 낙타의 얼굴, 사슴의 뿔, 귀신의 눈, 뱀의 몸통, 사자의 머리털, 물고기의 비늘, 매의 발, 소의 귀 등을 합체한 걸로 묘사하기도 한다. http://terms.naver.com/entry.nhn?

34) 龍子龍孫 龍文化, 龐進, 中國社會出版社, 2006, 84쪽.

고대의 중국인들이 무서워하면서도 강력히 의지해오면서 떠받들어 온 용은 중국 봉건시대부터 본격적으로 황제의 권한을 상징하게 되었다. 예를 들면 염제(炎帝, 중국 고대 강(姜)씨성 부락의 수장으로 불을 다룰 줄 알았다며 염제로 불렀다)는 중국 고대 부락연맹의 걸출한 지도자였다. 그런데 구전에 의하면 염제가 용의 아들이었다는 설, 염제의 부인이 용의 딸이었다는 설 등이 떠돌고 있다.[35] 서한 황제 유방(기원전 265~기원전 195년)은 자기 모친이 꿈을 꾸고 용과 결합해서 자기를 낳았고, 술에 취할 때마다 자기의 머리가 용의 형상이 되었다는 이야기를 지어냈다.

이렇게 함으로써 유방이 바로 용의 아들이 되었다. 확실히 유방은 용의 신비로운 권위를 빌려 자기의 신분을 높였으며 황제의 지위도 공고히 했다. 나중에 황제나 황제가 되고자 하는 사람들은 모두 용의 아들이라고 말했으며, 이는 백성에 대한 일종의 사기다.

한나라 이후 용은 점차 황제를 대표하게 되었고, 용은 황제 권위의 상징이 되었다. 그 당시부터 황제의 몸은 용체, 얼굴은 용안이 되었고, 입고 있는 의복은 용포(龍袍), 앉는 의자는 용의(龍椅), 잠자는 침상은 용상(龍床)이 되었으며 황제의 아들과 손자는 자연히 각각 용의 아들과 손자가 되었다.

원, 명, 청나라의 시기에 황제의 의복과 궁전에 그려진 용의 발톱은 모두 5개였으며, 일반 백성들은 5개 발톱을 지닌 용을 사용 못하게 했다. 만약 일반 백성들이 5개 발톱을 가진 용을 장식했다면 곧장

---

35) 앞의 책, 30~33쪽.

중국인이 신성시 하는 용을 새긴 벽

용 발톱이 5개다 **자료** : http://image.baidu.com/search baidu 百科

죽였다. 청나라 때 한 장인이 도자기에 5개 발톱을 지닌 황금 용을 그려 넣었다가 그의 전 가족이 죽임을 당했다는 이야기가 전해진다.

참고로 우리나라에서도 중국의 영향을 받아 용을 신성시 했으며, 왕이 거처하는 곳에는 용 발톱을 5개로 표시했다. 그러나 고종 때 중국의 영향을 벗어나려는 의지에서인지 경복궁내 근정전 천정에는 7개의 발톱을 가진 두 마리의 용을 그려 넣었다.[36) 한 편으로는 당시 중국을 비롯한 외세의 영향에서 벗어나려는 기개를 엿볼 수도 있으나, 실력이 따르지 않다보니 결국엔 조정의 허세만 보인 것 같아 마음이 매우 씁쓸했다.

권력자들에 반해 중국의 일반 백성들은 황제의 권위를 상징하는 용을 좋아하지 않았다. 그들은 황제의 위엄이 없는 다른 종류의 용을 좋아했다. 이 용은 길상을 나타내는 신비스런 동물로서 사람들에게 기쁨을 줄 수 있었다. 축하할 날에 사람들은 용을 소재로 한

36) JTBC 차이나는 클라스의 유홍준 강의, 2017.10.25.

경복궁내 근정전 천정의 용 그림 (용 발톱이 7개다)

춤을 추기도 하고, 단오절에는 용머리로 한 배를 저어가는 시합을 가지기도 했다.

이밖에도 일반 백성들은 화룡점정(畵龍點睛)이나 등용문(登龍門) 등의 이야기를 널리 퍼뜨려서 모든 사람들이 알도록 했고, 중국 전역에 각종 연극이나 음악, 회화, 공예품 등에도 용을 많이 묘사하기도 했다. 아울러 중국의 각종 지명이나 산, 강, 호수 등에도 용자가 들어간 곳이 셀 수 없을 정도로 많다. 우리나라도 여전히 사용하고 있는 12지간에도 용이 들어가는 등으로 이 모든 것은 일반 백성들이 용을 매우 좋아하는 심리를 나타낸 것으로 판단된다.[37)]

중국의 용은 결국 권력자들이 좋아하는 권력의 최정상과 일반인들이 감히 접할 수 없는 신성을 의미하기도 했고, 일반 백성들에게 용은 일상생활에 친근하게 접할 수도 있으며, 신성시 했으면서도 좋아하며 이상화하는 경향이 있었다.

중국인들이 용을 신성시하면서도 좋아하는 현상을 최근에도 경험하게 되었다. 2017년 9월 중순 한국의 손님을 모시고 우리 민족의 슬픔을 머금고 있어서 많은 우리나라 방문객들이 들르고 있는 중국 동북의 룽징(龍井)을 방문하였다. 룽징은 일송정과 해란강으로 유명한 곳이기도 하지만, 참혹했던 일제시대에 민족의 시인이며 애국자였던 윤동주 시인이 태어나고 자란 곳이기도 하다. 그곳 룽징의 어원을 살펴보니 용과 관련이 있었다. 애초 청나라 때 백두산 인근에 대한 봉금조치로 사람들의 출입이 금지되어 있었는데, 청나라의 힘이 쇠약해지자 점차 사람들이 룽징으로 많이 이주하게 되었다. 그런데 룽징엔 마실 수 있는 우물이 부족하여 사람들이 고통을 크게 겪게 되었다. 이를 불쌍히 여긴 용 한 마리가 하늘에서 떨어져서 그 곳을 파보니 마실 수 있는 물이 나오게 되어 사람들이 그곳을 중심으로 많이 거주하게 되면서 룽징이 되었다고 한다.[38)] 이는 사람들을 사랑하고 보살펴주는 용의 애민정신을 나타낸 설화로 풀이된다.

---

37) 中國文化, 韓鑑堂 編著, 北京語言大學出版社, 2004, 63~64쪽.

38) 延邊旅遊之春, 延邊州旅遊協會 雜誌, 2016.

갑자기 변하는 얼굴 : 변검(變臉)

중국에는 여러 전통의 기예가 있는데 중국인들을 이해하는 데 매우 도움이 되는 극으로 변검을 들 수 있다. 변검이라는 기예는 배우가 얼굴 모습을 순식간에 다양하게 변모시키는 재주를 보여주는 공연이다. 내가 과문한 탓인지는 몰라도 서방이나 다른 국가 어디에도 이처럼 얼굴을 순식간에 변화시키는 공연을 볼 수는 없다. 이는 중국이나 중국인들이 때와 환경에 따라 수시로 얼굴을 순식간에 변모시키듯이 변화를 일삼는 것을 상징한 것이라 판단한다. 나중에 사드배치에 따른 중국정부나 중국인들이 우리 정부나 우리나라 사람들에게 대했던 태도에서 자세히 설명하겠지만 변검을 생각하면 그들의 기질을 바로 이해할 수 있다.

변검은 쓰촨(四川)지방에서 태생했는데, 쓰촨의 극을 줄여서 천극(川劇)이라고도 한다. 쓰촨 극은 예로부터 '촉의 배우는 대부분 문장에 능하며 박학다식하다'는 말이 전해져 내려 올 정도로 내용이 다양하고 대사가 세련되며 문학적이다. 동시에 천극은 쓰촨 방언과 노래를 이용한 쓰촨인 특유의 유머감각에서 나온 재치 있는 말과 연기로 대중의 웃음을 끊임없이 자아내게 한다. 비극적인 내용도 이러한 표현을 이용해 희극적으로 처리되어 희극적인 분위기를 지니게 한다. 또 쓰촨극에 사용되는 언어는 해학적이고 통속적이기 때문에 일반 대중이 이해하기도 쉽다. 그리고 무엇보다도 다른 극종에서 찾아 볼 수 없는 천극의 가장 큰 특징은 변검(變臉)을 들 수 있다.

변검은 천극지화(川劇之花)라고 쓰촨극의 꽃으로도 불리며 파촉(쓰촨의 옛 이름)에 공연예술 뿐 아니라 파촉 문화의 명물로서 그 역할을 다 하고 있다. 이것은 천극을 공연할 때 배우가 얼굴에 있는 검보(臉譜)를 극의 분위기에 따라 바꾸는 연출기법을 말한다. 변검은 쓰촨극에서만 볼 수 있는 연기기술로 등장인물의 감정변화와 독특한 개성을 얼굴에 나타내는 얼굴분장이다.

이 변검이라는 기예는 명나라 때에 이미 존재했는데, 명나라 당시에는 연기자가 변검을 하기 위해서는 무대 뒤로 갔다가 화장을 다시 해서 얼굴의 면모를 바꾸게 했다. 그 후로 점차 진화되어 현장에서 즉시 얼굴의 색깔이나 모습과 형상 등을 완전히 바꾸는 기술로 발전하였다. 이 공연기법은 고도의 숙련된 기술이 요구되어 관중을 극 속으로 몰입시키는 역할을 하여 오락성과 재미를 한층 고조시킨다.

원래 변검은 중국인들의 내적 심리상태와 감정을 표시하는 일종의 낭만주의적 기법이라고 정의하고 있다. 변검은 고대로부터 사람이 야수를 만났을 때 살기 위해 자기의 얼굴을 다른 모습과 형태로 바꾸어 야수의 침략을 벗어나기 위한 생존본능에서 생겨났지만 이를 무대에서 하나의 공연으로 승화시킨 것이다.

지금도 쓰촨 지방하면 험악하고도 높은 산과 깊은 계곡에 울창한 산림으로 둘러싸여 있기로 유명하다. 우리가 삼국지를 연상하면 쉽게 이해가 갈 것이다. 삼국지에서 유비는 조조에 밀려 어쩔 수 없이 지금의 쓰촨 지방으로 들어간다. 그러할 정도로 쓰촨 지역은 옛날에는 더욱 험준하고 산림이 울창했을 것이다. 거기서 야수를 만났을 때 살아남기 위해 얼굴의 면모를 완전히 바꾸어 야수를 쫓아내야 했으니 그야말로 생사의 갈림길에서 살아남기 위한 처절한 본능에서 이 변검이 탄생한 것이다.[39]

쓰촨의 변검

자료 : http://image.baidu.com/search baidu 百科

나는 약 10년 전 선양 시에서 주관한 모임에 참가했다가 우연히 이 변검의 공연을 보게 되었다. 마침 좌석이 무대의 바로 앞이어서 연기자의 표정이나 자세, 동작 등을 유심히 볼 수 있었다. 특히 어려서 무대 공연의 경험을 가지고 있었던 나는 이런 공연에 관심이 매우 컸다. 내가 유독 관심을 보이자, 연기자가 무대에서 내려와 바로 내 앞에서 얼굴을 돌릴 때마다 얼굴의 모습이나 색깔, 형상이 완전히 달라졌다. 정말 놀라운 기술이었다. 얼굴 변장의 순간을 아무리 잡으려 해도 너무 순간적이라 도저히 알 수 없을 정도로 매우

---

39) http://terms.naver.com/entry.nhn?docId 두산백과
http://baike.baidu.com/link?url baidu 百科
중국문화 답사기, 파촉지역의 천부지국을 찾아서, 권석환 등, 다락원, 2007, 135~136쪽.
변검의 공연을 보려면 EBS의 2009. 5. 28일자 변검 공연을 참조 바란다.

빠른 동작으로 모습이 바뀌었다.

이 책의 뒷 편에서 자세히 서술하겠지만 최근의 중국은 일상생활에서도 얼굴의 모습이나 색깔, 형상을 너무도 쉽게 바꿔가면서 중국에서 거주하거나 사업을 하고 있는 외국인들을 위협하고 있다. 나아가 주변국이나 관련국들을 위협하고 있기도 하다. 이제 중국은 얼굴을 쉽게 변모시키는 기술(변검: 變臉)과 더불어 강력한 경제력으로 힘을 과시하는 패국(覇國)의 모습을 과감하고도 거침없이 보여주고 있다. 이게 중국인의 타고난 변검의 속성으로 판단된다.

제2장

중국인의 기질

1. 과거 중국인의 기질
2. 현대 중국인의 비우호적인 기질
3. 현대 중국인의 우호적인 기질
4. 중국인들의 호불호

02

중국인의 기질

오랜 역사와 수많은 전란을 겪어온 중국인의 기질을 한 마디로 표현하기는 어렵다. 그렇지만 역사적으로 나타난 몇 가지의 사례를 가지고 그들의 타고난 기질 및 능력을 유추해볼 필요가 있다.

❶ 과거 중국인의 기질

우리가 알다시피 중국인들은 약 5천년 이상의 전쟁을 겪어오면서 살아남기 위한 타고난 유전요인을 형성해왔다. 근대부터만 보더라도 1920년대부터 40년대 말까지의 국공내전과 일제와의 항전에서 이기기 위한 각종 전략, 전술, 1950년대 말부터 60년대 초까지의 대기근(최소 약 3천만 명이 굶어 죽은 것으로 나타남), 1960년대 중반부터 70년대 중반까지 11년에 걸친 잔혹한 문화대혁명의 회오리 속에서 생존하기 위한 치열한 본능 등을 거쳐 다져진 생존의 혹독한 비법 등이 그들의 체내에 내재되어 있다.

5천년 이상의 고달픈 전쟁이나 대기근, 문화대혁명 같은 대혼란의 시기에서 살아남기 위한 강력한 생존본능에서 우러난 기질은 속임수, 끈끈한 우정, 인내와 끈기, 남을 믿지 못하는 의심 등으로 체득되었다.

한편으로는 대국답게 그들은 가끔 매우 통 큰 스타일을 보여주기도 했다.

속임수

중국에서뿐만 아니라 전 세계적으로 역사상 최고의 병서로 꼽히는 손자병법에서는 속임수를 강조하는 이야기가 자주 나온다. 그는 전쟁 그 자체를 한 마디로 속임수로 보았다(병자 궤도야, 兵者 詭道也). 그가 전쟁에서 구사하게 되는 속임수의 주된 내용은 '적이 충실할 때 대비하고, 강할 때 피하며, 성나게 하여 흔들어 놓는다. 나를 낮추어 적을 교만하게 하고, 적이 편하면 수고롭게 하고, 친밀하면 이간질시킨다. 준비 안 된 곳을 공격하고 의표를 찌른다. 이것이 승리의 비결인데 사전에 누설되지 않아야 한다'고 하였다.[1] 손자의 후예들이라서 인지는 몰라도 중국 역사상 속임수로 상대방을 제압하거나 무너뜨리는 일은 다반사였다.

속임수의 사례로 여기서는 지면상 간략하게 삼국지의 속임수 관련 이야기만 싣기로 한다. 삼국지의 이야기가 전부 사실에 기인한 건 아니다. 그렇지만 삼국지의 이야기를 듣고 자란 중국인들에게는 삼국지에서 펼쳐지는 다양한 속임수가 그들의 생존전략에 큰 자양

1) 손자병법, 손무 원작, 석산 옮김, 평단, 2013, 352쪽.

분이 되었을 것으로 판단하기 때문이다.

① 유비가 황건적과 싸울 때 거짓으로 달아난 척하면서 군사를 일으켜 일시에 협공하여 황건적을 크게 패퇴시켰다.[2)]

② 대장군 하진이 내시들을 죽이려 했다가 오히려 내시들의 모함에 빠져 궐내로 들어갔다가 죽임을 당했다.[3)]

③ 초선을 미인계로 활용하여 동탁과 여포의 사이를 이간질시켜 결국에는 동탁을 처치했다.[4)]

④ 평소 의심이 많았던 조조는 유비를 경계하며 그를 해치고자 하였으나, 유비가 조조와 만나서 식사를 할 때 벼락치는 소리에 거짓으로 깜짝 놀라는 척하며 손에 들고 있던 젓가락을 떨어뜨려 조조는 이 사건 이후로 유비를 영웅으로 생각하지 않게 되어 그의 의심에서 벗어났다.[5)]

⑤ 형주의 주인 유표가 죽자 그의 부인 채부인이 거짓 유서를 작성하여 자기 소생인 둘째 아들 유종으로 하여금 형주의 주인으로 삼았다.[6)]

⑥ 오나라의 주유는 유비를 없애지 않으면 안 된다고 생각한다. 한 번은 도부수를 장막 뒤쪽에 매복시켜 놓고 유비를 술자리에 초청한다. 주유는 유비를 죽이기 위해 술잔을 던지는 것을 신호로 유비를 죽이려하나 관우 덕분에 유비가 살아났다.[7)]

---

2) 삼국지 1, 나관중 지음, 황석영 옮김, 창작과 비평사, 2003, 34쪽.
3) 앞의 책, 70~71쪽.
4) 앞의 책, 198~212쪽.
5) 삼국지 2, 나관중 지음, 황석영 옮김, 창작과 비평사, 2003, 218쪽.
6) 삼국지 4, 나관중 지음, 황석영 옮김, 창작과 비평사, 2003, 84쪽.

⑦ 오나라의 주유는 조조의 신하이자 주유 자신과 어렸을 때 한 스승 밑에서 글공부를 같이 했던 장간이 자기를 설득하기 위해 찾아 왔을 때 술 취한 척하며 오히려 장간을 이용해서 평소 주유가 힘들어했던 조조의 수군 도독 '장윤과 채모'를 조조로 하여금 죽이게 했다.[8]

⑧ 조조 군으로 하여금 약 10만 여개의 화살을 얻고 조조의 배들을 모두 하나로 묶어 불을 내서 조조의 배를 모두 태워버렸다.[9]

⑨ 제갈량의 지략으로 적벽대전에 대패한 조조를 허허실실을 이용하여 거의 죽임에 이르게 할 수 있었으나 관우가 배려하여 조조가 간신히 살아남을 수 있었다.[10]

⑩ 촉나라의 황충이 위나라의 하후상과 싸울 때 하후상이 거짓으로 패한 척 도망치다가 갑자기 양쪽 산등성에서 통나무와 큰 돌이 어지럽게 굴러 떨어져 많은 촉나라의 군사들이 죽었다.[11]

⑪ 촉나라의 위연이 조조와 싸울 때 거짓으로 패한 척 달아나다가 갑자기 활을 당겨 조조의 앞니 두 개를 부러뜨렸다.[12]

⑫ 위나라의 방덕이 관우에게 쫓기는 척 하다가 갑자기 활시위를 당겨 관우의 왼쪽 어깨를 맞쳤다.[13]

---

7) 삼국지 4, 나관중 지음, 황석영 옮김, 창작과 비평사, 2003, 192~193쪽.
8) 앞의 책, 198~209쪽.
9) 삼국지 4, 나관중 지음, 황석영 옮김, 창작과 비평사, 2003, 236~271쪽.
10) 삼국지 5, 나관중 지음, 황석영 옮김, 창작과 비평사, 2003, 40쪽.
11) 삼국지 6, 나관중 지음, 황석영 옮김, 창비, 2009, 244쪽.
12) 앞의 책, 278쪽.
13) 삼국지 7, 나관중 지음, 황석영 옮김, 창비, 2008, 36쪽.

⑬ 위나라의 사마의가 대군을 이끌고 쳐들어오자 아무런 방비를 못 세운 제갈공명은 성루에서 거문고를 켬으로써 사마의가 침략을 못하게 해서 위기를 간신히 벗어났다.[14)]

⑭ 제갈공명이 죽은 줄 알고 위나라의 사마의가 쳐들어왔을 때 이미 죽은 제갈공명이 살아있는 것처럼 가장하여 사마의를 쫓아냈다.[15)]

삼국지의 이야기는 한 마디로 목적 달성을 위해 상대방을 속이고 상대방에게 속임을 당하는 이야기로 시작하고 끝난다고 해도 과언이 아니다. 이런 삼국지의 이야기를 듣고 자란 중국인들은 그들이 목적 달성을 위해서는 수단과 방법을 가리지 않아야 함을 어려서부터 체득하여 왔다.

의심증

중국인의 의심증은 타고났다. 모든 사람을, 모든 사항을 일단 의심부터 하고 본다. 중국인의 이런 의심증은 위에서 설명한 속임수와 깊은 관련이 있다. 모든 사항마다 속임수에 방비해야 하니 일단 의심부터 해야만 했다.

중국인의 이런 의심증은 오래전부터 이미 형성되었던 걸로 추정된다. 아더 스미스라는 미국인은 22년의 중국생활을 겪으면서 1894년 서양인으로서는 최초로 중국인의 성격에 관한 책을 발간했다.

---

14) 삼국지 8, 나관중 지음, 황석영 옮김, 창비, 2008, 250~253쪽.

15) 삼국지 9, 나관중 지음, 황석영 옮김, 창비, 2009, 188~191쪽.

그는 중국인이 여러 성격의 특징 가운데 대표적으로 의심증을 들었다.[16] 이처럼 의심증은 중국인의 고질적인 습관이 되어 버렸다. 역사적으로 이런 의심증이 수 없었겠지만, 여기서는 삼국지의 속임수와 같이 삼국지에 나오는 의심증 두 가지만 사례를 들고자 한다. 결국 의심증은 속임수와 매우 밀접한 관련이 있기 때문이다.

① 조조(曹操, 155년~220년)는 머리가 쑤시며 아픈 병을 얻게 되어서 생활은커녕 잠도 못 자게 되었다. 어쩔 수 없이 부하 직원들의 간언에 못 이겨 당시 가장 유명했던 의사인 화타(華陀, 145년~208년, 지금의 안후이 사람)를 초빙하여 병을 치료하게 되었다. 화타는 조조를 치료하기 전에 그 방법에 대해 설명을 한다.

『대왕의 두통은 풍(風) 때문에 생긴 것인데 이미 그 뿌리가 뇌 속에 박혀 탕약으로 다스리기는 어렵습니다. 제게 한 가지 방법이 있는데, 대왕께서 마폐탕을 드신 후 제가 날선 도끼로 두개골을 열어 그 속에 괴어서 풍기를 유발하는 즙을 씻어내야만 병의 뿌리를 제거할 수 있습니다.』

이 말을 들은 조조는 평소의 의심이 도져 화타가 자기를 죽이려 한다며 그를 감옥에 가둬 감옥에서 죽게 한다.[17] 결국 조조 자신도 화타를 의심하여 적절한 치료를 받지 못하게 되자 점차 정신쇠약

16) 中國人的性格, Arthur Smith(1845~1932년) 지음, 鶴泉 옮김, 中國華僑出版社, 2014, 160~174쪽.

17) 삼국지 7, 나관중 지음, 황석영 옮김, 창비, 2008, 108~114쪽.

조조(155~220년), 위나라 황제
자료 : http://image.baidu.com/search/detail

등이 악화되어 몹시 시달리다가 운명을 마치는데 그의 고질적인 의심증이 그의 명을 재촉한 것으로 판단된다.

② 조조가 죽고 조조의 후손인 조상은 사마의의 동태가 매우 의심스러워 그를 살피게 했다. 이를 간파한 사마의는 거짓으로 중환자처럼 행동하여 조조 후손들의 의심에서 벗어나서 후일을 도모할 수 있었다.[18]

우정

속고 속이는 전란 속에서 살아남기 위해서는 가족을 제외하고는 친구를 많이 만들어 끈끈한 우정을 쌓아 가야 했다. 우정을 통해서 나의 능력과 힘을 더 발휘할 수 있었고, 우정을 통해서야만 내가 살아갈 수 있는 길을 더 넓힐 수 있었다. 과거 중국인의 우정과 관련된 대표적인 사례들을 몇 가지 알아본다.

관중(管仲)과 포숙아(鮑叔牙)의 이야기

우리에게 잘 알려져 있는 관중(기원전 723~기원전 645년)과 포

18) 삼국지 9, 나관중 지음, 황석영 옮김, 창비, 2009, 235~239쪽.

숙아(기원전 723~기원전 644년)는 기원전 7세기 경 중국 춘추시대의 인물들이다. 포숙아는 어려운 생활에 찌든 관중을 항상 이해하고 도와주었다. 예를 들면 같이 장사를 할 때도 포숙아가 돈을 투자했음에도 돈을 벌면 관중이 지나치게 많이 가져갔고, 포숙아는 관중의 형편이 어렵다는 이유로 번번이 양보하곤 했다. 한 번은 포로가 된 관중을 포숙아가 살려준 데다, 관중을 재상으로 천거하고 자기는 관중의 부하가 되어, 왕을 도와 춘추시대의 패자로 만들기도 했다. 이에 관중 스스로 '나를 낳아 준 이는 부모이지만, 나를 알아 준 이는 포숙아이다'라며 포숙아에 대한 감사함을 표시하기도 했다. 사람들은 그들의 허물없는 우정을 일컬어 관포지교라는 말을 만들어냈다.[19]

관중(기원전 723~기원전 645년)
자료 : http://image.baidu.com/search/detail

포숙아(기원전 723~기원전 644년)
자료 : http://image.baidu.com/search/detail

19) 사기열전 1, 사마천 지음, 김원중 옮김, 민음사, 2015, 83~84쪽.

소진(蘇秦)과 장의(張儀)의 우정과 신뢰

춘추전국시대에 소진(지금의 洛陽 사람, ?~기원전 284년)과 장의(지금의 山西省 사람, ?~기원전 309년)는 어려서부터 같이 공부를 했던 친구지간이다. 소진은 진나라를 견제하기 위해 다른 6개국(초, 연, 제, 한, 위, 조)이 서로 연합하자는 합종파를 주장했다. 장의는 이에 대항하여 진 나라로 하여금 다른 6개국과 각각 연합하여 6개 국가 간의 협력관계를 깨부수려는 연횡론을 주장했다.

그들은 친구지간이지만 진나라에 대항해야 한다는 논리와 진나라를 위해야 한다는 상반되는 이론을 주장하고 다녔다. 소진이 먼저 6개 국가로부터 신뢰를 받아 좋은 대우를 받게 되었다. 장의는 여러 어려움을 극복하다가 소진의 도움으로 결국엔 연횡론을 성공시킨다.

한 번은 장의가 매우 어려운 처지가 되어 소진을 찾아간다. 소진은 일부러 장의를 마루 아래에 앉게 하고 하인이나 첩이 먹는 형편없는 음식을 내주었다. 그리고는 그의 잘못을 하나하나 끄집어내면서 꾸짖었다.

『자네같이 재능을 가진 자가 어이하다가 이처럼 어렵고 부끄러운 처지가 되었는가? 내 어찌 자네를 왕에게 추천하여 부귀하게 만들 수 없겠는가? 그러나 자네는 거두어서 쓸 만한 인물이 아니네.』

하며 소진은 장의의 부탁을 거절하고 돌려보냈다. 장의는 이곳에 올 때에는 옛 친구에게 도움을 받을 수 있을 줄로 생각했는데 도리어 모욕을 당하자 화가 치밀어 올랐다.

한편 소진은 조금 있다가 자기 부하를 시켜 말했다.

『장의는 천하에서 현명한 인물이니 나는 그를 뛰어넘을 수 없네. 지금은 운이 좋아 내가 먼저 등용되었을 뿐이지, 진나라의 실권을 잡아 휘두를 사람은 장의뿐일세. 그러나 그는 가난하여 다른 사람에게 등용되지 못했네. 나는 그가 작은 이익을 탐내어 큰 뜻을 이루

소진이 6국의 재상이 되어 금의환향하는 그림
자료 : http://image.baidu.com

지 못할까 염려스러워서 일부러 그를 불러다 모욕을 주어 그의 뜻을 북돋운 것일세. 자네는 나 대신 은밀히 그를 도와주게』

초나라를 속이고 있는 장의
자료 : http://image.baidu.com

소진은 부하를 시켜 장의를 몰래 뒤따라가 그와 함께 먹고 자면서 그에게 필요한 수레와 말과 금을 주어서 돕게 했다. 장의도 처음에는 소

진의 거절을 알고 그에 대해 분개했지만 나중에야 그의 진심을 알게 되어 그에게 매우 고마워했다. 나중에 장의는 진나라의 재상이 되어 드디어 그의 실력을 발휘할 수 있게 되었다.[20]

다만 좀 지나서 위의 합종과 연횡의 상태가 반복되다가 결국엔 진나라가 나머지 6개국을 차례차례 멸망시켜 전국을 통일하게 된다.[21]

삼국지의 유비, 관우와 장비의 우정

후한 말 환관이 설쳐대며 정치가 어지러워지자 천하 인심이 날로 흉흉해지고 사방에서 도적들이 벌떼처럼 일어났다. 이러한 어려운 시기를 타개하고자 유비, 관우와 장비가 뜻을 모아 장비의 집 복숭아 동산에서 다음과 같이 굳건한 형제의 결의를 맺는다. '유비, 관우, 장비가 비록 성은 다르오나 이미 의를 맺어 형제가 되었으며, 한 해 한 달 한 날에 태어나지 못했어도 한 해 한 달 한 날에 죽기를 원하니, 하늘과 땅의 신령께서는 굽어 살펴 의리를 저버리고 은혜를 잊는 자가 있다면 하늘과 사람이 함께 죽이소서' 이로써 유비가 형이 되고, 관우가 둘째, 장비가 셋째가 되었다.

나중에 위나라, 오나라와 촉나라가 서로 삼국을 통일하기 위해 수많은 전쟁을 거치면서 이들의 운명도 다해간다. 먼저 관우와 그의 아들 관평을 비롯한 휘하 부하들은 오나라 손권의 군대에 쫓기다가 잡혀 부자가 함께 죽임을 당하니 서기 219년, 관우의 나이 58

20) http://baike.baidu/item baidu 백과

21) 사기열전 1, 사마천 지음, 김원중 옮김, 민음사, 2015, 226~274쪽.

세였다.[22]

한편 손권에 의해 관우가 죽었다는 소식을 들은 장비는 아침저녁으로 통곡을 하며 날마다 옷깃이 피눈물에 젖었다. 술로 심정을 위로하다가 화가 치밀어 오르면 장수나 군졸을 가리지 않고, 조금이라도 군령을 어기는 자가 있으면 사정없이 매질을 해댔다. 그 바람에 맞아죽는 자가 많았다. 결국 화가 미칠 것이 두려운 부하에 의해 자다가 허망하게 죽임을 당하니 서기 220년 그의 나이 55세였다.[23] 두 동생의 죽음을 항상 슬퍼하며 괴로워했던 유비도 마침내 제갈공명에게 후사를 당부하고 세상을 뜨니 서기 223년 유비의 나이 63세였다.[24]

삼국지의 유비
자료 : http://image.baidu.com/search/detail

삼국지의 관우
자료 : http://image.baidu.com/search/detail

22) 삼국지 7, 나관중 지음, 황석영 옮김, 창비, 2008, 86~92쪽.
23) 앞의 책, 162~170쪽.
24) 삼국지 8, 나관중 지음, 황석영 옮김, 창비, 2008, 7~19쪽.

삼국지의 장비
자료 : http://image.baidu.com/search/detail

삼국지의 내용이 사실과 부합한 점이 많지는 않겠으나 삼국지에서 나오는 유비, 관우와 장비 삼형제간의 우정은 형제보다 더 깊었다고 볼 수 있다. 그렇기에 전란 중에서도 많은 어려움을 이겨내고 견디어가며 촉나라의 안녕과 번영을 위해 목숨을 희생해가며 싸웠다. 다만 아쉽게도 그들은 꿈을 이루지 못한 채 사망하였지만, 많은 사람들에게 우정의 중요성과 아름다움을 일 깨우쳐 준 매우 교훈적인 내용도 있었다.

인내와 끈기

중국인들은 오랜 과거부터 자신의 목적을 달성하기 위해 많은 어려움을 무릅쓰고 수많은 모욕과 괄시를 묵묵히 견뎌내며 참아왔다.

진 문공의 19년 망명생활

춘추전국시대에 5패 중 하나로 유명한 진 문공(기원전 697~기원전 628년)에 대한 이야기다. 진 문공은 부친이 첩의 말만 믿고 자기를 죽이려고 하자, 43세 때부터 19년간이나 기나긴 망명 생활을 하며 기회를 찾고 있었다. 오랜 망명생활을 하면서 호화스런 대접도 받기도 했지만 대부분 갖은 핍박과 멸시를 받았음에도 불구하고 그는 참고 견디었다. 62세 때에 비로소 자기 나라로 돌아와 국력을 충실히 다지는 데 노력을 기울이고 주변국을 격파시켜 명실공히 패자로서의 위엄을 떨칠 수 있었다.[25)]

진문공의 유랑
자료 : http://baike.baidu/item baidu 백과

오자서(伍子胥)의 16년만의 복수

춘추시대 한 때 초나라의 왕을 도운 대신의 자손인 오자서(기원전 559~기원전 484년)는 초나라의 내부 사정으로 자기의 아버지와

25) 이야기 중국사, 청아출판사, 조관희 엮음, 2008, 59~64쪽.

형이 초나라에 의해 죽임을 당한다. 이에 오자서는 원한을 품고 이리저리 떠돌다 오나라로 간다. 그곳에서 초나라에 대한 복수의 나날만 기다리며 16년간을 견디어낸다. 결국 오자서는 계략을 세워 자기가 모신 왕자를 오나라 왕으로 모시게 되었으니 이가 바로 5패 오나라 부차의 부친인 합려이다. 오자서는 합려의 정치 고문을 맡아 국력을 신장시키고, 아울러 초야에 묻혀 살던 병법가 손무를 장군으로 추천하여 오나라를 강국으로 만드는 데 크게 기여했다.

합려의 아들 부차가 왕이 되어 오자서의 말에 귀 기울이지 않고 점차 그를 멀리하였다. 오자서는 부처로 하여금 미리 월나라의 구천을 멸망시켜야 한다고 직언을 했는데도 불구하고, 부처는 모함에 빠져 오자서의 말을 듣지 않자, 오자서는 오나라의 앞날에 화가 미칠 것이라고 판단하여 아들을 제나라에 맡겼는데, 그와 사이가 나쁜 간신 백비(伯嚭)가 이 일을 내세워 모함을 하였다. 그러자 부차는 오자서에게 촉루(屬鏤)라는 명검을 내려 자결하도록 명하였다.

오자서

자료 : http://baike.baidu/item baidu 백과

오자서는 한탄하며 자신이 죽으면 오나라가 월나라에 멸망당하는 모습을 지켜볼 수 있도록 눈알을 도려내서 동문 위에 걸어달라고 당부하고는 자결하였다. 부차가 이 소식을 듣고 격노하여

그의 시신을 말가죽 자루에 넣어 강물에 던져버렸다. 오나라 사람들이 그를 가엾게 여겨 강기슭에 사당을 세우고 서산(胥山)이라고 명명하였다. 9년 후, 월나라 구천의 공격으로 오나라는 패망하였으며, 부차는 오자서의 말을 따르지 않은 것을 후회하며 자결하였다.[26]

와신상담(臥薪嘗膽)

오나라와 월나라가 원수가 되어 서로 싸울 때 오부차는 아버지의 원수를 갚기 위해 절치부심을 한다. 매일 아버지의 원한을 되새겼던 오부차는 기회를 잡아 결국 원수 나라인 월나라의 왕 구천을 포로로 잡는다. 월나라 왕 구천과 재상 범려는 3년 동안 오왕 부차의 노복으로 일했다. 부차가 수레를 타고 나갈 때마다 구천은 그에게 말을 끌어다 주는 신세가 되었다. 구천은 때로는 오부차의 비위를 맞추기 위해 그의 대변까지 맛보아야 했다. 결국 오부차는 당시 그의 충신 오자서의 말을 듣지 않고 구천을 가엾게 여겨 그를 월나라로 보내줬다.

자기 나라로 돌아온 구천은 복수를 다짐하고 매일 밤 섶에서 누워 잤으며, 쓸개를 옆에 두며 맛보고 결의를 다짐했다. 나중에 월나라 구천은 오나라의 부차를 물리쳐서 천하를 제패하게 되었다. 이게 아직까지도 이야기되고 있는 와신상담의 내용이다.[27]

---

26) 이야기 중국사, 청아출판사, 조관희 엮음, 2008, 64~69쪽.

27) 中國通史, 曹衛東 編著, 海潮出版社, 2007, 47~48쪽.
http://www.baike.com/wiki
일부 한국 자료에서는 오나라의 부차가 섶에서 누워 잤으며, 월나라 구천이 매일 쓸개를 먹으며

오부차(기원전 528~기원전 473년) 월왕 구천의 와신상담을 나타낸 그림
자료 : http://baike.baidu/item baidu 백과, 네이버 백과

궁형(宮刑)을 택한 사마천(司馬遷)

사마천은 기원전 145년 지금의 중국 산시성(陝西省)에서 태어났다. 사마천의 집안은 대대로 주나라 왕실의 태사(역사를 기록하고, 천문, 역법과 제사를 관장하던 관리)였기 때문에 중국 역사에

복수를 다짐했다는 내용을 담고 있다.
이야기 중국사, 청아출판사, 조관희 엮음, 2008, 70~75쪽.
http://www.terms.naver.com/entry 두산백과
하지만 원전이라 할 수 있는 사마천의 사기세가에서는 월나라 구천이 오나라로부터 귀국하여 몸을 고생시키며 복수의 생각에 사로잡혀 곰쓸개를 자리위에 놓고, 앉으나 누우나 곰쓸개를 쳐다보며 식사 때마다 쓸개를 맛보았다고만 서술되어 있는데(越王勾践反国, 乃苦身焦思, 置胆于坐, 坐卧即仰胆, 饮食亦尝胆也). 번역자 김원중은 월나라 구천이 와신상담했다고 추가 설명하고 있다. 사기세가, 사마천 지음, 김원중 옮김, 민음사, 2015, 418쪽.
중국에서도 와신상담의 주인공이 누구인가에 대한 의문이 많으며 대개는 구천이 와신상담한 걸로 해석하고 있다. https://sougou.com. 중국의 자료에 의하면 후세 사람들이 와신을 추가하여 월나라 구천이 와신상담을 한 걸로 주로 풀이하고 있다.

대한 방대한 기록물이 이어져 왔다. 사마천의 아버지 사마담(司馬談)은 죽으면서 아들 사마천으로 하여금 임금과 신하, 선비들에 대한 행적을 기록해달라는 유언을 남긴다. 사마천의 나이 36세 때의 일이다.

사마천은 10살 때부터 고문을 익혀 옛날 경전이나 역사책을 읽을 수 있는 기초적인 공부를 했지만, 어려서 고삐 풀린 듯 자유분방했고, 커서도 고을에서 칭찬받는 젊은이가 못되었다고 실토한다. 다만 그는 젊어서 많은 지역을 두루 다녀서 지역별 특성과 역사적 의미를 잘 알 수 있었다.

사마천은 당시 황제의 시종 무관인 낭중이라는 하급관리에 지나지 않았지만, 한편으로는 황제의 비서관 역할을 하는 중요한 자리였다. 나중에 태사령(천문과 역법을 담당하는 전문 관리)의 직책을 수행하게 된 사마천은 친구들과의 교류를 끊으며 밤낮없이 모든 재능을 다해 직분에 충실하여 황제의 신임을 받는다.

당시 황제는 한 무제로서 매우 비범하고 원대한 포부를 지닌 인물이었다. 그는 안으로 황제 권한을 강화해 중앙 집권체제를 확립하고, 밖으로는 주변 이민족을 정복해 영토를 넓혔다. 군사적으로는 남쪽의 월 지역을 평정했고, 동북쪽으로는 고조선을 정복했으며, 장건을 파견해 서역으로 통하는 교통로를 개척하기도 했다.

한 번은 사마천의 친한 친구인 이릉(李陵)장군이 흉노와의 전투에 참가했다가 패하여 투항하고 말았다. 당시 신하들은 한무제 황제에 아부하기 위해 이릉 장군을 비난하였지만, 사마천은 역사가로서 냉정하게 판단하여 이릉 장군을 두둔하여 황제의 노여움을 샀다.

기원전 99년 그의 나이 45세 때 형벌을 받아 그는 두 가지 중 하나를 선택해야 했다. 하나는 50만 전의 거금을 국가에 내거나 아니면 당시 사형 다음의 무서운 형벌이었던 생식기를 제거하는 궁형을 받는 것이었다. 50만 전은 워낙 거금이라서 사마천으로서는 엄두를 낼 수 없었다. 당시의 선비들은 이런 선택 기로에 놓이면 차라리 자결을 택했다.

사마천은 죽음보다도 더 고통스러운 궁형을 택했는데 거기에는 이유가 있었다. 아버지의 유언을 실천해 <사기>를 완성하는 것이었다. 그는 이를 악물고 치욕을 감수하면서도 궁형을 택했고 더욱 열심히 자신의 일에 열중했다. 나중에는 지금의 황제 비서실장이라는 환관들 중에서 가장 자리가 높은 중서령이 되면서 사기를 저술하는 작업도 계속할 수 있었다.

사마천에게는 친한 친구인 임안(任安)이 있었는데, 사마천이 어려움에 빠져있을 때 황제에게 사마천의 죄를 면하게 해달라고 부탁했던 사람이었다. 그러나 사마천은 정작 그의 친구 임안이 처형을 당하게 되는 사건이 발생하자, 이를 도와줄 수 있는 형편이 못되어 친구인 임안에게 자신이 궁형을 당했던 시절부터 당시까지의 심정을 토로하는 글을 썼다. 이 글이 유명한 보임안서(報任安書)다. 장문의 내용을 요약하면 다음과 같다.

나 같이 별 볼일 없는 사람 하나가 죽는 것이 무슨 대수인가? 내가 말을 잘못하여 이런 화를 당하여 고향에서 비웃음거리가 되었고, 돌아가신 아버지를 욕되게 하였으니 무슨 면목으로 부모님 무덤에 오르겠는가? 백대가 흐른다 하여도 씻기지 않을 치욕이라네.

궁형보다 더 치욕스런 것은 없지, 그렇기에 나는 하루에도 내장이 아홉 번이나 뒤틀리는 아픔을 느끼고 집에 가만히 있으면 멍하니 무엇인가를 잊은 듯하며, 집을 나서면 어디로 가야 할지 알 수가 없었다네. 이 수치심을 떠올릴 때마다 등골에 땀이 배어 옷을 적셨지.

노예나 비첩 같은 존재들도 오히려 자결을 아는데 하물며 내가 어찌 그렇게 할 수 없었겠는가? 그럼에도 치욕을 참고 견디며 더러운 흙속에 뒹구는 것을 마다하지 않는 까닭은 내 마음 속의 소원을 다하지 못한 것이 한스럽고, 비루하게 살다가 죽을 경우 나의 글이 후세에 남겨지지 않을까 두려웠기 때문이었네.

이제 내가 저술한 이 글이 세상에 나와 사람들에게 전해진다면, 내가 이전에 당했던 굴욕이 보상되리라 믿네. 이제 더 참혹한 형벌을 당한다 할지라도 어찌 후회됨이 있겠는가?[28)]

사마천(기원전 145년~ ?)
자료 : http://baike.baidu/item
baidu 백과

지금으로부터 무려 2,150년 전이라 하더라도 차라리 죽음으로써 치욕을 받지 않아도 되었을 텐데, 역사서를 지어서 후세의 교훈으로 삼고자 했던 그의 죽음을 초월한 프로 정신은 정말 높이 살만 하다. 남성으로서 생식기를 절단 당해야만 했던 육체적, 심적 고통과 주변으로부터의 갖은 치욕과 웃음거리를 무릅써야 했던

28) 사기, 사마천 지음, 고은수 옮김, 풀빛, 2014, 342~354쪽.
완역 사기본기, 사마천 지음, 김영수 옮김, 알마, 2010, 59~73쪽.

이유가 이 글에 절절히 배여 있다. 그가 가장 치욕스러웠을 궁형을 택하지 않고 차라리 자결을 택했더라면 중국 전설상의 임금인 오제에서 한나라 무제에 이르기까지 약 2천5백년간 제왕들의 정치와 행적을 파악하기가 매우 어려웠을 것이다.

대장정

마오쩌둥의 공산군이 농민의 환영을 받으며 장시성(江西省)을 중심으로 급성장을 하자 이에 위협을 느낀 장제스는 1930년 10월부터 본격적으로 공산당의 본거지를 공격하기 시작했다. 장제스의 국민당 군 토벌작전에 밀린 공산군은 중과부적을 느껴 1934년 10월 소비에트공화국의 거점이었던 장시성을 버리고 1만 km가 넘는 대장정에 오른다. 국민당군과 수많은 전투를 거치면서 공산군은 20개의 설산을 포함한 18개의 큰 산맥과 최소 17개의 큰 강을 건너 2년 만에 목표로 삼은 산시성(陝西省)북부에 도착한다. 애초 30만여 명에 달하는 인원이 출발했으나, 목적지에 도착한 사람은 겨우 3만여 명에 불과했다.[29)30)]

대장정을 통해 국민당군의 추격에서 무사히 빠져나온 공산당 홍군은 산시성에서 국민당 군과의 전투에서 이길 수 있는 역전의 기반을 다지게 된다.

---

29) 중국사 재발견, 왕중추 지음, 김영진 옮김, 서교출판사, 434~435쪽.

30) http://baike.baidu.com/link에서는 공산군의 대장정에서 병력의 4분의 3이 희생되었다고 설명하기도 한다. 내가 보기에 이 수치가 그다지 큰 의미는 없다. 왜냐하면 대장정 기간에 농민들이 홍군에 많이 합류했기 때문에 대장정 기간에 희생된 홍군 수는 이보다 훨씬 더 많았을 걸로 판단되기 때문이다.
http://www.terms.naver.com/entry 두산백과

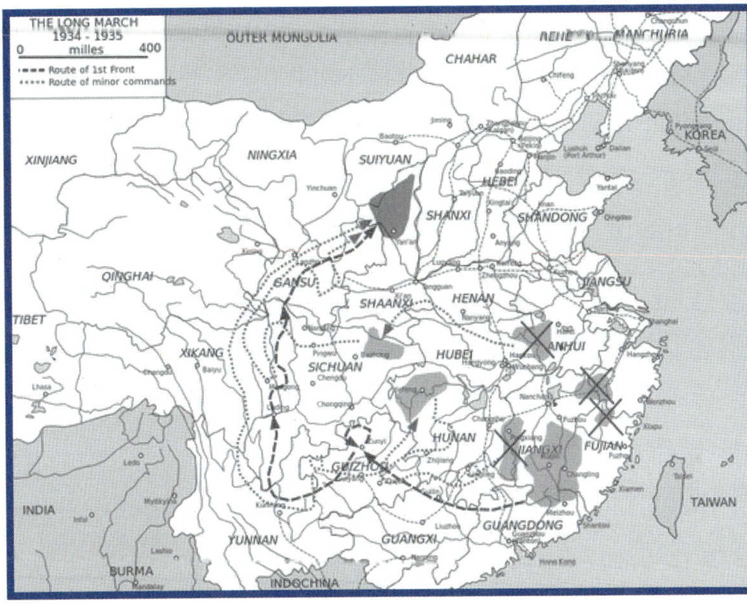

11개 성과 18개 산맥, 17개의 강을 건넌 1만 2,500km 의 대장정 경로

자료 : 중국사 다이제스트 100, 2012.3.23. 가람기획 재인용

주 : 굵은 점선은 주력부대, 가는 점선은 소수부대의 이동 경로

오뚝이(不倒翁) 덩샤오핑[31]

덩샤오핑(1904년~1997년)은 쓰촨성에서 태어났다. 그는 젊어서 프랑스에 가 고학을 하기도 했으며, 구소련에서 약 1년 정도 유학을 하기도 했다. 1927년 귀국하여 본격적으로 공산당 활동을 하였으며, 1933년에는 마오쩌둥(1893년~1976년)의 휘하에서 항일운동과 국민당 군과의 전투에 참여하기도 했다. 한 때는 마오쩌둥과 노선이 맞지 않아 실각당하기도 했다.

31) http://baike.baidu.com/item baidu百科
http://terms.naver.com/entry.nhn? 두산백과

1935년 대장정에 참여하면서 공산당 팔로군의 정치위원으로 활동을 했다. 1949년에는 창장 도하 작전과 난징을 탈환할 때 정치위원으로 큰 공을 세우는 등 중화인민공화국 수립에 많은 기여를 했다. 이런 공로를 인정받아 1952년 부총리로 재직하면서 당 서열 6위로 뛰어 올랐다.

그러나 마오쩌둥이 야심있게 추진했던 대약진 운동의 실패로 인해 경제가 피폐해지면서, 많은 비판에 시달려 온 마오쩌둥은 정적을 물리치기 위해 문화대혁명을 전개했다. 이 문화대혁명의 여파로 덩샤오핑은 1966년 실각하여 일체의 직무를 박탈당한 채 1969년부터 1973년까지는 장시성(江西省) 시골 경운기 수리공장에서 직원들과 똑같이 막노동을 하기도 했다. 당시 그와 노선을 같이했던 류샤오치는 홍위병들에 의해 비참한 죽임을 당하였고, 덩샤오핑도 몇 번 죽임의 위협이 있었지만 저우언라이(周恩來, 1898년~1976년)의 도움에 의해 죽음을 피할 수 있었다. 다만 그의 아들이 홍위병들의 무차별적인 폭력에 의해 2층에서 떨어져 반신불수가 되는 아픔을 겪기도 했다.

1973년에는 저우언라이의 도움으로 중앙 정치국위원으로 복귀하였으며, 1975년에 다시 부총리로 복직했다. 1976년에 자신의 정치적 후원자였던 저우언라이가 사망하자 천안문 광장에서 대규모의 추모대회가 열렸다. 그 당시 4인방(江青, 姚文元, 王洪文, 張春橋)이 권력을 쥐고 있었는데 군중들의 추모대회에 위협을 느낀 그들은 덩샤오핑을 추모집회의 주동자로 지목하여 그의 직무를 다시 박탈시켜 비렸다.

모든 직무를 박탈당한 그는 4인방이 숙청당한 후인 1977년에 부총리로 복귀되었다. 이후 마오쩌둥의 노선을 따른 화궈펑 체제를 비판하면서 5년간의 권력투쟁 끝에 1981년에야 실질적 권력을 장악할 수 있었다. 수번에 걸친 실각과 복귀, 권력투쟁 속에서 살아남기 위한 각종 암투, 암살에 대한 두려움 등을 극복하고 중국의 살아갈 방향을 인도한 그는 명실상부한 오뚝이(不倒翁)였다.

덩샤오핑(1904~1997년)
자료 : http://image.baidu.com/search baidu 百科

저우언라이(1898~1976년)
자료 : http://image.baidu.com/search/detail

통 큰 스타일

중국인들은 예부터 스케일이 매우 컸다. 땅이 넓은 탓에 공간적인 스케일이 큰 건 이해가 되지만, 당시 짧은 인간의 수명을 생각한다면 시간적으로도 매우 큰 스케일을 이해하기란 쉽지가 않다. 이런 통 큰 스타일이 최근 대대적으로 추진되고 있는 일대일로 정책의 밑거름이 아닌가 싶다.

진시황릉 조성

진나라의 왕(나중에 진시황, 기원전 259~기원전 210년)은 13세에 즉위하자마자 여산(驪山)에 자신의 능묘를 만들기 시작해서 39세때 천하를 통일했고, 50세가 될 무렵에야 능을 완성했다. 이 시황릉의 공사에만 약 75만 명의 죄수가 동원되었다고 한다. 1974년에 우연히 발견된 능의 크기는 56.25km^{2}의 면적(지금 서울 면적이 약 600km^{2}이니 약 1/11에 해당된다)을 차지하며, 안과 밖으로 두 개의 도시가 그 묘를 벽처럼 에워싸고 있다. 내부 벽은 길이가 남북으로 1,355m, 너비가 동서로 580m, 둘레가 3,870m에 이른다.

외부 벽은 길이가 남북으로 2,165m이며 너비가 동서로 940m, 둘레가 6,210m에 달한다.[32)]

진시황릉의 외부

진시황릉의 내부

자료 : http://baike.baidu.com/item baidu 百科

32) 이야기 중국사, 청아출판사, 조관희 엮음, 2008, 128~130쪽, 197쪽. http://baike.baidu/com/link?

최근 전문가들에 의하면 진시황릉에 있는 토용 장병의 수만 약 8천 명에 달하며 이를 제작하는 데만 최소 약 10년이 소요되었을 걸로 추정되고 있다. 토용 장병만 하더라도 크기가 최소 1.8m에 무게가 약 300kg에 달했다. 이를 제작하는 방법은 현재까지도 틀을 이용하는 방법과 코일 성형법으로 부르는 하나하나 조각하는 방법밖에 없다. 최근 조사에 의하면 토용 장병은 이 코일 성형법에 따라 일일이 만든 것으로 판단되었다. 이에 따라 모든 토용 장병의 얼굴 모습이 전부 다른 걸로 조사되었다. 이를 하나 만드는 데 최소 1개월이 소요되었을 거로 추정된다. 토용 장병을 만들고 나서도 채색을 위해 진흙위에 바탕을 칠해야 했으며 이의 재료가 래커나무에서 추출된 래커라는 액체로 판명되었다. 토용 장병 한 명을 칠하는 데 25그루의 래커나무가 필요했기 때문에 8천 명의 토용만 채색하는 데도 최소 20만 그루의 래커 나무가 필요했을 거로 추정된다. 아울러 이 래커 나무도 독성이 강해서 작업자가 많은 피부병에 걸렸을 것으로 추정되고 있다.[33)]

만리장성 축조

만리장성은 인류 최대의 토목공사라고 불리며 중국 역대 왕조들이 북방민족의 침입을 막기 위해서 세운 방어용 성벽이다. 명나라 때를 기준으로 연장 길이는 약 2,700km이며, 동쪽 산해관(山海關)에서 서쪽 가곡관(嘉峪關)까지 동서로 길게 뻗어 있다. 2009년 중국의 국가문물국은 만리장성의 동쪽 끝을 단둥의 호산장성(虎山長城)으

33) National Geographic, 진시황의 유령 군대 프로그램

로 지정하며[34] 연장 길이를 약 8,851km로 발표하였으며, 2012년에는 만리장성을 비롯하여 역대 왕조에서 건설된 장성들을 모두 포함한 길이를 약 21,196km로 발표하였다.

일반적으로 만리장성의 기원을 진나라 시황제 때로 보는 역사가들이 많지만 실제는 그보다 훨씬 전인 춘추시대(기원전 770~기원전 443년)부터 북쪽 변방에 부분적으로 성벽이 건축되었다. 통일왕국인 진나라가 들어서면서 북쪽의 흉노를 견제하기 위해 이들 성벽을 연결하고 증축한 것이다.

이후 명나라 때 현재의 규모와 모습을 갖추게 되었다. 명나라는 15세기~16세기에 만리장성에 대한 대대적인 개보수 작업을 진행했는데, 당시 북방에 있던 몽골의 침입에 대비하기 위해서였다. 북방민족인 만주족이 세운 청 왕조에서는 군사적 가치가 없어 방치되어 있다가, 중화인민공화국 때 관광 목적으로 보수되어 지금에 이르고 있다.

만리장성이 똑같은 구조와 재료로 만들어진 것은 아니다. 이중으로 축성된 곳도 있고, 성벽의 높이나 폭도 지역에 따라 차이가 있다. 대체로 서쪽보다는 동쪽이 견고하게 축성되어 있다. 성을 쌓은 재료는 햇볕에 말린 벽돌과 이것을 불에 구운 벽돌, 그리고 돌 등인데 동쪽으로 갈수록 더 단단한 재료를 사용했다. 성벽은 높이 6~9m, 평균 폭은 위쪽 4.5m, 아래쪽 9m이다. 100여 m간격으로 망루를 설치하고, 군대를 주둔시켰다.

중국 역대 왕조들이 만리장성을 쌓은 가장 중요한 목적은 북방

34) 원래 만리장성의 동쪽끝은 산해관이었는데 2000년 초부터 중국 정부는 만리장성의 끝을 기존 산해관에서 단동 압록강변 끝 호산산성으로 연장시켰고 단동 호산산성을 개보수 확대했다. 이는 중국 정부가 추진하고 있는 동북공정의 일환으로 판단된다. 중앙sunday, 2012.6.10.~11., 6면

민족의 침입을 막기 위해서였다. 따라서 왕조의 성격에 따라 만리장성의 중요성이나 만리장성에 쏟는 정성도 달라졌다. 왕조가 공격적이었던 시기보다는 방어적이었던 시대에 만리장성은 더욱 중시되었다. 북방 경영에 열심이었던 당나라 때나 전 세계를 무대로 침략전쟁을 벌였던 몽고제국과 뒤이은 원나라, 만주에서 일어나서 만리장성 너머까지 다스렸던 청나라 때는 그 중요성이 크게 떨어지고, 따라서 개보수 작업도 거의 진행되지 않았다.

만리장성은 군사적인 역할 이외에 문화적으로는 유목문화와 농경문화, 중원과 변방을 가르는 경계선의 역할도 했다. 중국 역대 왕조들이 만리장성에 들인 노력과 비용에 비해서 방어벽으로서 역할은 크지 않았다는 평가도 적지 않다. 하지만 그 실효성에 관계없이 오늘날 만리장성은 중국을 대표하는 명물이 되었다.[35)]

어찌되었던 내가 1994년 5월 처음으로 베이징에 가까운 만리장성에 오른 소감은 너무 허탈했다. 5월이라 했어도 북쪽의 찬바람은 거세게 휘몰아쳤고, 만리장성 너머 북쪽의 황량한 들판을 보자 마음이 참으로 착잡했다. 그 당시 외세의 침입이 얼마나 무서웠으면 이런 무모한 사업을 벌였을까 하는 의문이 크게 들었다. 이와 더불어 만리장성을 쌓기 위해 끌려온 수많은 장성들과 그의 가족들의 울음과 한이 곳곳에 배여 있는 듯 했고, 돌마다 그들의 무덤이 되었던 듯 하여 맘이 더없이 무거웠다. 그래서 외람되나마 즉석에서 만리장성이란 4행시를 지은 적이 있었다.

---

35) http://baike.baidu.com/item baidu 百科
http://terms.naver.com/entry.nhn? 두산백과

만가지 상념을 안고 장성에 오르니
리(이)별의 슬픔이 곳곳에 배여 있네
장부의 한이 여기에 묻혔나니
성을 이룬 돌마다 무덤이 되었네

만리장성

자료 : http://baike.baidu.com/item baidu 百科

대운하

중국에는 전체적으로 동서방향으로 흐르는 하천이 많아 예로부터 동서를 연결하는 수운이 발달한 반면, 남북방향으로는 여러 강이 국지적으로 남서~북동 또는 북서~남동 방향의 수로로 이용되었을 뿐이다. 따라서 대운하는 오랫동안 정치적 중심지였던 화북과 물자가 풍부했던 강남을 연결하고, 아울러 화북과 화중 · 화남을 정치적으로 결합하는 데 중요한 몫을 해왔다.

대운하의 역사는 일찍이 진(秦)·한(漢) 시대에 그 기원을 두고 있는데, 황허에서 남동으로 화이허강에 이어지는 수로와, 다시 후일의 산양독(山陽瀆)으로 이어지는 화이허강 · 창장을 잇는 수로가 그때에 이미 열려 있었던 것으로 여겨지나 남북조(南北朝)의 내란기에 매몰되었다. 또 4세기 초 진조(晋朝)가 남쪽으로 옮긴 뒤, 강남의 개발이 진척됨에 따라 삼각주 지대에 운하가 열렸으나 주로 지방간 이용되는 데 그쳤다.

그러나 수나라가 천하를 통일하여 창안에 도읍하자, 남과 북을 창안으로 연결하는 수로를 완성했다. 수나라 두 번째 황제인 양제는 강남 지역의 경제적 중요성이 갈수록 커지자 대운하의 필요성을 인식하였다. 특히 창장 유역의 쌀을 당시 수도인 창안과 뤄양 등의 도시에 직송하는 문제가 중요했다.

따라서 수 양제는 대규모로 운하의 굴착공사를 벌이기 시작했다. 우선 북쪽의 베이징이나 톈진에서 남쪽의 항저우에 이르는 중국 동부 지역에는 황허와 창장을 비롯한 큰 강이 5개나 흘러 그 지류까지 포함할 경우 많은 물동량을 강이나 하천을 이용하여 운반할 수 있었다.

대운하의 공사는 서기 605년에서 611년 사이에 이루어졌는데 완공되었을 때의 총 길이가 1,794km, 넓이가 약 50m로 가장 좁은 지역이 30~40m에 달했다. 이 운하에서 수 양제는 수천 척의 배를 이끌기도 하여 함대의 길이가 200여리에 달하기도 했다.[36]

이 공사를 위해 약 1백만 명의 장정이 동원되었으며 단지 수로만 연결하는 게 아니고, 운하 주변에 버드나무로 가로수를 심어 창안에서부터 약 40여 개의 이궁(離宮)을 만들기도 했다. 다만 그 당시에 이렇게 조성된 운하는 백성들의 생활에는 이용되지 못하고 황실의 필요성에 의해서만 이용되었다 이 운하가 백성에게 널리 이용되기 시작한 때는 당나라 중기 이후부터이다.

수나라의 뒤를 이은 당과 송나라 때에는 대운하가 남북 수로교통의 대동맥을 이루어, 강남 개발에 따른 수운(水運) 및 상업발전에 기여한 바가 매우 컸다. 송나라가 연안의 카이펑(開封)에 도읍하게 된 것도 그와 같은 사정에 크게 영향을 받았기 때문이었다.

다시 원나라가 중국을 지배하고 다도(大都: 北京)에 도읍하자, 대운하의 중요성이 한층 가중되었다. 그리하여 창장 유역에서 운하로 톈진(天津)에 이르고, 다시 바이허강(白河)을 이용하여 베이징 가까이까지 이를 수 있는 수로가 형성되었다.

그 뒤 명나라 초기에 난징(南京)에 도읍했던 시기를 제외하고는 명·청나라 때에도 대운하의 역할은 매우 컸다. 그러나 청나라 말에 해운이 성행하자 상대적으로 운하의 중요성이 줄고, 다시 중화

36) 中國通史, 曹衛東 編著, 海潮出版社, 2007, 195~196쪽.

민국이 난징을 수도로 삼은 뒤에는 그 경향이 한층 심해져서 여기저기 매몰되기도 하였다. 그러다가 중화인민공화국 수립 후에 하천계획을 겸한 확장 및 복구공사가 이루어졌다.37)

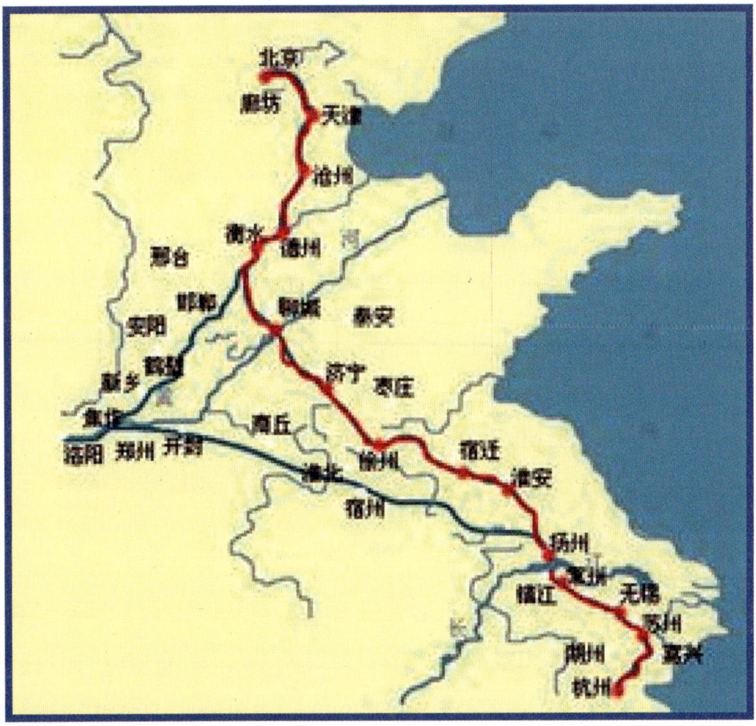

중국의 대운하
자료 : http://baike.baidu.com/item baidu 百科

37) 이야기 중국사, 청아출판사, 조관희 엮음, 2008, 304~305쪽.
http://terms.naver.com/entry.nhn? 두산백과.

비단길 개척

동서양을 이어 준 기원전 고속도로로 알려진 비단길(실크로드)은 고대 중국과 서역 각국 간에 비단을 비롯한 여러 가지 무역을 하면서 정치 · 경제 · 문화를 이어 준 교통로의 총칭이다. 총길이 6,400km에 달하는 비단길의 이름은 독일인 지리학자 리히트호펜(Richthofen, 1833~1905년)이 처음 사용했다. 중국 중원 지방에서 시작하여 허시후이랑(河西回廊)을 가로질러 타클라마칸 사막의 남북 가장자리를 따라 파미르 고원, 중앙아시아 초원과 이란 고원을 지나 지중해 동안과 북안에 이르는 길이다.

구체적으로는 중국 창안(지금의 시안)을 거쳐 중앙아시아 국가, 아프가니스탄, 이란, 이라크와 시리아 등을 거쳐 지중해를 지나서 로마까지 이르는 길이다. 이후 수천 년에 걸쳐 유목민족, 상인, 종교인, 외교가, 병사와 학술고고학자들이 이 비단길을 따라 활발한 활동을 했다.

옛날 로마인들은 동쪽 어딘가에 황금 섬(중국)이 있다고 믿었고, 중국 또한 서역에 대해 항상 궁금해 했다. 그러나 정작 동양과 서양은 기원전 100년까지도 서로 간에 그다지 교류가 없었다. 이러한 교류를 가로막고 있었던 가장 큰 이유는 타클라마칸 사막과 파미르 고원과 같은 자연 장애물과 이슬람인의 방해 때문이었다.

비단길이 처음 열린 것은 전한(前漢: 기원전 206년~기원 25년) 때이다. 한 무제는 대월지(大月氏), 오손(烏孫)과 같은 나라와 연합하여 중국 북방 변경 지대를 위협하고 있던 흉노를 제압하고 서아시아로 통하는 교통로를 확보하길 원했다. 기원전 139년 장건(張騫)

은 100여 명의 수행원을 데리고 창안을 떠났지만 얼마 가지 못해 흉노에게 붙잡히고 만다. 그는 그곳에서 약 10년 동안 허송세월을 보낸다.

그러던 어느 날 탈출하여 파미르 고원 너머에 있는 페르가나국을 거쳐 당초 목적지인 대월지국(大月支國)에 도착하였다. 하지만 많은 세월이 흘러 대월지국은 동맹을 원치 않았다. 그래서 대월지국에 머무는 1년 동안 여러 가지 자료를 수집한 후 본국으로 돌아가기로 마음먹었다. 장건이 서역으로 갈 때는 타클라마칸 사막 북쪽 길을 이용했지만 돌아 올 때는 그 남쪽 길을 택했다. 도중에 티베트족에게 붙잡혀 1년 동안 고생하기도 했지만 기원전 126년에 돌아왔다. 대월지국과 동맹을 맺는 데는 실패했지만, 그의 경험과 자료가 워낙 중요하기 때문에 한 무제는 치하 했다고 한다.

비단길

자료 : http://terms.naver.com/entry.nhn? 두산백과

한 무제는 장건의 귀국 보고를 아주 흥미롭게 생각했다. 서역에는 명마가 있고, 금은전을 사용하는 나라가 있고, 중국(한)의 특산품인 칠기와 비단을 사고 싶어 하는 나라도 있었기 때문이다. 더욱 중요한 것은 대월지, 강거와 오손 등의 군사력이 강한 유목 민족들을 흡수해서 한나라를 세계의 강국으로 끌어 올리고 싶어 했다.

당시 중국과 서역 사이에 낀 간쑤성(甘肅省)은 흉노가 다스리고 있었는데 장건은 그들을 피해 쓰촨성과 윈난성을 거쳐 인도로 가는 길을 개척하고자 했다. 그래서 부하들을 여러 차례 보냈지만 모두가 실패하고 말았다. 그 후 장건은 흉노족을 몰아내고 그 자리에 오손을 이주시키려고 직접 부하 300명을 이끌고 오손으로 갔으나 뜻을 이루지 못하였다. 한나라로 돌아 온 장건은 이듬해인 기원전 114년에 죽고 말았다.

한 무제는 기원전 104년부터 기원전 101년까지 페르가나 국에 군사를 보내어 왕의 목을 치고, 남북 실크로드의 중요한 길목에 자리한 누란(樓蘭)도 정복했다. 마침내 기원전 60년에는 흉노마저 굴복시킴으로써 서역을 완전히 손에 넣게 되었다. 이때부터 중국의 비단은 본격적으로 로마까지 팔려 나갔다. 비단길을 통해 중국에 기린, 사자와 같은 진귀한 동물과 호마(胡馬: 말), 호두, 후추와 깨 등이 전해졌고, 유리 만드는 기술도 전해졌다.

중국에서는 비단, 칠기와 도자기 같은 물품과 양잠, 화약 및 제지 기술 등이 서역으로 건너갔는데, 특히 종이 만드는 기술이 서역으로 건너가서 중세 유럽의 암흑기를 밝혀 인쇄술 발달과 지식 보급에 원동력이 되었다. 이후 둔황을 비롯한 4군데에 요새를 세워 장사 길을 보호했는데, 이때부터 서역으로 통하는 비단길이 훤히 뚫

렸으며 1년에 5~10번씩 장사꾼들이 오갔다.[38]

정화(鄭和)의 대항해

정화(1371~1435년)는 명나라 사람으로 회족이며 환관이다. 아버지와 조부는 이미 이슬람의 성지인 메카까지 해로를 따라 항해했던 사람이다. 정화는 7차에 걸친 대항해를 통해 중국의 문화를 세계 각국에 전달하였는데, 정화는 지금의 월남을 포함해서 인도네시아, 태국, 미얀마, 인도와 사우디아라비아를 거쳐 아프리카 동부 연안까지 항해를 했다.

원래 그가 항해한 동기로 몇 가지 설이 있다. 첫째는 당시 황제의 조카가 해상으로 숨어들었을 것으로 의심되어 그의 행방을 추적하기 위함이라는 설. 둘째는 해외에 국위 선양. 셋째는 대외무역 진작. 넷째는 황제와 귀족들의 부귀영화에 필요한 다른 지방의 각종 진귀한 보물을 취득하기 위함이라는 설 등이 있다.

그 동기야 어찌되었던 정화의 대항해는 1405년부터 1433년에 까지 29년간 7차에 걸쳐 이루어졌는데, 매 번 약 1,500톤급 대형 선박 60여척을 비롯하여 200여 척의 선박에 약 2만 7천명의 선원들이 탑승했을 정도로 대선박단이었다.

항해과정에서 국가 간 문화와 문물을 교류하기도 했는데, 당시 중국 측의 문물은 자기, 구리 그릇, 비단과 차 등이었다. 다른 나라로부터는 그 지역의 특산물인 상아를 비롯하여 각종 보석과 약재와

---

38) http://baike.baidu.com/item baidu 百科.
http://terms.naver.com/entry.nhn? 두산백과.

향료는 물론 보기 드문 각종 동물까지 수입했다. 특히 아프리카에서는 기린과 특이한 사슴 등을 데려와 당시 조정을 놀래키기도 했다.

정화의 대항해는 남쪽으로는 과달카날, 서북쪽으로는 홍해에 이르렀고, 서쪽으로는 아프리카 동해안까지 이르렀다.[39] 정화의 대항해는 많은 공적을 이루었는데 평화외교로 동남아 국제질서의 안정, 왜구를 위협하고, 원나라 세력을 견제함으로써 국가 안전 유지, 해외무역을 발전시키고, 중국문화 · 문명을 전파, 해양사업을 개척함과 아울러 아시아와 아프리카 간 항로 개척 등을 들 수 있다.

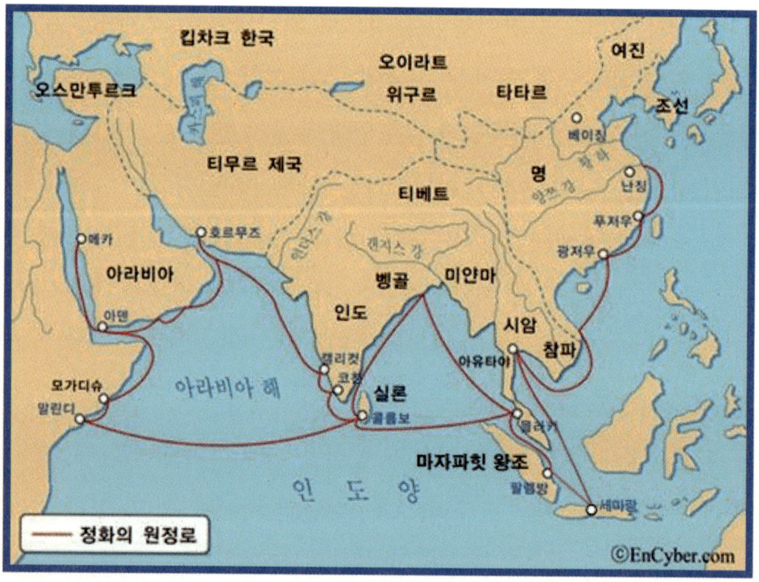

정화의 대항해로

자료 : http://terms.naver.com/entry.nhn? 두산백과

39) 中國通史, 曹衛東 編著, 海潮出版社, 2007, 272~273쪽.

이러한 항해는 당시 중국의 천문지리 항해술의 높은 수준을 보여 줬다. 뿐만 아니라 87년 후에 이루어진 콜럼부스가 250톤급 3척에 약 88명의 선원으로 아메리카 탐험에 나섰던 거나, 훨씬 이후 바스코 다가마가 120톤 급 3척에 170명의 선원을 싣고 인도항로를 개척했던 시기보다 훨씬 앞섰을 뿐만 아니라, 그 규모면에서도 비교가 되질 못했다.[40]

대약진 운동

1949년 장제스의 국민당군을 물리쳐 신중국을 건국한 마오쩌둥은 그간 피폐한 산업을 살려 경제를 발전시키기 위해 1953년부터 경제발전 5개년계획을 발표하여 경제발전에 박차를 가했다. 1차 5개년 계획은 나름대로 성과가 있었는지 확실히 알기가 매우 어렵다. 왜냐하면 그 당시는 목표대비 실적이 거의 거짓으로 보고되었기 때문이다. 다만 이 기간에 중국 최초의 제트 비행기가 제작되었고, 랴오닝성(遼寧省) 안산에 안산강철을 설립하여 산업 발전에 필요한 기본적인 철강[41]재를 안정적으로 공급할 수 있게 되었다. 또한 지린성(吉林省) 창춘의 제일 자동차 공장에서 중국 최초의 승용차인 해방(解放) 브랜드를 출시하기도 했다.

이런 성과에 고무된 중국 정부는 더욱 원대한 목표를 설정한 2차 경제계획을 추진했다. 중국은 그 이전에 구소련의 사회주의 경제발전 모델을 그대로 답습해서 중공업 우선주의를 따랐다. 구소련을

---

40) http://www.baike.com/wiki
http://terms.naver.com/entry 두산백과.

41) 중국사 재발견, 왕중추 지음, 김영진 옮김, 서교출판사, 491~492쪽.

중심으로 한 사회주의 국가들은 기존 선진 자본주의의 발전모델인 경공업에서 출발하여 점차 중화학공업 발전모델을 그대로 따라가면 도저히 자본주의 국가들을 앞지를 수 없다는 판단에 무리하게 중공업 우선정책을 택했다.

중국은 5년 안에 영국을 넘고, 10년 안에 미국을 따라 잡는다는 원대하고도 실현 불가능한 목표를 설정하여 압축성장 방식을 추진했다. 압축성장 방식을 실현하기 위해 중국은 전국적인 대중 운동을 추진했다. 소위 '총노선', '대약진', '인민공사'가 압축성장 모델의 실천 방식이었다.

수치상으로는 대약진운동의 성과는 좋았다. 2차 5개년계획의 첫해인 1958년 농공업 생산총액은 전년도에 비해 48%나 증가했다. 다만 이는 완전 엉터리 통계였음이 나중에 밝혀졌다. 실제로는 1958년부터 1960년까지 3년 동안 엄청난 자연재해가 있었고, 설상가상으로 구소련과 관계가 악화되어 구소련에서 원조를 중단한 탓에 경제적으로 엄청난 타격을 받았다.

구체적으로 1958년 농업 생산량이 2억 2,500만 톤에서 1960년에는 1억 8천만 톤으로 확 줄어들었다. 한편 용광로 건설운동을 통해 중국 곳곳에 급조한 수만 개의 소형 제철소에서 생산한 철은 태반이 기술 부족과 생산관리의 허점 등으로 인해 쓸 수 없는 무용지물이었다. 여기에 자연재해까지 겹쳐 최소 3천만 명의 중국 인민들이 굶어죽은 것으로 밝혀졌다. 1961년 중국 경제성장률은 마이너스 27.3%로 떨어졌다.[42] 마오쩌둥은 이러한 경제발전 계획과 정책의

42) 중국사 재발견, 왕중추 지음, 김영진 옮김, 서교출판사, 491~499쪽.

실패를 이유로 자기의 정적들인 류샤오치와 덩샤오핑 등이 자기를 비난할까 몹시 의심을 갖게 된다.

마오쩌둥(1893~1976년)
자료 : http://image.baidu.com/search baidu 百科

문화 대혁명

1966년 5월부터 1976년 10월까지 중국 전역을 광풍으로 휘몰아치게 했던 문화대혁명은 건국 이래 당이나 국가와 인민 모두에게 가장 심각한 좌절과 손실을 안겨주었다. 계속되는 경제난과 이에 따른 책임문제 제기 등으로 위기를 느낀 마오쩌둥은 당시 실용주의자인 류사오치와 덩샤오핑 등 정적을 처치하기 위한 대대적인 정치혁명을 일으킨다. 마오쩌둥은 자본주의의 복귀를 저지하고, 당의 순결을 지키고, 중국 스스로가 사회주의를 건설하기 위해 정치적 혁명의 필요성을 느꼈다.

아래로는 홍위병을 내세우고 위로는 소위 4인방이라 불리는 장칭(江靑), 야오원웬(姚文元), 창춘차오(張春橋)와 왕홍원(王洪文)이 중심이 되어 전국에 걸쳐 사찰 등을 통해 사상, 문화, 풍속, 관습의 타파를 위한다는 미명하에 종교의 사찰이나 교회, 사원을 불문하고 거의 모든 단위를 파괴의 대상으로 삼았고 마오쩌둥의 정적으로 여겨지는 사람들을 박해했다.

문화 대혁명은 정치, 경제, 사회, 문화 전 분야에 걸쳐 막대한 악영향을 끼쳤다. 각 분야에서 유능한 사람들이 어이없는 오해와 비평에 밀려 살해당했거나 폐인이 되었다. 일설에 의하면 3백만 명이 이 혁명으로 무고하게 희생되었다. 수천 년 동안의 문화유산이 단 10년 만에 파괴되었다. 중국 전역에 걸쳐 어디서나 문화대혁명의 상처를 볼 수 있다. 이 밖에도 전통 도덕과 관습의 붕괴, 각 급 학교의 폐쇄로 인한 문화 및 교육 수준의 저하도 큰 폐해였다.

문화대혁명으로 인한 경제적 피폐는 수치로도 나타난다. 문화대혁명의 끝나고 마이너스 경제성장을 기록한 1976년 중국의 달러 기준 GDP는 1,516억 달러였고, 미국은 1조 8,520억 달러였다. 1965년에 10분의 1수준까지 따라붙었던 양국의 GDP 격차가 다시 12분의 1 수준으로 벌어졌다.[43]

중국의 문화대혁명은 경제적으로 뿐만 아니라 사회 전체적으로도 막대한 부작용을 초래했다. 특히 교육, 과학, 문화의 파괴가 심각했다. 많은 지식층이 박해를 받았고, 학교는 폐쇄되었으며 문화 기반이 황폐화하였고, 과학연구기관도 폐쇄되었다. 일정기간 중국

---

43) 중국사 재발견, 왕중추 지음, 김영진 옮김, 서교출판사, 500~513쪽.

은 전국적으로 문화와 인재의 단층을 겪었는데 예를 들면 1982년 인구 조사 시 문맹률이 2억 3천여만 명에 달하여 전체 인구의 4분의 1에 이르렀다.[44)]

내가 많은 관심을 가지고 있는 의학에 국한하여 문화대혁명의 폐해가 얼마나 컸는가를 살펴보고자 한다. 중국의 의학 수준은 불과 10년 전만 하더라도 형편없는 수준이었다. 10여년에 걸친 대혼란으로 의대 교수들이 사라졌다. 혁명이 끝나고 나서 의대 학생들을 모아 교육을 시키려 해도 아무런 의학 관련 설비도, 의학 지식을 갖춘 교수도 없었다. 이런 실정에서 대혼란의 시기가 끝나고 나서 의대가 생겨났어도 의대생들이 배울 게 없었고, 시간이 가니 저절로 졸업을 했어도 배운 게 없었으니 의학 관련 지식도 없었고, 검사할 장비도 없었다. 장구한 역사를 지닌 중국의 의료 기술이 우리에 비해 내 느낌에 약 30년은 퇴보한 것 같았다.

사실 나는 중국에 생활하기 전까지만 하더라도 중국의 의학기술 수준이나 특히 동양학 수준은 세계 최고일거라 믿었다. 왜냐하면 수많은 전란을 겪었고, 많은 인구와 다양한 풍토병 등에 대한 연구가 매우 활발했을 거로 생각했기 때문이다. 그러나 실상은 너무 달랐다. 나는 어려서부터 많은 병을 겪어왔고, 항상 병을 끼고 살아왔기 때문에 의학수준과 환자에 대한 관심이 매우 많았다. 동병상련이라고 우리나라 사람이 다쳤다면 친소를 떠나서 병원에 위문을 가곤했다. 그럴 때마다 느꼈는데 병원 시설의 열악함은 말할 것도 없고, 의사들도 매우 지저분한 복장을 하고 환자들을 치료하곤 했다.

---

44) http://www.baike.com/wiki baidu 百科

어떤 때는 내가 치료를 받으러 갔다가 의사가 하도 지저분하고, 피가 얼룩진 가운을 입고 있어서 의사에게 '당신같이 지저분한 사람이 어떻게 환자를 치료하려 하느냐?'며 화를 내고 그냥 뛰쳐나온 적도 있었다.

내가 위문간 환자들 가운데 기억나는 사례가 몇 건 있다. 한 친구는 교통사고를 당해 병원에 입원을 했다. 선양에서 가장 유명하다는 병원이었다. 그 환자는 계속 허리부분의 통증을 호소했는데, 병원에서는 계속 목 부분만 치료를 해주었다. 나중에 퇴원을 했어도 허리 통증이 지속되어 어쩔 수 없이 한국에 가서 진료를 봤다. 진료 결과 목 부분의 상처는 미미한 반면에 허리가 충격을 받아 요추가 심하게 뒤틀려 있어서 허리 수술을 해야 했다고 한다.

한 학생은 학교에서 친구와 다투다가 손가락을 크게 다쳤다 해서 병원을 가봤다. 그 학생은 손가락의 통증뿐만 아니라, 무릎의 통증도 계속 호소했다. 병원에서는 무릎은 이상 없다며 손가락만 치료해줬다. 퇴원을 하면서 나오는데 학생이 무릎을 제대로 펴지도 못하면서 고꾸라지는 등 제대로 걷지를 못해 내가 부추겨 집까지 바래다 준 적이 있었다. 나중에 알아보니 무릎 통증이 너무 심해서 별수 없이 한국에 가 무릎 치료를 받고 몇 개월 기부스까지 했다고 한다. 친구와 싸울 때 손가락을 약간 다쳤지만 넘어지면서 무릎을 다친 것 같다는 이야기를 나중에야 들었다.

내 한 친구는 기계를 다루다가 오른 쪽 새끼 손가락이 기계에 맞물려 뼈가 으스러져서 전문 병원에서 치료를 받았다. 나는 병문안을 가보았다. 병실 벽지엔 알 수 없는 피가 무척 많이 묻어 있었고, 바닥도 피를 흘린 흔적들이 그대로 있었다. 참으로 어처구니가 없었다. 그때가 2005년 이었는데도 중국 병원의 시설이 그처럼 지저분했다. 아무튼 그 친구는 거기서 약 일주일 입원하면서 치료를 받았다. 그러나 치료를 받고나서도 통증은 가라앉지도 않았고, 가끔 테니스를 치러 나올 때마다 수술한 새끼 손가락을 내 귀에 대고 흔들어 댈 때마다 딸가락 거리는 소리가 들렸다. 결국 그 친구도 한국에 가서야 제대로 치료를 받아 완치했다. 그러는데 1년의 세월이 흘렀다.

왜 이런 현상이 벌어졌을까? 아까 설명한 대로 최소 약 10년간 의학을 가르칠 의대 교수도 없었고, 의학을 배울 의대 학생도 없었고, 설비마저 없었던 것이다. 10여년이 지난 지금에야 많은 자금을 바탕으로 각 병원마다 훌륭한 선진 설비로 무장되어 있고, 의사들의 수준도 상당히 높아져 있다.

문화대혁명 때 군중 동원 모습

자료 : http://www.baike.com/wiki baidu 百科

의학 분야만 이런 현상은 아니었다. 모든 분야에서 10여 년의 단절은 그냥 물리학적인 단순한 10여 년의 단절만은 아니고, 그보다 훨씬 더 기나긴 단절을 가져왔던 것이다.

2 현대 중국인의 비우호적인 기질

우리가 현대의 중국인 하면 떠오르는 부정적인 첫 인상으로 지저분하고, 제멋대로이며, 시끄럽다 등을 들 것이다. 중국인 스스로도 중국인의 이런 좋지 못한 현상을 중국인의 특징으로 꼽았다.[45] 여기서는 이런 중국인의 표면상 나타난 현상을 설명하려는 게 아니다. 그들의 내면에 숨어있는 기질을 중심으로 설명하고자 한다. 다만 이 책에서 나열한 중국인의 기질은 주로 내 개인적인 경험에 의한 것이다. 우선은 현대 중국인의 비우호적인 기질에 대해 살펴보기로 한다.

여기서 굳이 현대 중국인의 기질을 과거 중국인의 기질과 따로 떼서 설명한 이유는 내가 직접 겪은 사례를 들었기 때문이다. 이로써 여태까지 살펴 본 과거사로부터의 중국인의 기질과 현대 중국인의 기질을 상호 비교할 수 있을 것으로 판단된다. 보면 과거 중국인의 기질이나 현대 중국인의 기질에서 별로 크게 차이가 나질 않는다. 비우호적인 면에서는 오히려 더 세분화되었다고 볼 수도 있겠다.

거짓말

우리의 거짓말 수준도 만만치 않지만, 중국인들은 수시로 거짓말

45) 丑陋的中國人, 柏楊, 人民文學出版社, 2013, 8쪽.

을 잘 한다. 그것도 시치미를 뚝 떼며 거짓말을 해댄다. 도대체 어디까지 믿을 수 있을지 알 수가 없다. 다만 그 거짓말 수준이 우리의 거짓말 수준과는 매우 다르며, 나름대로 어떤 논리가 있어서 할 말을 더 잃게 한다. 내가 직접 겪은 거짓말 사례가 수도 없이 많았지만 몇 가지를 들어본다.

중국 언론의 거짓말

중국 언론이 시민들의 생명과 관련된 사건에 대해 가끔 도저히 믿을 수 없는 발언을 하는 경우가 많다. 여기서는 세 가지만 언급하고자 한다.

사례 1 : 고속도로의 대참사

2005년 나와 후배는 출장차 다롄(大連)을 가기로 했다. 마침 후배가 차를 운전해 가기로 해서 동행을 했다. 우리가 점심을 먹고 다롄가는 고속도로 톨게이트를 빠져나갈 즈음에 갑자기 심한 돌개바람이 불어 앞을 도저히 분간을 할 수 없었다. 정말 한 치 앞도 분간을 하기 어려웠다. 후배로 하여금 길을 따라 차를 천천히 몰며 가자고 일렀다. 그 때가 오후 2시 30분 쯤이었고, 우리는 엄청난 흙바람이 몰아쳐서 앞이 컴컴한 상태로 서서히 차를 몰고 다롄 방향 고속도로를 타고 갔다. 그리고 약 30분 정도 지나서 돌개바람이 멈춰 길을 보니 우리는 반대 방향인 베이징으로 향하는고속도로를 타고 있었다.

분명 선양에서 다롄 가는 고속도로를 간다고 했는데도 불구하고 극심한 돌개바람 때문에 우리도 모르게 북쪽 베이징 가는 고속도로를 달리고 있었다. 그처럼 돌풍이 심했다. 우리는 많이 당황했지만 어쩔 수 없이 베이징 고속도로를 가다가 어느 지점에서 돌아 나오기로 하고 그 길을 계속 달렸다. 그런데 반대편 차선에서는 경악할 만한 상황이 벌어졌다. 우리 쪽 베이징 가는 고속도로에는 사고가 없었는데, 다롄 가는 고속도로에는 정말 지옥같이 참혹한 상황이 벌어져 있었다.

갑작스런 돌풍 때문에 앞을 전혀 분간할 수 없는 상태에서 수많은 차량들이 달리다가 앞 차들을 추돌해 버렸다. 왕복 4차선에 갓길까지 하면 왕복 6차선 고속도로였는데 크나큰 화물차량들 틈에 끼여 승용차들은 거의 눈에 보이지도 않았다. 그 당시만 하더라도 운임을 아끼기 위해 화물차들은 보통 적정중량의 50% 이상을 초과하여 화물을 싣고 달렸다. 앞 차들과 추돌을 했으니 위에 실었던 화물들이 운전자석과 심지어는 앞 차들까지 무수히 덮쳐 있었다. 그 당시 화물 운전자들은 멀고먼 운행 때문에 운전석 뒷 편에 간이침대를 마련해서 그곳에서 가족들과 같이 생활하며 화물 운전을 했다. 승용차들은 화물차 틈에 끼여 거의 보이지도 않았고, 수많은 화물차 운전석과 간이 침대칸도 화물의 중량과 뒷 차와의 추돌에 밀려 그저 납작하게 찌그러져서 운전석 자체가 없어져 버렸다. 수백 중 추돌사건이 발생한 것이다. 수많은 화물은 물론이고, 여기 저기 수많은 시체들과 사람들이 튕겨져 있었다.

나는 군대 생활을 하면서 시체를 두 건이나 내가 직접 처리하는 경험도 있었고, 사회생활을 하면서도 심각한 위기에 처한 사람들을 도와주는 경험도 많았기 때문에, 웬만한 심각한 상황에서도 매우 침착하게 대처를 하는 편이었다. 그런데 그 곳은 정말 지옥이었다. 나와 후배는 어쩔 줄을 몰랐다. 그냥 고속도로를 달리는 수밖에 없었다. 왼쪽의 지옥같은 상황을 바라볼 수밖에 없었고, 후배는 벌벌 떨며 무서움에 질려 그냥 달려만 갔다. 그 때 후배랑 사고거리를 한 번 측정을 했는데 최소한 1km는 넘었다. 그러니 최소 수백 명의 사상자가 발생했을 것이다.

참혹한 상황을 옆으로 하고 우리가 한 참을 달리고 있었는데, 갑자기 차량들이 역주행을 하고 우리에게 다가오고 있었다. 고속도로에서 수많은 차량들이 역주행을 하고 다가오니 그렇지 않아도 정신이 황망한 상태에서 더 당황을 했다. 자칫 우리도 큰 사고를 당할 뻔 했다. 화가 엄청나게 났지만 달리 방법이 없었고, 일단 그들 차량들을 피해가야만 했다. 역주행 오는 차량들은 자기들도 위험성을 느꼈는지 경적을 울려대며 다가오고 있었다. 오히려 우리 차가 비켜가야 했다. 사고가 워낙 심각하게 발생하여 반대 차선이 막히니 차량들이 우리 차선을 이용하기 시작한 것이다. 중앙분리대가 있었는데도 불구하고 사고의 여파로 이들이 곳곳에 무너져 버렸기 때문에 중앙분리대를 넘어서 역주행을 한 것이다. 운전대를 잡은 내 후배는 얼굴이 창백한 채 손발을 부들부들 떨며 매우 불안하게 운전을 하고 있었다. 나는 후배 운전에 신경 쓰랴, 마주 오는 차량 살피랴 좌측의 엄청난 사고 현장의 아수라장을 살피랴 정신이 거의 없었다.

나와 후배는 간신히 다렌에 늦게라도 도착할 수 있었는데, 우리는 사망자 수에 관심이 많았다. 그런데 일주일이 지나서야 언론이 사상자 수를 겨우 27명으로 발표한 걸 보고 언론에 대해 엄청난 실망을 한 적이 있었다. 사건사고를 축소해야만 하는 그들의 입장이 이해가 안 가는 바는 아니지만, 그처럼 귀중한 생명들에 대해 꼭 그렇게까지 거짓말을 해야 했는지 아직도 이해할 수 없었다.

사례 2 : 호텔 화재

2011년 구정 전날 밤 나와 집사람은 이곳에 파견 나와 있던 모 신문사 기자 부부랑 평소 형님으로 모시던 조선족 분의 초청을 받아 부부동반 저녁식사를 함께 했다. 저녁을 마치고 집에 와서 잠을 잤다. 그런데 밤중에 밖이 몹시 소란스럽기도 하고, 누군가 우리 문을 발로 차는 것 같았다.

그 전에도 술에 취한 사람이 자기 집인 줄 잘못 알고 이런 행패를 가끔 부렸기 때문에 그냥 넘어가려 했다. 그런데도 불구하고 굉장히 시끄럽게 하면서 발로 문을 계속 차댔다. 웬만하면 구정 전날이고 해서 넘어가려 했지만 너무 시끄러워 일어났다. 방에 있는 야구방망이를 치켜들고 거실에서 버텼다. 한 번만 더 시끄럽게 하면 한 바탕 할 참이었다.

밖이 소란스럽더니 문을 더 이상 차지는 않는 것 같았고, 조용해졌다. 이제 술꾼이 갔으리라 생각하며 잠을 다시 자려고 하는데, 이세는 전화가 울렸다. 밤 12시 정도 된 것 같았다. 집 사람이 누군가 전화를 잘못 건 것 같으니 받지 말라고 해서 받지 않았다. 또 두 번이나 울렸는데도 불구하고 참고 받질 않았다.

구정이다. 새벽 6시 쯤 전화가 왔다. 전화를 받았더니 기자가 묻는다.

『형님, 혹시 어제 저녁에 잠 잘 주무셨어요?』

『잘 잤지 그럼 뭘?』

『모르세요?』

『아니, 뭘?』

『아, 어제 밤에 맞은 편 호텔에서 큰 불이 났잖아요? 그런데 그걸 모르세요?』

평소에도 그 기자는 내게 농담을 잘했기 때문에 농담인 줄 알고 믿지 않았다.

『에이, 뭘, 말도 안 되는 소리하고 있네. 구정 첫날부터.. 』

『아니, 그럼 형님, 한 번 밖을 봐 보세요.』

수화기를 든 채 밖을 봤더니 정말 우리 집 바로 맞은 편에서 지상 41층 최고급 만흠(萬鑫)호텔 건물 전체가 그 때까지도 화마에 휩싸여 있었고, 층마다 불길이 밖으로 퍼져 나오고 있었다. 그와 통화를 하는 둥 마는 둥 하고 집사람을 깨웠다. 우리 집과 그 호텔은 청년대가라는 선양의 중심대로를 사이로 바로 마주 보고 있었다. 우리 집은 23층이었기 때문에 호텔이 타고 있는 게 바로 훤하게 다 보였다.

그 호텔은 A, B, C 3동으로 구성되어 있는데, 높이 219m인

A동과 154m인 B동이 전소되는, 실로 엄청난 화재가 발생했던 것이다. 나중에 알고 봤더니 어제 밤 원인 모를 화재가 발생했고, 그 호텔 건물 철근들이 녹아서 혹시 그 높은 건물이 우리 집 방향으로 무너질 경우 우리가 살고 있는 건물도 무너질까 두려워 경찰과 소방관들이 집집마다 돌아다니며 피신을 시켰다고 한다.

결국 그 아파트에 거주하고 있었던 모든 주민들은 다 피신해서, 자기들 차량에서 지냈거나 아니면 운 좋게 사우나 탕에 가서 지냈거나 하며 피신을 했다. 용감한 나와 집사람만 아주 태연하게 집에서 잠을 잤다고 한다.

전화가 세 번 울린 건 우리랑 친한 조선족 여성분이 우리 바로 아래 층에 거주하고 있는데, 이 소식을 알고 패물과 현금 등 귀중품만 챙기고 도망가다가 우리가 생각나서 빨리 귀중품만 챙기고 피하라고 일러주기 위해 전화를 했다고 한다. 그걸 우리는 오해를 하고 전화를 받질 않고 태연하게 잠을 잤던 것이다. 바로 맞은 편에서는 화마가 건물을 휩싸고 있었는데.... 역시 모르면 용감한 모양이었다. 우리 집 유리창을 유심히 살펴보니 불티가 튀어서 유리창에 박혀 몇 군데 검은 숯댕이가 붙어 있기도 했다. 화마가 우리 집까지 미칠 수도 있었다.

22층 조선족 여성에게는 아들이 있었고, 영국에 유학중이었는데 마침 구정을 지내기 위해 엄마 집에 머물러 있었다. 구정 전 날 밤 맞은 편 호텔에서 신년 축하 차원에서 엄청난 양의 폭죽놀이와 불꽃놀이를 하고 있었고 그는 청년대가 우리 아파트 정문에서 그걸 일일이 촬영하고 있었다.

그런데 갑자기 하얀 연기가 피어오르기 시작했다. 좀 지나서 호텔 각 층이 전등이 나간 탓인지 컴컴해지며 유리창이 깨지고 여기 저기 호텔 투숙객들이 손전등을 흔들며 살려달라고 아우성을 쳤다. 약 10여분 정도 지나자 이 모든 소란과 혼란과 공포와 절규가 죽은 듯 사라져 버리고 각 층에서 화마가 위로 솟구치기 시작했다.

처음부터 끝까지 이 광경을 공포에 질려 지켜본 그에 의하면 당초 호텔 앞에서 폭죽놀이를 했는데, 불꽃이 당시 신년축하 음악제 등 각종행사를 알리는 현수막에 튀었고, 그 불길이 현수막을 타고 올라가다가 10층 인조잔디가 깔려 있는데 거기에 불이 붙었을 거로 추정을 했다.

그 건물 10층에는 커다란 뷔페 식당이 있었고, 우리는 가끔 거기로 식사를 하러 갔기 때문에 그 구조를 잘 안다. 거기에는 휴식 공간이 있고 바닥에 인조잔디가 깔려 있었다. 인화성이 강한 인조잔디에 불이 붙었으니 불은 삽시간에 전 층으로 번지면서 엄청난 유독가스를 발생시켰을 거다.

얼마나 많은 투숙객들이 죽었는지는 아무도 모른다. 엄청난 폭죽놀이를 구경했던 사람들만 대략 짐작을 하고 있을 뿐이다. 그런데도 불구하고 중국 언론에서는 단 한 명의 사상자도 발생하지 않았다고 발표를 했다.[46)]

46) http://www.baike.sougou.com

호텔의 불은 계속 타오르다가 약 4일 정도 지나서야 완전 소화되었다. 마침 그 호텔 40층에 우리 은행의 거래처가 있었기 때문에 나중에 회사 사장에게 물어봤는데 컴퓨터를 비롯한 모든 게 다 녹아내려서 모든 정보를 깡그리 잃어버렸다고 했다. 아무튼 중국 정부의 이 거짓말에 화가 난 조선족 아들은 중국이 이처럼 거짓말 할 줄은 전혀 생각지도 못했다며 며칠을 잠을 못 이루며, 식사도 못했다고 했다.

호텔의 모든 컴퓨터가 다 녹아버렸기 때문에 누가 얼마나 죽었는지 지금까지 아무도 알 수 없다. 그러나 사망자는 분명 있었을 거로 판단된다. 그 화재사건은 워낙 심각해서 우리나라 9시 뉴스에도 나왔던 사건이었다. 당시 선양 시에서 최고의 호화호텔로 2009년 가을에 준공되어 2011년 초에 화재가 발생하였으니, 준공된 지 불과 1년 6개월 밖에 안 된 최고급 호텔이 사진에서처럼 왜 전소되었을까? 준공 되서부터 호텔 내 스프링클러가 하도 오작동을 자주 하여, 호텔측에서 화재 발생 불과 2개월 전에 장식을 새로 하면서 스프링클러를 전부 봉쇄해버려 작동을 전혀 하지 못했다는 이야기가 들렸다.

물론 이런 사례는 우리나라에서도 여전히 자주 발생하고 있다. 예를 들면 29명이나 희생된 제천복합상가건물화재시 사우나탕엔 소화전이 빈 깡통이었고, 스프링클러도 꺼져 있었다하니 참으로 어처구니없는 일이다.[47]

47) 중앙일보, 2018.1.8.

화재 발생 전 만흠(萬鑫)호텔의 화려한 야경
자료 : http://image.baidu.com/search baidu 百科

화재로 뒤덮힌 만흠호텔의 모습
자료 : http://image.baidu.com/search baidu 百科

4일간 전소된 후의 모습
자료 : http://image.baidu.com/search baidu 百科

사례 3 : 스모그

2013년 12월은 여느 겨울과 마찬가지로 겨울만 되면 베이징을 비롯한 동북 지방은 물론, 중국 전역이 극심한 스모그로 시달리게 되었다. 중국 시민들은 이 스모그에 대한 해결방법을 제시하지 못하고 있는 정부당국에 대해 불만만 품고 있을 뿐이다. 중국인들은 고통과 공포를 절감하며 생활하고 있지만 감히 이를 말로 표현하지를 못하고 끙끙 앓고만 있었다.

시민들의 분노에 불을 댕긴 사건이 발생한다. 중국의 환구시보(環球時報)가 기사를 발표했다. 2~3m앞을 볼 수 없는 스모그가 공중 정찰을 불가능하게 만들며, 또 미사일 조준도 부정확해져 방어에 유리하다는 내용이었다.

중국의 국영중앙텔레비전(CCTV)과 인민일보는 한술 더 떴다. 스모그로 인한 뜻밖의 5대 수확이라며 평등과 단결, 명석함, 유머, 지식을 꼽았다는 거다. 모두 함께 스모그를 극복하려고 노력하는 과정에서 이 5가지를 얻게 되었다는 이야기다.[48] 정말 웃어야 할지 울어야 할지를 모를 상황이다. 그들은 과연 이런 거짓말을 중국 시민들이 믿을 거라고 생각하고 있는 걸까? 물론 정책상 거짓말은 불가피한 사항이 많을 거니까 개인적으로 이해는 간다. 하지만 국민의 생사와 관련한 거짓말은 아직도 납득하기 어렵다.

---

48) http://news.sbs.co.kr/common/jsp/print. SBS 2013.12.11.

운전기사

이제부터의 이야기는 내가 직접 겪은 내용이다. 내가 회사의 중국 지사장으로 발령을 받고 중국 동북의 중심지인 선양에 부임하자마자 차량 운전기사를 뽑기로 했다. 차는 필요한데 내가 당시에 차량운전 면허증을 채 취득하지 않았기 때문에 매번 택시를 타고 다니기도 힘들었다. 아시다시피 중국 택시는 상당히 불결한데다 운전기사들 대부분이 담배를 피우며 운전하기 때문에 차량내 공기가 매우 좋지 않았다.

며칠이 지나 마침내 젊은 친구가 사무실에 와서 이력서를 봤는데 베이징상업대학교를 졸업한 걸로 되어 있었다. 매우 반갑기도 하고 또한 뜻밖이어서 전공을 물으니 우리의 경영학과였다. 영어를 어느 정도 할 줄 아느냐고 물으니 영어는 전혀 하지 못한단다. 아니 대학까지 졸업한 사람이 영어를 못할 수 있느냐고 꼬치꼬치 캐묻자 영어를 못해도 컴퓨터에 관한 기술을 인정받아 대학을 졸업하였단다. 더욱 이상해서 그럼 영어 알파벳을 처음부터 써보라고 했더니 a, b, c, d를 써가더니 더 이상 쓰지를 못했다.

몇 번의 실랑이 끝에 결국엔 컴퓨터관련 고등학교를 졸업하고 대학은 가질 않고 그때부터 회사에 취직을 했다고 한다. 그럼 왜 대학을 가지도 않았으면서 대학을 졸업했다고 속이며 대학졸업장까지 보여줬느냐고 물으니 그래야만 취직을 잘 할 수 있고, 대개 모든 젊은이들이 자기처럼 속이며 좋은 대학 졸업장을 가짜로 만들어 보여준다는 것이다. 자기도 친구와 같이 가짜 졸업장을 사서 회사 면접 때마다 대학 졸업생으로 속였단다. 거짓말에 약간은 기분이 상했지만 얼굴이 선해 보인 데다, 담배를 피우지 않는다 해서 운전기사로 채용했다.

운전기사가 운전을 매우 편하고 안전하게 잘 해서 잘 지내왔다. 그래서 점차적으로 봉급도 올려주었는데, 2년 정도 지나고 나서 부하직원이 아무래도 이상하다며 기사가 차량 기름 값을 속이며 빼먹는 것 같다며 보고했다. 그동안 나도 운전면허증을 취득하여 토요일과 일요일엔 내가 직접 차량을 운전하고 다녔는데 아무래도 차량의 기름 재고가 이상했다. 나도 뭔가 이상한 낌새를 눈치 챘기 때문에 이 기회에 철저히 조사를 하기로 했다. 내 차량은 렌트했는데 일단 차량 렌트 회사에 연락해서 내 차량의 기름 최대 저장량을 알아봤더니 75리터였다. 또한 차량운행일지를 살펴보니 운전기사가 토요일과 일요일에도 가끔 기름을 주입한 영수증을 제시하며 돈을 청구하였다. 하루는 작심을 하고 철저한 조사를 거친 다음에 그와 대면을 하며 따져 물었다. 그는 절대로 기름 값을 빼먹은 적이 없다며 완강히 부인을 했다. 점점 내 목소리가 높아졌다.

『야, 우리 차의 기름 저장량이 겨우 75리터인데 어떻게 해서 주유소 영수증에 어떤 때는 85리터, 심지어는 95리터까지 기름을 채울 수 있느냐? 거짓말을 해도 좀 정도껏 하며 도둑질을 해야지!』

『......』

그는 할 말이 없는지 내 눈을 피하며 고개를 숙이기도 하다가, 때론 사무실 천정을 바라보기도 하였지만 결국엔 아무 말도 할 수 없었다. 나는 속으로 이때다 하며 더 추궁을 해댔다.

『더욱이 토요일과 일요일엔 너도 알다시피 차량을 내 집에 주차

헤 두었으며 내가 차량을 직접 운전하며 다녔는데, 네가 언제 내 차량을 운전해서 그런 날도 기름을 넣었다는 거냐?』

『....』

그는 더 이상 도망갈 말을 생각 못 했는지 변명을 못하다가 결국 실토를 하였다. 자기가 기름 값을 몇 번 빼갔다는 것이다. 이는 주유소 종업원과 짜고 기름 값 영수증을 샀거나, 과도하게 경비를 청구한 다음에 주유소 종업원에게 약간의 수고료를 주는 방식이었을 게 뻔했다. 하도 화가 나서 몇 마디 훈계를 했다.

『도둑질을 해도 좀 머리를 써서 도둑질을 해야 할 것 아니냐? 뻔한 짓으로 회사 경비를 몰래 빼먹었으니 너는 나를 배신한 것이고, 우리 회사를 배신한 놈이다!』

『나는 한 번도 사장님이나 회사를 배신한 적이 없는데, 너무합니다.』

『기름 값을 몰래 빼 먹은 게 나와 회사를 배신하거야!』

『나는 기름 값을 빼먹으려 했을 때 이게 회사를 배신하고, 사장님을 배신한 것이라고 전혀 생각을 안했기 때문에 나는 절대 사장님이나 회사를 배신한 적이 없습니다.!』

내가 운전기사의 그 말에 할 말을 잃어버렸다. 갑자기 머리가 멍해졌다. 이게 도대체 말이 되는 소리인가? 싶었다. 결국엔 그간 훔쳐간 기름 값을 2년에 걸쳐 봉급에서 떼어가는 조건으로 그 운전기사를 그냥 고용하기로 했다. 이 기회에 운전기사를 바꿀까도 생각해 보았지만 다른 운전기사를 채용한다 하더라도 또 그 사람이 기름 값을 가지고 장난을 안친다는 보장이 없었기 때문이다.

골프장의 캐디

중국엔 캐디가 골퍼 한 명씩 담당을 하는 데도, 캐디들의 수준이 형편없어 아무 것도 기대를 하지 않는다. 하루는 내 캐디에게 골프 타수를 기록하는 카드를 주며 내가 몇 타를 치는 지 확실히 좀 기록해달라고 부탁을 했다. 네 홀을 돌고나서도 캐디가 내 타수를 전혀 기록하지 않은 것 같아, 캐디에게 물었다.

『내가 여태까지 몇 타를 쳤는지 기록하였느냐?』

『다 기록해 두었다.』

『그럼 그 기록 카드를 보여 달라.』 카드를 보니 하나도 기록이 되지 않았다. 내가 화를 내며 물었다.

『다 기록했다더니 왜 하나도 기록을 하지 않았느냐?』

『머릿속에 다 기록을 해 두었다.』

『그럼 내가 여태까지 몇 타를 쳤느냐?』

『알려줄 수 없다.』

『왜 알려줄 수 없다는 거냐?』내가 다그쳤다.

『원래 알려주지 않기 위해 머릿속에 기록을 했기 때문에 알려줄 수 없다.』

더 이상 할 말이 없었다. 내가 이런 캐디와 실랑이를 해봤자 나만 손해라는 생각에 그 후부터 내가 직접 타수를 적어가며 골프를 쳤다.

일반적으로 중국인들은 잘못에 대한 미안함이나 죄송하다는 말을 절대 하질 않는다. 그 결과에 대한 책임 때문에 어려서부터 잘못을 절대 인정하질 않으려는 습관이 몸에 밴 게 아닌가 싶다.

여행사 가이드

앞 장에서도 언급했던 바와 같이 내가 중국에서 생활하고 있는 동안에 많은 손님들이 왔다. 따라서 많은 손님들을 모시고 여러 지역을 다녀야 했다. 그러다보니 여행사 가이드와 잦은 분쟁을 해야 했다. 그것도 손님들이 눈치 못 채게 가이드와 여행 경비나 팁을 가지고 많은 논쟁을 했다. 가이드들은 당연히 내게서 많은 팁을 받고자 했고, 나는 정도가 지나친 팁에 대해서는 주려하질 않았다.

사실 여행사 가이드의 팁과 관련해서는 항상 문제가 발생했기 때문에 사전에 여행사에 팁까지 포함해서 경비를 책정했지만, 결국에는 별도로 가이드에게 팁을 주어야만 했다. 그래야만 가이드가 손님들을 좀 더 편안하고 즐겁게 모시기 때문이었다.

팁과 관련해서 가이드와 많은 분쟁이 있었지만, 2009년 늦여름 때의 일을 거론하지 않을 수 없다. 은행 선배들을 모시고 중국 동북의 고구려 유적지 지안(集安)을 갔다. 간 김에 건너편 북한 땅을 바라보며 압록강에서 보트를 타기로 했다. 보트를 즐겁게 타고 있는데 북한 쪽에서 초등학교 정도의 아이들이 우리를 향해 담배와 옥수수 등을 달라고 소릴 쳤다. 나는 이런 상황을 알고 있었기 때문에 그런 물건들을 미리 준비해갔다. 선배들은 앉아 있고 나만 보트에 선 채로 그들을 향해 열심히 담배와 옥수수를 던져주고 있었다. 그들과의 거리는 겨우 10m정도밖에 떨어지지 않았다. 내가 물건들을 던져주는 모습을 본 여러 아이들이 압록강물 속으로 들어왔다. 몇몇은 물건을 달라고 조르고, 몇몇은 물속을 끼고 고개를 내밀더니 갑자기 한 아이가 주먹만한 짱돌을 나를 향해 던졌다. 순식간에 벌어진 일이었고, 짱돌은 나를 향해 곧장 날아왔다. 너무나 당황해서 내가 곧 맞을 위기에 처했다.

『돌이다!』

내가 소리를 지르자, 모두가 어리둥절한 상태에서 엉거주춤하며 머리를 들어 여기저기 쳐다보는 순간에 내 바로 앞에 있던 선배가 짱돌에 머리를 맞았다. 퍽! 하는 둔탁한 소리가 나면서 짱돌이 보트 안에 떨어지고 그 선배의 머리가 터져서 피가 나오며, 순간적으로 맞은 곳이 부풀어 올랐다. 나는 너무 당황하기도 하고, 그 선배에게 미안해서 정말 어쩔 줄을 몰랐다. 서둘러 보트를 중국 쪽으로 몰아 선배들을 내리게 했다. 냇물에 데리고 가서 짱돌 맞아 터진 선배의 머리를 일단 찬물로 씻는 등 응급조치를 취했다. 이런 상황을 생각지도 못했기 때문에 아무런 구급약도 준비를 못하고 갔었다.

즐거웠던 분위기가 순식간에 얼어붙은 채로 엉망이 되어버렸다. 이 와중에 가이드는 보트 사용료로 원래 1인당 10위엔(1,650원)하던 비용을 1인당 100위엔(16,500원)으로 영수증을 내게 보여주며 경비를 요구했다. 원래대로라면 60위엔이면 충분할 경비를 600위엔이나 내야 했다. 나는 이 경비 내역을 알고 있었지만 망쳐버린 여행의 즐거움을 더 망치기 싫어서 일단은 가이드가 요구한 경비를 지불해주었다.

결국엔 손님들을 한국에 다 보내드리고 난 다음에야 그 여행사와 상의하여 과도하게 지급된 경비를 돌려받을 수 있었다. 이처럼 당시 가이드들은 틈만 나면 우리를 속이고 경비를 추가로 뜯어가곤 했다.

바자회

2005년 선양 한국인 성당모임에서는 바자회를 열어서 불우한 한국인 학생들을 돕고자 했다. 자매들이 열심히 만들었거나 여기 저기 후원을 받아서 코리아타운의 파출소 바로 옆자리에 자리를 빌어 상품들을 진열했다. 그날따라 장사가 잘 되었고, 봉사활동을 했던 자매들은 물론 옆에서 지원을 해주었던 나도 매우 기뻤다.

그러나 다음 날 사건이 생겼다. 그날 바자회로 물건을 팔아 받은 돈의 약 1/3이 위조지폐로 판명되어 며칠간을 고생하며 벌었던 돈이 아무 쓸모가 없게 되어 오히려 손해를 보게 되었다. 파출소 바로 옆자리에서 물건을 팔았는데도 우리 상가에서 위조지폐 감별기를 사용하지 않은 걸 알았던 못된 중국인 몇몇이 싸고 우리 싱짐에서 엄청난 위조지폐를 사용했던 것이다.

기타

사례 1 : 주방장 교체

식당을 운영하다보니 신경 써야할 곳이 한두 군데가 아니었지만, 가장 신경 쓰이는 게 날마다 음식 재료상과 식당 종업원과의 결탁에 의한 돈 빼먹기였다. 식당을 처음 운영했을 때 내 친구랑 내 처제가 식당을 운영했지만 둘 다 식당을 운영해본 적이 없었다. 식당에서 사용할 각종 고기류나 야채, 조미료 등의 음식 재료를 거의 매일 구입해야 했다. 이를 주방장이 담당했다. 중국어를 좀 아는 내 집사람이 식당에 머무른 때와 그렇지 않은 경우에 따라 재료값의 차이가 너무 심했다.

한 번은 집 사람이 재료와 가격표를 비교하면서 조사를 해 봤더니 가격이 너무 차이가 심했다. 재료상에게 전화를 해서 알아봤더니, 재료의 양이나 무게를 속인 행위, 우리가 사전에 시장조사를 하면서 알아본 가격과 실제로 식당에 반입했을 경우의 심한 가격 차이 등으로 돈이 엄청 새나갔다. 그럴 때마다 거래처를 바꾸고, 주방장에게 경고를 하기도 했지만 좀 지나면 되풀이되는 현상이었다. 우리도 나름대로 일 주일에 한 번씩은 직접 시장에 가서 가격표를 알아보는 등 시장조사를 했지만, 재료상과 주방장이 서로 짜고 돈을 빼먹는 행위를 근절시키기가 너무 힘들었다.

결국 나중에는 주방장을 해고시켜 어느 정도 문제를 해결했는데, 주방장 입장에서는 '식당을 운영한 지 얼마 되지도 않았고, 나만큼 한식을 잘하는 사람을 구하기는 어려울 것이라'는 자기만의 자만심에 가득 차 '한 번 해보라면 해 보자'는 식으로 우리말도 제대로 듣지 않는 데다, 꾸준히 우리를 속이고 있었다. 우리는 사전에 그 주방장을 해고하기 전부터 2, 3개월간 다른 요리사로 하여금 그 주방장의 요리를 다 배우도록 훈련을 시켜왔었다.

주방장을 해고시킨 다음에 내 처제가 시장을 가서 여러 군데를 알아봤더니, 상인 몇몇이 다가와서 '왜 우리들의 상품을 구입하지 않느냐?'고 물어 그 때마다 '가격이 너무 높아서 살 수가 없었다'고 이야기를 했더니 '전의 주방장이 그렇게 요구를 해서 가격표를 그렇게 작성했다'라는 말을 들었단다.

사례 2 : 아파트 카드 교체

지금 내가 거주하고 있는 곳은 이곳 선양 사람들 중 그래도 생활수준이 괜찮은 사람들이 거주하고 있다. 이 아파트 단지에서는 관계없는 사람들의 출입을 통제하기 위해 주민들에게 한해 카드를 유상으로 발급해주고 있다. 이 카드가 있어야만 단지에 출입하는 문을 열고, 엘리베이터를 이용할 수 있다. 카드 충전비용이 한 달에 15원(한화 약 2,500원)정도로 큰 비용은 아니다.

그럼에도 불구하고 이 카드를 아파트 단지 밖에 있는 곳에서 몰래 훨씬 저렴하게 충전을 시켜 주고 있다. 이 불법카드 충전비용은 1년에 약 8,300원에 불과한 데다, 소위 마스터 카드로 아파트 어느 동, 어느 층에나 갈 수 있다. 이는 결국 이 아파트 관리사무소의 직원 가운데 외부 불법 카드를 충전시켜주는 상점과 공모하여 아파트 카드 시스템을 외부로 빼돌렸음에 틀림이 없다. 그렇지 않고서는 도저히 불가능한 일이다. 우리 한국 사람들 중에서도 이 불법 카드를 사용하는 사람들이 더러 있다. 돈이 아까워서가 아니라 일단 어느 동, 어느 층에나 이 카드로는 갈 수 있기 때문에 무척 편한 것이다. 그렇지 않고 다른 동이나 다른 층을 갈려면 매우 복잡하고 번거롭다. 미리 연락해서 해당 엘리베이터 층 번호를 눌러 달라고 부탁해야만 가능하다.

어찌 되었던 한 동안 그런대로 이 불법 카드가 사용되었다. 그런데 이 불법 카드 사용이 도를 넘어섰는지 아파트 관리 사무소에서 기존 카드를 업데이트 해준다며 갑자기 시스템을 완전히 바꿔버렸다. 그러다보니 불법 카드는 사용할 수 없게 되었고,

최근에 이 불법 카드를 사용했던 사람들은 어쩔 수 없이 정식으로 카드를 구입해야만 한다. 싼 맛에 이런 불법 카드를 구입했던 사람들은 결국 손해를 보았을 것이다. 결국 '뛰는 사람 위에 나는 사람이 있다'는 말이 실감날 정도로 속고 속이는 중국 생활이다.

약속 불이행 : 주재원들의 지옥

중국인들은 상대방을 잘 고려하지 않고 자기 맘대로 판단하고, 행동하는 사례가 빈번하다. 약속 시간과 장소를 수시로 바꿔버려서 가끔 우리를 매우 곤혹스럽게 한다.

이런 면에서 우리 주재원끼리 만나면 '중국은 주재원들의 지옥이라'는 말을 해댄다. 다른 나라에 비해 경제는 매우 발전하여 돈 많은 사람들이 무척 많고 모든 도시는 고층건물에, 밤이면 휘황찬란한 각종 빛을 발하니 우리나라 각계의 지도층들은 마치 중국이 모든 게 선진국인양 오해하기 십상이다. 더욱이 우리나라 지도층들이 중국의 고위층들을 만나서 무슨 애로사항을 이야기할 때마다 중국의 고위층들은 체면 등을 고려하여 거의 부정적인 말을 하지 않고 '하오(好)'로 답하기 마련이다. 이는 액면 그대로 해석하면 우리 말의 '좋다'라는 뜻이라서 우리나라 고위층들은 이를 마치 처리해주겠다는 식으로 해석하여 '내가 중국 고위층들을 만나서 다 얘기했고, 고위층이 들어주겠다고 하였으니 주재원들이 이제 실무적으로 처리만 하면 될게야' 하고 관시를 이용한 해결방안을 제시한 척 하지만, 실은 진척되는 게 하나도 없다. 그들의 '하오'라는 뜻은 우리의 '해결해 주겠다'는 뜻이 전혀 아니고, 그냥 '너희들의 애로사항이 뭔지 알아들었다'라는 뜻일 뿐이다.

이런데도 불구하고 실무적으로 전혀 진척이 되질 않는다고 본사에 보고하면 이런 사정을 전혀 모르는 고위층은 자기가 바쁜데도 일부러 시간을 내서 중국에 출장을 가 고위층에 사정을 해서 가까스로 문제를 해결해 주었는데 주재원들이 능력이 부족해서 일처리가 안된다며 애꿎은 주재원만 나무라는 사례를 수 없이 보았거나, 들어왔다. 사실 중국이 우리 고위층이 한두 번 와서 애로사항을 이야기한다고 들어줄 것 같으면 중국은 이미 중국이 아닌 미국과 같은 선진국이다

이에 더하여 그들은 수시로 약속을 하고 수시로 약속을 지키지 않는다. 약속 불이행에 대해서도 크게 미안해 하지 않는다. 이러니 중국에서 근무하고 있는 주재원으로서는 이런 애로사항을 본사에 이야기한 들 본사에서 이해할리도 없고, 그저 본사로부터 능력 없다라는 등 갖은 비난만 받기 마련이다. 중국 측의 수많은 약속불이행 가운데 지면 관계상 다음과 같이 몇 가지만 소개한다.

지린성 창춘의 엑스포 행사

2005년 가을, 중국 동북3성의 지린성 창춘에서 엑스포 행사가 열렸다. 그 때 마침 두만강개발을 위한 두만강개발프로그램 국제회의도 함께 열렸다. 이 회의는 국제회의로서 우리나라를 비롯하여 북한, 중국, 러시아, 몽골 등의 국가 대표단이 참석하였다. 우리나라에서도 지금으로 치면 재경부 차관이 대표단장의 자격으로 참석했다.

나는 우리나라 대표단의 도우미 자격으로 그들의 업무를 지원하기 위해 참석했다. 지린성 및 창춘시에서는 우리나라 대표단장인 차관이 엑스포 행사에 참석해주기를 간곡히 부탁하여 차관이 바쁜 일정에도 불구하고 그들의 체면을 위해 그 회의에 참석하기로 하였다.

그 행사 또한 지린성이 매우 의욕적으로 추진하여 왔던 국제적인 행사로서 중국의 그 당시 우이(吳儀) 부총리를 비롯한 고위층이 대거 참석하기 때문에 우리나라의 재경부 차관이 참석함으로써 지린성 및 창춘시 고위층의 체면을 살려주는 기회이기도 하였다. 아무튼 지린성 및 창춘시의 요청에 의해 재경부 차관이 참석하기로 되었고, 지린성 및 창춘시에서는 이를 매우 고맙게 생각하며 차관을 모실 많은 인원 및 차량을 대동하여 차관을 모시고 갔다. 우리는 곧 있을 국제회의의 준비를 위해 매우 분주하였다.

그런데 한 참이 지나고 국제회의가 곧 시작할 즈음에야 차관이 회의장에 헐레벌떡 들어왔다. 국제회의야 매우 순조롭게 잘 치러졌지만 나중에 차관의 말을 들어보니 중국 측이 참으로 한심하였다. 우이 부총리가 참석한 엑스포 행사가 끝나자마자 우리 차관은 지린성 및 창춘시로부터 완전히 냉대를 받았다는 것이다. 행사 전까지만 하더라도 차량으로 모시며 대우를 그렇게 잘 해 주더니만 행사가 끝나자마자 '언제 봤냐?'는 식으로 무시를 하면서 '이제 알아서 혼자 가라'는 식이었다는 것이다. 모두들 우이 부총리 일행 의전에만 신경을 쓰고 참석했던 귀빈들에 대한 대우를 깡그리 무시하여 그 때 참석했던 귀빈들이 모두 자기 갈 길을 알아서 가야하는 수밖에 없었다는 것이다.

차관도 어쩔 수 없이 혼잡을 무릅쓰고 혼자 택시를 잡아타긴 했지만 영어를 전혀 모르는 택시 기사에 중국어를 전혀 모르는 차관이 어찌어찌 설명을 하면서 택시를 세 번이나 갈아타며 가까스로 회의장에 참석할 수 있었단다. 우리 일행이야 중국 측에서 차관을 공손히 차량으로 모시고 갔으니 행사가 끝나면 다시 차량으로 공손히 모시고 올 줄 알고 거기에 대한 대비를 전혀 하지 못했던 것이다.

산업은행과 중국 동북3성간 MOU 체결

2006년에 산업은행과 중국 동북3성(랴오닝성, 지린성, 헤이롱장성)간 상호 업무협력을 위한 서명식을 각각 갖게 되었다. 헤이롱장성은 마침 성장이 서울에 출장간 기회를 이용하여 서울에서 산업은행 총재 - 지금에야 산업은행 회장으로 명칭이 바뀌었지만 당시에는 총재라는 명칭을 사용하였다-와 업무 협약식을 순조롭게 체결하였다.

다음으로 랴오닝성과 지린성간 업무 협약식은 각각의 성도인 선양과 창춘에서 갖기로 하였다. 이를 위해 산업은행 총재를 포함한 일행이 직접 창춘과 선양에 와서 서명을 하기로 하였다. 먼저 지린성과 업무협약을 한 다음에, 선양으로 와서 랴오닝성과 업무협약을 하기로 하였다. 모두 성장과 은행 총재가 직접 사인을 하기로 하여 모든 준비를 추진하였다. 그런데 먼저 랴오닝성에서 문제가 발생했다. 총재 일행 출장 일정을 다 정했는데, 서명식 불과 사흘 전에 랴오닝성에서 갑자기 성장이 서명식에 참석은 하되 직접 서명은 하지 않고 여러 부성장 중 한 명이 대신 서명하겠단다. 그 이유를 물으니 아무도 모른다는 것이다. 이를 본사에 보고하니 본사에서는 한 마디로 중국 측의 이런 무례한 행동에 기분이 매우 상해 있었고, 이를 추진하고 있던 주재원인 나만 온갖 비난을 감수할 수밖에 없었다.

여러 우여곡절을 거친 다음에 총재 일행이 창춘에 도착하였고, 원래 지린성장의 비서실장이 초대한 식사 장소로 이동하려 하다가, 이를 확인하는 과정에서 갑자기 지린성에 일이 생겨 원래 비서실장이 우리 은행 총재 일행 점심을 모시기로 하였으나, 격이 낮은 부비서실장이 우리 일행을 모시게 되었다는 연락을 받았다. 내가 거의 얼굴이 사색이 되어 이를 총재께 보고를 하니 총재께서 여러 사항을 고려하신 다음에 점심은 차라리 마음 편하게 우리끼리 하기로 하였다. 이처럼 갑작스럽게 식사 주빈을 바꿔버려 나를 포함하여 우리 일행을 매우 난처하게 만들었다. 다행히도 서명식은 매우 순탄하고 화목하게 잘 마무리 할 수 있었다.

지린성에서 서명식을 마친 다음에 선양으로 향했다. 이 와중에 나는 모든 행사를 책임지고 있었기 때문에 랴오닝성 담당자들과 수차에 걸쳐 사정을 이야기하고, 설득을 해도 제일 우두머리인 성장이 사인을 직접 하질 않겠다니 자기네들도 어쩔 수가 없다며 오히려 나의 이해를 구했다. 우리도 대책을 강구하여 일단 총재께서 참석은 하여 성장과 식사와 면담은 하되, 업무협력관련 서명은 은행에서는 부행장과 랴오닝성에서는 부성장이 하기로 어렵사리 합의되었고, 결국 부성장과 부행장 간 업무협력을 위한 사인을 할 수밖에 없었다.

이러저러한 여러 행사 차질에도 불구하고 이를 크게 탓하지 않고 넓은 아량으로 보살펴주셨던 당시 김창록 총재님과 이성준 부행장님께 이 자리를 빌어 감사를 드린다.

중국은행의 100주년 기념행사

2012년에 나는 산업은행 중국총괄점포장 겸 베이징지점장으로 베이징에서 근무하고 있었다. 중국은행은 2012년 중국은행 설립 100주년을 맞이한 기념행사를 크게 치르기로 하고, 세계 각국 유명 금융기관의 장들을 모시는 데 혈안이 되어 있었다. 처음에는 우리 산업은행에도 수차례에 걸쳐 산업은행 회장이 꼭 좀 직접 참석해서 자리를 빛내 주십사고 매우 공손하게 요청을 하였다. 심지어는 중국은행 직원들이 직접 은행에 찾아와서 사정을 하기도 하였다. 한번은 내가 직접 중국은행 본사에 가서 그들의 일정, 당행 회장에 대한 대우 등을 상세히 논의를 했다. 그들도 산업은행의 위상을 고려하여 공항에 직원 2명이 직접 가서 우리 은행 회장 일행을 영접하여 귀빈실에서 모시기로 하였다.

우리는 공항을 마음대로 출입할 수 없기 때문에 귀빈실에서 회장 일행을 맞이하기로 약속되었다. 그 전에 만반의 준비를 위해 중국은행 직원과 우리가 귀빈실에서 만난 다음에 중국은행 직원들은 비행기 도착시간에 맞춰 트랩에서 회장 일행을 모시고 귀빈실에 도착하면 우리는 귀빈실에서 회장 일행을 맞이하면 되도록 예정되었다. 또한 기념식장인 인민대회당에서는 소위 말하는 주석단으로 자리가 예정되어 있었다. 이 주석단에는 그 당시 중국 총리 등 고위층이 함께 자리를 하게 되었다.

우리가 회장 일행의 참석을 알리고 나서부터 어쩐 일인지 그들의 관심이 별로였다. 우리가 세세한 일정 등을 논의하기 위해 전화를 해도 바쁘다는 핑계로 전화응대도 친절히 잘 안 해주고 기념식장에서의 좌석배치 등에 대해 논의를 하고자 은행을 방문하겠다해도 시간이 없다며 만나주지도 않았다. 결국 은행 회장일행이 오기로 한 날 우리는 약속대로 귀빈실에서 대기하고 있었다. 그런데 아무리 기다려도 중국은행 직원들이 귀빈실에 나타나질 않았다. 매우 걱정되어 중국은행 직원에게 전화로 '어쩐 일이냐?'고 물으니 자기네들이 비행기트랩에 까지 가지 않고 현재 공항 출구에서 우리 회장 일행을 영접하기로 했으니 빨리 공항 출구로 나오라는 답이었다. 너무나 기가 막혀 더 이상 따지지도 못한 채 부랴부랴 공항 출구로 갔다. 공항 출구에 갔더니 중국은행 직원 둘이서 나와 있기는 했다. '왜, 당초의 약속을 지키지 않고 공항 출구에서 대기하고 있느냐? 일정이 변경되었으면 우리에게 사전에 알려줬어야 하지 않았느냐?'고 한참을 따지자 '아, 일이 그렇게 되었고, 워낙 바빠서 자기네들도 연락할 시간이 없었다'라며 조금도 미안한 기색도 없었다.

공항출구에 도착한 지 불과 2, 3분 만에 다행히 회장 일행을 영접한 다음에 귀빈실로 모실 수 있었다. 회장 일행은 이런 속사정을 전혀 알지 못한 듯하여 퍽이나 다행이었다. 그 당시 이런 급박한 상황에서 신속하게 도와주었던 재경관께 이 기회를 빌어 감사를 드린다.

아무튼 어렵사리 회장 일행을 영접한 그 다음날 중국은행 100주년 기념식장인 자금성 맞은편에 우뚝하고 거대하게 자리 잡은 인민대회당의 주석단에 참석하기 위해 서둘렀다. 최소 3만 명의 참석자가 모인 대집회이기도 했지만 중국의 지도층을 비롯한 세계 각국 금융기관들의 수장들이 모이는 자리라서 매우 혼잡할 것이라 예상하여 나는 직원을 미리 인민대회당에 보내 중국은행 측과 협의하여 회장 일행이 도착하면 줄 서는 것 없이 바로 중국은행 직원을 따라 회장 일행을 귀빈실로 모시고 가도록 계획을 세웠다.

중국에서 거대한 행사 치르는 걸 많이 겪다보니 노하우도 많이 생겼다. 우선 중국 측은 자기네들이 아쉬울 때는 온갖 사정을 다하다가도 막상 행사가 끝나거나 하면 가차없이 안면을 몰수하는 사례를 많이 봐온 탓도 있지만, 중국인들 특유의 관리능력 부족을 많이 체험했기 때문에 회의장이 무척 붐비고 복잡할 것으로 예상되었다. 회의장인 인민대회장 입구에 도착하자마자 아니나 다를까 주차상황도 엉망이고, 수많은 사람들이 구름떼 같이 몰려 서로 입장하기 위해 줄도 서있기도 하고, 또한 새치기도 하는 등 많은 사람들이 웅성거리며 이리저리 몰려다니고 있었다. 은행 직원과 수차에 걸친 통화 끝에 천만 다행히도 중국은행 직원의 안내로 회장 일행을 바로 귀빈실로 모실 수 있었다.

회장과 부행장, 나까지 세 사람이 귀빈실로 들어서려 할 때 입구에서 행사 요원들이 귀빈을 포함하여 두 사람까지만 입장을 허용한다고 하기에, 인상을 쓰고『이 두 분 모두 귀빈이고 두 분 모두 중국어가 안되는데 그럼 어떻게 안내를 해야 하느냐?』고 큰 소리를 질렀더니 행사요원들이 그 기세에 놀랐는지 얼른 자리를 비켜주어 그 틈에 재빠르게 회장을 귀빈실로 모셨다. 귀빈실에서 중국의 지도층들이 입장하기 전까지 중국관련 여러 사항을 회장께 설명하는 기회도 가져서 퍽이나 다행이다 생각했다. 약 30분의 시간이 지나자 중국 지도층들이 입장하려하니 귀빈들이 먼저 식장에 입장해야 한다며 회장을 모시고 갔고 나는 다른 일행들과 나와 예정대로 일반 방청석 맨 앞자리에 앉았다. 잠시 자리를 둘러봤더니 국내 모 은

행의 회장이 자리를 찾지 못하여 우왕좌왕하며 옆에 서성거리고 있었다. 마침 그 분을 알고 있던 터라

『아니, 회장님 아직 자리를 못 찾으셨나요? 회장님 자리는 여기 일반 방청석 자리가 아니고 단상의 주석단인 걸로 아는데요.』하며 아는 체를 했더니 그 회장은 매우 반가와 하며

『그런데 그 단상엘 어떻게 갈 수 있는지 좀 도와주세요.』하여 내가 그 회장 일행을 단상으로 모시는 통로로 가려할 즈음에야 해당 은행의 책임자가 헐레벌떡 뛰어오더니 늦게나마 단상의 주석단 자리에 그 분을 간신히 모실 수 있었다.

중국은행 100주년 기념행사는 순조롭게 마무리 되었으나, 나중에 다른 문제가 발생했다. 원래 중국은행 측에서는 행사에 참석한 귀빈들을 저녁식사에 초대하였으나, 다행히 우리는 다른 모임에 참석하기로 예정되어 있어서, 그 저녁식사 초대에 응하지 않았다. 중국은행 측에서는 어떤 명확한 이유도 설명하지 않고 귀빈들 저녁식사 초대를 갑자기 취소를 시켜버렸던 것이다. 이러하니 당초 저녁식사는 당연히 중국은행 측의 초대대로 진행할 것이라 생각하며 일정을 달리 잡지 못했던 일행들은 부랴부랴 별도로 저녁식사 장소 등을 물색하느라 한 참을 이리저리 바쁘게 움직일 수밖에 없었다.

중국 측과의 무슨 행사나 약속은 이처럼 항상 돌발변수가 자주 발생하기 때문에 마음에 각오를 단단히 해야 하며, 수시로 돌발변수 발생 가능성에 대한 대비를 이모저모 미리 생각해야지 그렇지 않을 경우에는 큰 낭패를 보는 것은 물론, 윗사람에게 완전히 찍히기 딱 좋다. 그래서 중국은 주재원들의 지옥이라는 별명이 붙었다.

무례

중국에서 생활하면서 자주 마주치는 일은 그들의 무례함이다. 중국에서 생활 한 지 이미 13년이 지난 나도 여전히 이 때문에 거의 날마다 불쾌감을 느끼고 있다. 상가에서나, 골프장에서나, 식당에서나, 차를 타거나 택시를 타거나 목욕탕 등에서도 그들의 무례함을 느낄 수 있다. 어디를 가도 그들의 무례함으로 인한 불쾌감을 떨칠 수 없다.

아무 데서나 가래침을 뱉는 행위, 아무 데서나 차로를 무단횡단하는 행위, 아무 데서나 담배를 피우는 행위, 차를 아무 데나 편할대로 주정차 시키는 행위, 차를 기다리면서 줄을 서지 않는 행위, 쓰레기를 아무 데나 버리는 행위, 과일을 먹고 아무 데나 과일 씨나 껍데기를 버리는 행위, 목욕탕 안에서도 담배를 버젓이 피우는 행위 등.

물론 이런 무례함과 관련해서는 우리나라 사람들도 큰 소리 칠 형편은 못된다. 10년 전만 하더라도 우리나라 사람들은 중국에 오면 어디서나 큰 소릴 치고 다녔다. 마치 우리나라 사람들은 자기의 부와 실력을 과시하고 싶은 욕망에 가득 찬 사람들 같았다. 이제는 이런 현상은 사라졌고, 경제적 측면에서 오히려 중국 사람들이 우리나라 사람들을 멸시하게 되었다.

하지만 우리나라 사람들과 중국인과의 무례함의 정도나 횟수는 비교할 수 없다. 우리나라에 관광 온 중국 관광객들의 추태를 생각해도 쉽게 이해가 갈 것이다. 그래도 해외로 관광 갈 사람들은 나름대로의 수준이 있는 사람들이겠는데도 그러하니 본토에 살고 있는 일반 사람들의 수준은 상상 이상이다.

요새는 이런 무례함도 빠른 속도로 줄어들고 있음을 느낀다. 조만간에 중국인들도 이런 불명예를 벗어날 수 있기를 희망한다.

철저한 이기주의

중국인의 이기주의는 끔찍하다. 자기네들은 이기주의가 아니라 개인주의라고 하지만 터무니없는 변명이다. 자기와 가까운 인척이나 친구들만 챙기고 나머지 사람들과는 완전 안면몰수에 가깝다. 일반적으로 우리는 중국인들, 특히 동북사람들은 의리를 매우 중요시한다로 알고 있지만 내가 보기에 이는 천만의 말이다. 그들은 의리 뒤에 숨어있는 이익을 본 것일 뿐이다. 이런 뜻에서 이세기 전 장관이 쓴 글에서 '한국인들은 불의를 참지 못하고, 중국인들은 불이익을 참지 못 한다'는 말에 적극 공감한다.

사례 1 : 대만 장애아

내가 중국인의 이기주의나 상대방을 배려하지 않은 민낯을 보고 큰 충격에 빠진 건 1990년 타이완에 어학연수를 가 있을 때였다. 타이완의 어느 가을, 비가 촉촉이 내리고 있었다. 날은 쌀쌀하지만 습도가 높아 나는 아파트 2층에 살고 있었는데 베란다 창문을 열고 거실에서 밖을 내려다보고 있었다. 그 때 아파트 앞집에 살고 있던 약 열 살가량의 뇌성마비 아이가 특수 자전거를 타고 가다가 넘어졌다. 넘어지면서 자전거가 그 아이를 꽉 누르고 있었고, 아이는 자전거를 밀치고 일어나질 못하고 낑낑거리다가 흐느껴 울고 있었다. 평소에는 아이 엄마가 항상 붙어 있어서 그 아이를 돌봐주고 있었는데, 하필 그 때는 엄마가 보이질 않았다.

나는 유심히 걱정스럽게 내려다보고 있었는데, 어느 여학생이 그 옆을 지나가도 거들떠보지도 않으며 그냥 스쳐갔다. 그 뒤로 몇 명의 어른들도 지나갔지만 어느 누구도 도와주질 않고 지나쳐 가기만 했다. 내가 다급하여 급히 뛰어 내려가 그 아이를 일으켜 세우고 있었더니 그때서야 그 아이 엄마가 부리나케 뛰어와 내게 고맙다며 몇 번이나 고갤 숙이며 인사를 하였다. 지금으로부터 27년이나 지났지만 여전히 내 기억 속에 생생하게 남아 있다.

사례 2 : 백화점 주차장

중국인들의 대표적인 이기주의와 관련하여 우리 주재원들끼리 모여 이야기하다 보면 가끔 꺼내는 이야기가 있다. '100대의 차량을 주차시킬 수 있는 주차장이 있다. 미국에서는 이런 주차장에 약 100대를 주차시킬 수 있고, 일본에서는 준법정신이 강한 데다 차가 작기 때문에 약 110대를 주차시킬 수 있다. 우리나라라면 준법정신이 약간 미흡하기 때문에 차량을 80대 만 주차 가능하다. 중국에서는 과연 몇 대의 차량을 주차시킬 수 있나?' 이 문제에 대해 중국에서 오래 생활한 사람일수록 주차 가능한 차량수를 줄여 말한다. 이 가운데 가장 적은 차량 수가 2대이다.

결국 100대를 주차시킬 수 있는 주차장에 중국인들이라면 달랑 2대 만 주차시킬 수 있다는 말이다. 한참을 웃으며 넘겼지만 중국에서 오래 생활한 주재원이라면 어느 정도 수긍을 하곤 한다. 100대를 주차시킬 수 있는 주차장 입구에 한 대, 출구에 한 대 만 주차시킨다는 것이다.

자기만을 생각하는 중국인들이기에 자기가 편한 장소에 아무렇게나 해 버린다는 뜻이다. 이 말이 헛말이고 매우 과장된 말이겠지만 나는 실제로 이와 유사한 일을 겪은 적이 있다. 한 번은 대형 백화점을 들어가기 위해 주차장에 들어가려는데 앞 차가 꿈쩍도 않고 있었다. 앞에 무슨 일이 있나 싶기도 했지만 아무런 문제도 없었고 다만 앞차 운전사가 어쩐 일인지 도무지 앞으로 전진을 않고 있었다.

아무리 기다려도 움직일 기미가 없자 내 운전기사가 기다리다 못해 경적을 몇 번 울렸다. 그러자마자 앞차 주인이 주차장 입구에 차를 그대로 주차시킨 채 바로 내려서 백화점으로 들어가 버렸다. 주차장 관리원이 급히 뛰어갔지만 그는 뒤도 돌아보지 않고 달려가 버렸다. 결국 나는 주차장에 들어갈 수가 없어 그날 그 백화점을 이용하질 못했다. 그 후로 주차장 입구에 주차시킨 차량을 어떻게 해결했는지 궁금했다.

시례 3 : 역주행

중국인의 철저한 이기주의는 도로상에서도 자주 볼 수 있다. 중국인들은 대도시를 제외하고는 웬만한 고속도로에서도 역주행을 가끔 한다. 적반하장 식으로 역주행을 하는 차가 1차선으로 오면서 오히려 우리를 보고 비키라고 전조등을 깜박거리거나 경적을 울리며 다가오기도 한다.

나도 이런 경험을 한 적이 있었다. 한 번은 은행 선배가 와서 내 차로 모시고 단둥으로 갈 때였다. 고속도로를 열심히 달리던 차가 갑자기 도로에서 멈춰버렸다. 자칫 큰 사고가 날 뻔했다. 마침 운전기사가 워낙 노련해서 위험을 피하고 차를 우선 갓길에 세웠다.

그 때만 하더라도 고속도로 주변에 자동차 수리 센타가 그리 많이 있지 않아서 고민을 하다가, 천천히 차를 몰고 가면서 결국 수리 센타를 찾았다. 그 수리 센타에서는 우리 차를 수리 못 하니 왔던 길을 되돌아서 가라고 일렀다. 우리는 웃으면서 이 고속도로에서 왔던 길을 어떻게 되돌아가느냐?고 물었더니 운전사가 알아서 할 것이라고 말한다.

아니나 다를까 운전기사는 매우 태연하게 갑자기 역주행을 하기 시작했다. 고장 난 차를 1차선으로 역주행을 하면서 계속 비상등을 깜박이며 경적을 울렸다. 은행 선배 두 분은 나를 붙잡고 통사정을 했다. 제발 역주행을 하지 말아달라고. 그러나 내가 보기에도 방법이 없었고, 그동안 중국 생활을 하면서 자주 봐왔던 역주행이라 우선 내가 급하니 다른 방법이 없었다. 약

10km를 역주행해서 수리 센터에 맡기고, 당시 내 차는 시 소유 차였기 때문에 시에 전화를 했다. 차가 갑자기 고장나서 큰 사고가 날 뻔 했다며, 은행 손님들을 모시고 있는데 내 체면(중국인들은 체면을 중요시한다는 걸 알고 일부러 체면을 강조했다)을 생각해서 좋은 차를 보내줬으면 좋겠다고 일렀다.

시에서는 대단히 미안하다며 자기들 잘못이니 내가 원하는 차는 무엇이든지 보내주겠다고 했다. 나는 이 기회에 한 번 통크게 놀아보자는 심산으로 보내줄 거면 벤츠 600을 달라고 했더니, 정말로 약 1시간 후쯤 벤츠 600이 왔다. 덕분에 매우 편안한 여행을 할 수 있었지만, 역주행 때문에 종일 선배들로부터 많은 핀잔을 들어야만 했다.

사례 4 : 성당 문앞에서의 배변

2012년 베이징에서 생활할 때다. 매주 일요일 베이징 도심에 있는 성당에 미사를 다녔다. 한 번은 성당엘 들어가려는데 어떤 남성과 아이가 성당 입구에 주저앉아 있었다. 설마 하면서 성당엘 들어서려다 잠깐 멈춰 서서 지켜봤더니 성당 바로 입구에서 아이가 대변을 보도록 지켜보고 있었다. 도저히 지나칠 수가 없어 화를 내며 여기가 사람들이 드나드는 성당 입구이고, 화장실은 바로 옆에 있으니 아이를 화장실로 데려가라고 소릴 쳤다. 그 남자는 어색한 듯 웃기만 하면서 '메이셜, 메이셜(沒事尔, 괜찮아, 괜찮아)'만 외쳐대고 여전히 아이가 대변을 다 보도록 지켜보고 있었다. 너무나 황당하고 기가 막힌 현실에 할 말을 잃고 있는데, 중국 사람들은 그걸 보고도 아무런 제재를 하지 않고 있었다.

중국인들의 용변 이야기가 나와서 인데 지금도 중국의 고속도로를 지나다보면 남자들이 고속도로 변에 서서 버젓이 소변을 보는 장면들을 흔하게 볼 수 있다.

사례 5 : 중국 종업원들의 태도

회사를 그만두고 식당일을 도와주면서 그들의 이기주의를 더 뼈저리게 보고 느꼈다. 주방에서 가끔 주방 일하는 직원끼리 말다툼하는 경우가 있다. 알아보면 주방 일 중에서 자기가 할 일과 남이 하는 일이 분담이 되어 있지만 가끔 어느 누가 할 일이라고 딱히 규정하지 못할 일들이 발생하면, 서로 자기 일이 아니라며 그 일을 하려하지 않고 싸운다. 최근에는 고기를 처리하는 아줌마가 남편이 몸이 좋지 않아 약 3일 휴가를 쓴다고 했다. 그럼 사전에 주방장에게 고기 정리하는 법을 잘 가르쳐서 아무 문제가 없도록 일렀다. 말은 알았다고 했지만 실행이 되질 않았다. 결국 주방장이 우리에게 일러 바쳤다. 고기 정리하는 법을 절대 가르쳐주지 않는다고 했다. 이렇게 되면 결국 고기 아줌마 본인에게도 득이 되질 않을 텐데도 막무가내다.

식당에서는 이런 일을 자주 보게 된다. 평소 한가할 때는 그처럼 다정하게 친 자매처럼 잡담을 하면서 웃고 떠들던 종업원들도 설거지 아줌마가 일이 많아, 땀을 닦아가며 설거지를 하더라도 손이 못 미쳐 그릇이 설거지통에 가득 차고, 결국엔 그릇이 부족해서 음식을 못 내가고, 손님들은 음식이 늦다고 난리를 쳐도 주방 다른 아줌마들은 설거지 일을 전혀 도와 주려고를 하지 않는다. 참으로 이해하기 어려운 장면이다.

사례 6 : 식당내에서의 용변 등

금년 6월 중순 내 집사람이 식당에서 일을 도와주고 있는데, 얼마 전에 얼마나 화가 났는지 카톡으로 자기 친구들에게 중국의 현실을 고발하고 있었다. 그 내용은 다음과 같다.

우리 식당은 시장 바로 앞이라 주차난이 심각하다. 출근해서 보면 날마다 차들이 식당 문 바로 앞에 주차를 해서 식당 문도 못 열게 만들어 버린다. 차량에 연락처도 남기지 않고 사라져버린다. 내 집사람은 화가 나서 어느 작자인지 면상을 보려고 기다렸는데 운전 기사가 그래도 다행히 빨리 왔다. 일부러 눈을 마주치고 빤히 쳐다봤는데 미안하다, 아니면 웃음이라도 가볍게 날려주면 좋을 텐데 당연하다는 듯한 표정을 지으며 차를 타고 휑하니 가버렸단다.

며칠 전에는 젊은 엄마가 기저귀를 찬 아이를 데려와서 지저귀를 갈아주려 하더니 그대로 식당 홀 바닥에서 소변을 뉘였단다. 깜짝 놀라 화장실로 가라 했는데도 꼼짝 않고 소변을 다 뉘더라고 하였다. 직원에게 큰 소리로 락스 가져와 닦으라고 소리치니, 오히려 그 젊은 엄마의 얼굴 표정이 굳어지더라는 거였다. 그래도 우리 식당 손님으로 올 정도면 최소한 중상류층은 될텐데.

인구가 많아서인지는 몰라도 중국인의 이기주의 현상은 언론에서 날마다 수없이 거론되고 있다. 그렇지만 우리와 비교해서 정도가 너무 심한 이기주의이며 그 빈도가 너무 흔하다는 것이다. 여기 몇 가지의 사례를 추가로 들어본다.

기타 사례

수박을 가득 실은 차량이 시골길을 가다가 전복되면서 수박을 쏟아 내리자 그 순박해 보인 시골사람들이 모두 몰려와 쏟아진 수박을 들고 가져간 이야기.

옥수수를 가득 실은 트럭이 넘어지면서 옥수수를 쏟아내자 그 마을 사람들이 몰려와 옥수수를 담아간 이야기, 운전하며 시나가던 사람들이 차에서 내려 옥수수를 담아갔고, 심지어는 그 때 양떼까지 몰고 와 양에게 옥수수를 먹이고 양을 몰고 온 사람도 쏟아진 옥수수를 담아간 이야기.

황허에 유명했던 잉어가 급감하다고 전해졌다. 이런 상황을 안타깝게 여긴 일부 산둥 시민들이 잉어의 개체수를 늘리기 위해 잉어 800여 마리를 방류하기로 했다. 그 날 잉어를 방어하자마자 바로 옆에서 그물질을 하면서 막 방류했던 잉어들을 잡아갔다는 이야기.[49]

49) 서울신문, 2013.12.28

기타 사례

중국에서 두 살배기 여자 아기가 길에서 두 번이나 차에 치이는 동안 아무도 도와주지 않아 숨진 이야기.[50]

한 여성이 중국 광둥성 동관에서 8일 오후 4시 괴한의 공격을 받아 성폭행 당했다. 여성은 소리를 지르며 도움을 요청했지만 괴한이 30분간 여성의 옷을 벗기고 벽돌로 여성을 치는 동안 아무도 도움을 주지 않았다. 여성은 괴한이 떠난 이후에도 30분간 거의 알몸 상태로 현장에 있었지만 인근을 지나던 수십 명의 오토바이 운전자 중 아무도 도움을 주지 않았다.[51]

2011년 8월 13일 저장성 원저우 시에서 출산을 위해 병원을 찾아 가려고 버스에 탔지만, 얼마 지나지 않아 임산부의 양수가 터져버렸다. 그러나 버스 기사와 승객들은 급한 처지의 부부를 돕기는커녕 '더럽다'는 말까지 해가며 버스에서 내려 다른 차를 타고 갈 것을 강요했다. 택시도 못 타고 결국 임산부는 길가에서 딸을 낳을 수밖에 없었고, 세상에 갓 나온 아기는 온통 흙투성이가 됐다. 출산 후 10여 분이 지나서야 구급차가 도착해 산모와 아이를 병원으로 옮길 수 있었다.[52]

중국인들의 이기주의는 실생활에서 많은 부작용과 심지어는 인명을 많이 희생시키는 데로까지 진전되고 있다. 예를 들면 가짜 계란, 가짜 쌀과 가짜 분유 등의 이야기 등을 들 수 있다.

---

50) http://reuters.donga.com/bbs/main.php?tcode 2011.10.26.

51) http://news.donga.com/Inter/3/02/20111025/41374136/1

52) 서울신문 2011.8.15.

중국인들의 이런 이기주의는 이제 만성이 되어서 웬만하면 눈 감고 넘어 갈 수가 있게 마음이 단단해졌다. 그러지 않으면 아마 화병으로 쓰러질 거다.

물론 중국만 이처럼 극단적 이기주의가 만연하고, 우리나라는 그렇지 않는다는 뜻이 전혀 아니다. 우리나라만 하더라도 과거 가습기 피해 사건이 발생하여 금년 8월 8일에야 문재인 대통령이 피해 가족들을 청와대에 초청하여 그들을 위로하고, 정식으로 사과하기에 이르렀다. 사건이 공식적으로 발생한 지 무려 6년 만에야 정부로부터 정식으로 사과를 받게 되었다. 이 사건도 극단적 이기주의에 의한 행동으로 수많은 사람들에게 인명손상 등 막대한 피해를 가져다주었다. 다만 우리와 비교하여 중국은 그 정도나 빈도가 너무 심하다는 데 문제의 심각성이 있다.

최근에는 중국인들도 경제적으로 여유가 있어서인지 점차 주변 사람들에 대한 배려와 관심이 증대하고 있다. 최근 들어 죽음을 무릅쓰고 위험에 빠진 사람을 구했다는 미담들이 많이 생겨나고 있다. 예를 들면 한 남성이 다롄 금석탄의 해변가를 거닐다가 갑작스런 심장마비로 바닷물에 빠져 매우 위험한 순간에 처해 있을 때, 주변에서 웨딩 드레스를 입고 신랑과 사전에 결혼식 사진촬영을 하고 있었던 신부가 웨딩 드레스를 입은 채로 바다에 뛰어들어 곧 죽어가고 있었던 남성을 구했던 일이라든가[53] 하는 미담들이 등장하곤 한다. 매우 바람직한 일이고 중국인들도 생활에 여유가 생겨나면서

53) 華商晨報, 2015.9.22. A07.

주변을 배려하고 도우려하는 인간 본연의 아름다운 인간애가 생겨난 것 아닌가 생각된다. 나는 앞으로 이런 미담들이 중국에서 광범위하게 확산될 거로 믿는다.

타고난 배금주의

내 보기에 돈은 중국인들에게 종교요 신앙이다. 중국인들이 돈을 좋아하는 습성은 그들의 속담에서도 잘 나타난다. 중국인들은 예로부터 돈만 있으면 모든 걸 다 해결할 수 있다는 믿음을 지니고 살아왔다. 중국의 속담에 '돈만 있으면 귀신에게 맷돌을 돌리게 할 수도 있다(有錢能使鬼推磨)'는 말이 그들의 배금주의를 잘 나타내고 있다. 그들은 타고나면서부터 돈의 중요성에 대해 잘 알고 있는 듯싶다. 물론 어느 나라 사람이든 돈을 중요시 하지 않는 사람들은 없을 것이지만, 중국인들의 돈에 대한 집착은 우리의 상상을 초월한다. 좋게 보면 매우 실용적이라고 볼 수도 있지만, 문제는 너무 지나치다는 점이다.

사례 1 : 여행사

선양에서 생활하면서 많은 우리나라 손님들을 모시게 됨에 따라 몇 개의 여행사와 긴밀해졌다. 그 가운데 한 여행사는 규모가 매우 작은 데다 사장이 직접 운전기사까지 하면서 억척같이 사업을 하였다. 나는 그 사람의 성실성과 열성에 감동하여 가능한 그 여행사를 이용하였다. 많은 손님들을 모셔야 했기에 그 여행사는 많은 돈을 벌 수 있었다. 그 여행사 사장은 나를 볼 때마다 '다거 (大哥, 형), 다거' 하며 살갑게 대했고 나 또한 그를 동생같이 항상 따뜻하게 대해 주었다.

한 번은 그 여행사 사장이 사무실에서 내 직원과 말다툼을 하고 있었다. 내가 그 연유를 물으니 여행경비를 정산하는 과정에서 잔돈, 우리로 보면 약 1,700원 잔돈이 없어서 내 직원이 이를 깎자고 하였더니 여행사 사장이 화를 내며 절대 깎아줄 수 없다고 우겼다. 내가 나서서 '어이 동생, 우리 덕에 당신이 많은 돈을 벌었으니 이 정도는 그냥 깎아줘도 되는 게 아냐?'하며 떠봤더니, 검지를 세우고 내 앞에서 좌우로 흔들어대며 '나는 한 푼도 절대 깎아줄 수 없다'며 정색을 하면서 내게도 화를 냈다. 직원들 앞에서 내가 창피하기도 하고 너무 어처구니도 없어서 '허허' 웃으며 쑥스럽게 물러서면서 직원에게 '그냥 다 정산하고 그 여행사를 절대 이용하지 말라'고 일러두었다.

그 후로도 많은 손님들이 오고가면서 때로는 내가 직접 손님들을 모시고 여행지를 다니는 경우가 있었다. 한 번은 관광지에서 손님들에게 한참 설명을 하고 있었는데, 갑자기 뒤에서 '다거' 하며 살포시 내게 다가온 사람이 있었다. 그 여행사 사장이었다. '왜 요즘에는 자기 여행사를 이용하지 않느냐?'며 어울리지 않게 갖은 아양을 떨었다. 내가 단숨에 다른 여행사를 이용하기로 했다고 답하니 '알았다'며 뒤도 돌아보지 않고 쌩하고 가버렸다. 그 뒤로도 가끔 관광지에서 그 여행사 사장을 본 적이 있었지만 서로 아는 체도 안하는 사이가 되어 버렸다.

여행과 관련해서 또 하나 이야기 할 게 있다. 손님들을 모시고 여행을 가기 위해 가이드를 항상 데리고 간다. 내가 지리를 몰라서가 아니라 혹시 다른 지방에 가서 불의의 사건에 부딪히거나 할 경우 아무래도 현지 가이드의 역할이 필요하기 때문이다. 가이드들은 대부분 조선족들이었다. 그들의 역사 지식은 정말 거의 아무 것도 없다고 해도 과언이 아닐 정도로 미천했다. 게다가 항상 가이드 팁 때문에 문제가 발생했다.

나는 몇 번 이런 일로 짜증이 나서 여행사를 통할 때 아예 미리 그 여행사에 가이드 팁까지 포함해서 더 이상 팁 문제로 가이드와 분쟁이 생기지 않도록 다짐을 받는다. 그럼에도 불구하고 여행이 끝나고 나면 가이드와 나는 별도의 팁 때문에 실랑이를 해야 했다.

가이드들은 내가 모시는 손님에 대한 태도를 보고 짐작을 하는 것 같았다. 손님들이 내 윗사람 같거나 나보다 연배가 많은 분들 같으면 팁 때문에 항상 사단이 발생한다. 가이드가 일부러 분위기를 험악하게 하거나 매우 기분 나쁜 표정들을 지으면, 손님들이 내게 묻는다. 가이드가 무슨 기분 나쁜 일이 있는 모양인데 왜 그러느냐? 답은 뻔하다. 팁을 더 바라는 거다.

그럼에도 내가 팁을 줄 생각이 없다고 판단을 하면 분위기를 더 망친다. 그럼 모처럼 온 손님들의 기분을 망치지 않기 위해 손님들 모르게 어쩔 수 없이 가이드에게 팁을 더 줄 수밖에 없다.

반대로 손님들과 가이드간의 관계가 너무 좋아도 문제다. 손님들이 가이드와 관계가 좋아서 가이드를 부추기며 분위기를 띄우면 가이드가 내게 와서 더 많은 팁을 노골적으로 요구를 한다. 안 들어줄 수가 없다. 괜히 팁 몇 푼 때문에 분위기 망쳤다가는 손님들의 기분도 좋지 않을 것 때문에 참으로 곤란하다.

중국에서 돈 몇 푼 때문에 서로 매우 친하게 지냈다가도 갑자기 안면몰수를 하는 사이가 되어 버린 경우는 너무도 허다하다. 내 주변에 식당을 경영하는 우리나라 사람들이 꽤 있다. 대부분의 식당 주인들은 종업원들이 겨우 봉급 10위엔(우리 돈으로 약 1,650원) 때문에 과감히 주변 식당으로 옮겨버린다고 한다. 한 번은 내가 잘 아는 식당 주인이 속을 상해하며 내게 하는 이야기가 있다. 우리가 가끔 그 식당엘 갈 때마다 유난히 우리를 살갑게 대해 주었던 아가씨가 어느 날 사장보고 '자기 부모님이 편찮하기 때문에 고향엘 가겠다'고 해서 어쩔 수 없이 보내주었다고 한다.

그로부터 며칠 후 갑자기 사라졌던 그 아가씨가 바로 옆 식당에서 일하고 있너란나. 그래서 반갑기도 하고 또 한편 서운하기도 했지만, 우선 반가운 마음에 아는 체를 하며 인사를 했는데도 인사도 받지 않으며 전혀 아는 체를 안 하더라는 것이다. 중국인들은 이처럼 이해관계에 따라 안면을 철저히 몰수해버린다. 중국에서 생활한 지 얼마 되지 않은 우리나라 사람들은 중국인들의 이런 태도에 매우 마음 상해하고 며칠 잠도 못 이루는 공황상태에까지 빠져버린다. 헤어지면 우리나라 사람들만 애걸복걸할 뿐 중국인들은 매우 자연스럽게 받아들인다. 내가 보기에 중국인들은 '돈이 의리고, 돈이 친구다.'

사례 2 : ●●물산 부인

2005년 어느 날 새벽 일찍 지인의 딸이 우리 집에 다급하게 전화를 했다. 내가 전화를 받자마자 울먹이며 '아저씨, 빨리 와보세요. 엄마가 이상해요'하며 매우 다급해했다. 나는 순간적으로 무슨 변고가 발생했음을 직감하고 일단 내 집사람을 먼저 보냈다. 좀 있다가 집사람으로부터 매우 다급한 목소리로 나보고 빨리 오라 했다. 급히 서둘러 그 집 안방에 가서 봤더니 딸의 엄마가 침상에서 의식불명 상태로 누워있으며 꼼짝도 하질 않았다.

나는 과거 이런 일을 많이 접해봤기에 본능적으로 위기에 매우 침착한 성격이다. 침상이나 주변을 살펴보니 다행히도 침상 위에 약간의 피가 묻어 있었고 코에서 피가 약간 흘러나온 흔적이 있었다. 내 경험에 의하면 피가 밖으로 배출되었다는 것은 우선 뇌 속에 피가 덜 고여 있다는 뜻이다.

순간 다행이란 생각도 들었지만 빨리 데리고 병원엘 가야했는데 움직일 수가 없었다. 마침 다른 형제가 왔다. 일단 급한 대로 그 형제가 체격이 좋았기 때문에 침대 옆에 무릎 꿇고 엎드리게 한 다음에 쓰러져 있는 자매를 엎드린 형제의 등에 실은 다음에 엎드린 채 기어가서 아파트 밖으로 나왔다. 택시를 잡고 선양에 가장 큰 병원에 가려다가 상황이 너무 심각한 것 같아 주변 군병원엘 갔다.

택시에 내려 응급실에 갔는데 아무런 기척이 없었다. 두리번거리며 '간호사, 간호사!'하며 큰 소리로 불러대자 한 참 만에 머리가 부스스한 간호사가 나타났다. '응급환자가 발생했으니 침대차를 달라'고 했더니 느릿하게 여기저기 탁자 서랍을 한참 뒤적거리더니 열쇠를 찾아 침대차 열쇠통을 열어주었다. 내가 급하게 침대차를 밀고 갔더니 간호사가 나를 뒤에서 꽉 잡으며 '우선 돈을 달라'고 했다. 화가 치밀어 '얼마냐?'고 묻자 '100위엔(한화 16,500원)!'이란다. 마침 약간의 돈이 있었기에 돈을 지불하고 택시로 침대차를 밀고 가면서 간호사보고 좀 도와 달라 했더니 자기네들은 절대 도와줄 수 없단다. 도와주다가 사고가 나면 자기네들이 책임을 지기 때문에 날보고 그 환자를 응급실까지 직접 데려와야 한단다. 어쩔 수 없이 환자를 침대차에 실어 응급실로 데려와 간신히 눕혔다.

일단 한 숨을 돌리고 나서 간호사보고 빨리 응급조치를 취하라고 다그쳤지만 그들은 꼼짝도 하지 않았다. 환자는 여전히 의식이 없는 상태에서 침대에 누워있고, 언제 호흡을 멈출지, 머릿속 핏줄이 터진 것 같은데 피가 머릿속에서 계속 흐르면 매우 위험할 텐데도 간호사들은 그런 건 아예 관심도 없었다. 도대체 왜 응급조치를 하지 않느냐?고 한참을 다그치니 한 간호사가 '먼저 돈을 내야 한다'고 한다. 참으로 어이가 없었다. 그렇지만 달리 방법이 없어 돈을 내기로 하니 일단 접수 신청서를 작성해야 한단다. 참으로 절차도 복잡했다.

신청서를 작성하다 보니 환자의 이름은 물론 성도 알지 못했다. 잘 아는 사이였지만 성당엘 다니다 보니 성이나 이름을 부르지 않고 세례명을 불러왔기 때문에 성이나 이름을 알 수 없었다. 간호사는 환자의 성을 계속 물었다. 짜증이 나서 내가 되는 대로 흔한 김이라 말했다. 이름이 뭐냐고 하도 간호사가 꼬치꼬치 물어 내가 짜증을 내면서 '섬머도하오(什麽都好, 무엇이든 좋다)!'라고 외쳤더니 '하오(好)?'하고 되물었다. 그래서 홧김에 '하오'라 했다. 신청서를 다 작성한 것 같은데도 여전히 치료는 하지 않고 있었다. 하도 화가 치밀어

『왜 치료를 하지 않느냐?』

『너희가 보증금 약 50만원을 내야만 치료할 수 있다.』며 꿈쩍을 하지 않았다. 그처럼 많은 돈을 미처 준비하지 못했기 때문에 여기저기 성당 신부님과 형제 자매들에게 전화를 해서 되는 대로 보증금을 가져오도록 했다. 한참이 지나 보증금을 납부하고 나서야 치료에 들어갔다. 나중에 접수 신청서를 봤더니 환자의 성함이 '김호(金好)'로 되어 있었다.

치료를 받는 과정에서 문제가 발생했다. 뇌 촬영 기계가 갑자기 고장났다. 촬영은 끝났지만 사진이 인출되는 과정에서 잼이 발생하여 사진이 나오질 않고 기계에 끼어 있었다. 의사들과 전문가라는 사람들이 와서 아무리 해도 기계를 고치질 못했다.

환자는 여전히 의식불명이기 때문에 분초를 다투는 위급한 순간이었는데도 시간만 가고 아무런 진전이 없었다. 너무 많은 시간이 흘러 우리끼리 상의한 다음에 선양시내 가장 큰 병원에 연락해서 그 병원의 의사들 2명이 왔다. 전후사정을 알아본 다음, 그들은 이곳 병원 의사들과 협상을 했다. 요지는 다른 병원 의사들은 우리 환자를 데려가서 검사를 빨리 진전시켜야 한다는 입장인 반면에, 이곳 의사들은 자기네들이 절대 양보할 수

없다는 입장이었다. 한참 실랑이를 하고 있어서 결국 우리가 결정을 하게 되었다. 이곳 의사들 보고 '너희들이 아무리 환자를 원한다 해도 지금 알고 있듯이 우선 기계부터 고치고 나서 이야기를 해야 하는 것 아니냐? 지금 너희들이 기계도 고치지 못하고, 제대로 다루지도 못하면서 뭘 치료를 하겠다는 거냐? 우리가 원하는 대로 하지 않고 이처럼 방치하다가 환자가 무슨 나쁜 일이 발생하면 너희들에 모든 책임을 묻겠다.'고 갖은 엄포를 가하고서야 비로소 환자를 새 병원으로 옮길 수 있었다.

이곳 의사들이 왜 이처럼 환자를 빼앗기지 않으려 했는가 하니 그것은 돈(현찰)과 직결되었기 때문이다. 우리 같은 외국인들은 의료보험이 되질 않았기 때문에 현찰로 결제했을 뿐만 아니라, 그때만 하더라도 외국인들은 병원에서 부르는 대로 의료비를 납부한다는 이야기가 돌아 병원에서 가장 선호하는 층에 속했다. 특히 한국인들은 부자다라는 잘못된 인식에 사로잡혀 여기저기서 많은 봉변을 당하거나 과도한 치료비를 납부하는 경우가 많았다.

어찌되었든 그 환자는 그나마 다행스럽게도 빨리 치료를 할 수 있었던 데다 뇌 속에서 터진 피가 크게 번지지 않고, 약간의 신경만 건드렸기 때문에 일단 임시방편으로 선양 병원에서 치료를 한 다음에 서울에 있는 병원으로 이송을 하여 제대로의 치료를 받게 하였다. 나중에 천만다행히도 치료가 잘 되어 정상적인 생활을 하게 되었다.

사례 3 : 수풍 수력발전소

2005년 가을에 은행 선배님이 두 분 왔다. 모처럼 그 분들을 모시기 위해 고속도로를 타고 가다가 차가 고장 나서 선양시의 도움으로 벤츠 600으로 갈아타고 갔다. 단둥의 압록강을 배로 건너 북한의 신의주를 건너다보며 선 배 한 분이 모처럼 온 김에 어렸을 때 익히 들었던 수풍 수력발전소를 구경할 수 있느냐?고 내게 물었다. 나도 내친 김에 선배님을 모시고 한 번 보고 싶었다.

단둥에서 압록강 강변 도로를 따라 상류를 타고 약 4시간 정도를 갔다. 압록강변을 올라갈수록 북한지역이 가깝게 보이며 약간 분위기가 무거우면서도 살벌한 기운까지 있었다. 나는 이런 일을 많이 겪어봐서 별로 대수롭게 생각지 않고 주변 환경에 대해 한 참을 잘난 척하며 설명을 했다. 가끔 중국 국경수비대의 모습과 건너편 북한 초소의 경비병들을 봐가며 수풍 수력발전소 못 미친 식당에서 점심을 먹었다.

식당 주인은 원래 북한 사람이었는데 10여 년 전에 이쪽 중국으로 넘어와 중국인 여자를 만나 식당을 하고 있었다. 발전소 바로 아래라 그런지 커다란 잉어가 많이 잡힌다고 해서, 잉어를 찜으로 해서 술 한 잔 걸치며 거하게 먹었다.

배도 부르고 취기가 오른 탓에 우측으로 북한의 민둥산과 그 산중턱 팻말에 김정일과 관련된 글을 읽으며 차를 계속 몰아갔다. 어려서 교과서에서 봤던 수풍 수력발전소의 위풍당당한 모습이 눈에 들어오며 상당한 위압감을 느꼈다. 발전소 정문 주변에는 온통 가시철조망이 둘러 쳐져 있었으며 우측 압록강변에도 가시 철조망이 쳐져 있었다.

정문에는 경비병 두 명이 총을 가슴에 대고 지키고 있었다. 정문 옆에는 출입금지라는 빨강색 경고 푯말도 보였다. 나는 이왕 내친 김에 선배님들에게 더 잘난 척 하기 위해 기사보고 서서히 몰고 들어가자 했다. 기사는 겁이 났는지 머뭇거렸지만 내 성화에 못 이겨 멈추지 않고 계속 차를 서서히 몰고 정문에 들어섰다. 이상하게 경비병들이 내 차를 보고도 그냥 통과시켜 주었다. 마침 내 차량 번호가 遼AV0001번이었다. 그 때만 하더라도 차량 번호만 보면 차에 탑승한 사람들의 신원을 대개는 짐작할 수 있었다.

예를 들면 내 차량 번호의 의미는 이렇다. 앞에 遼는 랴오닝성, 둘째 A는 선양시(중국은 각 성내 도시를 영어 알파벳으로 순서화했다. B는 다롄 식으로.)라는 뜻이다. V는 영어 VIP의 준말이다. 그 다음 번호가 그냥 1번이니 결국 내 차는 선양시 비아이피 1번이 타는 차량이라는 뜻이다. 이러니 얼마나 높은 차를 타고 가는 것인가? 더구나 내 차가 그 당시 보기 드문 벤츠 600이니! 나는 신나게 선배들에게 이를 설명하면서 수풍 수력발전소 촌놈들도 우리 차를 알아보는 모양이라며 더 의기양양했다.

정문 위병소에 약 10여 명의 군인복장을 한 경비들도 내 차를 물끄러미 보기만 할 뿐 못들어가게 하질 않았다. 나중에 생각해보니 그 경비병들은 내 차가 멈추지 않고 당당하게 들어서니 회사의 귀빈이 오신 걸로 착각했던 것 같았는데 그 당시 나는 이걸 전혀 몰랐다. 결국 내 차는 수풍 수력발전소 정문을 한참을 지나 사무실 주차장까지 들어왔다. 온갖 폼을 잡으며 선배님 두 분을 내리게 한 다음에 매우 신나게 주변을 설명도 하고, 압록강 물을 크게 휘젓고 있는 커다란 터빈을 내려다보면서 구경을 하고 있었다.

약 10분 쯤 지나자 어디서 나타났는지 군인들이 우리를 에워쌌다. 운전기사를 향해 한참 위협을 하는 것 같았다. 운전기사는 벌써 그들의 기세에 완전 주눅이 들어 아무 말도 못하고 있었다.

결국 내가 나서서 무슨 일이냐? 여기 대장이 누구냐?며 매우 의기양양하게 나갔다. 거기서 대장이란 사람이 나서더니 나를 째려보며 너는 무슨 권한으로 여길 들어 왔느냐?며 오히려 나를 다그쳤다. 나는 개의치 않고 내 명함을 주며 나는 선양시 금융고문으로 이곳에 왔다며 자랑스럽게 이야길 했다. 그랬는데도 불구하고 그 친구는 그래서?라며 나를 빤히 쳐다만 봤다. 나는 속으로 이거 뭔가 잘못되었구나! 싶었다. 하지만 선배님들이 무서워하며 떨고 있는데 나까지 그런 기색을 보이면 안 될 것 같아 당당하게 나갔다. 그래서라니? 나는 선양시 금융고문으로 내 손님들을 모시고 이곳에 와서 구경을 하고 있다고 답을 했다. 그랬는데도 불구하고 대장은 선양시 금융고문이 도대체 무슨 권한으로 군 중요시설이며 출입통제 지역인 발전소 안에를 들어 왔느냐?며 나를 더 몰아세웠다.

이거 갈수록 난감했다. 그때까지만 해도 무슨 문제가 생길 때마다 선양시 금융고문이라면 다 통과되었는데 여긴 전혀 이야기가 되질 않았다. 내가 약간 당황한 기색을 보이자, 그 대장이라는 친구는 내 명함을 싹싹 씻어버렸다. 난 더 난감해서 기사보고 뭐라고 좀 설명을 해보라고 부추겼지만, 기사는 겁에 질려 이미 정신이 나가 우물쭈물 거리고만 있었다. 그러더니 다른 곳으로 아예 피해 가버렸다. 선배님은 날보고 어떻게 빨리 해결해 보라고 다그치고, 그럴수록 대장과 군인들은 더 위세를 부렸다.

발전소 주차장 부근에서 많은 경비대와 내가 옥신각신 큰 소리를 치며 있자니 이젠 사무실 직원들까지 나와서 날 보고 한소릴 해댔다. 여긴 군사지역인데 어떻게 여길 들어 왔느냐?며 날 더 곤란하게 만들었다.

솔직히 난 그때까지만 해도 발전소가 중요 시설은 될망정 군사시설이라고는 생각지도 못했다. 순간 이들의 맘을 돌릴 수 있는 방법이 퍼뜩 떠올랐다. 일단 대장을 불러 조용히 속삭였다. 나는 여기가 군사시설이란 걸 모르고 들어왔는데, 잘못했으니 돈을 줄테니 좀 봐달라고 요청했다. 그 말을 하자 그의 태도가 약간 누그러졌다. 난 속으로 생각했다. 그럼 그렇지! 그러고 나서 그와 흥정을 했다.

그는 그 당시 50위엔(8,500원)을 요구했다. 난 그 순간 갑자기 50위엔(8,500원)은 너무 비싸다는 생각에 좀 깎자고 했더니 그가 갑자기 화를 내며 자전거를 타고 부하 직원들까지 대동하며 정문 쪽으로 가려고 했다. 주차장에서 정문까지는 자전거로 약 2분 정도 거리가 있었기 때문에 우리도 잽싸게 차를 타고 그들보다 먼저 정문을 통과하면 되리라 나름 짐작하고 차를 세게 몰아갔다.

대장과 부하직원들이 도착하기 전에 우리 차가 먼저 도착했는데 정문이 서서히 닫혀져버렸다. 정문에서 우리의 모습을 지켜보고 있었던 위병들이 미리 정문을 닫아버렸던 것이다. 참으로 난감했다. 해는 곧 질 것 같아 어둑어둑 했고, 정문까지 잠긴 상태에서 발전소 안에서 오도 가도 못한 신세가 되어 버렸다.

기사와 선배님들은 모두 넋이 나가있는 것 같았고, 자꾸 날 보고만 빨리 해결을 하라고 재촉이었다. 나는 이판사판이다! 생각하고 당당하게 차에서 내려 정문 위병소엘 가서 그 대장과 담판을 했다.

이 모든 게 내 잘못이다! 좀 봐달라며 사정을 했다. 그 대장은 한 참을 망설이더니 얼마 주겠느냐?고 물었다. 난 이제 값을 올려 100위엔(16,500원)을 주겠다며 빨간 인민폐를 그의 손에 넌지시 넣어주었다. 그는 크게 인심 쓰듯 그럼, 다음부터는 절대 들어와서는 안 된다며 정문을 열어주어서 간신히 도망쳐 나왔다.

내가 이 창피한 이야기를 장황하게 한 이유는 중국에서는 위기에 몰려 있어도 웬만하면 돈으로 거의 해결할 수 있음을 보여주기 위함이었다. 그들의 배금주의를 이용해서 어려움에서 벗어날 수 있었다.

오면서 두 선배님은 아까 무서워 벌벌 떨던 감정까지 실어 나를 호되게 나무랬다. 원래 인민폐 50위엔으로 쉽게 해결할 수 있는 걸 괜히 내가 호기를 부려 아까운 시간만 낭비한 데다, 잘못했으면 꼼짝없이 잡혀서 큰 곤욕을 당할 뻔 했다고... 아무튼 차를 타고 오면서 옥수수 밭 한 가운데서 쳐다 본 맑은 가을 밤하늘의 은하수를 올려다보며 우린 오랜만에 낭만에 젖기도 했다.

수풍수력발전소 : 맞은 편이 북한이다
자료 : http://image.baidu.com/search baidu 百科

나중에 선양에 돌아와 이런 이야기를 했더니 신부님께서 그렇지 않아도 약 4개월 전 서울에서 물정 모르는 신부님들이 놀러와 수풍 수력발전소 부근에서 북한을 배경으로 사진 촬영을 하다가 중국 국경수비대에 잡혀 끌려갔었다고 했다. 간신히 어떻게 베이징의 성당 주교님과 연락이 닿아 4시간을 벌 서고, 자술서를 쓰고, 사진 필름을 다 뺏긴 채 간신히 풀려났다는 섬뜩한 이야기를 듣기도 했다.

사례 4 : 장애인 돕기

2009년 나는 중국 동북의 선양으로 다시 파견 오게 되었다. 2002년에는 타의에 의해 선양으로 오게 되었지만, 이번에는 내가 스스로 택해서 오게 되었다. 내가 동북에서 생활하다보니 기질이 나와 잘 맞는 것 같았다. 아무튼 산업은행 선양 대표로 와서 여러 일을 구상했지만, 이 가운데 주변의 불우이웃을 도와주자는 생각을 갖게 되었다.

우선 선양의 장애학교를 방문하여 내 봉급과 우리 직원의 봉급을 뗀 돈과 내 친한 중국 친구 두 명에게 이야기를 해서 한 달에 얼마씩을 그 장애학교 학생들에게 전달했다.

장애인 돕기를 하고자 할 때 처음에는 그 방법을 잘 몰라서 마침 선양에 있는 중국의 홍십자(우리의 적십자회)에 연락을 했다. 요지를 설명했더니 참 좋은 일이라며 한참을 칭찬하더니 자기네들이 우리가 원하는 분야에 우리의 자선금을 전달할 테니 한 달에 수수료로 자선기금의 40%를 달라고 하였다. 도대체 이게 무슨 짓인가? 싶어 그만 두었다.

내가 스스로 알아보기로 하고 직원들을 통해 몇 군데를 물색한 다음에 우리가 지원할 곳을 택했다. 이런 자선 이야기가 어떻게 알려졌는지 알 수 없지만 한 번은 직원이 지역 큰 신문사 기자가 나와 직접 통화를 하고 싶다고 했다.

『여보세요, 아, ○○신문사 기자인데요. 아주 훌륭한 일을 하고 계십니다.』

『별로 그렇게 훌륭하다고 생각하지 않고, 그냥 우리의 의무라고 생각하는데요.』

『아무튼, 매우 훌륭한 생각이어서 우리 신문사에서 미담으로 신문에 기사를 쓰려고 하는데 괜찮은지요?』

『그렇게 써주면 혹시 다른 회사에서도 따라서 좋은 일을 할 줄 모르니 좋을 듯 싶습니다.』

『그럼, 그렇게 알고 기사를 쓰겠습니다.』해서 기쁜 마음으로 전화를 끊었다. 하지만 뭔가 의심이 들었다. 자기네들이 미담관련 기사를 쓴다면 그냥 쓰면 될 것을 굳이 내게 그 의사를 물어가며 기사를 쓰지는 않을 텐데 하는 의구심.

좀 지나서 그 기자가 부하직원에게 다시 전화를 했단다. 기사를 1면에 써 줄 텐데 1자당 5원(한화 약 830원)씩 해서 이천 자를 써줄테니 돈1만 인민폐(한화 약 165만원)를 미리 입금해야 한단다. '이놈들이 그럼 그렇지!' 정말 너무 짜증나는 순간이었다. 자선을 빙자해서 돈을 받아 챙기려는 너무도 비인간적인 현실을 가슴 뻐저리게 느꼈다. 그 뒤로 나는 중국의 어느 자선단체나 언론사를 믿지 않고 중국의 장애인이나 고아들을 도울 일이 있으면 내 스스로 돕게 되었다.

만연한 상호 불신, 의심증

중국인들의 상호 불신감이 얼마나 뿌리박혀 있는지를 단적으로 알 수 있는 현상이 있다. 중국이고 타이완이고 많든 적든 물건을 싣고 나르는 자전거가 있다. 우리나라에서는 물건을 운반하고자 할 때 주로 손수레라는 물건 나르는 도구를 쓰는데, 우리나라에서는 물건을 뒤에 놓고 주인이 앞을 보며 끌고 가는 형식이다. 반면에 중국에서는 이런 방식을 거의 볼 수 없다. 우리와는 다르게 물건을 눈에 보이는 앞에 싣고 발로 자전거 페달을 밟아대며 나아가는 방식이다.

이게 왜 이렇게 다를까? 답은 간단하다. 우리나라에서는 그만큼 상호 신뢰감이 형성되어 있기 때문인 반면에, 중국에서는 어느 누구도 믿을 수 없기 때문에 물건을 자기 눈에 보이지 않는 뒤에 싣고 갈 수가 없기 때문이다. 이런 설명에 대해 중국의 평평한 지형 때문에 짐을 눈앞에 싣고 밀고 가는 방식을 택했을거라고 반론을 제기 할 수도 있다. 그러나 자전거로 짐을 옮기고자 할 때도 짐을 중국식처럼 앞에 싣느니, 차라리 뒤에 싣고 끌고 가는 방식이 훨씬 더 안전하고 효율적이다. 중국에서 생활하면서 가끔 짐 싣고 가는 자전거와 자동차가 부딪혀 분쟁이 발생하는 경우를 보게 된다. 짐을 앞에 싣고 밀고 가다보니 앞이 잘 보이지 않기 때문에 교통사고가 더 자주 발생하게 된다. 아울러 힘도 훨씬 더 들게 마련이다.

짐을 앞에서 끌고 가는 우리나라의 손수레

짐을 눈 앞에 두고 자전거로 밀고 가는 중국인

중국인들을 접촉하다보면 서로가 서로의 언행을 믿지 못하고 있음을 자주 느낀다. 중국인들의 의심증은 내가 추측하기에 아마 넓은 영토, 많은 인구, 수많은 전란을 겪어 오면서 믿을 데라고는 자기의 가까운 인척이나 친한 친구에만 국한하여온 생존본능으로 출발하여 습관이 된 것 같았다. 가끔 중국인들과 이야기를 하다보면 '내가 너를 어떻게 믿느냐?'라는 말을 자주 듣게 된다. 이럴 때마다 '이 사람이 평소 그렇게 '하오 펑여우, 하오 펑여우(好朋友, 매우 친한 친구)' 했던 사람이 맞나 싶을 정도였다. 또는 같은 중국인들끼리도 내게 다가와 '그 친구를 어떻게 믿어서 그렇게 할 수 있겠는가?'하며 오히려 내게 물어와 내가 몹시 당황했던 적도 꽤 있었다.

나중에 사세히 설명하겠지만 우리 회사를 매각하게 될 때도 매수자로부터 '내가 그 말을 어떻게 믿나?'라는 말을 자주 듣게 되었다. 우리가 아무리 자료를 제공하고 설명을 하더라도 그들은 우리의 말을 전혀 믿지 않았다. 이런 의구심을 해소해주기 위해 우리는 관할 공무원과 같이 면담을 하면서 그들로 하여금 확인하게 하거나, 그들이 고용한 회계사로 하여금 장부를 확인하게 하거나, 우리가 거래하는 은행직원을 통해서 직접 확인하고서야 우리의 말을 믿었다. 그들은 우리가 떠나려는 날까지 끝까지 우리를 믿지 않고 약 3개월에 걸쳐 착실히 인수인계를 해주었음에도 불구하고, 우리가 이제 철수하겠다고 하니 자기네 회계사로 하여금 최소 한 달간 다시 장부를 확인하게 해달라 한 적도 있었다. 물론 우리는 이를 인정할 수 없다며 그냥 철수를 해버렸다.

돈을 주고받게 될 때도 먼저 받아야만 잔돈을 주는 습관. 이런 습관에 젖다보니 몇 년 전만 하더라도 중국에서 자판기는 인기 없을 거라는 말이 나돌 정도였다. 왜냐하면 자판기에 먼저 돈을 넣어야 자판기 물건이 나올 텐데 의심이 많은 중국인들로서는 '과연 돈만 먹고 물건을 내주지 않으면 어쩌지?'하는 의구심 때문에 자판기를 거의 이용하지 않았단다. 물론 시간이 흘러 지금은 대도시 중심으로 자판기가 성행하고 있기는 하다. 자기네들도 우리 같은 외국인들에게는 이런 의심병이 너무 심한 것으로 인식하였는지 가끔은 '먼저 소인배, 나중 대인배(先小人, 後君子)'라는 말로 변명을 하곤 했다. 이 말은 먼저 소인배와 같이 꼼꼼하게 일을 처리하고, 나중에 대인배 같이 웬만한 일에 대해서는 그냥 넘어가는 방식이 훨씬 현명하다는 뜻이다. 하지만 소인배 같은 행동도 어느 정도 적당해야지 너무 심하게 불신만 하려한 그들의 태도를 이해하기는 정말 힘들었다.

돈을 주고받는 이야기를 더 하면, 일반적으로 중국인들은 거스름돈도 우리와 달리 주고받는다. 예를 들면 우리나라에서는 97원 어치의 물건을 샀다면 대개 백 원짜리를 주고 3원의 거스름돈을 받으려한다. 그렇지만 중국 상인들은 거의 한결같이 2원을 더 달라고 해서 102원을 받은 다음에 5원을 거슬러주는 방식을 택한다. 무엇이든지 하나라도 더 받은 다음에 처리를 하려는 습관이 있다. 대개 이런 결제방식에 익숙하지 못한 우리나라 사람들은 대개 어리둥절한 채 자주 당해서 돈을 중국 상인이나 택시 기사에게 더 주게 되기도 하다.

은행에서 30년이나 근무한 나도 가끔은 돈을 더 지불하는 경우가 가끔 있었다. 참고로 밝히면 돈과 관련해서 중국인들의 셈법은 우리보다 훨씬 뛰어나다. 우리나라 사람들도 세계적으로 셈법이 뛰어나다고 소문이 났는데 중국인들에 비하면 정말 우린 아무 것도 아니다. 내가 20여 년 전에 유럽에서 약간 생활할 때 유럽 사람들이 거스름돈을 주고자 할 때 얼마나 셈법이 느려터져서 답답했는지....

사례 1 : 선양시 간부 초대

2003년 초 선양 시 간부들을 집으로 초대하였다. 그들은 비록 선양시 간부들이었지만 외국인의 초대를 받아 외국인의 집에서 식사하게 된 게 모두 처음이라고 했다. 한 간부는 자기 친구들에게 최소 3개월 정도는 자랑거리가 하나 생겼다고도 했다. 사실 그때만 하더라도 중국 공무원들끼리 집에 초대하거나, 초대받는 경우는 거의 없다고 한다. 왜냐하면 당시 자기네들의 소득으로 보면 매우 훌륭한 집에서 생활한다는 게 이해가 되질 않기 때문에 괜히 동료나 부하 공무원들을 초대했다가 눈총이나 받을 우려가 컸기 때문이란다.

그런데 외국인이 집에 초대해서 식사를 대접했다는 건 그만큼 외국인들이 자기네들을 전적으로 신뢰했다는 걸 보여주는 거라고들 했다. 아무튼 분위기가 매우 무르 익어갔는데, 초대 받은 시 공무원 중 최고의 간부가 내게 물었다. 혹시 선양 우아이스창(五愛市場, 우리의 동대문이나 남대문 시장)에 가서 가짜 명품가방을 사려고 할 때 중국 상인들이 가격을 1,000위엔 부르면 날 보고 얼마정도로 깎을 수 있느냐?고 물었다. 나랑 집사람이랑 한 참 생각을 해서 약 800위엔 정도로 깎을 수 있다고 했다. 그랬더니 자기네들끼리 한 참을 웃었다. 그러더니 한수를 가르쳐 주겠다며 우선 뒤에 동그라미를 한 개 지워버리라 했다. 그럼 그 가격 즉 100위엔으로 사느냐?하면 그게 아니다. 그 가방을 여기저기 한 참 뜯어보면서 뭔가 트집을 잡아 다시 2로 나눠서 결국엔 50위엔으로 사면된다고 했다.

내가 바로 물었다. 그러느니 차라리 50위엔으로 바로 깎으면 될 것을 복잡하게 끝에 동그라미를 한 개 지운 다음에 다시 2로 나눌 것 뭐 있느냐?고 했더니 모두들 그게 한국인과 중국인과의 차이라고들 하며 웃어댔다. 우리나라 사람들은 성질이 급해서 상인이 1,000위엔 부른 걸 50위엔으로 바로 깎게 되면 우리가 구하고자 하는 목적도 달성 못한 채 상인의 기분만 상하게 된다는 거다. 중국인들은 상인이 기분 상하지 않게 점잖게 뒤에 동그라미 한 개를 뗀 다음에 물건을 요모조모 살펴보면서 뭔가 트집거리를 찾아 가격 협상을 하게 되면 훨씬 순조롭게 목적도 달성하면서, 상인도 기분이 덜 상한다는 거였다.

물론 그들의 말이 상당한 과장이 있다고 느꼈지만 실제로 내가 베이징에서 생활할 때 내 손님들을 모시고 베이징에서 가짜시장으로 유명한 상가에서 3,000위엔(약 50만원) 정도의 여행용 가방 등을 깎고 깎아서 겨우 200위엔(약 3만3천원) 정도에 사도록 했던 적이 많았다.

나중에 더 자세히 설명하겠지만 내가 은행을 그만 두고 중국에 있는 회사의 사장으로 있을 때 관할 전력국에서 우리 회사의 전기료를 깎아 줄 테니 중국 돈 8만 위엔(약 1천3백만 원)을 요구했지만, 4천 위엔(66만 원)으로 깎았다가 결국엔 아무 대가도 지불하지 않은 사례를 겪은 적이 있었다.

사례 2 : 식당 부부 손님

금년 6월이다. 저녁 무렵 식당에 있었다. 중년 부부가 내 옆에서 식사를 하면서 냉면 맛이 아주 좋다며 칭찬했다. 내가 고맙다고 인사를 했더니

『한국 사람이냐?』

『맞다. 한국 사람이다.』

다시 물어본다.

『진짜 한국 사람이냐?』

『진짜다.』

『그럼 집이 어디냐?』

『서울이다.』

『진짜 서울이냐?』

『진짜 서울이다.』

『서울에 집이 있다고?』

『서울에 집이 있다.』

『그럼, 중국 올 때 어느 공항에서 비행기를 타느냐?』

이건 이제 아주 심문조다. 진짜 한국 사람이라는 걸 확인하기 위해 공항을 물어보는 것 같다.

『인천 공항을 이용한다.』 그러자 진짜 한국 사람인 모양이다며 자기끼리 속닥거린다. 이들의 의심증은 끝이 없다.

한 참 있다가,

『그런데 우리가 먹고 있는 이 냉면이 한국식 냉면이냐?』

『진짜 한국식 냉면이다. 맛이 중국 거와 약간 다를거다.』

『우리는 중국식 냉면만 먹어봐서 맛을 잘 모르지만 중국식 냉면보다는 약간 덜 달면서 맛있는 것 같다.』

『이게 진짜 한국의 전통 냉면이다.』

『우리가 한국 냉면을 못 먹어 봐서...』

말을 흐린 것 보니 내 말을 아직 믿지 못한 모양이다. 나는 어쩔 수 없다고 포기해 버렸다.

중국인들의 상호불신은 그들의 생활에 깊게 뿌리박혀 있는 듯하다. 한 번은 회사의 어려움을 풀기 위해 고위층을 소개받았다. 우리 회사의 사정을 한 참 설명을 한 다음에 수수료 문제와 관련해서 이야기가 나왔다.

『혹시 수수료를 먼저 줄 수 있느냐?』

『일단 일이 성사되면 줄테니 계약서를 작성하도록 하자.』

『그럼 만약에 일이 성사되었는데, 네가 수수료를 안주면 어떻게 하느냐?』며 수수료를 먼저 달라고 계속 우겼다.

『거꾸로 수수료를 먼저 줬는데 네가 일을 성사 못시키면 수수료만 날리는 것 아니냐?』고 따졌다.

『나를 그렇게 못 믿느냐? 수수료를 일단 받아야 일을 진척시킬 수 있고, 만약 일이 성사 안 되면 내가 받은 수수료를 돌려주겠다.』

『너는 내가 너를 못 믿느냐?며 이야기를 하는데, 똑같이 너는 왜 나를 못 믿고 수수료를 먼저 받겠다고 하느냐?』며 옥신각신하다가 서로 감정이 상해서 일을 그 사람에게 맡기지 않은 적이 있었다.

나중에 중국인 친구들에게 물었더니 중국인들끼리도 서로 믿지 못하기 때문에 제 3자를 내세워 보증을 서게 하거나, 아니면 수수료를 덜렁 줬다가 나중에 일이 성사되질 않아 줬던 수수료를 환급받지 못해서 소송을 제기하는 건도 많다고 했다. 물론 이런 일은 우리나라에서도 흔하긴 하다. 하지만 그 정도나 빈도에서 우리나라와는 비교가 안 된다.

기타 사례

회사를 매각하고 철수를 준비하고 있을 때다. 운전기사는 우리가 자기 몰래 철수하면서 자기 봉급을 제대로 지급하지 않을까 매일 걱정하는 듯 했다. 거의 매일 내게 이런 저런 일을 핑계로 언제 철수하느냐? 철수하게 되면 자기 봉급을 다 주고 가느냐? 등을 물었다. 그럴 때마다 기분이 상하기도 했지만 그들의 의심병이 워낙 심각하기 때문에 이해되는 면도 있어서 그를 안심시켜야 했다.

회사를 매각하고 철수를 준비할 때 우리는 당초 계약대로 매수자의 사무실 한 방을 우리가 임시로 사용하게 되었다. 우리가 사용하게 된 이튿날부터 그들은 우리보다 빨리 출근하고, 우리보다 더 늦게 퇴근을 했다.

원래 중국 직원들은 출근시간은 안 지켜도 퇴근 시간만은 완전 칼이다. 그런 중국 직원들이 퇴근을 하지 않고 사무실에 남아 있어서 부하 직원에게 왜 중국 직원들이 퇴근을 하지 않고 있느냐?고 물었다. 부하직원이 우리가 다 퇴근해야만 자기네들도 퇴근한다고 일러주었다. 그만큼 우리를 못 믿고 의심하는 것이다.

물론 그들은 자주 '먼저 소인배, 나중에 군자(先小人, 後君子)'라고 자기들의 그런 의심증이나 팽배한 불신을 이런 말로 구차하게 변명을 한다. 이 말은 먼저 소인처럼 온갖 사항을 꼼꼼히 따지고 나야 나중에 군자처럼 대범하게 넘어갈 수 있다는 뜻이다. 물론 이 말은 맞는 말이다. 우리나라 사람들이 배워야 할 말이다. 내가 보기에는 그들은 '먼저도 소인이요, 나중에도 소인(先小人, 後小人)'이나 다름없었다. 여기에 비해 우리나라 사람들은 '먼저 군자, 나중 소인(先君子, 後小人)' 같은 어리석은 행동을 너무 자주 하는 약점을 가지고 있다.

최근 들어 중국인의 고질적인 의심증이 크게 완화되고 있다. 불과 몇 년 전부터 확산하고 있는 온라인 결제 서비스인 알리페이나 즈푸바오(支付包) 등을 비롯하여 웨이신(微信)에 의한 지불시스템의 발달로 인해 중국인들의 의심증이 크게 희석되고 있다. 특히 IT 산업의 발달로 인한 물류배송 시스템이 급속도로 발달하여 중국인의 의심증을 알게 모르게 치료 중에 있다. 과거 같으면 내가 먼저 돈을 내고 상품을 나중에 받는 시스템에 대한 거부 반응이 만연하였다. 이제는 유명한 결제나 배송회사에 대한 신뢰가 형성되어 거의 대부분의 중국인들이 일상적으로 애용하고 있다. 즉 돈을 먼저 지불하고 나중에 물건을 받는 방식에 대해 놀랄만한 빠른 속도로 적응을 하고 있는 것이다.

이러한 신용의 확대로 중국 전역에서는 자전거 공유(또는 대여)시스템이 각광을 받고 있다. 자전거를 아무 때나 필요한 곳에서 탔다가 아무 때나 원하는 곳에 버려둘 수 있는 제도다. 이세는 더 나아가 이곳 선양에서는 고급 승용차인 BMW 1,500대를 공유하여 고객 맘대로 이용할 수 있는 자동차 공유시스템을 도입하기도 했다. 보증금 약 17만원만 내면 원하는 차량을 골라 운전이 가능하다. 렌트 비용은 km 당 겨우 260위엔으로 하루 이용한도는 겨우 한화 4만 3천원에 불과하다. 주유는 회사 측에서 부담하기로 되어 있다. 이 공유 시스템이 아니라면 이런 고급 승용차를 하루 렌트하려면 최소 15만 원 정도 필요했다. 이런 종류의 공유 시스템과 더불어 중국 전역에 상호 신뢰의 마인드 또한 급속도로 확산하고 있다. 물론 무절제한 공유 시스템의 추진으로 벌써부터 자원의 낭비라는 비난과 우려가 있기는 하지만[54] 최소 신용의 사회라는 측면을 본다면 정말 혁명적인 시스템으로 볼 수 있다. 그만큼 빠른 속도로 중국인들이 알게 모르게 기존의 심각한 불신의 시대에서 신뢰의 시대로 이미 옮겨가고 있다. 한 마디로 대혁신 중에 있는 것이다.

이제는 길거리 군고구마 상인도 휴대폰으로 대금을 결제하는 방식을 따르고 있을 정도로 확산추세에 있다. 중국인의 고질적인 의심증이 편리와 실리에 의해 밀려나고 있는 현실이다. 최근 중국을 방문한 문 대통령도 중국전통 식당에서 아침식사를 한 후 모바일 결제를 시도했던 사례가 중국에서 크게 보도된 바 있다.[55]

---

54) 조선비즈, 2017.9.6.

55) http://mbd.baidu.com 2017.12.14.

무책임 또는 책임 회피

사례 1 : ●●호텔

중국인의 무책임과 관련하여 내가 겪은 매우 충격적인 사건을 이야기하지 않을 수 없다. 나는 1994년 산업은행에 근무할 때 베이징에 있는 중국사회과학원의 객원연구원으로 초청을 받아 베이징에 한 달 보름 정도 머물게 되었다. 처음으로 베이징에 도착한 나는 은행사무소 직원의 소개로 베이징 중심 일단공원(日壇公園) 주변 일단호텔에 머물렀다. 당시 나는 중국에 처음으로 도착했고, 중국에 대해 아는 게 거의 없었다. 은행에서 해외연수 차원에서 중국어를 배우게 되었을 때는 아직 중국과 수교가 되지 않았던 1990년이었기 때문에 중국으로 가지 못하고 타이완에서 중국어를 배워야 했다. 그래서 이 일로 중국 베이징에서 첫 날을 보내게 되었다. 일단호텔은 그 때만 하더라도 매우 지저분했다. 아마 그 무렵에는 캠핀스키같은 외국 호텔을 제외하고는 거의 모든 중국 호텔들이 그런 모양이다라고 생각을 했다.

더욱이 나와 잘 아는 은행 직원이 생각해서 소개해 준 호텔이었기 때문에 다른 생각을 하지 않았다. 호텔 방엘 들어섰더니 책상을 하얀 가운으로 덮어두었는데 아마 벼룩 때문이었는지 핏자국이 여기저기 많이 묻어있었다. 자세히 살펴보니 거기뿐만 아니고 벽이나 천정 어디에도 많은 장소에서 핏자국이 무척이나 묻어 있었다. 속으로 매우 꺼림칙했지만 달리 방도가 없었다.

그때만 하더라도 한국에서 베이징 직항이 없었기 때문에 텐신 공항에 도착해서 버스로 베이징엘 가야했다. 그런 관계로 몹시 피곤했기 때문에 일찍 잠을 청했다.

잠이 든 지 얼마 되지 않아 갑자기 등에서 마치 불에 달군 연탄집게로 내 등을 찌르듯이 타는 듯한 격렬한 통증을 느꼈다. 너무나 아팠다. 깜짝 놀라 불을 켜고 상의를 벗어 거울에 내 등을 돌아 봤더니 정말 놀랍게도 우측 등에 우리의 5백 원짜리 동전의 약 1.3배 정도의 크기로 아주 동그랗게 동물의 이빨자국이 있었다. 자세히 보니 어떤 동물인지 모르겠으나 그 동물의 이빨자국이 내 등 피부를 약간 파고들어 있어서 약간의 피가 나온 부분도 있었고, 이빨자국은 너무나 선명했다.

너무나 아프기도 하고, 겁도 났다. 바로 종업원을 불러서 사정을 이야기하고 동물의 이빨자국이 선명한 내 등을 보여주며 도대체 무슨 동물일 것 같냐?고 물었다. 대답은 '부즈다오(不知道, 모르겠다)' 였다.

그 여종업원과 함께 이불을 걷고 방안을 샅샅이 뒤져보았지만 동물의 흔적을 볼 수 없었다. 너무나 겁이 나서 일단 방을 바꿔달라고 했지만 '바꿔줄 수 없다'는 대답이었다. 참으로 기가 막혀 말이 나오질 않았다. 아무리 설명을 해도 막무가내였고, 미안하다라는 말도 없었다.

약 밤 11시 정도 된 것 같았다. 아무리 호소를 해도 도대체 말이 통하질 않았다. 자기는 모르겠고 자기와는 상관도 없으며, 이미 이 방을 정했기 때문에 방을 바꿔줄 수도 없고, 별수 없다는 투였다. 너무나 무서워서 할 수 없이 불을 켜 놓은 상태에서 좁은 의자에 앉은 채로 새벽만 기다렸다. 잠을 도저히 잘 수도 없었다. 결국 아침이 되자마자 바로 호텔을 옮겨버렸다. 그 때 그 호텔이 일박에 90달러였던 걸로 기억하니 그다지 싸구려 호텔은 아니었던 걸로 판단된다.

지금 생각하기에도 도대체 그 동물이 무슨 동물인지 알 수가 없다. 쉽게 생각나는 동물은 쥐 같은데, 그러기에는 동물의 이빨 자국이 너무 컸고, 동그랬다. 아무튼 등에 이빨자국이 깊게 파들어간 부분에서는 약간의 피멍울까지 생겼기 때문에 혹시 무슨 에이즈 병 같은 게 감염되지 않았을까 하는 걱정 등 별 걱정이 다 들었다.

그 동물 입장에서는 그날 밤 웬 횡재나 하며 내 등을 크게 한 입 덥썩 물었다가 내가 기겁을 하고 벌떡 일어난 탓에 그만 줄행랑을 친 것 같았다. 한 달 보름이 지나 은행에 돌아와서도 등의 그 흔적이 뚜렷하게 있었으니 흔적이 약 3개월은 간 것 같았다. 여러 은행 직원들에게도 보여주며 무슨 동물 같냐고 물었건만 뚜렷한 답을 듣지는 못했다.

아무튼 엄청난 사건이 발생했는데도 불구하고 그 호텔에서는 누구하나 이를 책임지고 해결하려는 사람이 나타나질 않았다. 중국에서 첫날 밤 신고식을 톡톡히 한 셈이었지만 아직까지 그 불쾌했던 심정을 떨칠 수 없다. 호텔직원들의 무책임에 치를 떨어야 했고, 무려 23년이 지난 지금도 그 때를 생각하면 몸서리가 쳐진다.

사례 2 : 인력거꾼과 다툼

역시 1994년 베이징에 있을 때의 일이다. 한 번은 사회과학원에서 나와 몇 권의 책을 사기 위해 신화서점을 가고자 했다. 급한 마음에 지나가는 인력거를 잡아탔다. 인력거꾼은 방금 감옥에서 나온 듯 인상이 무척 험악했지만 개의치 않았다. 신화서점까지 20위엔(현재 한화로 약 3,300원이지만 당시 물가로는 꽤 비싼 요금이었다)에 가기로 했다. 한참을 가면서 그 인력거꾼과 당시 김영삼 대통령에 대해 이야기를 했고, 그도 나와 마찬가지로 김 대통령을 무척 좋아한다고 맞장구를 쳤다. 약 1시간 가량을 가다보니 베이징 중심이 아니고 무슨 교외로 빠지는 듯싶었다. 갑자기 걱정이 되어 일단 인력거를 세우고 돈을 20위엔 주고자 했더니 그 인력거꾼이 갑자기 인상을 쓰며 100위엔을 달라고 했다. 100위엔이면 정말 큰 돈이다.

나는 그렇게는 못주겠다며 도로 한 복판에서 그와 실랑이를 했다. 점차 사람들이 몰려왔다. 좀 지나니 사람들이 더 몰려 그 인력거꾼과 나를 둘러쌌는데 거의 2백 명은 넘어보였다. 왕복 8차선 도로가 완전히 막혀버렸다. 나는 사람들이 몰려들수록 내가 유리할 거로 생각하며 시간을 끌었다. 결국 길이 막히니 교통경찰들이 몰려왔다. 내 생각대로 되었다. 그런데 이상한 건 그 많은 경찰들이 그저 팔짱을 낀 채 다른 사람들과 같이 구경만 하고 있었다.

나는 다급한 마음에 여권을 흔들어대며 '나는 한국사람이다. 내가 책을 사러 20위엔에 신화서점에 가기로 했는데 이 친구가 갑자기 100위엔을 요구하고 있다. 나를 좀 도와 달라' 내가 하도 다급하게 소리치자 한 청년이 의협심에서 나서며 그 인력거꾼 보고 '20위엔도 비싼 돈인데 100위엔은 너무하지 않는가?' 하며 중재를 하려 했다. 그러자 그 친구가 어디에선가 조그마한 칼을 빼들며 그를 찌르려하자 그 청년은 그냥 도망가 버렸다. 그의 험악한 위세에 눌렸는지 경찰은커녕 일반인들 누구 하나 나를 도우려 하지 않고, 자기네들끼리 수군거리기만 했다.

한참 실랑이를 하다 보니 해가 뉘엿뉘엿 지려 했다. 사실 나는 어려서 약간의 무술을 배운 데다, 동작이 민첩하고 매우 빨리 달렸다. 그런데 그 날은 무거운 배낭이 있어서, 그 친구와 대적을 하기가 곤란했다. 어쩔 수없이 그 친구 말대로 다시 인력거를 탔다. 그 친구는 인력거를 계속 교외로 몰고 갔다. 나는 점점 걱정이 앞섰다. 대체 어디가 어딘 지 도저히 알 수 없었다.

마침 그 인력거꾼이 사거리에서 멈췄다. 나는 그 틈을 이용하여 잽싸게 내려서 도망쳐 와버렸다. 나중에야 알았는데 그 때만 하더라도 교통경찰은 교통만 통제하지, 치안은 담당하지 않는다 했다. 아무리 그래도 그렇지 왕복 8차선 거리가 완전히 막혀 차나 자전거와 인력거들이 오가지를 못했는데도 교통경찰은 구경만 하고 있었다.

사례 3. 보스톤 가방 분실

10년 전의 일이다. 지인과 함께 놀러가기 위해 골프채와 보스턴 가방을 들고 세라톤 호텔 앞에서 지인의 차를 탔다. 차가 출발하고 약 1시간 정도 지나서야 차 뒤 트렁크에 골프채만 싣고 보스턴 가방을 호텔 정문 앞에 그냥 두고 온 것을 알고 호텔에 전화했다. 호텔 카운터에 사정을 이야기하고 혹시 정문 앞에 보스턴 가방을 본 적이 있느냐고 물었다.

『혹시 호텔 정문 앞에 놓여있는 보스턴 가방을 보관하고 있느냐?』

『메이여우 (沒有, 없다)』 한 마디로 딱 잘라 부정이다.

『없다고만 하지 말고, 호텔 정문 앞에 가방을 놔두고 온 지 1시간 밖에 안됐으니 한 번 알아봐 달라.』

『메이여우 (없다). 부즈다오 (不知道, 모른다)』

『그렇게만 말하지 말고 바로 경비가 있을 테니 한 번 물어봐 달라.』

『모른다.』

결국 보스턴 가방을 포기해야만 했다. 보스턴 가방엔 골프 신발은 물론 갈아입을 비싼 골프 복장 등이 들어 있었다. 고급호텔 정문 앞이었으니 누가 가져갈 리가 없었다. 경비가 분명히 보고 있었을 것인 데도 불구하고 바로 앞 카운터에 근무한 아가씨는 무조건 모른다만 연발했다.

괜히 나를 도와준다고 여기저기 묻고 다녀봤자 자기에게 도움될 게 하나도 없고, 귀찮은 일만 생길 것 같으니 무조건 모른다는 게 최상이다. 이처럼 그들은 가능한 모른다고만 답변한다.

사례 4 : 중국인의 책임회피

중국인들을 고용하여 일을 시킬 때 여러 가지 면에서 짜증이 자주 난다. 그들은 어떻게 하면 책임을 피할까를 항상 고민하는 것 같았다. 우선 자기에게 책임이 돌아올 일 같으면 아예 맡지 않으려 한다. 맡아서 성과가 좋지 않으면 온갖 변명을 하면서 주어진 책임을 피하려고만 한다. 어떤 문제가 발생했을 때 우리 같으면 사실대로 설명을 하고 문제를 해결하려 할 텐데, 이들은 우선 책임부터 피하려고만 하니 문제의 본질을 제대로 파악하기가 쉽지 않아 해결하는 데 많은 시간과 돈을 허비하게 된다.

이럴 때면 무조건 '네게 책임을 물으려 하는 게 아니니, 걱정하지 마라, 모든 채임은 내게 있다. 내가 책임 질 테니 자초지종만 제대로 이야기하면 된다'라고 안심을 몇 번 시켜야 했다.

사례 5 : 공무원의 태도

무책임과 관련해서 중국 공무원의 근무 태도를 거론하지 않을 수 없다. 이 책에서도 여러 차례 중국 공무원의 무책임한 발언을 언급했지만 그들의 아무 책임을 지지 않는 언행으로 인한 피해는 오롯이 시민들에게 돌아갈 뿐이었다. 불과 10여년 전만 하더라도 관공서에 무슨 자료를 가지고 가면 무조건 안 된다는 식으로 서류를 밀쳐버리거나 심지어는 휙 잡아 던져버리는 행위 등을 내 스스로도 많이 겪었다. 도대체 무엇을 보완해야 하는가를 제대로 가르쳐 주려고도 하지 않았다.

도저히 개혁되지 않을 것처럼 보였던 중국 공무원들의 업무 태도가 현저하게 바뀌고 있다. 특히 개혁의 바람이 전혀 통하지 않을 것처럼 느껴졌던 이곳 동북3성 공무원들의 태도가 최근 들어 많이 바뀌고 있다. 과거 내 중국인 친구들은 술을 거하게 마시면 모두들 공무원들을 비난하거나 조롱하곤 했다.

세상에서 가장 좋은 직업이 중국 공무원이라고 말하면서, 중국 공무원들은 세 가지만 잘 하면 된다고들 했다. 세 가지란 츠(喫끽, 먹다), 허(喝갈, 중국어로는 마시다의 뜻), 처우(抽추, 중국어로는 담배를 피우다의 뜻도 있다)다. 우리말로 번역하면 먹고, 마시고, 담배 피우다의 뜻이다. 즉 중국 공무원들은 내키는 대로 먹어 치우고, 마셔대고, 좋은 담배를 맘껏 피울 수 있다는 뜻이다. 물론 이 말이 상당한 과장이 있겠지만 문제는 일반 중국인들의 뇌리에 이처럼 박혀 있었다는 점이다. 그간 중국 공무원들이 얼마나 방탕하게 생활했기에 일반 시민들의 뇌리에 이처럼 각인되어 있었을까?

이처럼 최고의 직업이라 할 수 있었던 중국 공무원들의 태도가 급변하고 있다. 최근 내 취업증과 거류증 문제 때문에 직접 관공서를 드나들면서 공무원들의 근무 태도가 너무 친절하여 내가 적응이 안 될 정도였다. 물론 우리나라 공무원의 친절한 태도와 비교해서는 아직도 한참 멀었다. 얼마 전에는 중국 공무원들은 근무 중 술을 못마시게 규정해버렸다. 술을 마시다 적발되면 상급기관을 조사하겠다고 엄포를 놓았으니 중국 공무원들의 좋은 시절도 다 간 듯하다. 중국은 이처럼 무섭게 여러 분야에서 개선되고 있다.

애매모호한 언행의 빈번한 사용

중국인들의 행사에 참석한 우리나라 사람들이라면 모두 한결같이 '어쩜 저리 말을 잘 할까?' 하고 느낀다. 중국인들은 정말 말을 잘 한다. 개인적인 결혼식장에서나 큰 규모의 국제회의장 등에서도 그들의 현란한 말솜씨는 정말 탁월하다. 그들은 제재를 받지 않으면 몇 시간이고 말할 수 있는 재간을 특별히 타고났다고 본다. 더 감탄스런 점은 그들의 말 내용을 들어보면 구체적인 내용이 거의 없다. 매우 틀에 박힌 용어를 써가면서도 말은 많은데 귀에 담을 내용은 거의 없고 도대체 무슨 말이 저리 장황하나? 하고 느낄 뿐이다.

그들의 말 내용에는 구체적인 수치 인용 등이 거의 없다. 그들의 책에서도 이를 알 수 있다. 경제관련 책이나 금융관련 책을 보더라도 근거있는 통계나 자료 제시가 없고 그저 말 뿐이다. 중국에서나 중국 밖에서 중국관련 논문을 작성하려고 하는 학생이나 학자들로서는 참으로 어렵고 난감할 뿐이다.

이런 말이나 글 솜씨는 타고났거나 어려서부터 자기 보호를 위한 방패였을 지도 모른다. 괜히 구체적인 수치를 들어가며 이야기했다가 그 증거자료가 부실하였거나, 나중에 이를 달성하지 못하면 그 결과에 책임져야 하는 것 때문이 아닌가 판단된다. 그들이 사용하는 언행으로 많은 어려움을 겪었지만 특히 생각나는 그들의 애매모호한 용어의 대표로 '마상(馬上)'을 들 수 있다.

원래 마상이란 단어는 '말 위에 사람이 탔으니 곧 도착한다'는 뜻이다. 내 개인적으로 마상이란 이 단어 때문에 고생을 크게 한 적이 있었다. 2002년 겨울 중국 선양에 도착한 지 얼마 되지 않는 상태에서 중국인과 만나기로 약속을 잡았다. 그 날은 겨울인데다 소위 만주벌판의 혹한을 뼈저리게 느끼게 할 만큼 추운 날이었다. 기차역에서 만나기로 약속되어 있어서 나는 기차역에 미리 도착하여 중국인에게 전화를 했더니 '마상' 도착한단다. 나는 그때만 하여도 이 마상이란 뜻을 우리의 '곧'으로 해석하여 길어야 20분 정도면 도착하겠거니 하고 친절하게 기차역에 나와 추위에 벌벌 떨며 기다렸다. 아무리 기다려도 오는 기색이 없어 전화를 할 때마다 그들은 '마상', '마상'하였다. 그렇게 그들의 말만 믿고 기차역 밖에서 기다린 지 무려 4시간 만에야 그들을 만날 수 있었다. 나는 그들의 '마상'이라는 단어만 믿고 엄청나게 추운 그 날 기차역 앞에서 거의 동태가 될 뻔하였다.

나는 그 후로 마상이란 단어에 엄청난 거부반응이 생겨 산업은행 대표를 하면서 직원들에게 '마상'이란 단어를 절대 사용하지 말라고 엄포를 놓았다. 그럼에도 불구하고 직원들은 곧 잘 '마상'이란 단어를 자주 사용했다. 나는 말만 가지고는 도저히 그들의 습관을 고칠 수 없을 거라고 판단하여, 다음부터 '마상'이라는 단어를 사용할 때마다 우리 돈으로 벌금 900원씩을 물리겠다고 선포하였다. 그 날부터 그들은 그 '마상'이란 단어를 사용하지 않고, 대신에 '1분 30초'라는 단어를 사용하게 되었다. 한 번은 회의가 끝나고 운전기사에 전화를 했더니 '1분 30초'안에 도착한다고 하였다. 나는 속으로 정말 크게 감명 받았다. 드디어 직원들이 내 말을 경청하여 '마상'이란 단어를 사용하지 않고 매우 구체적인 수치를 제시하며 시간관념까지 고쳐졌구나 생각하였다. 그런데 5분을 기다려도, 10분을 기다려도 운전기사가 나타나질 않았다. 약 15분 정도 되어서야 운전기사가 나타나서 왜 '1분 30초'라 해놓고 이처럼 오래 기다리게 하느냐고 핀잔을 주었더니 '차가 많이 막혔단다'. 아니 1분 30초면 금방이었을 텐데 차 막힌 것과 무슨 상관이 있냐고 했더니 요리조리 변명만 늘어놨다. 더 이상 그와 실랑이를 한들 나만 손해라는 생각에 그냥 넘어갔다. 그 이후로도 그 운전기사는 '마상'이란 단어는 전혀 사용하지 않고 계속 '1분 30초'만 이야기 해댔다. 이게 비단 그 운전기사만 그런 게 아니라 우리 직원이 모두 '마상'대신에 '1분 30초'란 단어를 사용하고 있다는 걸 나중에야 알게 되었다.

역시 중국인들 특유의 '위에 정책이 있다면, 아래엔 대책이 있다'라는 말을 실감하게 되었다. 그 뒤로 나는 더 이상 지키지도 못할 '1분 30초' 대신에 차라리 '마상'이란 단어를 사용하도록 하는 수밖에 없었다. 이 '마상'이란 단어와 유사한 용어들로 '루상(路上)' '콰이다오(快到)'를 들 수 있다. 전자는 '길에 있다'라는 뜻이고, 후자는 곧 '도착한다'라는 뜻이지만 크게 구별하지 않고 자주 쓰인다.

③ 현대 중국인의 우호적인 기질

이상으로 현대 중국인의 비우호적인 기질에 대해 살펴봤는데, 그들에게 우리가 배워야 할 우호적인 기질도 매우 많다. 내가 보기에 중국인의 우호적인 습관으로 인내심과 관대함 및 대범함이나 통 큰 스타일 등을 들 수 있다. 이들 성향은 상대방에 대한 이해가 선행되지 않으면 좀처럼 발휘하기 어려운 높은 도덕심이다. 때로는 중국인의 인내심이나 관대함이 도를 넘어서 너무 하는 것 아닌가 싶을 정도의 경우도 많이 겪었다. 예를 들면 상대방이나 주변의 불쾌한 언행 등도 그냥 묵인하거나, 비도덕적 행위나 불법 등에 대해서도 내게 큰 해를 끼치지 않는다면 받아들인다는 태도를 보인다.

나로서는 때로는 이런 인내심이나 관대함이 진실한 인내심이나 관대함인지 모를 경우도 많이 겪었다. 아울러 이런 인내심이나 관대함으로 중국의 못된 '나 중심의 행위'가 잘 근절되지 않고 있는 게 아닌가 싶기도 하다.

중국인의 인내심이나 관대함이 언제부터 민족성으로 고착되었는지는 알 수 없으나, 신중국 이후 사회주의로 인한 많은 억압과 탄압 등에서 생존본능의 차원에서 더 굳게 형성된 게 아닌가 싶기도 하다. 특히 문화대혁명 기간에 펼쳐진 억압과 폭력 등에서 생존하기 위한 불가피한 인내심이나 비겁한 관대함이 형성되었지 않나 싶다. 아무튼 그들의 인내와 관대함, 대범함은 우리가 배워야 할 높은 덕목으로 판단된다.

인내심

사례 1 : 기차 안에서의 추위

10여 년 전의 일이다. 한 겨울에 하얼빈을 갔다가 선양으로 돌아오는 기차를 탔다. 중국에서 기차를 타고 다니면 편하기도 하고, 가격도 저렴해서 자주 이용하게 되었다. 그 날 하필 출발 즈음해서 눈이 엄청 내렸다. 눈 덕분에 운치는 매우 좋았다. 나는 침대칸에 누워 밤에 내리는 눈을 쳐다보며 기차 여행을 즐기고 있었다. 하지만 얼마 지나지 않아 기차 안이 추워지기 시작하더니, 좌석에 타고 있었던 승객들이 내가 타고 있는 침대칸으로 몰려오기 시작했다. 그들은 오들오들 떨며 추워서 못 견디겠다며 내게 양해를 구하며 내 침대칸 안으로도 들어 왔다. 무슨 일이냐고 묻자 어쩐 일인지 기차가 매우 추워지고 있단다.

좀 있으려니 우리 침대칸도 추워지기 시작했다. 온갖 옷을 다 껴입고 이불을 둘러쓰고 있어도 너무 추웠다. 추워도 너무 추웠다. 모두들 이 맹렬한 추위를 이기려고 인지 도수 높은 고량주를 마셔대며 불만을 표시하기 시작했다. 기차 승무원들도 추워서 어쩔 줄 몰랐다. 참다못해 내가 승무원을 불러 따졌다.

『왜 이렇게 춥냐?』

『나도 잘 모르지만 아무래도 기차 난방 시스템이 고장이 난 거 같다.』

『난방 시스템이 고장난 것 같으면 빨리 고쳐야 할 것 아니냐?』

『지금 알아보고 있는 중인데 시간이 걸릴 것 같다.』

『기차라는 게 너희 말로 화차(火車: 기차를 중국어로 화차라 부른다)라 부르며 불로 간다며 왜 기차에서 난방이 고장 날 수가 있나?』 하도 따지니 그 승무원도 화가 났는지

『아, 내게 따지지 마라. 나는 난방을 전혀 관여하지 않는다.』며 화를 내고 홱 돌아서 가버렸다.

내 일이 아니면 전혀 움직이지도 않고 책임지려고도 하질 않는 중국인들. 여기에 반해 승객인 중국인들은 어느 누구도 자기네들끼리 불평불만만 지껄였지 나서서 승무원에게 따지는 사람 하나도 없었다. 그저 자기네끼리만 불평하고 참고 견디고 있었다. 나는 그 때 만약 이런 일이 우리나라에서 발생했고, 승무원

에 모두 내려서 기차를 못 움직이게 하고 눈 오는 날 농성을 하거나, 참고 있다가 기차가 선양에 도착하면 선양역 내에서 크게 농성을 하면서, 환불을 요구했겠지 하는 생각을 하게 되었다. 그 일로 나는 3개월 간을 감기로 지독하게 앓은 적이 있었다.

사례 2 : 비행기 연발

2011년 겨울 쑤저우에서 베이징으로 오는 비행기를 탔다. 비행기 안에서 한 참을 기다려도 출발하려는 기색이 없었다. 이미 출발 예정시간이 지나 1시간, 2시간을 기다려도 출발을 하지 않았다. 무슨 이유로 출발이 늦는지, 언제 출발 할 것인지 안내방송도 없이, 좁은 비행기 안에 있으려니 너무 답답했다. 이때도 승객 어느 누구도 뭐라 하지 않고 그냥 묵묵히 기다리고만 있었다. 참다못해 내가 나섰다. 승무원을 불러 따졌다.

『비행기가 왜 출발하지 않느냐?』

『나도 모른다.』

『이 비행기 안에서 승무원인 네가 모르면 도대체 누가 아느냐?』

『나도 모른다.』

『언제 이 비행기가 출발할 거냐?』

『정말 모른다.』 아주 아무런 잘못이 없는데 왜 자기에게 따지느냐는 투였다.

『비행기가 출발을 이처럼 오래 동안 하지 않으면 승객들에게 안내방송이라도 해야 하지 않느냐?』 한참 열을 냈더니, 좀 있다가 다른 승무원이 점심을 내게만 미리 갖다 주었다. 밥 가져왔으니 조용히 밥이나 먹으라는 투였다. 내가 큰 소리로 외쳤다.

『너, 지금 내가 밥 먹으러 이 비행기 탄줄 아느냐? 밥 먹는 게 중요한 게 아니고, 베이징으로 빨리 가는 게 중요하다.』 하자 그 때서야 여기저기 가만히 듣고 있던 승객들이 와! 하고 웃으며 박수를 치면서 나를 응원하듯이 저마다 소리를 질러댔다. 그것 때문이었는지 비행기가 서서히 출발을 했다.

중국 국내 비행기의 아무 설명 없는 이착륙 연장 2, 3시간 정도는 아무 것도 아니었다. 중국 승객들은 좁은 비행기 안에서 자기 할 일만 해대면서 평범한 일상으로 여기는 듯 했다. 그 후로도 중국 비행기의 이런 출발이나 도착 지연은 잘 개선되지 않았고, 나는 서서히 중국인처럼 참고 견디게 되었다.

요사이는 이와 다른 경우들이 더러 언론에 공개되기는 하지만 아무튼 중국인들은 우리에 비해 매우 잘 참으며 가능한 다툼을 하려하지 않는다.

중국인들이 자주 하는 말 중에 '10년 내에만 복수하면 사나이라고 할 수 있다.'는 말이 있다. 그만큼 속을 잘 드러내지 않지만, 또 어떤 분한 일을 당했을 때 잘 잊어버리지 않는 것도 중국인이다.[56]

---

56) 중국, 중국인 똑바로 보기, 조선일보사, 박승준, 1999, 119쪽.

시안사변 : 중국 최대의 인질 사건

진시황의 능이 있는 곳으로 유명한 시안(西安)에는 화칭츠(華淸池)라는 유명한 온천이 있다. 시안의 화칭츠는 역사적으로 1,200년의 시간을 두고 매우 중요한 사건이 벌어진 곳이다. 약 1,200년 전 당나라의 현종(685~762년)은 양귀비(719~756년)와 이곳 궁궐(華淸宮)에서 화려한 남녀의 연정을 과시한 곳으로 유명하다. 결국 나중에는 백성의 지탄 대상이 되어 안사의 난(756~763년)을 피해 현종 스스로 서쪽 지방까지 피난을 가야 했으며, 사랑했던 양귀비를 죽게 하기에 이른다. 현종도 이 사건이 발생한 해인 756년에 황제 자리를 물러나게 되었다.

당 현종과 양귀비간의 애정 생활은 너무도 유명했다. 이로 인해 정치는 혼란스럽고, 민중의 고통은 더해 갔으니 당나라의 유명 시인들은 이들의 애정 생활을 소재로 많은 시를 남기기도 했다. 관련 유명 시인들로는 이백(李白: 701~762년)[57]과 두보(杜甫: 712~763년)[58]와 백거이(白居易: 772~846년)의 장한가(長恨歌)[59]등을 들 수

57) 어느 날 이백은 당 현종과 양귀비의 연회에 궁정시인의 자격으로 불려와 작시를 요구받았다. 굴욕감과 분노에 가득 찬 그는 당대의 유력한 권신인 환관 고력사에게 신발을 벗기게 했다는 일화가 있다. 고력사와 양귀비의 미움을 산 이백은 짧은 벼슬생활을 마치고 다시 천하를 주유하게 된다.
http://terms.naver.com 네이버 백과

58) 일반 백성들이 겪은 시대적 아픔을 깊은 울림으로 노래했던 두보는 당 현종과 양귀비간의 향락적인 애정 생활을 보고 이를 빗대어 "부잣집엔 술 고기 썩어나는데, 길가에는 얼어 죽은 시체가 널려있네"라는 단 두 줄의 시어로 자기의 분노를 표출했다. http://terms.naver.com 네이버 백과

59) 장한가는 당 현종과 양귀비간의 애정을 소재로 한 장시의 노래이다. 1장은 권력의 정상에 있는 황제와 절세가인 양귀비의 만남과, 양귀비에게 쏟는 당 현종의 지극한 애정을 노래했다. 2장에서

있다.

그로부터 1,200년이 지난 1936년에는 정치적인 견해 차이로 부하인 장쉐량(張學良)이 자기의 직속 상관인 장제스를 인질로 잡아 마오쩌둥의 공산당군이 기사회생을 하여 결국에는 정권을 잡아 사회주의 중국을 건설하는 데 가장 커다란 기여를 한 곳이기도 하다.

일제의 침략 하에서 국민당내 장제스 다음으로 2인자였던 동북의 군벌 장쉐량이 이 일대에서 마오쩌둥의 공산당군을 포위하고 있다가, 장제스가 공산당군을 섬멸하라고 지시했음에도 불구하고 장쉐량 일파는 국민당과 공산당의 싸움보다는 중국인들이 단합하여 일본군과 먼저 싸워야 한다는 생각에 이를 거절한다. 하도 말을 듣지 않자 이를 설득하러 온 장제스를 장쉐량은 1936년 12월 12일 새벽에 총격전을 벌이며 체포를 해버린다.

장제스를 감옥에 가둬놓고 국공합작에 의해 일본군을 물리치자고 설득을 하지만 장제스는 꿈쩍을 하지 않는다. 이때 장쉐량의 부하들이 장제스를 죽여 버리자고 주장을 해도 죽이지 않고 있다가, 결국엔 장제스의 부인 송메이링을 초대하여 송메이링으로 하여금 장제스를 설득시켜 국공합작에 의한 일본군과의 결전에 돌입하게 한다. 그 후 장쉐량은 장제스에 의해 구속된다. 장제스는 타이완으

는 안록산의 난으로 몽진하는 길에, 양귀비를 죽게 한 뉘우침과 외로움으로 가슴이 찢어지는 황제의 모습을 그렸다. 3장에서는 환도 후 양귀비의 생각만으로 지새는 황제를 묘사한다. 4장에서는 도사의 환술로 양귀비의 영혼을 찾아, 미래에서의 사랑의 맹세를 확인하게 되었으나, 천상과 인계의 단절 때문에 살아 있는 한 되씹어야 할 뼈저린 한탄이 길게 여운을 끈다. 시의 마지막 구절인 "하늘에서는 비익조가 되고, 땅에서는 연리지가 되기를 바라노라(在天願作比翼鳥, 在地願爲連理枝)"라는 내용이 젊은 연인들 간의 사랑 표현으로 자주 애용되고 있다.
http://terms.naver.com 네이버 백과, http://hanyu.baidu.com baidu 漢語

로 도피하면서도 장쉐량을 죽이지 않고 타이완까지 데려가서 연금을 시켜버린다.

장쉐량은 장제스가 1976년 죽어서도 연금에서 풀려나지 못하다가 1991년에야 비로소 자기가 희망한 하와이에 가게 되며, 그곳에서 2001년생을 마친다.

이야기가 길어졌는데 이 시안사변은 중국 역사상 가장 극적인 인질극이었기 때문이다. 그 당시 공산당군의 목줄을 쥐고 있었던 장쉐량이 장제스의 지시에 의해 공산당군을 공격하였더라면 지금의 중국은 존재하지 않았을 거로 역사학자들은 주장하고 있다.

반대로 장제스의 국민당 군이 우세하여 중국을 통일했을 가능성이 매우 높다. 그랬다면 동북이지역의 역사도 많이 바뀌었을 것이고, 우리나라도 지금과 같은 남북한 분단의 아픔을 겪지 않았을런지도 모른다.

아무튼 시안사변은 중국뿐만 아니라, 우리나라는 물론 주변국에도 역사적으로 매우 중요한 사건이었다. 장제스 입장에서는 자신의 명령을 거역했을 뿐만 아니라, 자신을 감옥에 가두기까지 했으니 장쉐량이 얼마나 미웠을까?

그럼에도 불구하고 장쉐량을 살려주면서 끝까지 데리고 다니며 연금을 시켜왔다. 우리나라의 역사를 보면 이게 과연 가능한 일일까 싶다. 멀리 갈 필요도 없이 이승만과 박정희 시절에 많은 사람들이 정적이라는 이유로 의문사를 당했다. 중국의 지도자는 정적을 살려둠으로써 그에 따른 정치적, 군사적 갈등이 많이 발생할 수 있었기에 위험한 폭발물을 항상 가슴에 품고 살듯이 불안했었음에도 불구하고 정적을 살려주었다.

물론 문화대혁명의 시기에는 모든 정적들을 모조리 죽여 버리려 했던 마오쩌둥의 광기를 놓쳐서는 안 되지만, 유사한 시기에 소련의 스탈린에 의한 정적 암살이나 정권에 반대한 무고한 시민이나 지식층의 살해 내지는 험악한 지역으로의 유배를 보낸 사례에 비교해보면 장제스의 관대함을 엿볼 수 있다.

장제스가 장쉐량을 죽이려고 몇 번을 시도했으나 결국 죽이지 못한 이유로 장제스의 부인 송메이링 여사의 완강한 반대 때문이었다는 주장도 있다. 장제스의 부인 송메이링 여사와 장쉐량간의 관계를 연인과 유사한 관계로 서술하는 책도 있다.[60]

한편 시안사변의 현장에는 아직까지 장제스의 집무실에 장제스의 초상화를 보존하고 있으며, 그 경비실 유리창의 총탄 자국까지

장제스(1887~1975년) **장쉐량**(1901~2001년)
자료 : http://image.baidu.com/search baidu 百科

---

60) 중국인 이야기 4, 김명호, 한길사, 2015, 11~85쪽.

장제스의 화칭츠내 집무실
자료 : http://image.baidu.com/search
baidu 百科

장제스 경비실 유리창의 총탄 자국
자료 : http://image.baidu.com/search
baidu 百科

도 그대로 보존하여 후손들에게 교육의 장으로 활용하고 있다. 역사적 유물을 보존하는 정신에는 이해를 하지만, 적군 수뇌의 초상화를 여전히 보존하고 있는 중국인의 포용심은 정말로 대단하다.

난징(南京)의 국민당 분위기

남방 난징에 가면 국민당 건물 양식을 볼 수 있다. 1949년 전까지만 하더라도 권력을 잡기 위해 국민당 군과 죽음을 각오한 치열한 내전을 치룬 현재의 중국 정부로서는 과거 국민당 군의 흔적을 남겨두지 않았을 것이다. 중국은 1949년 이후에서도 통일을 향한 염원으로 타이완 정부와 거의 원수같이 지내 왔었다.

그럼에도 불구하고 당시 국민당의 수도였던 난징에는 국민당 건물 양식을 쉽게 볼 수 있다. 그것도 쑨원(孫文) 기념관내에서는 길이 간직해야 할 유적인양 국민당 건물 양식을 잘 보존하고 있다. 많은 중국 사람들이 관광할 수 있는 유명한 관광지에 국민당 정부의 유적을 그대로 보존하고 있으며, 자랑스럽게 일반 관광객들에게 보여주고 있다. 여기에는 당시 국민당의 국기 양식의 건물까지 그대

난징 옛 국민당 총통청사

총통청사내 장제스의 집무실

자료 : http://image.baidu.com/search baidu 百科

난징 쑨원 기념관내 국민당 깃발 모양의 건축 양식

타이완의 국기

자료 : http://image.baidu.com/search baidu 百科, http://terms.naver.com 두산백과

로 보존되어 있다. 이는 물론 국민당 시절에 쑨원 기념관을 건축했으며, 중국도 쑨원을 존경하기 때문에 그대로 보존했을 거로 생각은 들지만 대범한 역사의식이 아니고서는 그대로 보존하기가 쉽지 않았을 거로 판단된다.

더 나아가 난징의 중심부 옛 국민당의 총통청사에는 옛 국민당의 국기가 여전히 자랑스럽게 나부끼고 있다. 국민당의 국기는 1928년 제정되었는데 '청천백일만지홍기(靑天白日滿地紅旗)'로 불렀다.[61]

---

61) http://terms.naver.com 두산백과

총통청사 안에는 당연히 장제스의 집무실이나 초상화 등 옛 적들의 초상화나 사무실 등이 그대로 보존되어 있다. 이 건물은 물론 중국 정부로부터 역사유물로 인정되어서 보존되고 있다.

과연 우리나라에서는 이러한 현상이 가능할까? 예를 들면 향후 남북통일이 우리의 의도대로 되었을 경우 우리가 평양 김일성 주석궁에 북한의 인공기를 게양시켜서 펄럭이게 할 수 있을까? 또는 북한에 존재한 김일성 체제의 유물 등 뿐만 아니라 김일성의 초상화 등을 그대로 보존해 놓을 수 있을까? 도저히 불가능할 것 같다.

중국 정부와 중국 사람들의 관대함을 여기서도 엿볼 수 있다.

2차 대전 패전한 일본에 대한 중국의 태도

2차 대전이 끝나면서 일본은 중국으로부터도 퇴각해야 했다. 그 이전 청일 전쟁 때 일본은 중국으로부터 거액의 전쟁배상금을 받아냈고, 나아가 타이완(臺灣)과 동북3성 등 점령지역에서 무자비한 약탈을 감행했다. 일본의 중국 침략전쟁은 중국에 수천 억 달러의 손실을 끼쳤다. 따라서 국제관례를 좇아 이성적으로 처리하든, 감성적으로 처리하든 중국이 일본으로부터 배상금을 요구하는 것은 너무나 당연한 이치였다.

그럼에도 불구하고 중국 정부(그 당시 주력은 장제스)는 중국 땅에 있는 일본 자산을 인수한 것 말고는 일본 측에 어떤 다른 요구도 일절하지 않았다. 장제스는 일본이 무조건 항복을 선포한 그날, '중국 국민은 지난날의 잘못을 따지지 않고 타인에게 선을 행하는 것이 중국인들의 더할 나위없는 미덕임을 반드시 알아야 한다. 우리의 적은 무력을 남용한 일본 군부이지 일본 국민이 아니다. 우리 동맹국의 공동 노력으로 적군을 이미 무너뜨린 현재 우리는 적국이 항복할 때 약속한 모든 조항들을 충실히 이행하도록 책임지고 감독할 의무가 있다. 우리는 보복을 원하지 않는다. 더구나 적국의 무고한 국민을 모욕하는 짓은 하지 않을 것이다.'와 같은 내용의 연설을 통해 대국의 넓은 아량을 보여줬다.[62)]

일본이 중국에 침입하는 과정과 통치하는 과정에서 얼마나 많은 중국인을 살상했는가? 특히 난징에서만도 약 30여만 명의 양민을 살해 한 것으로 나타났다. 이와 아울러 동북3성내 풍부한 석탄, 원유, 철광석 등 자연자원을 얼마나 약탈해 갔는가? 이런 걸 생각하고 전쟁과정에서 피폐해진 산업과 경제를 발전시키기 위해서 필요한 막대한 자금을 충당하기 위해서라도 일본으로부터 배상금을 요구할 수 있었는데도 불구하고 중국은 대국이라는 이미지를 부각하기 위해 엄청난 아량을 보여줬다.

패전 후 일본인이 버린 일본 고아들을 입양하여 양육시킴

중국인의 대범함 또는 포용력을 보여주는 다른 하나로 2차 대전 후 중국인들이 일본인의 자녀들에게 보여준 감동적인 인류애를 들 수 있다. 1945년 일본군의 패색이 짙어지고 있던 8월 초, 중국의 동북3성에 주둔해 있었던 일본 관동군(당시 약 78만 명으로 추정)은 몰래 남쪽으로 철수 준비를 하고 있었다. 그들은 동북3성을 개척하기 위해 와 있었던 자국민들에게는 '명령을 기다리라'고만 하거나, 나중에는 '알아서 몰래 도망가라'는 무책임한 말만 하고서는 아무

62) 중국사 재발견, 왕중추 지음, 김영진 옮김, 서교출판사, 461~462쪽.

런 대책을 마련해주지 않했다.[63] 물론 당시의 전쟁 패배에 따른 심각하고도 긴박한 상황에서 일본 정부도 자국민에 대한 별다른 대책을 강구하지는 못했을 것이다.

당시 중국 동북3성에만 하더라도 일본인이 약 150만 명에 달했으며, 이 가운데 농민이 30만 명에 달했다. 그들 상당수는 스스로 알아서 중국인들의 보복을 피해 산길을 숨어 도망 다니다가 추위와 배고픔에 죽거나, 강물에 휩쓸려 죽거나 하였고, 때로는 자기 가족들을 죽이고 스스로 자살하는 사례도 빈번하였다.

아무튼 일본인들이 버리고 간 부녀자나 아이들의 숫자가 최소 4천 명에 달했으며 주로 아이들이었다. 이들은 군인, 행정요원이거나 공업이나 상업, 농업에 종사한 일본인들의 자녀들이었다.

간신히 살아남은 그들은 중국 백성들의 가정에 입양되어 그들의 보살핌으로 살아갈 수 있었다. 당시는 중국도 일본군의 수탈과 전쟁 등으로 일상생활이 매우 어려웠음에도 불구하고 중국인들은 일본이 버린 고아들을 거두어 들였다. 어떤 가정에서는 그런 고아를 당시 대학까지 보내기도 했다. 어떤 여성은 남편을 일본군에 학살당하고도 일본인이 버린 고아를 양녀로 거두어 키우기도 했다.[64] 일본으로 돌아간 고아들은 일본에서 나름대로 안정적인 생활을 하면서 중국 양부모들의 은혜에 항상 감사를 표하곤 한다. 어떤 일본 고아 출신은 '만약 중국인이 없었다면 오늘날의 내 목숨도 없었다'라는 말로 그들의 고마운 은혜에 감사를 드리기도 했다.

---

63) http://www.cnki.com.cn/article

64) http://www.iqiyi.com

이런 사례는 매우 보기 힘든 사례로 판단된다. 중국인들은 일본군에 의해 가족이 죽임을 당했거나, 일본군에 의해 재산을 빼앗겼다. 특히 동북3성 대부분의 중국 농민들은 개척이민으로 들어온 일본인들에 의해 경작지마저 빼앗기고 고향에서 쫓겨나기도 했다. 당시는 나라 전체가 대혼란스러웠고 마땅한 생활수단도 없었던 시기여서, 중국인들 스스로도 하루하루 생활을 하기 어려울 정도로 피폐한 생활을 간신히 지탱해가야만 했다. 그럼에도 불구하고 원수의 자식들이나 다름없는 아이들을 가정에 입양하여 자기 자녀들과 똑같이 키워주고 교육도 시켜 주었다.

많은 일본 고아들이 중국인의 가정에 입양되어 자라서 1972년 중일수교 후 일본으로 돌아가 더욱 안정적인 생활을 하게 되었다. 그들 대부분은 어렸을 때 중국 양부모들의 하늘같은 은혜에 보답하고자 지금까지 중국에 가끔 와서 중국의 양부모들을 찾아 감사를 표하고 있다. 이제는 그들의 양부모들이 거의 세상을 떴기 때문에 때로는 그들의 무덤을 찾아가 감사의 제사를 올리기도 하고, 때로

2차 대전 패배 후 일본인이 중국에 버린 일본 고아들
자료 : https://image.baidu.com
baidu 圖片

중국 원자바오 당시 총리에게 감사를 표시한 "일중우호감사단" (2009.11.11.)
자료 : https://image.baidu.com
baidu 圖片

는 어렸을 때 같이 놀며 자랐던 중국인 양부모의 자녀들을 만나 감사의 예를 표하곤 한다. 이는 당시 어렵고 힘든 생활을 무릅쓰고서라도, 적국의 어린이지만 불쌍한 고아들을 차마 못 본 채 할 수 없어 입양하여 훌륭한 어른으로 길러낸 중국 백성들의 위대한 인류애와 희생이 아니고서는 참으로 실행하기 어려운 일이었다. 또한 이런 일을 계기로 중일 민간인들끼리 아주 아름다운 모임이 결성되어 현재까지 지속되고 있으니 참으로 훌륭한 인류애와 민간외교의 사례라 할 수 있다.

일상생활

중국인들의 관대함은 여러 실생활에서 우리가 쉽게 접할 수 있다. 때로는 인내심과 연계될 수도 있다. 중국인들은 담배를 매우 즐겨 피우는데, 때와 장소를 가리지 않는다. 출근하거나 퇴근하면서 심지어는 좁은 엘리베이터 안에서도 버젓이 담배를 꼬나문다. 며칠 전에도 엘리베이터를 탔는데 뒤에 있는 사람이 담배를 피우지는 않고 손에 끼고 있었다. 담뱃불이 붙어 있어서 담배 연기가 모락모락 계속 났다. 나는 코가 좋지 못한 탓에 담배 냄새를 제일 싫어한다. 그렇지만 한 번 두고 보자는 식으로 참고 있었다.

내 옆에 있던 중국인 아줌마는 이 담배 연기가 싫었는지 코를 손으로 막으며 뒤를 힐끔힐끔 쳐다 보면서 싫어하는 내색을 노골적으로 비추었다. 뒤에서 담배를 손가락에 끼고 있던 사람도 무안했는지 '담배를 피우지는 않고 있다'며 웃음으로 그 순간을 모면하려 하고 있었다. 그러자 한 중년 남자가 '담배연기가 몸에 해로우니 여기 쓰레기 봉지에 넣자'고 조심스럽게 웃으며 제의를 하니 담배를 끼고 있던 사람도 순순히 그 말에 따라 결국 담뱃불을 끈 다음에 쓰레기 봉지에 버렸다.

엘리베이터를 내리면서 나는 속으로 만약 이런 일이 우리나라에서 발생했더라면 어떠했을까를 생각해보며 쓴 웃음을 웃었다. 우선 우리나라에서는 좁은 엘리베이터 안에서 담배를 피우리라는 걸 상상도 못할 것이다. 만약 엘리베이터 안에서 담배 피우는 사람을 봤다가는 큰 말다툼이 났거나 싸웠을 것이다.

엘리베이터 안에서 담배 이야기가 나와서 하는 말인데, 약 3년 전에는 이런 일도 있었다. 그 날도 출근하기 위해 엘리베이터를 탔다. 젊은 청년이 담배를 버젓이 꼬나물며 피우고 있었다. 내가 참다 못해 '이 엘리베이터 안에서는 담배를 피우면 안 된다'고 점잖게 나무라자 그는 '괜찮다'며 얼렁뚱땅 넘어가려 하면서 보란 듯이 담배 연기를 뿜고 있었다. 약간 기분이 상한 내가 '여기 엘리베이터 안내문에 담배를 피우면 안 된다고 쓰여 있지 않느냐?'며 다그쳤다. 그는 '나는 글을 모른다'며 아예 도전적으로 나왔다. 정말 그 순간 한 대 팍 패주고 싶었지만 간신히 참았다. 물론 요사이는 중국인들도 상대방에 대한 배려심이 점차 높아져서 엘리베이터 안에서는 담배를 피우는 사람들을 그렇게 자주는 보지 않게 되었다.

중국인들의 관대함은 길거리 차량의 운행을 보아도 쉽게 알 수 있다. 차를 아무데나 갑자기 주차시키려 해도 이를 이해하며 기다려준다. 심지어는 불법으로 역주행을 하거나 유턴을 하더라도 이를 허용해준다. 이러다보니 교통질서가 제대로 잡히지 않는구나 하는 생각도 들지만, 한편으로는 그들의 관대함에 자주 놀라곤 한다.

중국인들의 관대함이 사업에서도 가끔 나타난다. 중국 회사의 경영진을 만나다보면 친구지간이나 친척지간 동업을 하는 회사를 자주 접하게 된다. 그런데 그들과 이야기를 하다보면 그들의 관계가 매우 좋고, 서로가 서로를 잘 이해해주는 것 같았다. 잘 된 회사에서도 이런 경우를 많이 보기도 했다. 우리나라 같으면 동업은 잘 되면 잘 된 대로, 안되면 안 되는대로 동업자간 거의 원수가 되어 있을 텐데 중국 사람들의 동업정신은 정말 칭찬받을 만 하다. 그들의 동업정신도 이런 관대함에서 나온 것으로 풀이된다. 우리나라에서는 오죽하면 '동업자끼리는 절대 낚시가거나, 산에 가지 말라'는 말이 나왔겠는가?

통 큰 스타일

통 큰 스타일이 반드시 좋은 성격이나 습관으로 볼 수는 없다. 다음에 열거할 통 큰 스케일의 사례들도 반드시 좋은 결과를 가져온다고 볼 수는 없다. 그럼에도 불구하고 이런 사례들을 굳이 긍정적으로 평가하고자 하는 바는 우리에 비해 그들의 큰 꿈과 장기적인 안목이 매우 부럽기 때문이다. 우리는 갈수록 자기가 재직한 동안 치적을 자랑하기 위해 너무나 단기적인 효과에 치중하는 나머지 졸속으로 처리를 하려한다. 아니면 당장 눈앞에 이익에만 치우친 나머지 결국 장기적으로는 막대한 손실을 입는 우를 많이 봐왔기 때문이다.

그에 반해 중국이나 중국인들은 장기적인 안목을 가지고 커다란 목표를 제시하며 추진할 막강한 경제력을 비롯하여 확신과 인내심을 가지고 있음이 부러울 뿐이다. 그런 차원에서 통 큰 스케일의 긍정적인 측면을 부각하여 이 항목에 포함시켰다.

일상의 통 큰 스타일

중국인들과 이야기를 하다보면 중국인들의 안목이 매우 장기적이고, 크게 이야기하는 경우를 자주 접한다. 나라가 크고 인구가 많은 태생적 환경에서 자라고 생활한 탓인지는 몰라도, 요새는 돈까지 많아서 무슨 사업관련 이야기를 하면 최소 우리보다는 동그라미가 한, 두 개는 더 붙는다. 우리는 사업 환경이 매우 좁고 치열한 경쟁을 의식해서 인지 몰라도, 단기적이고 자금 투입이나 수익도 그렇게 크게 보질 않는다. 반면에 중국인들은 매우 장기적이고 투입할 자금이나 수익자금의 규모가 우리와는 너무 다르다. 그렇기에 가끔 우리나라 기업가들은 '중국인들이 허풍이 세다' 또는 '스케일이 크다'라고도 말한다.

예를 들면 4년 전에 중국 시골의 갑부 부부를 한국으로 초대한 적이 있었다. 부인은 엄청난 갑부였지만 외국여행이 처음이라고 했다. 나는 남편들을 데리고 서울 구경을 시켜주고, 내 집사람은 부인들을 데리고 그들이 좋아하는 대형백화점을 구경시켜 주기로 했다. 그 중 한 부인은 면세점에서 개당 60만 원 짜리의 허리 벨트를 무려 60개나 바로 구입했다. 내 집 사람이 '왜 그렇게 많이 구입하느냐?'고 묻자 자기 친구들 줄 거라고 했다.

나중에 알고 봤더니 공항 면세점에서 너무도 많은 물건을 구입하여 짐을 비행기에 싣기 위해 애를 먹었다는 거다. 그 여성은 그해 동북 패션의 도시인 다롄에 고급 별장을 9채나 구입했다. 다롄은 자기가 거주하고 있는 도시에서 차로 3시간 걸리는 곳이다. 내가 하도 궁금해서 물었다.

『아니 그 많은 별장을 그렇게 구입할 필요가 있느냐?』

『내 친척들과 친구들에게 가끔 다렌 갈 때 이용하라고 한꺼번에 구입했다.』아주 자연스러웠다.

『그럼 너 같은 경우는 일 년에 몇 번 정도 가서 거주하려 하느냐?』

『일 년에 한두 번 정도 갈 수 있다.』

일 년에 두 번 정도 가서 즐기기 위해 자동차로 3시간이나 떨어진 곳에 고급 별장을 무려 9채나 구입하고, 거기다 장식을 했으니 우리와는 정말 스케일이 달라도 너무 달랐다.

그런데 아깝게도 그 여성은 고급 별장을 구입하고, 장식까지 한 다음 해에 암으로 갑자기 사망했다. 나중에 병문안 가서 물어봤더니 50평생 생전에 건강진단 한 번 받지 않았다니 정말 어이가 없었다. 이런 무모함이 어디 있는가? 나하고는 가끔 테니스를 칠 정도로 몸이 겉으로는 엄청 튼튼한 체질 같았는데 속은 이미 암세포로 가득 차 있었다니 참 인생무상이었다.

싼샤 댐[65)]

싼샤 댐은 중국 창장의 중상류에 설치된 댐으로, 높이 185m, 길이 2,309m, 너비 135m이며, 최대 저수량은 393억 톤, 최고 수위는 175m, 총 시설용량은 1,820만kW, 연간 발전량은 847억kW이다. 약 2,039억 인민폐(한화 약 33조 6천억)를 투자하여 중국 후베이성(湖北省) 이창(宜昌)의 취탕샤(瞿塘峽)· 우샤(巫峽)· 시링샤(西陵峽) 등

65) http://terms.naver.com/entry.nhn?docId 두산백과
http://baike.baidu.com/link?url baidu 百科

싼샤(三峽:장강삼협)를 잇는 세계 최대의 댐이다.

1994년 착공하여 ① 물막이 제방과 수문 건설, ② 발전기 26개를 가동해 시간당 총 1,820만kW를 생산할 수 있는 발전소 건설, ③ 1만톤급 선박 2척이 댐을 넘나들 수 있는 갑문식 운하 건설, ④ 3천 톤 급 선박을 20분 만에 끌어올릴 수 있는 대형 리프트 건설 등 4단계로 나누어 진행되었다. 1997년 11월 1차 물막이 공사가 끝나고, 2003년 7월 시간당 70만kW 발전 용량의 1호 발전기가 가동되었다. 2006년 토목공사가 완공되었고, 2008년 10월 26번째 발전기가 설치됨으로써 완공되었다.

이 저수량은 일본 전체의 담수량과 맞먹는 양으로, 27억 톤인 소양호 저수량의 13배가 넘는다. 개발 이익은 연간 200억 위엔(3조

싼샤 댐 모형

자료 : http://blog.naver.com/marieantique/140152876420

3000억 원)에 이를 것으로 추산된다.

그러나 부작용도 많이 나타나고 있다. 이주민이 최소 약 113만 명에 달했고, 수몰된 경작지만 284km^{2}로 여의도 면적(2.9km^2)의 10배에 달했다. 약 44만 건에 달하는 문화재 가운데 보존 가치에 따라 이전되거나 현지에 보존되는 지상 문화재 287건을 제외한 모든 문화재가 그대로 수몰되었다. 또 완공 후 유량 감소로 인해 창장의 수질오염이 10배 이상 증가하고, 창장 물의 해양 유입 감소로 서해와 동해의 염분농도가 증가해 한국 등 주변국의 기온 상승은 물론 해양 생태계에도 심각한 영향을 미칠 것으로 보인다.

일대일로

일대일로 정책이란 중앙아시아와 유럽을 잇는 육상 실크로드(일대)와 동남아시아와 유럽, 아프리카를 연결하는 해상 실크로드(일로)를 뜻하는 말로, 중국의 시진핑 주석이 2013년 9월 중앙아시아 및 동남아시아 순방에서 처음 제시한 전략이다.

이 프로젝트가 완성될 경우 총 64개 국가를 포괄하는 경제벨트가 구축되며, 해당 국가 및 지역의 인구와 경제규모가 각각 전 세계의 63%(약 45억 명), 31%(약 23조 달러)를 차지하고, 무역규모는 32.9%에 달할 것으로 예상된다.

이 대규모의 지역개발정책은 2049년 완공을 목표로 하는 초대형 프로젝트로 육상 실크로드는 서쪽, 해상 실크로드는 남쪽으로 확대하기 위하여 600년 전 명나라 정화(鄭和)의 남해 원정대가 개척한 남중국-인도양-아프리카를 잇는 바닷길을 장악하는 것이 목표이다. 중국내 실크로드는 신장자치구에서 시작해 칭하이성- 산시성-네이멍구-동북지방 지린성-헤이룽장성까지 이어지며, 해상 실크로드는 광저우-선전-상하이-칭다오-다롄 등 동남부 연안도시를 잇는다.

중국과 중앙아시아, 남아시아, 서아시아를 연결하는 핵심적 거점으로는 신장자치구가 개발되며 동남아로 나가기 위한 창구로는 윈난성이, 극동으로 뻗어나가기 위해 동북 3성이, 내륙 개발을 위해서는 시안이 각각 거점으로 활용된다. 중국과 아시아를 연결하는 해상 실크로드의 거점으로는 푸젠성이 개발된다.

일대일로가 구축되면 중국을 중심으로 육·해상 실크로드 주변의 60여 개국을 포함한 거대 경제권이 구성되며 유라시아 대륙에서부터 아프리카 해양에 이르기까지 60여 개의 국가, 국제기구가 참가해 고속철도망을 통해 중앙아시아, 유럽, 아프리카를 연결하고 대규모 물류 허브 건설, 에너지 기반시설 연결, 참여국 간의 투자 보증 및 통화스와프 확대 등의 금융 일체화를 목표로 하는 네트워크를 건설한다.

2049년 완성을 목표로 하며 인프라 건설 규모는 1조 400억 위엔(약 185조 원)으로 추정된다. 이를 위해 중국은 400억 달러에 달하는 신(新) 실크로드 펀드를 마련하고 AIIB(아시아 인프라투자은행)를 통해 인프라 구축을 뒷받침할 계획이다.

일대일로 구축으로 중국은 안정적 자원 운송로를 확보할 수 있게 되고 이는 경제 성장까지 이어질 것으로 보인다. 중국의 과잉생산을 해소하는 방안이 되고 건설 수요 급증으로 지역 간 균형적 발전을 이룰 수 있다. 또 중국이 3조 달러가 넘는 세계 최대 규모인 외환보유액을 효과적으로 활용할 수 있는 방안으로 분석되고 있다.

중국의 육상·해상 실크로드인 일대일로 노선도
자료 : KIEP 베이징사무소 브리핑, 2017.5.12 재인용

중요 정책 핵심 과제로서는 ① 정책 소통 ② 인프라 연결 ③ 무역 원활화 ④ 자금 융통 ⑤ 민간교류 확대 등이다.[66]

실리주의

중국인들의 실리주의는 오래전부터 체득된 걸로 추측된다. 예를 들면 전국시대 초나라의 정치가이며 애국 시인이었던 굴원(屈原, 기원전 340~278년)의 <초사(楚辭)>에 의하면 굴원이 간신들의 모함에 빠져 쫓겨나 강가에서 절망에 빠져 있을 때 고기잡이 어부로부터 다음과 같은 충고를 듣는다.

66) http://terms.naver.com/entry.nhn?docId 두산백과
중국의 일대일로 추진 현황 및 평가와 전망, KIEP 베이징사무소, 2017.5.12.

창랑의 물이 맑거든, 나의 갓끈을 씻을 수 있고
창랑의 물이 탁하거든, 나의 발을 씻을 수 있도다
(滄浪之水清兮 可以濯吾纓　창랑지수청혜 가이탁오영)
(滄浪之水濁兮 可以濯吾足　창랑지수탁혜 가이탁오족)

이는 시대의 상황에 맞게 자신을 실리적으로 잘 처신해야 함을 의미한다.[67]

조상 대대로 실리주의를 이어 받은 중국은 19세기 말부터 20세기 뜻하지 않은 열강 제국주의와의 전쟁, 공산주의의 확산 등 격동의 세계사 속에서 체질에 맞지 않은 공산주의(또는 사회주의) 국가가 되었다. 공산주의를 받아들였던 국가들은 구소련과 같이 분열을 하였거나, 개혁개방을 통해 자본주의로의 살 길을 모색하기에 이르렀다. 그렇지 않은 경우 북한과 같이 심각한 경제난에 시달릴 뿐이다.

덩샤오핑의 실리주의

격동의 세계사를 통해 몸에 맞지 않은 옷을 입어왔던 중국은 덩샤오핑의 체제에 들어와서 과감하게 자본주의 옷을 입게 되었다. 중국의 공산주의 체제 실험은 결국 30년 만에 심각한 실패로 드러났을 뿐이다.

덩샤오핑은 비록 공산주의 체제의 지도자였지만 평소 '가난이 공산주의는 아니다'라고 생각하며 사회주의 중국의 발전을 위하여 불

67) http://terms.naver.com 네이버 백과

가피하게 자본주의 제국인 미국을 이용하는 원대한 전략을 세웠다. 그는 우선 미국 발전의 원동력으로 작동해온 경쟁시스템과 개방정책에 주목하였다. 개혁개방이었다. 그리고 그러한 미국의 힘을 이용하여 크게 발전해온 나라들도 참고하였다. 거기에 중국 인근의 신흥공업국들 중에서 유일하게 비화교권 국가인 한국의 경이로운 경제발전에 많은 관심을 갖게 되었다.

한국의 압축성장 모델과 같이 중국의 혁신적인 경제발전 모델에 고심해왔던 덩샤오핑은 1980년대 초부터 박태준으로부터 많은 것을 배우고자 했다. 그는 한국경제에 대해서도 일찍부터 소상하게 파악하고 있었다. 나중에 중국 정부는 싱가포르의 리콴유 전 수상, 미국의 헨리 키신저 전 국무장관에 이어 2003년 박태준 전 회장을 중국 고문으로 초빙했다.

덩샤오핑이 중국발전의 모델로 생각한 미국 땅을 밟은 건 미중화해 2년 후였다. 1974년 4월, 뉴욕에 도착한 그는 유엔 제6회 특별회의에서 개방을 향한 중국의 분명한 입장 변화를 서방에 알리는 중대 연설을 했다. 미중관계의 진전을 서두르는 마오쩌둥의 배려였다. 당시 마오는 심장병으로 죽음을 앞둔 노쇠한 상태였는데, 덩샤오핑의 유엔연설을 막으려는 그의 부인 장칭을 비롯한 문혁 4인방의 집요한 반대를 물리치고 덩샤오핑의 미국행을 단행했다. 앞에서 이미 설명한 바와 같이 일찍이 덩샤오핑은 의심 많은 마오쩌둥에 의해 문화혁명 시기에 장시성(江西省) 시골 트랙터 공장으로 쫓겨난 적이 있었다. 그러나 그의 강력한 후원자인 저우언라이 총리의 주선으로 국무원 부총리로 베이징에 돌아와 저우언라이 총리를 보좌할 수 있었다.

당시 중국은 문혁의 광풍이 시들면서 마오쩌둥 시대도 함께 저물어가고, 밖으로는 미중관계가 새로운 세계, 새로운 아시아 질서를 예고하고 있었다.

1979년 미국을 두 번 째로 방문한 덩샤오핑은 애틀란타의 포드 자동차 공장을 시찰한 후 '우리는 당신들에게 배우고 싶다'고 말하고 정확하게 그렇게 했다.[68] 덩샤오핑은 간단한 두 마디 말로 중국의 변화를 세상에 예고하였다. 그는 미국에 가기 전에 '능력 있는 자가 먼저 부자가 되라'는 선부론(先富論)을, 미국에 다녀와서는 '검은 고양이든 흰 고양이든 쥐만 잘 잡으면 된다(黑猫白猫 抓老鼠 就是好猫)'는 흑묘백묘론[69]을 꺼내들었다.

지금이야 이런 말이 참 명언이라고 할 수 있겠지만, 격동과 혼동의 문화대혁명을 거치고 정권에 복귀한 지 얼마 되지도 않은 상태에서 이런 말을 했다는 건 엄청난 정치적 위험을 감수했다고 볼 수 있다. 한편으로는 그만큼 중국의 경제 상황이 매우 심각하여 의식주를 해결하기 힘들 정도 아니었나 싶다.

선부론과 흑묘백묘론을 뒷받침하는 실천 전략은 치밀하게 준비되었다. 덩샤오핑은 미국과의 협력을 개혁개방의 최우선에 놓았다. 그리고 중국 변화의 빅뱅 효과를 극대화하기 위해서 개혁개방과 미중수교를 동시에 거의 발표하였다. 실제 개혁개방을 선언한 중공당 11기 3중 전회는 1978년 12월 18일 소집되고, 미중수교는 10여

---

68) 메가트렌드 차이나, 존 나이스비트· 도리스 나이스비트 지음, 안기순 옮김, 비즈니스 북스, 2010, 35쪽.

69) 원래 이 말은 쓰촨성 지방의 격언으로 저우언라이가 인용한 말인데, 덩샤오핑이 재인용한 것으로 알려져 있다.

일 후 이듬해인 1979년 1월 1일 이루어졌다.

개혁개방만이 중국을 살릴 길임을 깊이 깨달은 덩샤오핑은 1978년 개혁개방을 주장하면서 '정신을 해방하라. 사실로부터 진리를 찾아라. 단결하고 앞을 향해 전진하라' 며[70] 국민들로 하여금 새로운 도전의 정신을 불러 일으켰다. 그는 이어서 개혁을 반대하는 보수파에게 빈틈을 주지 않고, 해안선을 따라 거의 20개에 달하는 경제특구 및 해안 개발구 계획을 잇달아 발표하여 해외 자본과 기술을 끌어들일 '복 주머니' 설계를 발표하였다(이 무렵 우리 한국 기업들은 재빨리 홍콩을 통한 3국 거래로 중국의 문을 두드리기 시작하였다). 덩샤오핑은 이 모든 발표를 휘몰아치듯 거의 한 덩어리로 묶어 처리하였다. 사상 유례가 없는 대변혁이 시작된 것이다.

대외개방과 함께 내부 개혁도 동시에 추진하면서, 개방과 개혁이 서로를 자극하는 메카니즘을 활용하였다. 내부 개혁은 농촌과 도시로 구분하여 추진하였다. 우선 가장 빈곤한 농민의 터전인 농촌의 농업 개혁을 손질하면서, 산업화를 기반으로 하는 현대적 도시화를 겨냥하여 국내외 자본과 기술을 조율해 나갔다.

중국의 실리주의는 덩샤오핑이 박태준을 만나서도 그대로 나타난다. 1978년 중국의 최고 실력자였던 덩샤오핑이 일본의 신일본제철소를 방문해 이나야마 요시히로(稻山嘉寬) 당시 신일본제철 회장에게 '중국에도 포항제철과 같은 제철소를 지어달라'고 요청했다. 이에 이나야마 요시히로 회장은 '중국에는 박태준이 없지 않느냐?'

70) 메가트렌드 차이나, 존 나이스비트· 도리스 나이스비트 지음, 안기 순 옮김, 비즈니스 북스, 2010, 90쪽.

고 대답했고 덩샤오핑은 '그렇다면 박태준을 수입하면 되겠군요'라고 말했다.[71)]

덩샤오핑은 이를 계속 염두에 두고 있다가 드디어 1992년 한중수교를 한 여름 박태준 회장을 초청하여 부탁을 한다. 박 회장의 생전 회상에 따르면 덩샤오핑은 정각 밤 12시에 나타나 한국의 비약적인 경제 발전, 포항제철의 선도적 역할을 얘기하더니 '중국에 당신네 같은 제철소를 짓고 싶은데 도와 달라'고 요청했다.

『내가 일본에 가서 이나야마 요시히로 신일본제철 회장한테 들었는데 '제철소는 돈이나 기술로 짓는 게 아니다. 사람이 만든다'고 하더라. 도와 달라.』

『우리는 산업화로 나라를 지켰다. 북한의 공격을 막아내기 위해 포항에, 구미에 산업단지를 만들었다. 중국이 우리나라처럼 근대화로 계속 나아갈 수 있겠나.』

『그 문제는 걱정하지 마라. 내가 죽더라도 근대화 노선을 뒤집을 사람은 없다.』[72)]

덩샤오핑이 박태준 회장을 만났을 때 덩샤오핑의 나이가 88세인 반면에 박 회장의 나이가 65세였다. 거의 아들 같은 사람에게 자기 나라의 속 깊은 약점을 드러내고, 국가를 위해 간절히 부탁했다. 나이와 권력의 격차를 무시하고 자기 나라의 경제발전을 위해 제철 수준을 높이기 위한 자문을 구한 것이다. 이런 일을 우리는 과연 상상할 수 있을까? 의문스럽다.

---

71) 아주경제, 2011.12.23.

72) 전영기의 시시각각, 중앙일보, 2016.8.18.

날로 번창해온 중국의 고도 경제발전을 몸소 경험하고 있는 지금으로서는 당시 중국의 개혁개방이 당연하다고 판단했을는지 모른다. 그러나 중국이 70년대 말 과감하게 택했던 개혁개방이라는 실리주의가 과연 제대로의 효과를 발휘할 수 있을는지 어느 누구도 장담할 수 없는 매우 위험한 선택이었을 것이다. 사회주의 국가 어느 누구도 가보지 못한 정반대로의 길을 가야만 했을 때 얼마나 많은 고민과 검토와 연구를 했을 것인가? 결국 덩샤오핑은 중국이 살길은 개혁개방을 통한 과감한 체제 변환이라는 결론에 도달했다. 수많은 정적들의 반대를 무릅쓰고, 부작용을 완화시켜가면서도, 백성들의 혼란한 마음을 다스려가며 그 길을 개척해 결국 성공의 길로 들어선 결과 지금은 세계 제2의 경제대국이 될 수 있었다. 덩샤오핑의 철저한 실리주의에 입각한 선지자적인 지도력과 중국인들의 피와 유전자에 숨어 있었던 실리주의가 아니었다면 도저히 일구어 낼 수 없었을 엄청난 기적이었다.

일반인의 실리주의

중국인들의 실리주의는 일상 생활에서 쉽게 마주칠 수 있다. 중국인들이 아침과 저녁에 자주 애용하고 있는 노천 시장을 보면 된다. 야채나 과일 등 농산품이나 고기나 생선 등 축수산물 상가를 막론하고 모두 전자 저울을 사용한다. 모든 상품의 무게는 일정하게 근(500그램) 단위로 판매한다. 수박과 같이 비교적 크거나 가격이 비싸다고 생각되는 상품은 하나같이 여러 개로 나눠서 판매를 한다. 상품을 무게를 달아서 판매하기 때문에 사고자 하는 사람 입장에서도 자기들의 가족수에 맞게 적절하게 먹을 수 있는 양만 사간다. 상품의 산지에 따라 가격이 다르고, 가격이 수급에 따라 수시로 바뀐다. 우리나라는 수박이든 복숭아든 대략적인 눈짐작으로 개 당 얼마의 가격 등으로 판매하기 때문에 고르기도 곤란하고, 다 먹지 고 못할 분량을 억지로 사가야 한다.

육류나 생선도 마찬가지다. 상품의 종류와 산지에 따라 가격이 미리 정해져 있다. 알맞은 양을 손님이 맞출 수 있으며 무게에 따라 판매하기 때문에 과도한 소비를 안해도 된다. 손님이 원하는 대로 양을 조절할 수 있는 것이다. 이에 반해 우리나라는 특히 생선의 경우 큰 생선을 제외하고는 마리당 얼마의 가격으로 사고팔지, 이를 나눠서 무게를 달아서 판매하지는 않는다. 그러니 자연히 상인의 압력이 작용하게 되어 불합리한 구매를 하게 된다.

중국의 아침 시장 풍경

포커 페이스

중국인들의 표정으로 그들의 심리상태를 파악하기란 매우 어렵다. 그들은 얼굴에 그들의 감정을 좀 체로 쉽게 들어내질 않는다. 화를 잘 내지도 않지만, 화를 내더라도 화난 표정을 거의 짓질 않는다.

차를 운전하고 다니다 보면 접촉사고 등 교통사고를 자주 보게 된다. 중국인들의 교통질서가 많이 나아지고는 있지만, 여전히 잘 지켜지지 않는다. 이에 비해 상대적으로 그들의 교통사고가 빈번하지는 않지만 그래도 크던 작던 그들의 교통사고를 자주 접하게 된다. 두 차가 서로 앞서가려다 접촉사고가 났을 경우, 또는 뒷 차가 과속하다가 앞 차를 받았을 경우를 보면 분명 잘못한 사람이 확실한데도 잘못한 사람이라도 크게 미안해하질 않는다.

앞 차의 운전사는 뒷 차의 운전사가 분명히 잘못했더라도 크게 화를 내지 않고 서로 내려서 차분하게 이런 저런 이야기를 하거나, 차의 상태를 쳐다보거나, 담배를 나눠 피우면서 이야기를 나눈다. 주로 보험회사가 오기를 기다리거나, 아니면 경찰이 올 때까지 느긋하게 기다리며 서로 한담을 나누기도 한다.

만약 우리나라 같았으면 십중팔구 감정이 격한 나머지 서로 말다툼을 하거나 심지어는 멱살을 잡는 경우가 흔하다. 이럴 경우 필요 이상으로 시간과 열정을 허비하게 된다. 자칫 상호 폭력 등으로까지 진전되어 경찰서까지 끌려가는 경우가 많다. 어느 경우가 더 실용적인가?

상담을 할 때도 마찬가지다. 상담을 하거나 계약을 체결하려 하다가 어느 정도 합의가 되어서 거의 정리가 되었다 싶은 때에 대개 중국 측에서 다른 이야기를 거론하는 경우가 많다. 이 경우 대부분의 우리나라 사람들은 갑작스런 돌발 변수에 감정을 추스리지 못하고 바로 얼굴을 붉히며 언성을 높이는 경우가 많다.

중국인들은 이런 경우 얼굴에 감정을 전혀 드러내지 않고 화를 내는 우리나라 사람들을 이상하다는 듯이 쳐다보며 이해 못하는 눈치를 보인다. 우리와 그들의 문화차이인 것이다. 그들은 계약을 체결하기 전까지는 비록 동의를 했다 하더라도 이견을 제기할 수 있다는 입장이다. 심지어는 계약을 체결하는 행사를 하는 장소에서도 갑작스럽게 다른 문구를 삽입하자 하거나, 문구 수정을 요구하는 경우가 다반사이다.

어려운 말을 꺼낼 때에도 얼굴 표정에 미안함 등이 묻어나질 않는다. 어떻게 보면 얼굴 표정이 크게 변화가 없다. 우리는 감정이나 의도가 먼저 얼굴에 나타나기 때문에 상대방에게 우리의 속뜻이 쉽게 드러나 버린다. 그러니 협상에서 우린 엄청난 손해를 보고 임하게 된다. 우리는 중국인들의 이 포커 페이스를 꾸준히 배워서 우리의 협상력을 높여야 할 것이다.

4 중국인들의 호불호

중국인들이 좋아하는 사물

숫자

숫자 중에서 중국인들이 좋아하는 숫자로는 1, 6, 8, 9를 들 수 있다. 1은 중국어로 '야오(yao)'라고도 읽는데 '야오'는 우리의 '요구하다, 바라다'라는 뜻의 '요(要)'와 발음이 같아서 좋은 의미로 받아들인다. 6은 중국어로 '리우(liu)'라고 읽는데 우리의 '유창하다, 흐르다'라는 뜻의 '류(流)'와 발음이 같아서 좋아한다. 8이란 숫자는 '빠'라 발음하는데 표준 중국어의 'fa(發)'와 발음이 유사하다. 중국에서 '발(發)'은 '발재(發財)'를 연상시키고 '발재'란 '돈을 벌다'라는 뜻이기 때문에 '발(發)'에 대해 좋은 인상을 가지고 있으며, 숫자 중에서 이 '발'이란 발음에 가장 가까운 숫자가 8이기 때문에 8을 매우 좋아한다. 중국 사람들은 춘절 명절 때면 '돈을 많이 버세요'라는 의미로 '궁시파차이(恭喜發財)'라는 덕담을 주고받는다. 숫자 중에서 중국인들이 가장 좋아하는 숫자는 아무래도 8인 것 같다. 왜냐하면 2008년 베이징 올림픽 개막시각이 정확히 8월 8일 저녁 8시 8분이었기 때문이다.

아울러 9라는 숫자도 매우 좋아한다. 숫자 9는 가장 큰 수라는 의미도 있지만 중국어로 '지우(jiu)'라고 발음한다. '지우'는 '오래 가다'의 '구(久)'와 발음이 같아서 9자를 좋아한다.

중국인들이 몰고 다니는 차량 번호를 보면 유독 1이나 6, 8, 9가 많은 차량을 자주 볼 수 있다. 어떤 차량은 1,111만 있는 차량도 있는데 이는 '내가 모든 걸 바라고, 바라는 걸 모두 갖고 싶다'라는 의미다. 때로는 ○○○○인 차량도 있는데 이는 ○○ 두 개를 세워 놓으면 숫자 8이 되기 때문으로도 해석된다(최근에는 번호판을 다 바꿔서 4단위 숫자 대신에 영문자가 들어가 있다). 우리나라 같으면 교통경찰이 기억하기 어려운 차량 번호를 달게 된다고들 하는데 중국은 그것과는 전혀 상관치 않고 자기가 좋아하는 숫자의 차량을 자랑스럽게 달고 다닌다.

요사이는 이와 달리 생각하는 중국인들도 있다. 한 번은 내가 다른 도시로 출장을 가서 중국인들과 식사를 한 다음에 앞선 차량을 따라가고 있었다. 앞선 차량의 차량 번호가 666으로 벤츠였다. 그때 나를 태우고 가던 중국인이 앞 차 사장을 가리켜 '바보'라고 말을 하여 깜짝 놀랐다. 왜 그러는가 했더니 이제 관할지역에서 저런 숫자의 차량을 몰고 다니면 세무공무원들이나 경찰의 표적이 된다는 거였다.

색깔

오랜 역사와 많은 민족의 결합체인 중국인들은 여러 색깔을 나름대로 의미를 붙여 좋아했다. 특히 여러 색깔 가운데 중국인들은 빨간색이나 황금색을 매우 좋아한다. 중국인들이 전통적으로 빨간색을 좋아 한 이유에 대해서는 여러 설이 무성하다. 다만 고대로부터 중국의 북방에 살았던 적족인(狄族人)들이 빨간색을 좋아했다는데 자신들의 조상이 빨간색 개에서 태어났다고 믿었기 때문이었다. 또는 중국의 지리적 환경에서 연유하는데, 중국 국토는 붉은 빛을 띠기에 예부터 중국을 적현(赤縣) 또는 적현선주(赤縣神州)라고 칭했다.[73]

반드시 여기에 기인한 것은 아니겠지만 중국인들은 빨간색을 진보, 상서로움, 신성함의 색깔로 여겼다.[74] 다른 견해로 중국인들은 불을 숭상했는데 불이 홍색이었기 때문에 이와 유사한 붉은 색 계

73) 색채와 중국인의 삶, 이주노, 김은희 역, 전남대학교출판부, 2011, 51~52쪽.

74) 앞의 책, 74쪽.

통의 빨간색을 좋아했지 않았나 싶기도 한다.[75]

중국의 역사를 살펴보면 원나라 말기 농민군을 홍건군이라 불렀고, 주원장의 군대 역시 홍건군 또는 줄여서 홍군이라고도 불렀다. 다만 중국 공산당을 홍군이라 불린 이유는 당시 소련 공산당이 이끄는 군사력을 홍군으로 불렀던 것에서 영향 받은 것으로 판단된다. 이런 역사적 변천과정에서 붉은 색은 혁명을 상징하기도 했다.[76]

어찌되었던 중국인들이 빨간색을 좋아하는 습성은 현재까지 이어져 일상화되고 있다. 예를 들면 새 해가 다가오면 대부분의 중국 가정에서 문옆에 좌우로, 어떤 집은 위와 중앙까지 빨간색 바탕에 복을 기원하는 문구가 적인 종이를 붙이며 복을 기원하고 있다.

우리의 설날인 춘절에는 홍빠오(紅包)라는 빨간색의 봉투에 돈을 넣어서 주는 습성이 있다. 결혼식에 참석할 때도 이 홍빠오에 돈을 넣어 주거나, 직원들에게 봉급을 주거나 금일봉을 줄 때도 홍빠오에 담아서 준다.

한편 중국인들이 차량을 새로 구입했을 때는 거의 어김없이 차량 네 바퀴와 좌우면 거울에 빨간색의 끈을 묶는다. 이는 신성함을 의미하면서 사악한 사건사고 등을 방지하고 싶은 마음의 염원이다.

현재 중국에서 사용하고 있는 국기, 소위말해 오성홍기에서 빨간 바탕색은 과거 전통적으로 중국인들이 좋아한 색깔이어서가 아니라, 사회주의 중국 건설을 위해서 흘린 혁명가들의 피를 의미하고 있다.

중국인들이 빨간색을 좋아한다고 해서 무조건 아무 때나 빨간색

75) 앞의 책, 77쪽.

76) 앞의 책, 142~144쪽.

을 사용해서는 안 된다. 최근에 중국 친구를 만나서 이야기를 나누며 빨간색 사인펜을 사용했다. 사업 관련 이야기를 나누다가 나도 모르게 빨간색 사인펜으로 사람 이름을 적었더니, 중국인 친구가 잽싸게 빼앗더니 빨간 색으로 사람 이름을 적어서는 안 된다고 했다. 불현 듯 '아차!' 했다. 빨간색 필기도구로 사람 이름을 적어서는 안 된다는 걸 느꼈다. 내가 어렸을 적에 우리나라에서도 빨간색으로 살아 있는 사람 이름을 적어서는 안 된다는 풍습이 있었다. 이처럼 중국인들이 빨간색을 좋아한다고 해서 아무 때나 빨간색을 사용해서는 안 된다.

한편 중국인들은 노란색도 특히 좋아했다. 노랑은 만물을 소생시키는 땅의 색깔이었기 때문이었다.[77] 한편 노란색은 지극히 존귀의 색깔이기도 해서 역대 황제들이 입는 옷이 대개 노란색이었다. 그렇지만 현대사회에 들어와 노란색이 해악을 상징하는 데에도 가끔 쓰이고 있다. 예를 들면 황색문화, 황색 영화, 황색 가요, 황색 출판물 등을 들 수 있는데, 이는 격조가 낮고 색정을 띈 음란한 문학예술 및 매음, 성의 상품화 등 나라와 민족을 해치는 좋지 못한 행위를 가리킨다.[78]

이와 더불어 중국인들은 흰색을 장수의 상징으로 여겨 생일에 많이 사용해왔다. 흰색의 백(白)은 100의 백(百)과 발음이 같아 장수 축원의 의미를 담고 있다.[79] 그래서 중국의 동양화에 가끔 백두옹

77) 앞의 책, 69쪽.

78) 앞의 책, 73쪽.

79) 앞의 책, 295~296쪽.

이라는 머리에 하얀 털이 있는 새가 그려져 있기도 하다. 이는 백년해로를 의미하는데, 나는 27년 전 타이완에서 생활할 때 실제로 머리에 하얀 털이 있는 새를 두 번 직접 본 기억이 있다.

중국인들이 백색이라고 해서 항상 좋게만 보지는 않았다. 고대에는 장례에서 흰색이 상사(喪事)의 대명사이기도 하다. 따라서 옛날에는 하얀색의 상복을 입는 게 일반적이었다.[80] 오늘에 이르러서는 하얀색과 검은색 두 가지 색깔의 복장을 주로 입는다.

동물과 식물

중국인들이 좋아하는 동물이나 식물은 매우 많다. 가장 좋아하는 상징적인 동물인 용이나 봉황은 말할 것도 없고, 실제적인 동물들도 매우 좋아한다. 용은 이미 설명했기 때문에 생략하고 중국인들이 상징적인 봉황을 좋아하는데 중국인들이 동물들을 좋아하는 데는 동물 그 자체가 귀엽거나, 예뻐서 좋아하는 경우도 있지만 기복적인 심리에서 좋아하는 동물이 더 많다.

중국의 문화를 이해하는 데 매우 중요한 수단이 동양화다. 이 동양화를 통해서 중국인들이 얼마나 복을 바래왔는가를 알 수 있다. 그들은 동양화에 나타난 여러 동물이나 식물을 통해서 세속적인 재물, 권력이나 자손 등을 얻고자 했던 것이다.

예를 들면 동양화에 가끔 백로 한 마리가 시든 연밭에 있는 걸 볼 수 있다. 백로 한 마리(一鷺)는 한 걸음(一路)와 발음이 같아서 '한 걸음에' 또는 '단숨에'를 뜻한다. 시든 연밭에 연 열매인 연과(蓮顆)는

80) 앞의 책, 318~319쪽.

옛 그림을 보는 법, 허균, 돌베개, 2016, 129~130쪽

옛날 소과와 과거에 연달아 합격(連科)하기를 바라는 마음을 표현한 것이다. 이는 동물이나 식물의 이름과 중국어의 발음사이의 비슷함 등을 이용해서 이미지를 연상시키는 방식으로 복을 바라고 있다.

이와 같은 원리로 흰 사슴(白鹿)은 모든 복록(百祿)과 발음이 비슷해서, 흰 배추(白菜)는 모든 재물(百財)과 발음이 비슷해서, 대나무(竹)는 축하의 축(祝)과 발음이 같아서 축하를, 박쥐(蝠)는 복(福)과 발음이 같아서 복을 뜻하기 때문에 이런 그림을 좋아했다. 이와 유사한 사례는 매우 많다.[81]

예를 더 들면 최근 중국에서는 유치원 첫날 배낭에 대파를 담고

양손에 무거운 장바구니를 든 채 등교하는 아이의 사진이 큰 화제였다. 아이는 왜 대파를 배낭에 넣었을까? 양손에 무겁게 들고 가는 것은 무엇일까?

유치원 등교 첫 날 파, 사과와 구운 과일을 들고 가는 한 유치원생

아이의 엄마 설명에 따르면, 파(葱)의 중국어 발음 '총'은 총명하다(聪明)의 '총'을 의미하고, 사과(苹果)의 발음 '핑궈'는 평안(平安)의 발음 '핑안'의 '핑'을 의미하며, 구운 과일(烤果)의 발음 '카오궈'는 시험을 통과하다(考过)는 '카오꿔'를 의미한다.

집안 식구들은 모두 첫 등교하는 아이를 위해 '성적도 우수하고, 즐겁고 평화롭게 유치원 생활을 하길 바란다는 의미에서 이를 준비했다'고 설명했다.[82] 이처럼 중국인들은 언어와 일상생활을 그들의 희망사항과 연계하여 활용하는 사례가 매우 많다.

중국인들이 싫어하는 사물

우선 숫자 가운데 중국인들이 싫어하는 숫자로 3, 4와 7을 들 수

81) 동양화 읽는 법(개정판), 조용진, 집문당, 2013. 25~57쪽.
82) www.jnnews.tv

있다. 3은 중국어로 '싼'으로 발음하는데, 이는 우리의 '흩어지다' 뜻의 '산(散)'과 발음이 같기 때문이다. 4라는 숫자도 매우 싫어하는데 이는 우리와 마찬가지로 '죽다'라는 의미의 '사(死)'와 발음이 같기 때문이다. 7도 싫어하는데 이는 중국어로 qi로 발음되어 화내다라는 뜻의 '생기(生氣:sheng qi)'의 qi를 연상시키기 때문에 싫어한다.

13이라는 숫자도 싫어하는데 이는 중국이 개방하여 많은 외국인들과 교류하면서부터 서양인들이 13이라는 숫자를 꺼려하기 때문에 중국인들도 자연히 꺼려하게 되었다. 최근에 중국에서 지은 아파트를 보면 아파트 13층 대신에 12B로 대신 적혀있는 경우가 많아지고 있다. 대신에 4층을 버젓이 적혀 있는 엘리베이터도 있다.

건물과 관련해서는 나이 든 중국인들은 18층을 매우 싫어했는데, 그 이유는 불교에서는 지옥을 18개로 구분하는데 18층의 지옥이 가장 깊은 지옥이기 때문이다. 다만 요새 젊은이들은 이렇게까지는 따지지 않고 있다.

또한 중국인들은 숫자 가운데 '얼바이우(250)'라는 숫자도 매우 싫어한다. 나는 한국 회사를 그만 두고 쉬면서 식당일을 도와주고 있었다. 어느 날 돈 많은 중국 단골사장이 친구와 같이 식사를 하고 있었다. 그 친구가 카운터에 와서 내 집사람과 한참 웃어가며 뭐라 하면서 돈 많은 자기 친구에게 '얼바이우, 얼바이우' 하며 놀렸다.

그 돈 많은 친구는 아무 말도 하지 못한 채 그대로 놀림을 받고 있었다. 그들이 가고 나자 내가 집사람에게 무슨 일이었느냐고 물었다. 집사람에 의하면 그 둘이 250위엔(약 42,000원)어치를 먹었고 돈 많은 친구가 300위엔을 냈기 때문에 집사람이 50위엔을 거슬러 줬다고 한다. 집사람도 중국인들이 "얼바이우"를 싫어하는 걸 알고는 있었지만 300위엔을 받은 상태에서 250위엔 어치를 먹었기 때문에 당연히 50원을 거슬러 줬지만 여기서 문제가 발생한 것이다.

그 돈 많은 중국인 친구가 바로 '얼바이우'가 되어 버린 것이다.

중국인들이 '얼바이우'를 싫어하는 데는 이유가 있다. 이 '얼바이우'의 내역에 대해서는 여러 설이 있는데, 여기서 주로 논의되고 있는 하나의 설에 의하면 전국시대로 거슬러간다. 전국시대 소진은 6개의 나라(초, 연, 제, 한, 위, 조)가 협력해서 진 나라와 대결을 해야 한다는 주장을 펼치고 다녔던 자다.

어느 날 소진이 자객에 의해 죽임을 당했다. 이에 격노한 제 나라의 왕이 소진의 원수를 갚기 위해 꾀를 자아냈다. 그는 소진의 목을 떼어내고 그 옆에 방을 붙여 '소진을 죽였던 자에게 황금 천 냥의 상을 주겠다'고 밝힌다. 한참 후 4명이 나타나 서로 자기가 소진을 죽였노라고 주장한다. 제 나라 왕은 그 네 명에게 묻는다. 그럼 황금 천 냥을 너희 네 명이 나누면 한 사람당 얼마씩 갖게 되느냐? 이에 네 명이 모두 250냥씩 갖게 된다고 말한다. 제 나라 왕은 즉각 부하를 시켜 그들을 참살하도록 한다. 이리하여 '반푼이', '바보'나 '모지리'라는 뜻의 '얼바이우(250)'가 생겨났다고 한다.[83)]

어찌되었던 그 돈 많은 중국인 단골은 중국 풍습을 제대로 알지 못한 내 집사람 때문에 졸지에 '반푼이'가 되어 버렸다. 이처럼 250위엔 어치를 먹거나 샀고, 300위엔을 낼 경우 중국인들은 손님에게 1위엔이 부족한 49위엔을 거슬러주거나, 차라리 1위엔을 더 얹어 51위엔을 거슬러준다.

83) http://iask.sina.com.cn/b/3319992.html

기타 중국인들이 싫어하는 선물을 든다면 배, 탁상시계나 괘종시계를 들 수 있다. 배(梨)는 발음이 li로 헤어지다의 이(離)와 발음이 같다는 이유로 중국인들이 싫어한다. 특히 혹시 병문안을 갈 때 배를 가지고 가면 더욱 안 된다.

마찬가지로 탁상시계나 괘종시계를 중국어로 종(鐘)이라고 하여, 이를 선물하면 송종(送鐘)이라 하는데 이는 죽은 사람을 보낸다는 의미의 송종(送終)과 발음이 같기 때문에 중국인들이 싫어한다. 다만 시계 가운데 손목시계는 뱌오(表)라 해서 별다른 문제가 되질 않는다. 어떤 중국인은 우산을 선물로 받는 걸 꺼려하기도 한다. 우산(雨傘)에 산(傘)자가 들어가는데 헤어진다 라는 뜻을 가진 산(散)과 발음이 같기 때문이다.

제3장

중국인의 능력

03

중국인의 능력

중국인들은 세계적으로 놀랄만한 발명품을 많이 발명하기도 했다. 한자는 물론, 전쟁에서 매우 유용하게 사용할 화약과 나침반도 발명했다. 나아가 인류 문화에 크게 기여를 할 종이와 인쇄술도 발명할 정도로 그들의 창의력은 경탄할 만 했다. 이와 더불어 오락으로도 즐기고 전쟁에서도 활용할 수 있는 바둑, 장기와 마작도 만들어 냈다. 이 밖에도 침술과 용광로 등도 발명했다.

1 한자

현재 중국이나 타이완, 홍콩 등에서 국어로 사용하고 있는 한자의 기원은 최소 4천여 년의 역사를 자랑하고 있다. 실존하는 자료로서 가장 오래된 문자는 1903년 은허(殷墟)에서 출토된 은나라 때의 갑골문자(甲骨文字)가 있다. 기원전 14세기~기원전 12세기에 사용된 것으로 추정되는 이 문자는 당시의 중대사를 거북의 등이나 짐승 뼈에 새겨 놓은 실용적인 것이었다. 그 후 주나라 선왕(宣王)

때를 비롯하여 여러 가지 형태의 한자가 사용되었다가, 후한에 이르러 해서(楷書)를 만들었으며 이 후 이것을 정서(正書)라 하여 표준 자체로 삼았다.

한자의 유래에 대해서는 여러 설이 있지만, 중국인의 조상이라고 일컬어지는 황제(黃帝)의 사관인 창힐(倉頡)이 만들었다는 설이 유력하다. 창힐은 새와 짐승들의 발자국을 본 따서 한자를 창제했다고 한다. 그런데 문자는 어느 한 시기에 갑자기, 또 어느 한 사람에 의해 갑자기 창조될 수는 없고, 축적된 문화의 구체적인 산물이다. 따라서 한 사람에 의해 한자가 만들어졌다기보다는 창힐이라는 사람이 한자를 나름대로 집대성하고 체계화했지 않았나 판단된다.[1)]

시대의 흐름에 따라 다양하게 변천해온 한자는 현재 약 10만 자에 달한다. 한자는 중국은 물론 우리나라를 비롯하여 일본과 베트남 등의 나라에서도 널리 사용되어 그들 나라의 문화에 심대한 영향을 끼쳐왔다.

한자가 최소 약 4천여 년에 걸쳐 많은 나라의 문화 발전에 심대한 영향을 끼쳤음에도 불구하고, 한자는 그 자체 많은 문제점을 가지고 있다. 예를 들면 배우기가 너무 어렵다. 둘째, 읽기도 어려울 뿐만 아니라 쓰기는 더욱 어렵다. 셋째, 말이나 소리, 형태를 글로 소상하게 나타낼 수가 없다. 따라서 각종 외래어나 외국어를 표기하는 데 너무 힘들다. 넷째, 구어체와 문어체가 구별이 아직도 매우 심해서 고등학교를 졸업했다 하더라도 중국의 신문을 제대로 읽고

---

1) http://terms.naver.com/entry.nhn?docld 두산백과
http://www.baike.com/link.url baidu 百科

해석하기가 쉽지 않다. 다섯째, 현재 중국인들이 사용하고 있는 표준어와 지역의 방언간의 사용이 아직도 혼재하고 있어, 현지인들의 말을 중국인들도 알아들을 수가 없다. 여기에 현재의 구어체를 배웠다 하더라도 고전 문장을 알려면 따로 공부를 상당 기간 해야만 한다.

더욱 큰 문제는 각종 외래어가 표준어에 의한 음을 따라 옮겨진 게 아니라, 주로 대외 창구였던 홍콩식 발음인 광둥어의 음에 의해 외국어가 옮겨진 것으로 판단된다. 그러다보니 표준어법으로 전혀 다른 외국어가 되어 버린다. 예를 들면 2차 대전때 독일 수상인 히틀러를 표기할 때 希特勒로 쓰고 중국 표준어법으로 읽을 때는 시터러xitele로 읽는다. 히틀러와 시터러는 완전 다른 이름이다. 그럼에도 불구하고 아직까지 중국 전역에서는 시터러로 발음하면서 이를 2차 대전 때 독일수상 히틀러로 알아듣는다. 내가 생각하기에 그렇다면 본래 시터러란 이름은 어떻게 표기하고 읽을까? 의문이 생긴다.

또 하나의 간단한 예를 들어본다. 캐나다의 국명을 우리는 쉽게 캐나다로 쓰고 캐나다로 읽는다. 중국식은 어떠한가? 캐나다를 쓸 때 加拿大라 쓰고 읽을 때는 '지아나다jianada'라 읽으며 캐나다를 연상한다. 그렇다면 본래 '지아나다'라는 국가가 있다면 그 국가는 어떻게 쓰고 읽을까 하는 등의 의심이 계속 생긴다. 한자 발전의 커다란 장애요인이 아닌가 싶다.

또 하나의 큰 문제는 중국어의 음절 하나하나는 각각 나름대로의 뜻을 가지고 있다. 한자의 한 음절마다 뜻이 다르며, 그 뜻이 매우 다양하다. 이는 한자의 한계이기 때문에 매우 자연스런 현상이다. 예를 들면 말은 수없이 많지만 이를 표기하는 글자인 한자는 그

수가 너무 제한되어 있기 때문에 말의 뜻을 다 표기할 수 없어 한 음절의 한자가 너무 많은 뜻을 다양하게 의미한다. 그러다보니 한자의 뜻이 매우 이해하기 힘들거나, 사람마다 다양하게 어렴풋하게 달리 해석하는 경우가 많다. 이런 의미에서 한자는 가끔 오묘하다는 말을 듣기도 하다. 그러다보니 상호 대화나 협상을 할 때마다 많은 오해를 불러 일으키고 있다.

한자의 이런 어려움에 비한다면 우리의 한글은 정말 과학적이요, 체계적이며 실용적이고, 무슨 소리도 다 표기할 수 있다. 이처럼 여러 어려움이 있는 한자이긴 하지만 무려 4천년 이상의 역사를 가지고 있으며, 지금까지 중국은 물론 우리나라와 일본, 월남 등의 언어에까지 막대한 영향을 발휘했다. 이런 점에서 한자 나름대로의 우수성을 입증시킬 수 있다.

사회주의 국가가 들어선 이래 중국에서는 이처럼 어려운 한자를 조금이라도 쉽게 배우고 활용하기 위해 간체자를 만들었다. 이로써 배우기는 당장 약간 쉬울지 몰라도 간체자를 배우고 자란 청소년과 50대 층까지도 번체자로 이루어진 옛 문헌을 배우기가 어려워졌다.

또한 같은 한자 문화인 타이완과 홍콩은 간체자를 배격하고 번체자를 사용하고 있기 때문에 서로가 글자의 차이로 인해 사업상 계약서 작성 등 문서 작업에 약간의 어려움을 겪고 있다. 내가 1990년에 타이완에서 중국어를 배울 때 서양 학생들은 각기 자기들의 나라에서 간체자로 중국어를 배우고 왔다. 또는 일단 베이징 등 중국에서 중국어를 배우고 온 학생들도 있었다. 그런데 우리를 가르쳤던 타이완 교수들은 중국인들이 일상 사용하고 있는 간체자의 중국어를 몹시 못마땅해 했다. 그러다보니 간체자에 익숙한 서양 학생들은 번체자의 중국어를 따로 배워야 했으며 매우 불편해 하면서 그런 교수들에 불만도 많았다. 원래 번체자의 중국어를 배웠던 나로서는 그런대로 익숙해서 별 문제가 없었으나 간체자의 중국어를 배운 학생들 입장에서 번체자의 중국어를 다시 익히기란 매우 짜증난 일이었을 것이다. 서양 학생들 입장에서는 그렇지 않아도 중국어 한 자 한 자가 다 하나의 다른 그림이었을 테니 말이다.

❷ 종이

종이를 발명하기 전, 중국의 문자 기록 역사를 살펴보면 약 3,500년 전 상(은)나라 때에 거북이의 등껍질과 짐승의 뼈에 글자를 새긴 갑골문과 청동기에 글자를 새긴 종정문(鐘鼎文)이 있었다. 춘추시대에는 죽간이나 목판에다 글자를 기록하였고, 전한 시기 귀족들은 비단이나 부드럽고 얇은 천에 글을 적었다. 죽간이나 비단 위에 문자를 기록하는 것은 갑골에 비해서는 쉬웠지만, 죽간은 무거워 운반하기 불편했고 비단은 값이 비싸서 일반인들이 사용하기 어려웠다.

예를 들면 진시황이 하루 읽는 문서의 분량은 당시 수레 한 대분에 달했다. 이에 가볍고 편리한 필기 재료의 필요성이 절실히 요구되었다.

이리하여 초보적인 형태의 종이가 등장했는데, 전한 시대에 대마(大麻)와 모시로 만든 파교지(灞橋紙)와 한대 유적지에서 발굴된 종이 지도가 그것이다. 예를 들면 1957년에 산시성(陝西省)에서 발견된 종이를 분석한 결과 기원전 118년 이전으로 판명된 것도 있다.

하지만 이것들은 조잡하고 재질이 매끄럽지 못해 필사에 부적합했다. 이에 궁정 기물을 제조 관리하는 직책을 맡고 있던 채륜(蔡倫)이 이전 제지술의 제조 경험을 바탕으로 종이의 질을 획기적으로 개선함과 동시에 필사에 적합한 식물섬유의 종이를 제조해 냈다.

채륜의 제지술은 기본적으로 원료를 분리하고 세척하여 펄프 형태로 빻아 편편한 판에다 고르게 펴서 건조시키는 과정을 거치는데, 현재 종이 제조법의 원시형태라 할 수 있다. 이후 제지술은 끊임없이 개선되어 대나무 발을 이용해 펄프를 채취하는 방법으로 발전하여, 종이의 질이 더욱 좋아지게 되었을 뿐만 아니라 그 효율도 크게 증가하게 되었다.

어쨌든 그의 설계와 지도에 의하여 만들어낸 종이는 당시 황제를 비롯한 많은 사람들의 환영을 받기에 충분했다. 원료는 거의 폐물을 이용하였기 때문에 값이 싸고, 많은 양을 일시에 생산할 수 있다는 사실은 놀라운 일이었다. 그리고 사용하거나 휴대하는 데에 기존의 것들과 비교할 수 없을 만큼 편리했다.

중국의 제지술은 빠른 시일 내 한반도를 비롯하여 월남과 일본에 전파되었다. 한반도에서는 먼저 백제가 중국으로부터 제지기술을 배웠고, 고구려와 신라가 뒤를 이었다. 고구려의 제지기술은 부단히 개선되어 당나라와 송나라 때는 고구려(나중에 고려)의 종이가 오히려 중국으로 수출되기도 했다.

유럽나라들은 아랍인을 통해 중국의 제지기술을 배웠다. 1150년에 아랍인이 스페인에 유럽 최초로 제지공장을 건설했다. 나중에 스페인 사람들이 멕시코로 이주해서 1575년에 미 대륙에 최초 제지공장을 건설했다. 1690년에는 미국 샌프란시스코 인근에서 최초 제

지공장을 건설하는 등 19세기에 이르러서는 중국의 제지기술이 이미 5대주 각국에 전파되었다.2)

한나라 때 종이 만드는 과정도

자료 : http://www.baike.com/link.url baidu 百科

① 삼나무 껍질을 벗김 ② 세척 ③ 잿물에 담그기 ④ 삶기 ⑤ 찧기 ⑥ 풀먹이기
⑦ 뜨기 ⑧ 말리기 ⑨ 펼치기

---

2) http://terms.naver.com/entry.nhn?docId 두산백과
http://www.baike.com/link.url baidu 百科

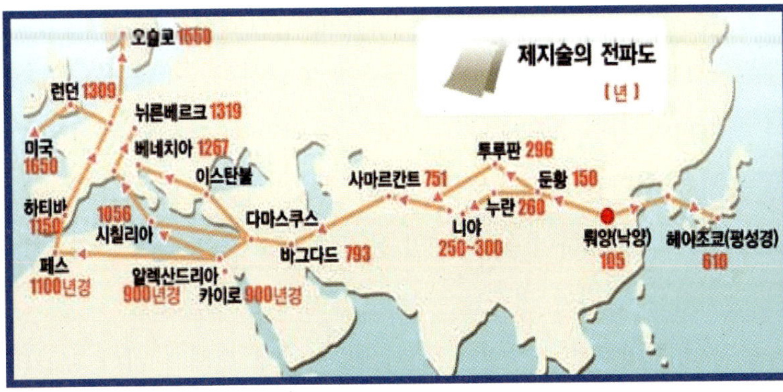

제지술의 전파도
자료 : http://www.paperpia.com/paper.html

3 화약

고대 화약의 발명은 도가(道家)의 연단술(煉丹術)과 깊은 관계가 있다. 초석(硝石, 질산칼륨), 유황, 숯 세 가지 물질을 혼합하여 불로장생의 단약(丹藥)을 만들고자 했던 위진(魏晉)시대의 연단술사들은 그 과정에서 폭발현상이 일어난다는 사실을 발견했다. 그래서 그들은 이 세 가지 물질을 병을 치료하는 약물로 여겨 '불이 붙는 약'이라는 의미로 '화약(火藥)'이라 불렀다.

당나라 초기 의술가인 손사막(孫思邈)은 <단경내복유황법(丹經內伏硫黃法)>이라는 책에서 초석과 유황 그리고 숯을 적당히 혼합하여 점화하면 강력한 화학반응이 일어난다는 사실을 기록하고 있다. 하지만 그는 단약을 제조하고자 했을 뿐, 이것이 화약 제조의 배합 방법이라는 사실을 알지 못했다.

중국에서 화약을 제조한 기록은 당나라 초부터 발견되며 송나라 때에 기술이 더욱 발전했다. 송나라 때에는 중국이 유목민족들의 침입으로 국토의 일부를 내주고 나름대로 시련이 컸던 시기였다.

특히 1161년 송나라 때 남경 부근까지 남하한 금나라의 전투에서 폭발력이 강한 화약이 처음으로 사용되었다. 당시는 종이로 만든 용기에 화약을 담고 점화한 다음 손으로 던졌으나, 13세기에는 철제 용기가 출현하여 통 모양의 용기에 넣고 정확히 조준 발사하는 장치가 발명되어 명중률은 더욱 높아지게 되었다.

중국의 화약제조 기술은 12세기 말 서양에 전해져 기사 계급의 몰락 등 사회변화에 크게 영향을 미쳤다. 화약은 13세기 중엽, 이슬람 제국에 출정한 십자군에 의해 유럽에 전달되었고, 유럽은 14세기 전반부터 화약을 제조하게 되었다. 그러나 명나라 말기 중국에 나타난 서양인들의 손에 들린 화약무기는 옛 중국인들의 그것과는 비교가 안 될 만큼 위력이 강한 것이었다.

송나라 시대의 화창으로, 원시적인 로켓에 해당한다
자료 : http://www.baike.com/link.url baidu 百科

4 나침반

중국 4대 발명 가운데 하나인 나침반(指南針)이 언제 만들어졌는지는 잘 알려지지 않았다. 다만 기원전 2,600년 황제(黃帝)가 치우(蚩尤)와 전쟁을 벌일 때, 당시 안개 속에서도 사방을 분별할 수 있는 지남차(指南車)를 만들어 치우를 무찔렀다는 고사가 전해진다.

중국에서는 고대로부터 많은 사람들이 자기장 현상에 대한 지식을 축적해왔다. 철광을 찾을 때도 자주 자철광을 발견했다. 우리가 알고 있는 <여씨춘추>에서도 자석이 철을 불러들인다고 적고 있다. 옛날 사람들은 마치 자상한 어미가 자녀를 끌어들이듯 자석이 철을 끌어들인다고 생각했다

전국 말기 서적인 <한비자(韓非子)>에서는 '사남(司南)'이라는 지남 기구를 언급하고 있다. 천연 자석을 갈아 국자 모양으로 만든 사남은 남북을 가리키는 자침의 성질을 이용하여 점을 치거나 풍수지형을 살필 때 사용하였으므로 최초의 지남침이라 할 수 있다. 하지만 사남은 수평을 이루는 지반(地盤)에서만 사용되었고, 또 자성을 쉽게 잃어버렸기 때문에 항해에는 사용될 수 없었다.

기록에 의하면 서한에 이르러 난대라는 점성가가 자석의 특성을 이용하여 자성을 띈 두 개의 물건을 만들었다. 두 개의 극성을 조정하여 어떤 때는 두 개가 서로를 끌어들이고, 어떤 때는 배척한다는 걸 알았다. 이 신기한 물건을 한 무제에 헌납하면서 그의 앞에서 시범을 보이니 한 무제가 괴이히 여기기도 하면서 기뻐하며 그를 장군으로 임명했다.

나중에 이런 자성을 활용한 기기의 연구개발이 활발해지면서 후

한의 장형(張衡), 조위(曹魏)의 마균(馬鈞) 등이 지남차를 제작했다는 설이 있으나, 그 제작방법은 전해지지 않는다. 이후 북송 때 연숙(燕肅)이 지남차의 형태를 상세히 기록함으로써 그 대략의 면모가 지금까지 전해져 오고 있을 뿐이다. 기록에 따르면 지남차는 복잡한 톱니바퀴 장치를 이용하여 수레의 목상이 항상 남쪽을 가리키게 만들었는데, 이는 자석이 일정한 방향성을 지니고 있음에 착안하여 제작한 지남침과 그 원리에서 다르지 않다.

고대의 사남(司南) ; 손잡이 부분이 남쪽이다
자료 : http://www.baike.com/link.url baidu 百科

지남침의 발명은 군사, 일상생활, 지형 측량뿐만 아니라 항해에도 응용되었다. 주욱(朱彧)의 <평주가담(萍州可談)>에서는 '야간에는 별을 보고 낮에는 해를 보면서 항해했고, 흐린 날에는 지남침으로 항해하였다'라고 기록하고 있다. 이것이 지남침을 사용한 세계 최초의 기록이다.

아울러 북송 때 송나라 사신으로 고려를 다녀간 서긍(徐兢)은 자신이 편찬한 <고려도경(高麗圖經)>에 당시 사신들이 탄 배가 고려를 향하고 있을 때 나침반을 사용했다고 기록하고 있다. 원나라 때에 이르러 나침반은 항해 활동에서 가장 중요한 도구가 되었으며, 이러한 항해 기술의 발전은 명나라 정화(鄭和)의 원양항해 개척의 큰 디딤돌이 되었다.[3]

5 인쇄술

인쇄술이 발명되기 전에 문화는 주로 손으로 서적이나 자료를 베껴 써서 전달되었다. 그러나 이를 위해서는 많은 시간이 소비되었고, 일도 복잡했을 뿐만 아니라, 잘못 베껴 쓰이거나, 베껴 쓰는 과정에서 빠지기도 하는 등으로 문화발전에 커다란 장애가 되었다.

중국이 세계에 공헌한 또 다른 발명으로 종이와 묵의 발명에 기초하여 발전한 인쇄술을 들 수 있다. 고대 인쇄술은 크게 조판 인쇄술과 활자 인쇄술로 나누어 발전을 거듭하였다. 수나라와 당나라 때 발명되었다고 전해지는 조판 인쇄술은 돌이나 도장에 글을 새기는 석각(石刻) 방식에 기원을 둔다. 이것은 목판에 좌우가 뒤바뀐 문자를 양각하여 그 위에 먹을 바르고 종이를 덮어 탁본하는 방법이다.

---

3) http://www.baike.com/link.url baidu 百科
http://www.zybang.com/question
http://terms.naver.com/entry.nhn?docId 두산백과

송나라 때(1041~1048년)에 평민 출신인 필승(畢昇)이 조판 인쇄술의 불편함을 개선하고 보완하는 과정을 거쳐 경제적이고 실용적인 활자 인쇄를 발명했다. 그가 발명한 활자 인쇄 원리는 먼저 점토 위에 활자를 반대로 새긴 후 불에 구워 단단하게 한 다음 활자판을 만들어 그 위에 배열하고, 활자판 위로 접착 성분의 밀랍을 발라 고정해 인쇄하는 것이다. 다른 내용을 인쇄할 때는 기존 활자판의 활자를 떼어내어 재배치하여 활용할 수 있어 그 속도가 이전보다 훨씬 빨라졌다.[4)]

조판 인쇄
자료 : http://image.baidu.com/search baidu 百科

4) http://www.baike.com/link.url baidu 百科
http://terms.naver.com/entry.nhn?docld 두산백과

활자 인쇄
자료 : http://image.baidu.com/search baidu 百科

6 기타

바둑

세상에서 가장 복잡한 게임이 바둑이다.[5] 바둑이 누구에 의해서 언제 만들어졌는지 확실하게 전해지는 문헌이 없어 알 길이 없다. 다만 중국에서 기원했으며 역사는 약 4천여 년에 달한다. 진나라 시대 때 '세본(世本)'에 '요(堯)나라 임금이 바둑을 만들어 아들 단주(丹朱)를 가르쳤다', 또 말하기를 '순(舜)나라 임금이 아들 상균(商均)의 어리석음을 깨치기 위하여 바둑을 가르쳤다'고 적혀 있는 걸 보면 아주 오래 전 중국에서 만들어진 것으로 추정된다. 그 후 바둑은 춘추 전국시대에 일반 사회에 널리 퍼졌다.

5) National Geographic 이어 밀리언 : 인류의 미래 AI의 지배. 2018.1.7. 01:00.

논어에 공자가 이르기를 '바둑 두는 것이 아무 일도 하지 않는 것보다 어진 일이다'라고 한 것으로 보아 고대 중국에서는 많이 보급되었던 것으로 보인다. 그런데 당나라 이전까지는 바둑판이 가로 17줄, 세로 17줄로 되어있었다고 적혀 있다. 이 내용은 1953년 중국 한(漢)나라의 망도(望都:河北省 保定 부근)에 있는 고분을 발굴한 결과, 그 안에서 17×17로 된 돌로 만든 바둑판이 출토됨으로써 사실임이 밝혀졌다. 오늘날같이 가로 19줄 세로 19줄로 변형된 것은 당(唐)나라 때부터라고 알려졌다.6)

바둑은 검정 색 돌과 흰 색 돌이 서로 싸우면서 집을 넓히거나 상대방의 돌을 많이 죽이는 자가 이기는 게임이다. 사실 검정 색 돌과 흰 색 돌의 단순한 싸움이지만 그 변화무쌍함과 심오한 전략전술은 너무 다양해서 여태까지 수많은 사람들이 바둑을 두었음에도 불구하고, 같은 모형은 한 번도 없었을 거라는 말이 나돌 정도다.

수많은 전란을 겪어 온 중국 사람들은 바둑을 통해 전략전술을 연구하며 대리만족을 얻기도 했을 거다. 아무튼 바둑의 오묘한 수를 사용하여 상대방을 제압하거나 자기의 집을 넓히는 전략은 실전에서도 활용할 수 있었을 거로 판단된다.

장기

장기는 약 4,000여 년 전에 인도에서 비롯되었다는 설이 있다. 그 후 인도의 불교도들이 전쟁이나 살생을 금하는 계율 때문에 인간

---

6) http://www.baike.com/link.url baidu 百科
http://terms.naver.com/entry.nhn?docId 두산백과

보여의 파괴본능을 달래고, 수도를 하는 시간 외에 잠시라도 세속에 흐르기 쉬운 잡념을 떨쳐버리기 위해 전쟁을 모의한 소재로 장기를 발명하였다고 하며, 또 일설에 미얀마 사람들은 자기네의 고대국 타이링의 왕비가 발명한 것이라고 주장하고 있다. 왕을 지극히 사랑한 왕비가 전쟁만을 일삼고 늘 싸움터에만 나다니는 왕을 궁중에 머물게 하기 위해 궁리 끝에 만든 것이 바로 장기라는 것이다.

그러나 오늘날 우리가 말하는 장기의 발상지는 역시 중국으로 보는 것이 타당하다. 장기짝(말) 자체가 초(楚)·한(漢)으로 되어있고, 초패왕 항우(項羽)와 한왕 유방(劉邦)의 각축전을 모방한 것이 분명하며, 따라서 약 2,000년 전 삼국시대 이후라는 것을 알 수 있다.[7)]

비록 장기가 바둑에 비해서는 그 수가 오묘하지는 않지만 장기도 자기의 왕을 지키면서 상대방의 왕을 잡는 게임으로 매우 다양한 수를 써야만 이길 수 있는 게임이다. 우리나라에서도 장기가 매우 많이 애용되고 있지만, 중국의 장기와는 모양부터가 완전히 다르다. 우리나라에서는 상대방의 진영 사이에 강이 없지만, 중국 장기에서는 상대방의 진영 사이에 강이 있다. 또한 장기 말의 가는 방법이 약간씩 다르다. 하지만 우리나라 장기를 어느 정도 둘 줄 아는 사람은 중국 장기를 쉽게 배울 수 있다. 한 번은 내가 기차를 타고 출장을 가면서 중국 사람들과 어울리게 되었다. 그들은 기차 안에서 장기를 즐기고 있었다. 내가 호기심에서 그들로부터 약 20분 정도 중국의 장기를 배우고 난 후 그 중국인 친구들을 모조리 이겨버린 적이 있었다.

---

7) http://www.baike.com/link.url baidu 百科
http://terms.naver.com/entry.nhn?docId 두산백과

중국의 장기 배열
우리의 장기판과 달리 한나라와 초나라 사이에 강이 있다.
자료 : http://image.baidu.com/search baidu 百科

마작

보통 네 사람이 상아나 골재(骨材)에 대쪽을 붙인 136개의 패를 가지고 여러 모양으로 짝짓기를 하여 승패를 겨루는 오락이다. 마작은 중국에서 시작되었으나 언제 누가 만들었는지는 분명하지 않다. 다만 명나라 때 만들어진 마따오에서 변형되었다는 것이 정설로 되어 있으며, 현재의 내용과 형태는 청나라 초기에 완성되었다고 한다.

본래 중국에서 시작된 놀이이므로 용어는 모두 중국어로 불린다.

흔히 '마장(馬將)'이라고 하는데, 그 어원은 마따오(馬吊)라는 놀이의 이름에서 비롯되었다고 한다. 한자어 '마작(麻雀)'은 패를 섞을 때의 소리가 마치 대나무 숲에서 참새 떼가 재잘거리는 소리를 닮았다고 하여 붙여진 이름이다. 특히 홍콩이나 마카오 등지에서 마작이라 부른다.

중국의 마작은 우리나라의 경우 갑오경장을 전후하여 외국을 내왕하던 인사들에 의하여 보급되었지만, 놀이기구의 특수성으로 인하여 극히 일부 사람들만이 즐기고 있다.

마작에 관해서는 많은 이야기가 있다. 대표적으로 '중국에 10억 인구가 있다면, 9억 인구는 마작을 하고, 나머지 1억 인구는 구경을 한다.' 또는 '마작에 빠지면 마누라도 팔아먹게 된다.'라는 말들이 있다. 그만큼 마작은 사람을 완전 몰입시키는 매력이 있다고 한다.

중국의 마작
자료 : http://www.baike.com/link.url baidu 百科

제4장

과거 중국인의 상술

1. 중국 상업의 기원
2. 상업의 발달과정
3. 중국인 상술의 특징

04

과거 중국인의 상술

중국을 경험한 외국인들은 하나같이 중국인의 단점으로 사기, 협박, 교활함, 능수능란한 거짓말을 꼽는데 중국인들은 이를 위대한 상인이 되기 위해 반드시 갖춰야 할 덕목으로 친다.

내가 보기에 중국 상술이나 협상술의 가장 기본이 되는 전략이 군사전략이 아닌가 싶다. 잘 알다시피 역사적으로 군사전략을 가장 잘 묘사한 책으로 손자병법을 꼽는다. 손자병법의 저자인 손무(孫武)는 약 2,500년 전 춘추전국시대 말기 제 나라에서 태어난 사람이다. 손무는 오왕의 참모인 오나라 왕 합려를 도와 주변국을 제패시킴으로써 오나라를 패주로 만드는 등 군사대가로서의 위대성을 입증시켰다.

이후 손자병법은 대대로 전쟁의 지침서가 되었을 뿐만 아니라, 정치 · 군사 · 외교 및 비즈니스 등 여러 분야에 어떤 상황에서도 적용시킬 수 있는 모델로 자리 잡을 수 있었다.

손자병법엔 아군의 상황과 적군의 상황에 따라 다양한 전략전술이 새겨져 있다. 손자병법의 핵심은 2장 '중국인의 기질(59쪽)'에서

와 같이 상대방을 '속이는' 것이다. 현대의 중국인들은 손자병법에 열거된 여러 상황별 대처능력을 이미 체득한 사람들이다. 태어나면서부터 그들은 뛰어난 상술을 유전적으로 이어 받았다. 더욱이 국공내전과 문화대혁명 기간 벌어진 대혼란 시기에 상황별로 살아남기 위한 생존본능법을 나름대로 터득했다.

세계적으로 상술이 매우 뛰어난 사람들로 유대인, 중국인, 아랍인을 들 수 있으며 여기에 인도인도 들 수 있다. 그런데 내가 보기에 매우 의아스런 점이 있다. 세계 4대 성인 석가, 공자, 예수와 마호메트가 각각 위에서 설명한 상술이 뛰어난 민족에 속한다는 점이다. 성인의 후예들이 지금은 상술이 뛰어난 민족으로 유명해져 있으니 매우 아이러니한 일이 아닐 수 없다.

아무튼 이들 민족 가운데 덕과 예의를 중요시했던 공자를 배출한 중국인의 상술도 감탄스러울 정도로 뛰어남을 부인할 수 없다. 그들 상술의 근원은 무엇일까? 선천적인가? 후천적인가? 나는 그들이 선천적으로 상술이 뛰어난 데다, 후천적으로 상술에 관한 여러 경험을 축적한 것으로 판단한다.

중국인의 상술을 알기 위해 시대의 변천에 따라 또는 산업의 발전에 따라 중국 상인들이 어떠한 상업 활동을 해 왔나를 살펴봄으로써 그들의 상술을 파악, 이해하고자 한다.

1 중국 상업의 기원

우리가 현재 사용하고 있는 상인, 상술이라는 말은 지금으로부터 3천년 전 상 또는 은이라는 나라가 주나라에 멸망함으로써 상나라 사람들이 떠돌아다니며 장사를 해서 생계를 유지함으로써 생겨난 말이다.

사마천이 태어나기 이전 2천여 년 전 중국에는 여러 제자백가(기원전 8세기~기원전 3세기)가 등장했으며 이때 상가(商家: 장사를 생업으로 하는 자)도 등장했다. 2천여 년에 걸쳐 그들의 경영사상이 중국 상업문화의 발원지가 되었다.[1)]

❷ 상업의 발달과정

춘추전국시대 (기원전 770~기원전 221년)

중국에는 오래 전부터 우리와는 달리 상업을 중시하는 습관이 있었다. 예를 들면 이미 설명한 관중은 여러 어려움 속에서 포숙아의 도움을 받아 제나라의 재상이 되어 농업과 상업을 같이 중요시해서 국가 부강에 힘을 썼다. 그는 상인들을 끌어 모으기 위해 도시에 술집을 열고 기생들을 고용하기도 했다. 중국 화류계는 이런 이유로 관중을 자신들의 시조로 추앙하고 있다. 관중은 상업을 중요시하여 국가를 부강하게 만들었을 뿐만 아니라, 자신도 많은 부를 이루었다.

공자와 맹자의 시대에 이르러 상업은 천시되었다. 왜냐하면 당시 상업이 발전하면 자급자족을 기초로 하는 농업의 경제 구조를 흔들 수 있다는 두려움 때문이었다. 또 하나는 영리를 추구하는 상인은

1) 中国商道, 中央编译出版社. 翟玉忠, 2012, 1쪽.

자연히 적은 자본으로 최대의 이윤을 얻기 위해 수단과 방법을 가리지 않았다. 그래서 사람들은 상인이 이익을 얻기 위해서라면 의로움도 팽개쳐서 '의(義)'를 중시하는 사회 개념에 위배된다고 보았다. <논어>에서 '군자는 의에 밝고, 소인은 이에 밝다(君子喩於義, 小人喩於利)'라 하면서[2] 의를 중요시하는 군자의 길을 가르친 대신에 이(利)를 중요시해야 하는 소인배를 경멸했다.

진시황의 아버지라고도 불리는 여불위(呂不韋, ? ~기원전 235년)는 어려서부터 그의 아버지를 따라 장사를 배웠으며, 특히 보석 장사로 큰돈을 벌었다. 그는 장사로 많은 돈을 벌었고, 그 돈을 아낌없이 정치에 투자하여 재상의 자리에까지 올라갈 수 있었다. 원래 그는 한나라 사람이었는데 여러 제후국을 주유하면서 시대의 흐름을 정확히 꿰뚫고 인재를 알아보는 혜안을 가지고 있었다.[3]

특이하게도 농업을 중요시하고, 상업을 천하게 여겼던 시기에 활동한 사마천은 상업을 매우 중요시했다. 예를 들면 그는 화식열전(貨殖列傳)이라는 책을 저술하여 춘추시대부터 한나라 초기까지 상공업으로 부를 쌓은 사람들의 활동을 기록했다. 현재로 말하면 기업가의 활동을 기록한 책을 이미 저술한 것이다.

거기에 현재도 상업에 적용할 만한 내용이 많다. 예를 들면 농민이 생산하지 않으면 식량이 모자라게 되며, 장인이 물건을 만들지 않으면 용품이 부족하고, 상인이 물건을 유통시키지 않으면 3보(삼보: 식량, 용품, 자재)의 공급이 끊기게 된다. 또한 나무꾼이 나무를

2) 공자의 논어, 공자 지음, 이준구 편저, 스마트 북, 2013, 124쪽.

3) 사기열전1, 사마천 지음, 김원중 옮김, 민음사, 2015, 595쪽.

베지 않으면 자재가 모자라게 되고, 자재가 모자라면 산과 택지가 개발되지 못한다. 농업, 공업, 상업, 어업, 광업 이 산업은 백성의 입고 먹는 것의 근원이 된다.

'산업의 근원이 크면 백성은 부유해진다. 위로는 나라를 부강하게 하고, 아래로는 가정을 부유하게 만드는 것이 산업의 크기에 달렸다'며 상업의 중요성을 역설하였다.[4)]

상업을 중요시했던 사마천의 시기에 이미 많은 거상들이 나타났다. 한 무제 때 재정을 관장했던 상홍양(桑弘羊)은 뤄양의 상인 집안 출신이었다. 그는 당시 어려운 국가 경제를 살리기 위해 소중했던 철과 소금을 국가 전매사업화했고, 백성들이 애용했던 술도 전매사업화하여 재정을 매우 튼튼하게 만들었다. 사마천에 따르면 그 당시 농업, 목축, 수공, 산림, 어업과 사냥 또는 장사로 부자들이 태어났다.[5)]

사마천의 사기를 보면 재상 등 높은 직위에 있었거나 선비들이 직책을 버리고 상업에 종사하여 치부를 한 사례가 많다. 예를 들면 자공(子貢, 기원전 520~기원전 456년)은 공자의 제자로서 거상이었으며 사마천에 의하면 그는 위나라에 가서 관리가 되었으며, 조나라와 노나라의 사이에서 물건을 쌀 때 사서, 비쌀 때 파는 방법으로 공자의 70여 명의 제자 중 가장 부유하였다.

백규(白圭)는 동주의 수도 뤄양에서 출생하여 위 혜왕 때 재상이 되었다. 그 후 위나라 정치의 부패를 깨닫고, 정계를 떠나 상업에

4) 사기열전 2, 사마천 지음, 김원중 옮김, 2015, 800~801쪽.

5) 中国商道, 中央编译出版社, 翟玉忠, 2012, 4쪽.

종사하여 크게 성공을 하였다.[6)]

특히 춘추 시기에 월나라 왕 구천을 도와 세상을 제패했던 재상 범려(范蠡, 기원전 536~기원전 448년)의 뛰어난 상술과 그의 애민 사상이 전해지고 있다. 범려는 월 구천과는 고통은 같이 할 수 있지만, 편안함은 같이 할 수 없다는 걸 알고 주변의 만류를 뿌리치고 공직을 버리며 조정을 떠나버린다.

그는 바닷길로 제나라에 도착해서는 성과 이름을 바꾸어 스스로를 '치이자피(鴟夷子皮)[7)]'라 했다. 해변에서 황무지를 개간하여 씨를 뿌리며 어렵고 힘든 새 일을 시작했다. 그는 식량을 생산하는 외에도 바닷가의 어업과 소금을 이용하여 무역활동을 펴는 등으로[8)] 수십만의 재산을 모았다 그는 재물을 친구와 마을 사람들에게 나누어 주고, 귀한 보물만 가지고 몰래 떠났다.

도(陶)나라(지금의 항저우로 추정된다)라는 곳에 와 보니 천하의 중심이자 교역의 통로로 장사를 하면 치부할 수 있을 것 같았다. 그래서 자칭 '도주공(陶朱公)'으로 칭하고 다시 아들과 함께 농사와 목축을 하며 물건을 사두었다가 때를 기다려 다시 팔되 1할의 이윤을 남겼다. 오래 지나지 않아 억만의 재산을 모으니 천하가 도주공을 칭송했다.

---

6) 中国商道, 中央编译出版社, 翟玉忠, 2012, 8쪽.

7) 치이자피란 본래 술을 담는 가죽부대로, 평소에는 둘둘 말아 주머니에 넣었다가 필요할 때 펼쳐 많은 것을 담을 수 있는 물건을 말하는데, 또한 재능을 밖으로 드러내지 않는다는 의미도 있다. 상인 이야기, 이화승, 행성: B잎새, 2013, 62쪽. 또는 이런 해석도 있다. 치이란 술을 담는 기구로서 나아갈 때 나아갈 수 있고, 물러설 때 물러설 수 있으며 실의했을 때는 잘 참을 수 있고, 득의했을 때는 자신의 포부를 잘 펼칠 수 있다는 뜻이다. 중국 옛 상인의 지혜, 리샤오 지음, 이기홍 옮김, 인간사랑, 2015, 154쪽.

8) 중국 옛 상인의 지혜, 리샤오 지음, 이기홍 옮김, 인간사랑, 2015, 154쪽.

사마천은 범려의 치부뿐만 아니라 그의 애민사상을 높이 평가했다. 그가 범려에 대해 평하기를 범려는 지방에서 19년간 머무르며 세 번에 걸쳐 천금의 재산을 모았고, 두 번에 걸쳐 가난한 친구들과 먼 지방의 형제들에게 재산을 나눠줬다. 이것이 군자가 부유해지면 다른 사람을 돕기 좋아함을 실천한 사례로 들었다.[9)]

참고로 범려의 상술이 매우 뛰어난 구체적인 사례를 들면, 범려의 양어경(養魚經)은 중국 최초의 물고기 양식에 관한 책으로 전해진다. 이 책자에 따르면 범려는 양어장에 잉어 새끼들을 넣는데 암수를 구별하여 풀어주고 나서 일정시간이 지나면 자라를 같이 풀어주어 나중에 고기는 고기대로, 자라는 자라대로 팔아 큰 재산을 일구어낸다는 이야기다.[10)] 자라를 양어장에 풀어주는 이유는 자라가 고기를 잡아먹으니 고기들은 본능적으로 매우 활발하게 움직일 뿐만 아니라, 자라에게 잡아먹힐 새끼까지 감안해서 더욱 많은 새끼들을 생산하게 된다는 자연의 이치를 응용한 방안이었다.

그는 경영과 관련하여 그의 스승이라 할 수 있는 계연(計然)으로부터 상업에 관한 계책을 전수받았는데 이를 정리하면 다음과 같다.

① 상품의 생산 시기와 시장의 수요 관계를 파악해 시장의 공급과 수요를 장악해야 한다.

② 농업에 결정적인 영향을 미치는 자연의 이치는 주기적으로 변한다. 오행에 따라 풍년, 홍수와 가뭄 등이 발생하며, 6년을

---

9) 中国商道, 中央编译出版社, 翟玉忠, 2012, 35쪽.

10) 앞의 책, 335쪽.

주기로 풍년이 들고 12년마다 큰 가뭄이 온다. 이를 살펴 홍수와 가뭄에 대비해야 한다. 홍수에는 마차를, 가뭄에는 배를 준비하는 역발상이 필요하다.

③ 곡물가격은 수확에 따라 결정된다. 너무 싸면 농가가 피해를 입고, 너무 비싸면 상인들이 손해를 보니 적정 가격에서 움직인다.

④ 물가가 적정해야 농업과 상업이 발전하고, 국가는 안정된 세수입으로 시장을 유지할 수 있다.

⑤ 부패하기 쉬운 물건은 쌓아두지 말고 서둘러 유통시켜야 한다.

⑥ 상품의 가격 변동을 파악해서 최고로 비쌀 때는 마치 몸 안의 배설물을 버리듯 과감히 내다 팔고, 쌀 때는 마치 보석을 다루듯 귀하게 여겨 사들여야 한다.

⑦ 재화는 유통을 통해서 이윤을 창출하므로 절대로 쌓아두지 말아야 한다.[11]

대략 알 수 있듯이 그는 이미 나름대로 현대 경제학의 기본 원리를 터득하고 있었다. ①은 상품의 생산 시기에 따른 수요공급의 변화 가능성을 ②는 기후 변화의 주기성과 이에 따른 당시 경제의 주축이었던 농업경제의 주기적 변화를 예측하고 있었다. ③은 공급에 따른 가격의 변동을 ④는 물가 안정의 중요성을 ⑤와 ⑦은 재고관리의 중요성을 ⑥은 가격 변동에 따른 상인의 시의적절한 대응을 각각 제시했다.

당시 최고의 역사학자였던 사마천은 역사를 통해 부의 원천과

---

11) 상인 이야기, 이화승, 행성 : B잎새, 2013, 63쪽.

부의 유지에 관한 뛰어난 식견도 보여주었다. 예를 들면 부를 쌓는 실제 방법으로 '농업이 공업보다 못하고, 공업은 상업만 못하다며 상업이 이윤을 가장 많이 내는 산업'임을 간파했다. 또한 부를 오랫동안 유지할 수 있는 방법으로 '토지에 투자하라'고 주장하였다.

그래서인지 몰라도 수천 년이 지난 오늘날까지도 중국인들은 세계 어느 곳에 정착하든, 그곳에서 상업으로 번 돈은 반드시 먼저 토지에 투자한다.[12)]

위진시대 (221~589년)

그간 잘 발전해온 상업은 위진 시대(한나라가 망하고 수나라가 진을 멸망시킬 때까지의 기간)에 들어서면서 중국 역사상 매우 드물게 상업이 천시되는 시기가 시작되었다. 당시는 상업을 억제하고 상인들을 모욕하기도 했다.

수나라 (581~618년)

수나라가 들어서면서 대운하가 건설되어 중국 경제는 구조적으로 큰 변화가 발생한다. 육로로만 연결되었던 교통로에 비해 운송속도가 빠르고 많은 물량을 소화할 수 있어 운하가 교통의 대동맥 역할을 하게 되었다. 그간 동서로만 뻗어 있던 교통로를 남북으로 확대시킴으로써 중원의 선진 문화와 창장 유역의 농산물이 신속하게 이동되는 중요한 계기가 됨으로써 상업 발전의 계기가 되었다. 그러나 신분상으로는 여전히 천대를 받았다.

---

12) 앞의 책, 71~72쪽.

당나라 (618~907년)

당 나라에 들어서도 시장에 살고 있는 사람들은 신분상으로 심하게 천대받아, 공상에 종사하는 사람들은 선비축에 끼지 못한다고도 하였다.[13] 하지만 상업은 매우 번창하였다. 이미 설명한 바와 같이 당나라 시기에 비단길을 통해 중국의 비단이나 자기들이 아랍과 심지어는 유럽까지 대량으로 전해졌다.

사실 비단길은 한 무제 때(기원전 60년)부터 본격적으로 개척되어 비단이 지금의 로마까지 수출되었다. 그 이후 줄곧 비단길을 통해 유럽 등 해외에서는 기린이나 사자 같은 진귀한 짐승은 물론, 말, 호두, 후추와 깨 등이 중국으로 들어왔다. 이에 반해 중국에서는 비단, 칠기와 도자기 등이 로마에까지 수출되었다.

이를 종합해보면 당나라 시기에는 상인이 신분상 대접만 못 받았을 뿐, 상업은 매우 번창한 것으로 판단된다. 왜냐하면 당나라의 전성시기에 상업이 번창함에 따라 여러 문화도 융성해졌기 때문이다.

당나라 때 유명한 거상들로 하명원(何明遠), 추풍치(鄒風熾), 유대낭(俞大娘)과 배명원(裵明遠) 등을 들 수 있다. 하명원은 당시 비단길의 발달로 인해 방직업이 크게 성황하자 방직업에 종사하여 외국인에게 비단을 팔아 큰돈을 벌었다.

추풍치는 등이 굽은 곱추였는데 잡화점을 하면서 전국에 가게를 두고 각지 상품을 모아 큰돈을 벌었다. 유대낭이라는 여자 상인은 운하가 발달하자 선박 임대업을 하여 거부가 되었다. 배명원은 당

13) 中国商道, 中央编译出版社, 翟玉忠, 2012, 4쪽.

시 수도 인 창안(長安, 지금의 西安)에서 나오는 폐품을 팔아 교외의 황무지를 산 뒤 과실수를 심었다. 그리고 양을 모는 목동들을 불러 모았다. 양의 배설물은 질 좋은 퇴비가 되어 황무지에 심은 과실수가 잘 자라 풍성한 수확을 올렸다.

송나라 (960~1279년)

송나라에 와서 상업문화가 더 크게 발흥하기 시작하여 상인의 지위가 점차 중시되었다. 예를 들면 북송에 들어서 '공업과 상업이 모두 근본'이라는 사상이 나타났는데 이는 당시의 상황으로 미루어 거의 혁명적인 사상이었다.[14)]

수, 당나라 때 과거를 거친 관리들은 송나라에 들어서면서 점차적으로 더욱 효율적이고 탄력적인 경제정책을 세웠다. 예를 들면 토지를 개간하고, 가뭄에 강하면서 수확량인 좋은 쌀을 지금의 베트남으로부터 들여와 식량 혁명을 이끌었다.

먹을 것이 풍부해지니 인구가 늘었다. 송나라 개국 초기 5천여만 명이었던 인구가 200년 뒤인 1200년에는 무려 1억 명을 넘었다. 지금도 그렇지만 인구가 늘면서 먹을거리를 비롯한 일상 생활용품과 서로 다른 계층의 사람들이 원하는 다양한 기호상품들이 늘었다.

생산과 유통이 활성화되고 거래 규모가 커지면서 신용거래도 생겼다. 지폐는 물론, 지금의 상품 교환권까지 생겨났다. 나중에는 이들을 유통하고 교환하기 위한 전당포는 물론, 지금의 민간은행 성격의 금융기구도 생겨났다. 상업의 발달로 주산이 급속 보급되었고,

---

14) 앞의 책, 4쪽.

회계도 발달했다.[15]

당나라 때까지만 하더라도 규제되었던 상업 허가지역이 철폐되고, 통행금지까지 해제되는 등으로 상업은 시간과 공간적으로 확대 발전하였다.

청나라의 심요(沈垚, 1798~1840년)에 의하면 송 태조가 천하의 이권을 전부 정부에 귀속함에 따라 사대부들은 집안을 일으킬 때 어쩔 수 없이 처음에는 농업과 잠업을 하여 집안을 먹여 살리기 시작했다. 이는 이전의 사대부와는 완전히 달라 이 당시 관리들도 일반 백성들과 이익을 다투게 되었다. 이리하여 상인들의 위세가 갈수록 강해졌다. 따라서 점차 사농공상의 구별이 없어지기 시작했다.[16]

원나라 (1271~1368년)

원나라에 들어서 상업은 그다지 발달하지 못했다. 원나라를 세운 몽골족들은 근본적으로 유목생활을 해왔기 때문에 경제관념이 무척 약했고, 이에 따라 몽골족들이 상업에 종사하지 못하게 했다. 대신에 몽골족 다음으로 대우받은 회족들로 하여금 상업에 종사하도록 했다.

이들 색목인들은 몽골인들의 경제관념이 취약함을 빌미로 황실과 국가 재정 및 귀족들의 재정까지 맡아서 공권력을 이용하여 자기들의 부를 축적했다. 그들은 세금 징수, 요역, 사냥, 수리, 술 양조를 비롯해 부두와 다리의 건설 그리고 특정지역에서 지폐를 발행하

15) 상인 이야기, 이화승, 행성 : B잎새, 2013, 121~138쪽.

16) 中国商道, 中央编译出版社, 翟玉忠, 2012, 6쪽.

는 일까지 국가가 허가한 막강한 권한을 행사했다. 아울러 왕족이나 귀족들이 맡긴 돈을 자본으로 시장에서 고리대금업과 대외무역을 벌여 막대한 나라에서 가장 부유한 계층이 되었다.

다만 원나라의 독특한 역참제도로 물자의 수송, 공문 전달, 정보 공유 등에 탁월한 효과가 나타났다. 상인들도 이를 많이 이용하게 되었다. 그리하여 송나라 때 만들어진 비단, 도자기, 동전과 서적 등 중원의 문화 자산들이 준마를 통해서 중국내는 물론 아시아와 유럽을 부지런히 오가게 되었다. 또한 대운하의 일부 지역 확대 연결로 물류가 더 원활하였다. 한편 송나라 때부터 활발해진 해상무역이 발달하여 약 140여 개 나라와 무역을 진행했다.

원나라는 한족을 탄압했기 때문에 한족 출신이 경제적으로 성공한 경우는 거의 없었다. 다만 몇몇 예외가 있었는데, 주청(朱淸)과 장선(張瑄)이 성공한 한족 상인들이었다. 주청과 장선은 원나라 개국 초기에 해운 선박으로 식량 운송을 담당해 많은 부를 쌓았다. 두 사람 모두 큰 배를 가지고, 전국 각지에 화려한 저택과 큰 창고를 소유했으며, 자식들은 원나라 관직에 진출시켰다. 그러나 약 20여 년이 지난 1303년에 불법을 저지른 죄로 가산과 선박을 몰수당하고 투옥되었다가 주청은 자진했고, 장선은 옥사했다.[17)]

명나라 (1368~1644년)

명나라 때도 상업이 중요시되었는데, 명나라의 유명한 정치가였던 왕양명도 '사농공상이 업은 다르지만 지향하는 바는 같았다'고

---

17) 상인 이야기, 이화승, 행성 : B잎새, 2013, 151~160쪽.

주장하였다. 다만 중국 상업문화의 진정한 부흥은 16~18세기로서 중국 산업혁명의 시기였다.[18] 청나라 학자 왕원(王源, 1648 ~1710년)은 '상업을 중요시하지 않으면 나라를 부흥시킬 수 없다'고 하였다. '가령 농업만 있고 상업이 없다면 어찌 나라라고 할 수 있느냐?'고 하였다.[19] 특히 명나라 초기 항저우에서 카이펑(開封)을 잇는 육로와 수로 2,000리 길이 확장되면서 남북물류의 주요 통로가 완성되었다. 아울러 원나라 때부터 추진된 항저우와 베이징 1,700km를 연결하는 징항(京杭)운하가 개통됨으로써 강남 각지의 물류 유통을 집결하는 항구 도시들이 번성하게 되었다.

명나라 때 상업으로 유명한 지역을 들라면 강남의 후이저우(徽州), 북방의 산시(山西)를 들 수 있다. 후이저우 지역은 지장, 안휘이, 장쑤가 만나는 지역에 자리 잡은 작은 산골 마을이었다. 산골 마을이다 보니 대나무, 삼목, 칠과 차를 재배하는 데 유리했다. 후이저우 사람들은 강남 지역의 상업이 크게 발전하면서 주변 도시들이 번성을 하자, 문방사우와 쌀 장사를 하면서 부를 축적해갔다. 이들은 점차 소금과 면포, 염색 장사와 전당포 운영은 물론 유통업까지 활동 영역을 넓혀갔다.

마침 후이저우 지역은 송나라 때의 석학 주희(朱熹)의 고향이기도 했기 때문에 후이저우 상인들은 자기들의 상품에는 유학자의 정신이 깃들어 있다는 자부심에 가득 차 있었다. 유가사상을 상업에 접목하려 했던 후이저우 상인들은 부를 쌓은 다음에 다시 그 부를

18) 中国商道, 中央编译出版社, 翟玉忠, 2012, 5쪽.

19) 앞의 책, 7쪽.

사회에 돌려줌으로써 덕을 실천하려 했다. 상인이었지만 그들의 이상은 상인이되 유가사상을 가진 상인, 유상(儒商)이 되는 것이었다. 따라서 상인으로서 이익을 추구하되 베품을 행함으로써 '의'를 추구하는 유학자가 되고자 했기 때문에 재산을 사회로의 환원에 관심이 많았다. 현대의 우리나라 기업가들이 배워야 할 중요한 덕목이 아닌가 싶다.

다음에 산시 지역은 황허 중류 지역에 자리 잡고 있으며, 북쪽으로 장성을 두고 몽골평원과 마주하고 있다. 북부 지역은 일 년 내내 기후 변화가 심한데다 산세도 험난하고 농지도 부족해서 주민들이 많지 않았다. 더욱이 특산물조차 없어서 산시 남자들은 생계를 위해 10세가 넘으면 성실, 근면과 절약이라는 무기를 들고 장사를 떠났다.

원나라 때 이들은 낙타에 물건을 싣고 북쪽의 고비 사막과 장성을 넘어 시베리아 끝까지 이르는 멀고도 험한 길을 강인한 정신으로 버텨내며 북방 상업 노선을 개척했다. 아울러 이들은 주변에서 채소와 두부를 팔다가 잡화와 기름집에서 곡식과 면 등으로 물품을 확대해갔다.

마침 삼국지의 관우가 산시지방 출신이었기 때문에 그들은 관우가 인, 의, 예, 지, 신을 중시하는 유가사상과 용맹성을 겸비해 산시 상인들이 숭배하기에 더 할 나위가 없었다. 이른바 '관우정신' 또는 '관공신앙'이라고 표현되는 의리, 믿음, 충성은 산시상인이 객지에서 살아남고 자신의 직업 가치를 높이 끌어올릴 수 있는 분명한 목표를 보여 주었다.

산시상인들의 관우정신 또는 관공신앙은 안전을 지켜주는 수호신이며, 더 나아가 상인으로서 정체성을 세우고 사회 참여를 통해 자신의 위치를 다시 생각해 보게 만드는 중요한 힘이었다. 이에 따라 관우는 모든 산시상인뿐만 아니라 상인들의 정신적 지주가 되어 다른 지역 상인들도 그를 재신(財神)으로 숭배하기 시작했다.[20]

청나라 (1616~1912년)

명 · 청나라 때 상업이 발전하기 시작했는데 특히 명나라 후기부터 사회경제의 발전에 따라 상업은 이미 일반인이 천시하는 직업이 아니었고, 많은 사람들이 '농업을 버리고 상업을 택했으며, 심지어는 학문을 버리고 상업을 택하기도 하여' 상업에 관한 많은 책들이 나오기 시작했다.[21]

청나라가 들어서넌서 그동안 금지되있던 해싱무역 때문에 연해지역 경제가 너무 장기 침체에 빠져, 이를 해결하기 위해 해상무역을 허락하였다(1685년 강희제). 해상무역이 점차 활기를 띄기 시작하면서 여타 외국들도 중국과 무역을 하고자 하였다. 특히 18세기 초 영국은 중국과 무역을 하는 데 가장 적극적인 모습을 보였다. 영국은 일찌감치 인도를 식민지로 삼아 동인도회사를 내세워 많은 이익을 보게 되자 중국과 거래를 시작했다.

이와 때를 같이하여 많은 외국들이 중국과 무역을 하고자 하자 1757년 건륭제는 광저우지역만 통하도록 조처를 취했다. 이에 따라 모든 행상(행상이란 허가를 받은 관상이라는 새로운 사회적 신분이다)들은 광저우에 집중되었고, 관련 사업도 광둥 주변이 많았는데

20) 상인 이야기, 이화승, 행성 : B잎새, 2013, 210~223쪽.
21) 中国商道, 中央编译出版社, 翟玉忠, 2012, 148~149쪽.

그 수가 대략 13곳이어서 '광둥 13행' 또는 '광저우 13행'으로 불렸다. 이들은 신뢰를 바탕으로 한 지역에서 활동하며 대외무역 독점권으로 엄청난 부를 쌓아, 명나라 때부터 활동하던 후이저우 상인, 산시 상인과 함께 중국을 대표하는 또 하나의 상인 그룹이 되었다.

청나라 때 유명한 상인들로 반진승(潘振承), 오병감(伍秉鑒), 당정추(唐廷樞), 서윤(徐潤), 정관응(鄭觀應), 호광용(胡光墉), 석정보(席正甫)와 성선회(盛宣懷) 등을 들 수 있다.

반진승(1714~1788년)
자료 : http://baike.baidu.com/item baidu 百科

반진승(1714~1788년)은 푸젠성 출신으로 가난한 농부의 장손으로 태어나 어려서 광둥으로 건너가 장사를 시작했다. 모험심이 강했던 그는 필리핀을 3차례 왕래하면서 스페인, 포르투갈과 영국 상인들에게 비단과 차를 팔며 그들의 언어를 배웠다. 특히 태풍 등으로 항해가 불가능할 때는 필리핀에 머무르며 외국인들과 교류하면서 외국어를 적극 배우기도 했다.

태어나면서부터 총명했으며 공부하기를 좋아했던 그는 1738년 마카오에 가서 외국물산회사에 사무경리로 근무를 했다. 워낙 성실했던 그는 사장으로부터 신뢰를 받아 나중에는 회사 일체의 업무를 관장하기도 했다. 1738년에는 독립하여 기존 고객을 끌어들여 사업을 번창시켰다.

당시 그는 신용을 가장 중요시 여겨 외국 상인들 사이에 가장 믿을 수 있는 사람으로 인정받았다. 청나라 정부의 일구통상 정책으로 광저우가 유일한 항구로 개방되자 그는 다른 행상들과 연합해 대외무역 독점권을 확보했다. 그는 자본과 인맥으로 대외무역에서 막강한 영향력을 발휘해 1760년에 무렵에는 그가 매년 소비하는 금액이 300만 프랑에 달했으며(아쉽게도 그 때의 화폐가치를 알 수가 없다), 재산은 당시 서유럽 한 나라 왕의 재산보다도 많았던 걸로 알려져 있다. 당시 <프랑스잡지(法國雜誌)>에서는 그를 18세기 세계 최고의 갑부로 불렀다.

그는 거래를 할 때 일종의 어음을 사용하여 외국 상인과 거래를 함으로써 당시의 현금(은)거래보다 훨씬 편했을 뿐만 아니라, 자금의 융통을 빠르게 하여 더욱 많은 외국 상인을 고객화했다. 나아가서는 영국 동인도회사를 최대의 고객으로 삼은 데 이어 스웨덴 동인도회사를 중요한 파트너로 삼기도 했다.

그는 돈 버는 사업에만 집중한 게 아니고 국가와 후학들을 위해서도 많은 기부를 하는 등 사회활동에도 크게 기여를 했다. 예를 들면 군에 거액을 기부하기도 하고, 후배들의 면학을 위해 재단을 설립하기도 했으며, 자진 납세를 하는 등으로 명실상부한 유상이자 모범적인 기업가로서의 면모를 보여주었다.[22)]

오병감(1765~1843년)은 원래 갑부 출신으로 부동산과 차밭, 수많은 점포 그리고 거액의 현금을 가지고 있었다. 그는 신용을 매우 중요

---

22) 상인 이야기, 이화승, 행성 : B잎새, 2013, 283~288쪽.
http://baike.baidu.com/item baidu 百科.

오병감(1769~1843년)
자료 : http://baike.sogou.com 搜狗 百科

시했다. 상업적 재능까지 겸비한 그는 관청과 좋은 관계를 유지해 황실의 요구를 적절히 맞추는 데 뛰어난 능력을 보여 더 크게 성공할 수 있었다. 그가 1801년 32세 때부터 본격적으로 경영했던 이화행(怡和行)이란 회사는 차 무역을 주로 했었지만, 나중에 영업범위를 미국의 철도사업과 보험업에 투자하는 등 사업을 확장하여 당시 명실상부한 다국적 기업이 되었다.

2001년 <아시아 월스트리트 저널>은 지난 천년 동안 세계에서 가장 부유한 상인 50명을 선정했는데, 오병감이 그중 한 사람에 해당되었다. 참고로 함께 뽑힌 부유한 상인 중에는 미국의 록펠러와 빌 게이츠가 있었고, 중국 출신으로는 원나라 때의 칭기스 칸과 쿠빌라이 칸, 명나라 때의 환관 유근(劉謹), 청나라 때의 관료 화신(和珅)과 민국시대 금융인 송자문(宋子文)이 포함되었다.[23]

당시 그의 재산은 약 2,600만 백은으로 추정되었는데 지금 화폐로는 인민폐 50억 원(한화 약 8,250억원)에 달한다. 이 금액은 지금의 화폐가치로 보면 갑부로서 그다지 큰 금액이 아니다고 생각할는

23) 상인 이야기, 이화승, 행성 : B잎새, 2013, 288~292쪽.
http://baike.sogou.com 搜狗 百科.

지 모르지만, 그 무렵 미국 최대 갑부의 재산이 약 700만 백은에 해당되었다 하니 오병감의 재산 규모가 어느 정도였는지 짐작할 수 있을 것이다.

당정추(1832~1892년)는 광둥성 주하이 사람인데, 그의 아버지는 홍콩의 한 선교사 집에서 잡일을 하며 가족들의 생계를 돌봤다. 그는 홍콩의 기독교 학교에서 6년간 영국식 교육을 받으며 영어를 익혔다. 덕분에 영어를 매우 유창하게 할 수 있었다. 그는 16세에 한 경매회사의 하급직원으로 취직했다가, 1851년부터 홍콩의 영국식민지 정부에서 통역을 담당했다. 그는 1854년을 전후로 두 곳에 전당포를 세워 본격적인 사채업을 시작했다. 성실함을 인정받은 그는 1863년 정식 매판(買辦)이 되어 이화양행(怡和洋行)이라는 회사의 회계를 담당하면서 어음 교환을 주선하며 과외로 12~15%에 이르는 높은 이자수입을 올렸다.

당정추(1832~1892년)
자료 : http://baike.baidu.com/item baidu 百科

매판이란 원래는 명나라 때 조정이나 관청의 필수품을 민간으로부터 조달·납품하는 어용상인(御用商人)을 가리켰다. 그러나 아편전쟁을 전후한 광둥무역시대에는 중국의 특허상인인 광둥공행(廣東公行) 업무의 일부를 대행하였다. 즉, 외국선박이나 외국상사에 대한 식량·잡무의 제공, 각종 사용인의 고용과 그 보증업무를 맡았다.

그 후 난징조약(南京條約)에 의해 공행이 폐지되자 매판들은 외국상사와 직접 계약을 맺고 모든 분야에서의 중개를 담당하였다. 19세기로 들어오면서 이들은 수출입거래를 비롯한 외국상사의 대리인으로서의 업무를 전담하게 되었다. 그들은 혈연·지연을 이용한 매판 길드를 조직하여 부의 축적과 함께 상거래를 독점하게 되었다. 그러나 매판 출신실업가 중에는 외국제국주의나 군벌정권(軍閥政權)과 밀착하여 자국의 이익에 위배되는 행위를 하는 자가 많았으므로, 매판이라는 말이 반민족적이라는 뜻으로 변질·확대되어 매판적 또는 매판자본이라는 용어를 낳기도 했다.

아무튼 그는 점차 사업영역을 넓혀 해운업, 무역, 선박, 광산업, 철로사업뿐만 아니라 보험회사까지 운영하게 되었다. 아울러 그는 보육시설인 상해보육당과 인제의원 등 여러 자선단체와 교육·의료기관의 중요한 후원자가 되기도 하는 등 여러 거부상들과 더불어 전국 각지의 재해 구제사업에도 활발하게 참여했다.

서윤(1838~1911년)
자료 : http://baike.baidu.com/item baidu 百科

서윤(1838~1911년)은 광둥성 주하이 사람으로 어려서 가난했지만 총명해서 백부의 소개로 보순양행(寶順洋行)이라는 영국회사에 들어가 차와 생사를 거래하는 일을 배우게 되었다. 그는 근면함을 무기로 다른 사람들과 동업을 하면서 그의 입지를 넓혀 갔다. 보순양행이 일본으로 업무를 확대하자 그는 상하이 - 나가사키, 요코하마 노선을 확보한 뒤 단향목과 후추 등을 수출해 2~3배의 이윤을 올렸다. 한편 일본으로부터는 해산물을 들여와 자신의 상점에서 판매하는 등 이윤만 남길 수 있다면 어떤 일도 가리지 않았다.

1868년 런던에서 금융위기가 발생하자 중국에서 사업을 하고 있었던 영국 회사들도 큰 영향을 받았다. 그는 보순양행을 떠나 자신만의 차 사업을 시작함과 아울러 부동산시장에 눈을 돌려 투자를 하기 시작했다. 특히 그 당시 많은 외국인들이 상하이 조계(租界)에서 생활하고 있음에 착안하여 해당 지역의 부동산에 많은 돈을 투자했다. 한편 1875년에는 외국 보험회사를 모방하여 중국 최초로 보험회사도 설립하는 등 보험업에도 투자를 하였다. 그런데 1883년에 북방의 여러 성에서 수해가 발생한 데다, 베트남 문제로 중국과 프랑스가 전쟁을 하게 됨에 따라 상하이 경제가 위축되면서 그는 부동산 투자에서 큰 실패를 당해 많은 채무를 지게 되었다.

그는 1890년에 소장한 골동품, 서적, 그림 및 부녀자들의 귀중품 등을 팔아 8만 냥의 자금을 만들어 톈진과 광저우 등의 부동산에 투자를 하면서 재기를 도모하기도 했지만 결과는 좋지 못하였다.

재기를 모색하던 중 1908년 사돈이 세운 경륜방직 공장의 경영에 힘을 쏟았다. 신식 기계를 도입하고 생산을 늘려 양말과 셔츠를 생산함으로써 상하이의 대표적인 브랜드로 발전시키기도 했다.[24]

---

24) 상인 이야기, 이화승, 행성 : B잎새, 2013, 320~325쪽.
http://baike.baidu.com/item baidu 百科.

정관응(1842~1922년)과 그의 가족
자료 : http://baike.baidu.com/item baidu 百科

정관응(1842~1922년)은 광둥성 샹산(香山; 지금의 중산시)사람으로 그의 부친은 과거 수 차에 걸쳐 떨어져 지역에서 서당을 운영하면서 한편으로는 지역의 수리사업과 교량 건설 등 공익사업에 관심을 기울였던 사대부였다. 그는 어려서 아버지로부터 경전을 배웠다. 그의 고향 샹산은 홍콩과 마주한 지역으로 광저우로 들어오는 길목이어서 19세기 전후에 서양 세력이 중국에 들어오는 과정을 그대로 경험하던 지역이었다.

그는 앞서 설명한 서윤의 소개로 20여 년 동안 여러 외국회사에서 매판으로 일을 하기도 했다. 그는 1874년 미국의 덴트사에서 배를 인수한 태고양행(太古洋行)이라는 회사의 총매판이 되었다. 그는 효율적인 경영과 인재 등용 등으로 짧은 기간에 높은 수익을 올려 명실상부한 자본가가 되었다. 그는 외국인과 접촉하며 서양 시스템을 익힌 뒤 근대식 기업에 투자했는데, 특히 광산 개발과 제조업에 관심을 보였다.

그러나 그가 태고양행을 떠나면서 후임을 선정해주며 보증까지 섰는데, 그 후임이 사업에 실패하면서 회사에 엄청난 손해를 끼치고는 도망쳐 버렸다. 이 일로 그는 경제적 손실은 물론, 약 1년간 구금되는 등으로 커다란 심적인 타격까지 받았다.

그는 위협해 오는 서양의 경제력에 대응하기 위한 중국 제품의 품질 개선을 비롯하여 외국 기업과 대응하기 위한 법률과 세제 등을 마련해야 한다고 주장해왔다. 그는 당시 세계가 이미 하나의 상업과 무역 경쟁의 세계라는 것을 인식하고 있었으며, 가장 먼저 상업 민족주의를 제창한 개혁가였다. 또한 세계 역사, 특히 서양 사회를 경제적인 측면에서 해석한 유일한 중국인이었다.

그는 근대 서양 사회에서 상인들이 국가 경쟁력 발전에 중요한 역할을 담당하는 것에 주목하고, 중국에서도 상인들의 기능과 영향력의 범위가 전통 상인보다 훨씬 중요한 만큼 그들이 당연히 더 높은 사회적 지위를 얻어야 하며 사대부와 동등하게 관직에 오를 기회가 주어져야 한다고 했다.

그는 상업의 중요성을 깊이 인식하였는데, 그의 이론에 따르면 세계 열강과의 전쟁을 병전(兵戰: 군사 전쟁)과 상전(商戰: 경제 전쟁)으로 구분했다. 그는 이 가운데 경제 전쟁인 상전을 더 중요시했다. 경제 전쟁은 군사 전쟁보다 더 은밀하며 위협적이기 때문에 우선 경제 전쟁에 더 우선을 두어야 한다고 주장했다. 아울러 그는 '군사 전쟁을 익히는 것 보다 경제 전쟁을 익히는 게 훨씬 낫다(習兵戰不如商戰)'는 주장도 했다.[25] 그는 이런 주장을 널리 알리기 위해 여러 책을 집필하기도 하였지만, 당시 중국 전체가 열강 외세와의 전쟁에서 밀리고 있어 그의 주장에 크게 관심을 줄 수 있는 여유가 없었다.

그의 주장은 당시로서는 너무나 혁신적이어서 현실적으로 받아

---

25) 상인 이야기, 이화승, 행성 : B잎새, 2013, 325~330쪽.
http://baike.baidu.com/item baidu 百科

들이기 어렵다고 인식되었을는지 모른다. 그러나 현재 세계 어느 나라나 기업가들이 경제력을 바탕으로 영향력을 발휘하고 있거나, 국가 전체적으로 외국과의 경쟁에 뒤지지 않기 위해 FTA 등을 체결하는 노력 등에서, 소위 경제 전쟁이 군사력을 동원한 전쟁보다 더 중요하다는 그의 주장이 현실화되고 있다. 그는 진정한 애국자이며, 민족주의자이면서도 상업(경제력)의 중요성을 절감한 선각자적인 상인으로 평가된다. 지금 생각해보면 경제전쟁도 중요하지만 눈에 보이지 않는 상업전쟁이 얼마나 중요한 지 알 수 있을 것이다.

호광용(1823~1885년)
자료 : http://baike.baidu.com/item baidu 百科

호광용(1823~1885년)은 후이저우 사람으로 어려서 부친을 여의고 가난 때문에 독학했다. 친척의 도움으로 항저우에서 유명한 대출영업을 하는 대부업(우리의 사채업)에 들어가 일을 배우기 시작했다. 어려서부터 강한 의지와 기민함으로 상황에 대처하는 능력을 기르는 한편, 대범하면서도 문제를 잘 해결해서 사람들에게 신뢰를 쌓아 가고 있었다.

운 좋게 당시 그 지역 권력자의 신뢰를 얻어 사업을 크게 이끌어갔다. 그는 관군의 군자금을 토대로 대금업의 분점들을 확대했으며, 비단, 차, 약방까지 사업을 확장하였다. 그가 잘 나갈 때는 상인으로서 최고의 영예인 '홍정상인(紅頂商人)'[26]이 되었다. 그리고 황제로부터 관리들의 최고 영예인 '황마괘(黃馬掛)'27)를 하사받았다. 홍정관모를 쓰고 황마괘를 입는다는 것은 당시 관리들의 최고 영예였다. 하물며 상인으로서 이런 대접을 받은 사람은 청대 전체를 통틀어 그가 유일했다.

한 때 그처럼 잘 나갔던 그도 말년에 경쟁 상대였던 외국 상인들의 단합에 밀려 경제적으로 커다란 손실을 보았다. 그는 이를 만회하기 위해 상하이 금융시장에 투기를 했지만 이마저 실패하여 파산하고 관직까지 박탈당함은 물론, 관에서 그를 체포하려 하자 화병으로 세상을 뜨고 말았다.

황마괘
자료 : http://baike.baidu.com/item baidu 百科

---

26) 청나라 때 정부 고위층과 관계가 좋아 정부 정책에 영향을 끼칠 수 있는 상인에게 주어지는 영예. http://baike.baidu.com/item baidu 百科

27) 청나라 때 일종의 관복으로서 대신들과 군사계통의 고위층이 입고 다녔는데, 나중에 군에 공헌이 있는 신하에게도 하사되었다.
http://baike.baidu.com/item baidu 百科

그는 완전히 몰락했고, 그의 여색잡기는 많은 이야기를 남겼다. 2001년 주룽지 총리가 그의 고향집을 방문한 뒤 다음과 같은 글을 남겼다고 한다.

아무리 재산이 많은 사람들이라도 모두 3대를 넘기지 못했다. 홍정상인의 능란한 재주도 수십 년을 넘기지 못한 것은 교만과 사치, 음란이 원인이니 어찌 이를 경계하지 않을 것인가?[28]

석정보(1838~1904년)
자료 : http://baike.baidu.com/item
baidu 百科

석정보(1838~1904년)는 쑤저우 사람이다. 그의 선조들은 명나라 때부터 큰 부를 쌓았지만, 아버지가 세상을 뜬 후 가세가 크게 기울어 19살 때 형제들과 상해로 가서 전통 금융기관인 전장(錢庄 또는 錢莊)이라는 곳에서 일을 배우기 시작했다. 1860년에는 그가 직접 전장을 설립해서 운영을 했다.

원래 전장은 명나라 중엽 이후 발달하기 시작한 신용기구로서 당시 예금과 대출업무 외에 화폐 교환업무를 주로 담당했다. 청 말에 들어와서는 거래에서 사용되었던 은의 함량을 감정해주고 은과 동전의 가격을 환산해 주며 때로는 대출업 등 금융기관 노릇

---

28) 상인 이야기, 이화승, 행성 : B잎새, 2013, 332~338쪽.

을 했다. 그런데 외국과의 거래가 커지면서 전장의 역할도 점차 넓혀갔다. 전장은 어음 발행뿐만 아니라, 어음 할인 및 외국 상인과 중국 상인의 중개인이 되어 거래를 성사시키고 중간에서 자금의 왕래를 도우며 수수료를 챙겼다. 전장이 중국 상인들에게 어음을 열어주면, 그 어음으로 외국 상인들에게 물건 값을 치렀다. 그러면 외국 상인들은 어음기간 내에 전장에서 돈을 회수했다. 만약 중국 상인이 돈을 치르지 못해도 전장은 외국 상인들에게 돈을 지불했다.

전장은 지역에 따라 명칭이 다르기도 했다. 상하이, 난징, 항저우, 푸저우 등에서 전장의 업무가 활발했는데 이 지역에서는 주로 전장으로, 베이징, 톈진, 선양 등 화북 및 동북 지방에서는 주로 은호(銀號)라는 이름을 사용했는데 업무는 별 차이가 없었다.

어음을 활용한 방법은 중국 상인, 외국 상인, 전장 모두에게 매우 편리했다. 외국 상인은 어음으로 상품을 다 소화할 수 있었고, 중국 상인들은 자금 부족 문제를 해결했으며, 전장은 중간에서 높은 수

전장의 외부

전장의 내부

자료 : http://baike.baidu.com/item baidu 百科

익을 올리고 때로는 상품을 직접 매매해 활동 범위를 넓혀갔기 때문이다.

1866년 상해에 금융위기가 닥치고 많은 외국 은행들이 도산을 했지만, 설립한 지 1년이 안된 회풍은행(匯豊銀行 : 지금의 HSBC)은 오히려 이 기회를 틈타 영업을 확장하고 있었다. 마침 당시의 직예 총독인 이홍장[29]이 회풍은행에 200만 냥이라는 거액의 자금 대출을 요구했고, 석정보가 이를 성사시켜 주었다.

석정보는 이 거래를 성공적으로 성사시키면서 회풍은행에 막대한 이익을 가져다주었기 때문에 1874년 회풍은행의 매판으로 취임하게 되었다. 동시에 그는 조정에도 주목을 받게 되어 그 후 30년 동안 상해 금융계에서 전설적인 활동을 하게 되었다. 그가 회풍은행에 들어간 이후 1911년에 청나라가 망할 때까지 외국 상인들은 상해에다 34개의 크고 작은 은행을 설립했는데, 그중 17곳은 석씨 집안과 관련 있는 사람들이 매판으로 근무했다.

그의 집안은 3대에 걸쳐 14명의 매판을 배출했다. 영국계 6곳, 미국계와 일본계는 각각 2곳, 프랑스와 러시아, 이탈리아는 각각 1곳씩 은행에서 중요 보직을 맡았으니 상하이 금융계에서 그의 영향력이 얼마 만큼인지 알 수 있다.

성선회(1844~1916년)는 장쑤 창저우(常州) 출신이다. 그의 조부는 저장성에서 지부(知府)를, 부친은 호북에서 관리로 지내다

---

29) 1823년에 출생, 증국번의 제자로서 태평천국의 난을 진압하는 등 공훈을 세워 청나라 말기 주요 정치에 커다란 영향력을 발휘했다. 스승인 증국번과 함께 양무운동을 전개하는 등 중국의 부국강병책을 모색했으나 1894년 청일전쟁의 패배로 권력을 잃고 1901년 사망함.
자료 : http://terms.naver.com/entry 네이버 백과

이홍장 밑에서 관직 생활을 했다. 그는 일반적인 공부에는 재능이 없었고, 오히려 인간관계와 일반 실무 능력이 뛰어났다. 특히 전략적인 판단력과 재간, 강인한 정신력과 체력이 장점이었다.

성선회(1844~1916년)의 밀랍상

자료 : http://baike.baidu.com/item baidu 百科

특히 그는 증국번[30]과 이홍장이 주축이 된 양무운동[31]에서 큰 활약을 보였는데, 청대 후기의 국영회사가 대부분 그의 손을 거쳐 탄생해 '상업의 아버지(상부)'라는 소리를 들었다.

그는 외국의 해운회사와 경쟁을 하기 위해 중국 최초로 국영회사인 윤선초상국(輪船招商局)이라는 해운회사를 설립하였다. 아울

30) 1811년 출생, 청나라의 대신이며 군사가이기도 하고, 문학가이기도 함.
태평천국의 난을 진압함 양무운동을 전개했으나 결실을 보지 못한 채 1872년 사망함.
https://www.sogou.com 搜狗搜索

31) 청나라 말기 1861년부터 1894년까지 전개된 일명 자강운동. 두 번에 걸쳐 영국과 프랑스간 연합군과의 전쟁에서 패배를 한 데다, 내부적으로는 태평천국의 난 이후 청나라는 내우외환에 대해 양무파와 수구파의 진영으로 나뉨. 양무파로는 증국번과 이홍장 등이 있는데 이들의 주장은 중체서용론(中体西用論)으로서 중국의 전통적 가치는 도(道)와 체(体)에 해당하고, 서양 문물은 기(器)와 용(用)에 해당되므로 서양 문물을 도입하여 중국의 전통적인 가치를 보완함으로써 부국강병을 이룰 수 있다고 함. 이를 실천하기 위해 구체적으로 1863년 외국학교 설립, 1867년 병기창 창설, 육해군 편성 및 유학생 파견 등으로 추진되었으 나 1894년 청일전쟁에서의 패배로 이 운동도 사그라짐.
https://www.sogou.com 搜狗
http://terms.naver.com/entry 네이버 백과

러 그는 과거의 회사 관리방식을 바꿔 중국 최초로 '관독상판(官督商辦)'이라는 시스템을 만들어 냈다. 이는 '관리가 전체적인 부분을 감독하고, 상인들이 운영하는 사업 형태'를 말하는데 요즈음 국유회사의 운영형태와 유사한 방법으로 판단된다. 그는 관리와 상인들의 교류가 많지 않아 관리들은 상업을, 상인들은 국가 일을 잘 모른다. 때문에 국가 일을 하기 위해 서로 알아 상업이 자립하도록 도와야 한다며 관독상판의 취지를 밝혔다. 이렇듯 그는 상인들이 중심이 되어 근대화를 추진하는 새로운 시스템으로 중국 근대 상업을 설계한 인물이었다.

그는 중국에서 유명한 정치가, 기업가이며 자선가로 칭송을 받고 있으며 또한 '중국 상업의 아버지' 외에도 '중국 실업의 아버지(中國實業之父)', '중국 고등교육의 아버지(中國高等教育之父)'라는 별명도 갖고 있다. 그는 일생을 통해 중국 최초로 11개 항목에 달한 회사 또는 대학을 설립했다. 앞서 설명한 윤선초상국외에도 최초의 전보회사인 중국전보총국(中國電報總局), 최초의 내부하천 운수회사인 내하소화운공사(內河小火運公司), 최초 은행인 중국 통상은행(中國通商銀行), 최초 철로 간선인 경한철로(京漢鐵路), 최초 철로연합회사인 한야핑공사(漢冶萍公司), 최초 고등사범학당인 남양공학(南洋公學, 지금의 교통대학), 최초 광산탐사회사, 최초의 공공 도서관, 최초의 근대 대학인 北洋大學堂(지금의 텐진대학), 그리고 최초의 중국 홍십자회(우리의 적십자회와 유사)를 설립했다. 그는 진실로 중국 근대화의 아버지라 불릴 만했다.[32)]

---

32) http://baike.baidu.com/item baidu 百科

중국 상인들은 이익을 위해 수단과 방법을 가리지 않는다. 그러나 최근 들어 중국의 갑부들 가운데 점차 불우한 환경에 처해 있는 사람들을 도우려는 운동이 활발해지고 있다. 중국 지도층부터 기부를 솔선수범하는 모습을 보이고 있다. 예를 들면 주룽지(朱鎔基)전 총리가 2014년 중국 자선가 100인에 선정되었다. 주룽지 총리는 지난 해 약 35억원 규모의 장학재단을 설립해 중국 자선가 70위에 랭킹되었다. 또한 그는 그의 저서를 통해 얻은 수익을 전액 장학재단에 기부한 것으로 전해졌다.

실제로 2013년에는 주룽지 외에 리루이환(李瑞環), 리란칭(李嵐淸) 등 전 정치국 상무위원들이 잇달아 기금회를 창설하며 기부 문화에 앞장섰다. 이 밖에도 중국 전 국가지도자인 덩샤오핑이 창설한 '중국 청소년 과학기술혁신 기금'과 리펑(李鵬) 전 총리가 창설한 '옌안 장학기금 재단'이 운영 중이다.

한편 2013년 중국 기부 100인 명단에서 중국 최대 민간항공기업인 하이항(海航)그룹이 약 1조 4천억(인민폐 85억 1천만 원), 닝샤바오펑(寧夏寶豊)그룹의 당옌바오(黨彦寶)가 약 1,900억 원, 완다(萬達)그룹의 왕젠린(王健林)회장이 약 723억 원으로 각각 2, 3위를 차지했다. 2013년도 중국 100대 자선가의 총기부액은 약 2조 7천억 원에 달했다.[33)]

---

33) 아주경제, 2014.1.17.

3 중국인 상술의 특징

중국인의 상술을 서술하기 전에 외국인이 본 중국인의 상술을 먼저 살펴보면 우리와 거의 공통된 인식을 갖게 된다. 우리보다 먼저 중국에 와서 사업을 했던 외국인들은 중국인들에 대해 우리와 거의 같은 인식을 갖고 있었다.

일반적으로 중국의 법규는 자국에 이익이 될 때만 법규로서 의미를 가졌다. 막상 협상을 시작하면 끝날 줄 몰랐고, 협상을 통해 체결한 협약이라도 필요에 따라 얼마든지 무시했다. 그뿐인가, 부패가 원활한 상거래를 위한 윤활유 역할을 했다.

비즈니스는 항상 배후에서 이루어졌으며, 갖가지 술수가 동원되었다. 그러한 상황은 시간이 지나도 바뀌지 않았다. 외국 기업들은 중국 측 파트너와 고객, 혹은 공급업체들이 자신들의 기술이나 무역기밀을 훔쳐가는 것으로, 혹은 자신들의 주머니를 털어가는 것을 두려워했다.[34]

외국인들은 중국인들이 40년 동안 공산주의의 지배를 받았음에도 불구하고 타이완과 홍콩에 사는 그들의 '사촌만큼이나 지독하고 노련한 경제적 동물'임을 깨달았다.

중국인들은 거침없이 불공평한 제안들을 하고 자연스럽게 화난 척을 한다. 실제로 그들은 협상할 때 낯 뜨거워하는 법이 없다. 아무리 터무니없는 요구라 할지라도 얼굴을 똑바로 들고 말한다. 또한 당신에게 무엇이든 요구한다. 어리석은 당신이 그들의 부당한

---

34) 중국 비즈니스 최전선, 제임스 맥그레거, 정준희 옮김, 황금나침반, 2006, 17쪽.

요구를 들어줄 수도 있기 때문이다. 중국의 협상가들은 그만큼 심리전에 강하다. 외국의 비즈니스맨은 신뢰와 선의로 협상에 임하지만, 중국의 협상가들은 양심의 가책도 받지 않고 새빨간 거짓말로 그러한 선의를 이용한다.[35)]

일본인들은 중국인들에 대해 다음과 같은 부정적인 평가를 하고 있다. '중국인은 도무지 어떻게 할 도리가 없다. 장사도 잘하고 빈틈도 없다. 찔러도 피 한 방울 나지 않을 것 같다. 우리가 조금도 방심할 수 없는 닳고 닳은 사람이다.'[36)]

본 장에서 중국인의 상술에 관해 서술하기 전에 이미 2장 '중국인의 기질'에서 설명한 역사적으로 살펴본 중국인의 기질을 요약해보면 다음과 같이 속임술, 인내와 끈기, 불신과 의심, 통 큰 스타일 등을 들 수 있다.

중국인들은 성격이나 감정을 좀체로 드러내지 않기 때문에 그들의 속내를 파악하기가 쉽지는 않다. 그러나 이미 설명한 중국인들의 성격이나 기질을 소재로 우리와 비교해 보면 그들의 상술을 대체로 짐작할 수 있다.

우리와 중국인의 용인술을 쉽게 비교할 수 있는 글이 있다. 한동안 인터넷이나 카톡 등에서 거론되었던 이야기다. 우리말에 '하룻밤에 만리장성을 쌓는다'라는 말이 있다. 이 말은 여러 가지 의미를 갖지만 여기서는 약간 의외의 의미를 지니고 있다.

---

35) 앞의 책, 95쪽.

36) 중국인, 한 권으로 읽는 중국인의 실체, 콩젠 지음, 최선임 옮김, 지식여행, 2008, 274쪽.

사례 1 : 만리장성 이야기

중국 진시황이 만리장성을 쌓을 계획으로 인부를 징발하였는데, 부역장에 착출되어 들어가면 죽을 때까지 일을 해야 한다는 소문이 전해 졌다. 그 때 한 고을에 한 쌍이 결혼을 하였는데 그 남자는 곧장 부역장으로 끌려갔다. 졸지에 어여쁜 색시는 독신 생활을 하게 되었다.

하루는 낯선 남자가 찾아와 갈 길이 멀고 잠을 청하고자 하룻밤 마굿간이라도 빌려달라고 애원을 하여, 워낙 외딴 곳이라 돌려보내기 어려워 마굿간에 재웠다.

저녁을 마친 후 바느질로 밤을 보내고 있는데 남자가 새댁에게 찾아와 '보아하니 혼자 외딴 곳에 사시는 사연이 있나요?' 물었다. 새댁은 숨길 필요가 없다 생각하여 사연을 들려주었다. 남자는 '어차피 이렇게 된 거 나랑 멀리 도망가서 행복하게 삽시다' 라고 새댁을 유혹했다. 새댁은 외딴 곳이라 반항해도 소용없다고 판단되어 남자를 허락하기로 결심하고 조건을 걸었다.

'그래도 결혼한 여자이고 남편이 있는데 떠나기 전에 부역장에서 일하고 있는 남편에게 옷 한 벌과 증표로 편지를 받아와주면 그때 당신과 함께 멀리 떠나겠소'라고 제안을 했다. 남자는 기꺼이 응하고 새댁과 그날 밤을 보냈다. 이튿날 새댁은 옷장에서 옷 한 벌을 봇짐에 고이 싸서 남자에게 안겨주고 '빨리 전해주고 돌아오소서' 라고 하니 예쁜 여인과 빨리 떠나고 싶다는 생각에 한달음에 부역장으로 찾아가 남편을 찾았다.

그런데 부역장 관리자가 규칙상 공사현장에 일꾼이 빠지면

안 되기 때문에 그 남자를 공사현장으로 보내고 교대해야 면회가 가능하다 하였다. 그 남자는 여자의 남편을 대신하여 작업장에 들어가면서 남편보고 '빨리 옷 갈아입고 편지 한 장 증표로 써 주세요'라고 말을 했다.

남편은 면회장 밖으로 나와 옷을 건네받고 옷 속에 편지를 발견하였다. 편지 내용에는 다음과 같은 글이 적혀 있었다.

당신의 아내입니다.

당신을 공사장 밖으로 끌어내기 위해 이 옷을 전한 남자와 하룻밤을 지냈습니다. 이런 연유로 외간남자와 하룻밤 보낸 것을 평생 나무라지 않겠다는 각오가 서시면 이 옷을 갈아입고 즉시 제가 있는 집으로 돌아오시고, 혹시라도 그럴 맘이 없으면 다시 교대해서 공사장 안으로 들어가세요....라고. 이리하여 남편은 만리장성의 작업장에서 벗어나 집에 와서 새댁과 행복하게 살았다는 이야기다.

이 이야기를 단순하게 그냥 웃고만 넘어갈 수 없다. 중국에서 생활하면서 우리가 위 내용의 남자처럼 짧은 기간의 쾌락을 맛보다가 깊고 깊은 구렁텅이에 빠질지 모른다는 위기감이 떠오른다.

나는 여기에 나온 새댁이 중국인이고, 그 새댁과 하룻밤을 즐긴 대신에 만리장성에서 죽을 때까지 일할 남자가 우리나라 사람이 아닐까 하는 생각이 든다. 중국인의 생각은 이처럼 우리가 상상할 수 없을 정도로 복잡하고 차원이 높다. 중국인에 대해 겉만 보고 단순하게 파악해서 덤볐다가는 이 남자의 꼴을 당할 수밖에 없다.

중국인들과 우리의 수 싸움은 비교가 되질 않는다. 약 14억에 가까운 인구, 수많은 전란, 신중국 들어서서도 11년에 걸친 문화대혁명이라는 광풍 속에서 살아남은 사람들이 중국인이다. 철저한 이기주의와 배금주의에 사로잡혀 상도덕이나 상식이 통하지 않는 지역에서 살아가고 있는 중국인의 술수를 위 만리장성 이야기 속의 새댁에서 엿볼 수 있다.

이제 중국은 넘쳐나는 외자 때문에서인지 더 이상 외국 기업들에게 많은 우대정책을 제공하지 않는다. 설사 토지 무료 제공 등의 우대정책을 제공한다 하더라도 그냥 준다는 건 아니다. 항상 조건이 따라붙는다. 위 이야기처럼 새댁이 공짜로 하룻밤을 같이 보낸 건 다 나름대로의 속셈이 있었기 때문이었다. 그걸 모르고 새댁의 술책에 쉽게 넘어간 그 가련한 남자가 어리석을 뿐이다.

마찬가지다. 이제 우리 기업들도 중국의 투자환경에 대해 더욱 철저히 조사를 하고, 대응책을 마련해야 한다. 단순한 토지 제공이나 감세 등과 같은 우대정책에 현혹되어서는 안 된다.

호의를 악용

사례 2 : 직원 임신

은행이나 회사를 경영하면서 중국인들을 관리한 경험에 의하면 그들은 나의 호의를 악용하려는 나쁜 습성이 있음을 알았다. 예를 들면 회사 사장으로 있을 때 여직원이 임신을 하게 되어 휴가를 보내주었다. 나는 그녀의 편의를 최대한 생각해서 최대한의 휴가를 허락해주었다. 그럼에도 불구하고 그녀는 출산휴가까지 다 사용하는 등 규정상 휴가를 다 사용하고 나서도 더 이상의 휴가를 요구했다. 더 이상의 휴가는 규정에서 벗어난 일이라 이를 허락하지 않았더니 나의 태도에 불만을 품고는 회사를 그만두겠다고 공갈을 쳤다. 나는 차라리 잘 되었다 생각하고는 바로 사직처리를 해버렸다.

사례 3 : 일상생활에서의 양보

중국에서 차를 직접 운전하다보면 답답할 때가 무척 많다. 특히 그 중에서도 가끔 상대방의 편의를 도와주기 위해 한 번 양보를 할라치면 계속해서 차량이 뒤따르기 때문에 참으로 난감한 정도를 넘어 화가 날 때가 많다. 중국인들은 양보를 손해지심으로 여기는 것 같았다. 그들은 길에서 보인 호의를 호의로 전혀 받아들이지를 않고 이를 이용하려고만 한다.

이런 사례는 비단 자동차 운전 등에서만 나타나는 게 아니다. 내가 거주하고 있는 아파트에서도 이런 일은 빈번하게 발생한다. 아파트 출입문을 열기 위해서는 열쇠로 열어야 한다. 때로는 이게 번거로와 다른 사람이 열어 줄 때까지 기다리는 경우가 많다. 또한 물류 운송을 담당하는 직원들은 오터바이나 자전거를 이용하기 때문에 호주머니에서 열쇠를 꺼내기가 번거롭다. 이들을 위해 내가 문을 열고 있으면 중국인들은 내가 열고 있는 문을 계속 이용하려고만 하지, 이를 자기네들이 대신 열고 기다려 주는 경우가 드물다. 최근에는 그래도 많이 개선되고 그들도 고맙다는 말을 하곤 하지만 아직도 한참 멀었다.

사례 4 : 매수자의 태도

우리 회사를 매각하고자 했을 때 나는 매수자들의 편의를 많이 봐주었다. 계약의 내용을 가능한 중립적으로 하고자 노력했다. 예를 들면 건설회사와의 소송 건과 관련해서는 우리 측에서 모든 책임을 지고 처리하도록 했다. 부채 문제도 우리 회사가 책임지고 해결하도록 했다. 그럼에도 불구하고 그들은 더 많은 사항을 요구했다.

예를 들면 우리는 매수회사에 대해 업무 인수인계를 철저히 해 줌과 아울러 인수인계철까지 만들어서 그들에게 주었다. 그럼에도 불구하고 그들의 요구는 끝이 없어서 최소 약 한달 간 자기가 선정한 회계사를 초빙하여 그 회계사에게 우리 회사의 업무관련 일체를 다시 인계해달라고 요구했다. 심지어는 과거 7년간 우리 회사가 발행한 모든 전표를 복사해서 자기네들에게 달라고까지 했다. 그들의 요구가 너무 지나쳤기 때문에 나는 과감하게 거절해버렸다.

단골일수록 주의

내 경험이나 주변 우리나라 사람들의 경험에 의하면 중국인들은 단골을 더 속이려 한다. 이 이유에 대해서는 두 가지 추론이 가능하다. 하나는 서로 오랫동안 교류를 했기 때문에 상대방이 의심을 하지 않을 수 있으니 속이기가 더 쉽다는 점이다. 다른 하나는 이상하게도 사회주의 나라의 경우 흔한 사례인데 자기가 그만큼 혜택을 주었으니 이제는 빼먹어도 된다는 시각이 있다고 한다. 두 번째 사례는 북한과 오래 교류했던 조선족들이 북한으로부터 많이 당했던 경우다.

어찌되었던 나는 커피숍이나 식당을 운영하지 않았을 때만 하더라도 설마? 그럴 수가 있을까? 하고 의아해 했었다. 그런데 커피숍이나 식당의 운영을 지켜보면서 이런 사례를 뼈저리게 느꼈다.

거래처가 고정되면 자연히 재료 상태나 가격 등에 대해 점검을 등한히 하게 된다. 중국 상인들은 이 점을 철저히 이용한다. 이에 대한 대처로 우리는 자주 시장을 드나들며 조사하면서 거래처를 바꿔버리곤 했다.

중국인들이 단골에 해를 가하는 상행위는 이곳 골프장 회사를 보면 쉽게 알 수 있다. 이곳 선양과 선양 주변에 몇 개의 골프장이 있다. 선양에는 대표적인 성징(聖京)골프장이 있는데, 누루하치 릉 안에 골프장이 있어서 우리나라 사람들에게 더 유명하다. 이곳 골프장에서 약 10여 년 전 회원권을 좀 저렴하게 대대적으로 판매했다. 그때 많은 한국 사람들이 회원권을 구입했다. 골프도 저렴하게 칠 수 있고, 또 시간이 가면 한국과 같이 회원권 값도 오를 거라는 판단에서였다.

골프장 회사에서 회원권을 팔 때는 회원권의 판매량을 제한해야 회원권 가격이 어느 정도 유지됨으로써 회원들을 보호해 줄 수가 있다. 그런데 이곳 골프장은 골프장을 만들 때 정부 공무원들에게 많은 회원권을 뇌물로 주었고, 때로는 건설비용을 회원권으로 몰래 대체한 데다, 회원들에게는 회원권을 판매했고, 한도를 초과하여 회원권을 계속 판매하려 했다. 그러다보니 도대체 회원권이 여기저기서 수없이 쏟아져 나와서 회원권 가격을 유지할 수가 없었다. 오히려 회원권 가격이 크게 떨어져 버렸다.

우리나라 주재원들이 발령이 나거나 하는 등으로 회원권을 팔려고 할 경우, 골프장에서는 자기네들의 회원권을 팔기 위해서 이를 못팔도록 회원권 양도비용을 엄청나게 높게 책정해 버렸다. 그러다 보니 회원권을 팔아도 손해가 커서 회원권을 팔 수도 없고, 가지고 있을 수도 없는 경우가 많이 생겼다.

단동의 골프장도 거의 마찬가지이다. 단동 골프장에서도 회원권을 팔았다. 회원권을 구입하게 되면 일반 고객보다 상당히 저렴하게 골프를 칠 수 있기 때문에 많은 한국 사람들이 이 회원권을 구입했다. 회원권을 어느 정도 팔게 된 단동 골프장에서는 자주 무슨 캠페인이니, 무슨 모임이니 하면서 회원권을 가지고 있는 단골 회원들보다 훨씬 더 저렴한 가격으로 골프를 치게 만들어 버렸다. 이러하니 골프장 회원권을 가지고 있는 사람만 한 마디로 '봉'이 된 꼴이 되어 버렸다. 회원권을 팔려고 해봤자 회원권을 가진 단골 회원보다 일반인들이 훨씬 저렴하게 골프를 칠 수 있게 되었는데, 어느 누가 회원권을 구입하려 하겠는가? 내 아는 형님이 한국으로 귀국하면서 내게 단동 골프장 회원권을 팔아달라고 맡기고 갔는데 도저히 팔 수가 없다.

회원권을 가진 회원에 아무런 특혜를 주지 않고 있으니 팔 수가 없는 것이다. 이 회원권을 부탁 받은 지 벌써 7년이 되어가는 데도 어떻게 처분할 수가 없어 막막할 따름이다. 이처럼 중국인들은 단골을 오히려 골탕 먹이려 든다.

제5장

무서운 중국

1. 중국의 경제력
2. 중국 경제의 미래
3. 경쟁력을 무기화

05

무서운 중국

❶ 중국의 경제력

문화대혁명이 끝난 70년대 후반 정권을 잡은 덩샤오핑이 추진한 개혁개방 덕에 중국은 본격적인 고도의 경제발전을 이룩하게 되었다. 구체적으로 1980년부터 2016년까지 37년간 연평균 경제성장률이 무려 9.6%에 달했다.[1] 중국은 그간 많은 경제 · 사회적 어려움을 이겨내 오면서 내외부적인 충격에 의한 강인한 내성도 갖추게 되었다.

그간 중국의 경제성장률을 세계 경제대국인 미국과 우리나라의 경제성장률과 비교해 보면 중국의 경제성장률이 얼마나 경이로운 실적이었는가를 알 수 있다. 예를 들면 1980년부터 2016년까지 같은 기간 세계 경제대국인 미국의 연평균 경제성장률이 2.6%이고, 일본이 2%, 우리나라가 그나마 성공적인 6.2%의 성장률을 보이고 있을 뿐이다.[2] 중국의 지속적인 고도의 경제발전은 세계 역사상 처

1) http://ecos.bok.or.kr에서 산출

음 있는 기적이다. 더욱이 10억이 넘는 인구를 지닌 가장 거대한 국가가 이처럼 지속적으로 높은 경제성장을 보였다는 건 강인하고 훌륭한 지도력과 상인정신이 투철한 중국인의 정신력과 노력에 의한 것임을 부인할 수 없다.

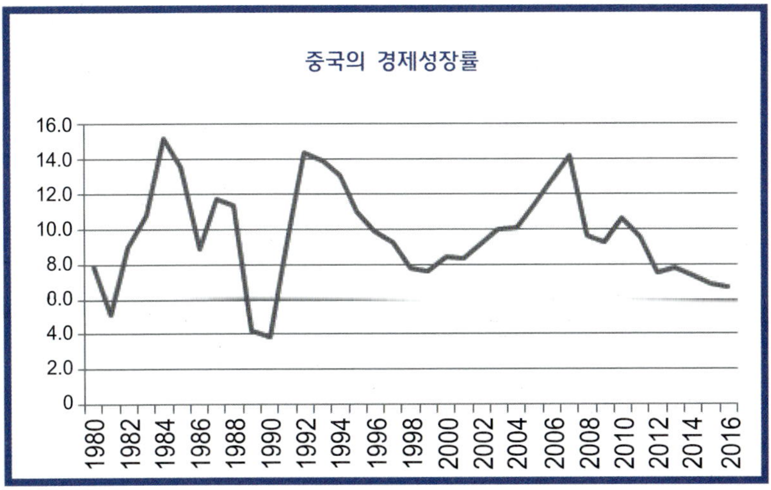

자료 : 한국은행 통계에서 도표화

중국의 경제성장률이 얼마나 경이로운가를 쉽게 알 수 있는 표가 있다. 과거 기적이라 부를 수 있는 일본을 비롯한 아시아 네 마리의 용인 싱가포르, 한국, 홍콩과 타이완의 경제성장률을 보여 주는 표다. 이 표에 의하면 각국의 고도 성장기간(고도 성장 기준을 학술적으로 명시할 수는 없지만 여기서는 8.5%를 기준으로 하였다)과 그에 따른 성장률을 보면 일본의 경우 1955년부터 1973년까지

2) http://ecos.bok.or.kr에서 산출

18년간 평균 경제성장률이 9.22%, 싱가포르가 1965년부터 1984년까지 19년간 9.86%, 한국이 1962년부터 1991년까지 29년간 8.48%, 타이완이 1962년부터 1987년까지 25년간 9.48%의 성장률을 보였다. 이에 비해 중국은 무려 10억 이상의 인구를 가진 인구 대국이면서도 1980년부터 2016년까지 36년간 연평균 경제성장률이 무려 9.6%에 달한 것이다. 아시다시피 경제 발전의 초기에는 인구가 경제 발전에 장애가 되는 데도 불구하고 기적과 같은 고도의 경제성장을 보였다.

아시아 주요국의 고성장기 전후의 성장률 비교

국가	고성장 전기(년)	GDP 성장률(%)	고성장기 (년)	GDP 성장률(%)	고성장 후기(년)	GDP 성장률(%)
일본			1955-1973	9.22	1973-2000	2.81
싱가포르	1960-1965	5.74	1965-1984	9.86	1984-2000	7.18
한국	1953-1962	3.84	1962-1991	8.48	1991-2000	5.76
홍콩	1966-1968	2.61	1968-1988	8.69	1988-2000	4.14
타이완	1961-1962	7.92	1962-1987	9.48	1987-2000	6.59

자료 : 금융대국 중국의 탄생, 전병서, 밸류앤북스, 2009, 93쪽 재인용

참고로 중국의 GDP를 서기 1년부터 2030년까지 다른 강대국과 비교해보면 중국의 변화무쌍한 GDP 점유율을 쉽게 알 수 있다. 예를 들면 도표와 같이 중국은 서기 1년부터 (또는 기원 수백 년 전부

터) 19세기 후반까지는 전 세계에서 GDP 비중이 25~30%를 차지할 정도로 막강한 경제 강국이었다. 그러다가 19세기 후반부터 열강 제국주의의 침략에 이어 일본의 침략과 문화대혁명 등의 대혼란으로 경제가 급전직하하여 점유율이 10% 미만에 머문 적이 있었다. 그러나 70년대 후반부터 시작한 개혁개방의 성과에 힘입어 중국 경제는 급부상하여, 구매력 기준으로 이미 또는 늦어도 2020년까지는 미국을 앞지르는 경제대국으로 부상할 것으로 예측되고 있다.

이를 좀 더 단계별로 살펴보면 중국의 구매력 기준 GDP는 1880년 무렵 미국에 추월당한 데 이어 1934년 구소련에 추월되었고, 곧 이어 1961년에는 일본에 추월되었다. 약 100여 년간의 침체기를 겪었던 중국의 구매력 기준 GDP는 1980년부터 반등하기 시작하여 1988년 러시아를 추월한 데 이어, 1992년 일본을 추월했다가 2015년에는 미국을 추월했을 거로 추정되고 있다. 앞으로도 중국 경제는 약간의 부침은 겪으겠지만 지속적으로 경제대국으로서의 위상을 자랑할 것으로 판단된다.

그간 중국의 GDP 비중을 보면 고도의 경제발전과 더불어 중국 GDP의 상대적 비중이 매우 빠른 속도로 커져가고 있었다. 1980년에는 미국의 GDP가 2.8조 달러로 세계 1위를 차지한 가운데 계속 1위의 자리를 유지하여 왔다. 그 다음으로는 일본이 1980년 1.1조 달러에서 2000년 4.7조 달러로 크게 증가하여 여전히 2위를 차지하여 왔으나 2016년에는 이미 중국에 뒤진 걸로 나타난다.

중국의 GDP는 1980년의 0.3조 달러에서 1990년 0.4조 달러, 2000년에는 1.2조 달러로 비로소 1조 달러를 초과하게 되었다. 2016년에는 중국의 GDP가 11.2조 달러로 급증하여 미국의 18.6조 달러

중국과 세계 주요국의 GDP 비중 추이

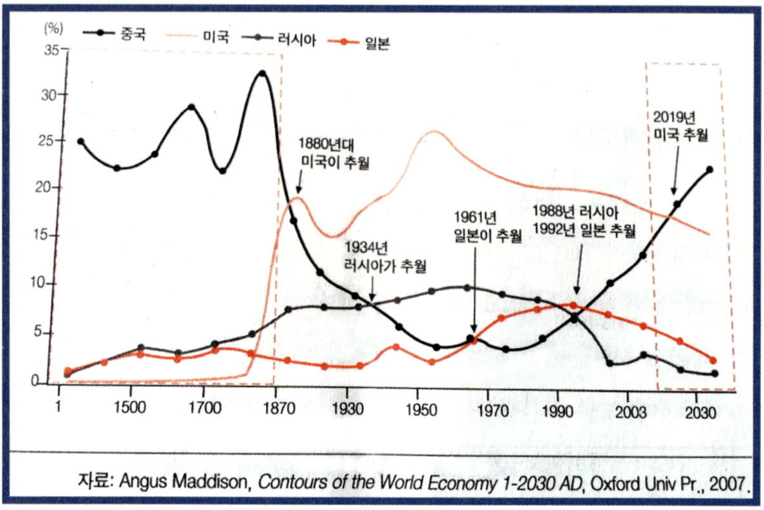

자료 : Angus Maddison, Contours of the World Economy 1-2030 AD, Oxford Univ Pr., 2007
금융대국 중국의 탄생, 전병서, 밸류앤북스, 2009, 77쪽 재인용

에 이어 세계 2위의 경제대국을 자랑하게 되었다.[3)]

세계은행 통계에 의하면 2016년 말 기준으로 전세계 GDP가 약 74조 달러이며 이 가운데 미국이 24.3%를, 중국이 14.8%를, 뒤를 이어 일본이 5.9%를, 독일이 3.36조 달러로 4.5%의 비중을 차지하고 있다. 참고로 한국은 1.4조 달러로 세계 11위를 차지하고 있다. 이를 보더라도 중국이 얼마나 빠른 고도의 경제성장을 이루었는가를 알 수 있다.[4)]

---

3) http://ecos.bok.or.kr

4) http://www.360doc.com 2017.4.5.

중국의 GDP 점유 비중 순위

(단위 : 조 달러)

국가	1980년		1990년		2000년		2016년	
	금액	순위	금액	순위	금액	순위	금액	순위
미국	2.8	1	5.8	1	9.9	1	18.6	1
일본	1.1	2	3.1	2	4.7	2	4.38	3
구소련 (러시아)	0.9	3	-	-	-	-	-	-
중국	0.3	8	0.4	10	1.2	6	11.2	2

자료 : http://baike.baidu.com/item baidu 百科
http://www.360doc.com 2017.4.5.
http://ecos.bok.or.kr

GDP를 기준으로 본다면 중국은 앞으로 세계 2위의 경제대국으로서의 위상을 안정적으로 유지할 것으로 보인다. 오히려 2030년에는 아마 미국을 제치고 세계 1위의 경제대국이 될 가능성이 크다. 실제로 미국의 국제회계자문회사인 PwC(Price Waterhouse Coopers Consulting)에 의하면 시장환율로 계산할 경우 중국 GDP가 26.5조 달러로 미국의 GDP 23.5조 달러를 추월하여 세계 최대의 경제대국이 된다고 예측한 바도 있다.[5)]

중국이 구매력 기준으로는 2014년에 이미 미국을 제쳤다는 내용도 전해지고 있다. 구체적으로 파이낸셜타임즈(FT)는 국제통화기금(IMF)의 세계경제전망 보고서를 근거로 비교한 결과 이같이 분석했다. 국제통화기금 보고서에 따르면 중국의 구매력 기준 GDP는

5) http://www.zhicheng.com

17조 6천억 달러로 미국의 17조 4천억 달러에 2천억 달러 앞섰다는 내용이다. 구매력기준 GDP는 각국 통화로 산출된 GDP를 단순히 미국 달러화로 환산해 비교하지 않고 각국의 물가수준 차이를 반영한 것으로, 각국의 물가와 환율이 같다고 가정하기 때문에 실질적인 소비능력을 나타낸다.6)

❷ 중국 경제의 미래

향후 중국 경제에 대해서는 비관론과 낙관론이 있다. 비관론의 주장에 의하면 조만간 중국 경제는 경착륙을 떠나 거의 붕괴 수준에 이를 것이라는 전망이다. 낙관론은 이에 반하여 향후에도 중국 경제는 물론 약간의 어려움은 있겠지만 과거보다는 성장률이 약간 떨어지기는 하겠지만 안정적인 성장을 지속한다는 의견이다.

비관론

중국 경제의 비관론에 의하면 중국 경제는 향후 엄청난 어려움에 봉착하여 심각한 경착륙, 심지어는 중국 경제가 붕괴할 것이라는 견해까지 펼치고 있다. 사실 중국 경제나 중국의 앞날에 대한 이런 비관론은 어제 오늘 발생한 게 아니었다.

1949년 신중국 들어서면서부터 미국을 비롯한 서양에서는 중국의 앞날이나 중국 경제의 전망에 대해 지속적으로 부정적이거나 심지어는 중국 자체의 붕괴론까지 거론해왔다. 서구에서는 신중국이

---

6) 한국경제신문, 2014.10.10.

들어서자 여러 소수민족 지역에서의 독립 주장 등으로 여러 나라로 분열할 것이라는 의견이 많았다.

50년대 말에는 중국이 대약진운동의 부작용으로 인해 중국의 분열이나 중국 경제가 파탄날 것이라는 서구의 경고가 잇달았다. 60년대 말에는 문화대혁명으로 중국 전체가 대혼란에 빠지자 중국 분열의 조짐이라는 주장이 제기되기도 했다. 70년대 말 덩샤오핑이 개혁개방을 들고 나오자 개혁개방의 부작용으로 인해 중국이 더 큰 혼란으로 빠져 들어갈 거라는 의견이 많았다. 심지어는 여러 나라로 분열할 것으로 예측한 기관도 있었다.

80년대 말 1989년 천안문 사태[7]로 인해 베이징을 중심으로 중국 전역이 대혼란에 접어들자 서구에서는 마치 중국이 커다란 정치 · 경제적인 혼란에 접어들 거라는 부정적인 견해들이 쏟아졌다.

90년대 후반인 1997년 말 태국, 한국과 타이완 등의 경제에 심각한 타격을 가져왔던 '외환위기'가 발생했을 때 중국도 머지않아 이들 나라와 같이 심각한 경제위기를 겪을 것으로 많은 서방 금융기구들이 예측했었다. 그들은 중국이 하루라도 빨리 주변 나라와 같이 중국의 위엔화를 대폭 평가절하 하지 않으면 중국 경제가 붕괴할 거라는 매우 불길한 예측까지 서슴치 않고 제기했었다.

2007년 미국의 '서브 프라임 사태'가 발생했을 때도 대부분의 서방 금융기구들은 대미 수출이 많았던 중국이 커다란 위험에 봉착했다며 중국 경제의 경착륙을 우려했다. 미국의 '서브 프라임 사태'는

---

7) 1989년 6월 4일 미명에 민주화를 요구하며 베이징의 톈안먼 광장에서 연좌시위를 벌이던 학생 · 노동자 · 시민들을 계엄군을 동원하여 탱크와 장갑차로 해산시키면서 발포, 많은 사상자를 낸 사건. http://www.naver.com

사실 미국에서 발생한 미국에 의한 금융위기이다. 그런데도 불구하고 미국은 자존심 때문에서인지 이를 금융위기라는 용어 사용을 기피하고 교묘하게 '서브 프라임 사태'라는 작은 해프닝으로 치부하려는 움직임을 보였다.

이처럼 거의 10년마다 중국 또는 중국 경제에 대해 서구들이 주도적으로 우려와 비관론을 제시해 왔지만 중국 경제는 여전히 안정적인 고도의 경제발전을 이룩하고 있다. 서구 국가들은 어떤 정치적 이유에서인지 아니면 순수한 조사연구의 발로였는지는 모르겠으나, 그들의 과거 중국 또는 중국 경제에 대한 비관론은 들어맞지 않았다. 물론 위기 때마다 중국은 경제적으로 약간의 어려움을 겪기도 했지만 서구 국가들이 예측한 것과 같은 심각한 타격은 받지 않았다.

그럼에도 불구하고 세계적으로 무슨 큰 위기가 닥칠 때마다 왜 서구를 중심으로 중국 경제에 대한 잘못된 비관론이 크게 일어나고 있는 것인가? 이는 중국 경제에 대한 서구의 분석기법이나 시각이 크게 잘못되어 있으며, 서구는 자기들의 잘못된 분석기법이나 시각을 인정하려거나 수정하려 하질 않고 계속 적용하여 왔기 때문이다. 또는 그들의 희망을 분석기법이나 시각에 너무 많이 적용해왔는지도 모른다.

90년대 중반 미국 국방부의 사례를 대표적으로 보더라도 그들의 분석기법이나 시각이 얼마나 잘못되었는지를 알 수 있다. 1995년 미국 국방부는 <가까운 장래의 중국>이라는 연구보고서에서 덩샤오핑 사후 중국의 시나리오는 3 종류 ① 장래에도 현 노선이 그대로 계속될 경우 ② 자유로운 개혁 ③ 분열로 구분했으며 그 가능성을 각각 30%, 20%, 50%로 보았다.[8] 즉 중국 분열의 가능성을 무려 50%로 보았던 것이다. 물론 1990년 10월 동서독의 통일과 1991년 구소련의 붕괴 등으로 전 세계 사회주의 국가들의 몰락이 도미노처럼 번지고 있었기 때문에 그렇게 판단했는지는 몰라도, 지금 생각해보면 중국에 대한 미국 국방부의 시각이 얼마나 잘못되었는지를 명확히 알 수 있다.

아직도 서구에 의한 중국 또는 중국 경제에 대한 비관론은 수시로 제기되고 있다. 예를 들면 화교출신의 변호사인 고든 창Goden G. Chang은 2001년 발표한 저서 <중국의 몰락>에서 중국의 번영은 가공의 괴물로, 중국의 실패는 불가피하다고 주장했다.[9]

2007년 미국의 금융위기를 예측해서 유명해졌던 미국의 뉴욕 대 루비니 교수는 2011년에 '2013년에 중국은 버블이 붕괴되어 유럽같은 금융위기의 가능성을 피할 수 없다'고 주장하기도 했다.

2012년 1월 7일 미국 시카고에서 열린 미국경제학회(AEA) 연례총회에서 로버트 졸리 세계은행 총재는 '투자와 수출주도형 성장모델을 내수 중심으로 바꾸지 않으면 중국은 중진국 함정에 빠질 것이라고 경고'하기도 했다. 하버드 대 교수 출신이며 미국 전 재무부 장관을 역임했던 로렌스 서머스는 중국 경제성장률이 7% 밑으로 내려가지 않을 것이라는 믿음은 국가가 채무불이행에 빠지지 않을 것이란 믿음만큼 순진한 것이라는 주장도 폈다. 이와 더불어 게리

---

8) 21세기 중국, 박정동, 한국경제신문사, 1996, 211쪽.

9) 메가트렌드 차이나, 존 나이스비트 · 도리스 나이스비트 지음, 안기순 옮김, 비즈니스 북스, 2010, 262쪽.

베커 미 시카고 대 교수는 중국은 경착륙 가능성이 크다는 주장을 펴기도 했다.[10)]

아쉽게도 이들의 중국 또는 중국 경제에 대한 비관적인 예측은 현재까지는 모두 틀렸다. 사회과학 현상으로 과거의 예측이 틀렸다고 해서 향후의 예측도 틀릴 거라는 보장은 없다. 그러나 서구를 중심으로 한 중국 또는 중국 경제에 관한 기존 분석기법이나 시각을 버리지 않고는 향후 중국 또는 중국 경제에 대한 예측도 틀릴 가능성이 매우 크다는 점을 인정해야 할 것이다.

사실 중국 경제에 대한 비관론의 실체에 대해서도 좀 더 구체적으로 논의할 필요가 있다. 서구가 지속적으로 주장한 바와 같이 중국경제의 붕괴, 중국 경제의 파탄이라는 의미는 과연 어떤 뜻인가? 구소련과 같이 경제적 어려움으로 인해 여러 독립 국가들로 분열된다는 의미인가? 아니면 과거 남미와 같이 경제 파국에서 헤어나지 못하고 지속적인 저성장을 이룩한다는 것인가? 아니면 일본과 같이 20여 년간 저성장의 굴레에서 벗어나질 못한다는 의미인가? 이에 대해 더욱 구체적으로 논의해야 할 것이다.

낙관론

결론적으로 말하면 1980년부터 2016년까지 연평균 9.6%라는 고도의 경제발전을 이룩했던 중국은 앞으로도 안정적인 경제발전을 이끌어 갈 것으로 판단된다. 그 이유로는 ① 과거 경제발전 과정에서 나타난 몇 가지 위기를 현명하고도 굳건하게 안정적으로 잘 극

---

10) 매일경제 2012.1.9.

복했다는 점이다. 어려운 위기를 극복하면서 많고 경험해보지 못한 다양한 경제 현상을 겪었으며, 이에 대한 대응을 하면서 많은 학습 효과를 갖게 되었다. ② 2017년 6월말 기준으로 3.15조 달러에 달하는 막대한 외환보유고(참고로 일본은 1.25조 달러, 한국은 3천8백억 달러) ③ 풍부한 천연 자원과 인적 자원 ④ 해외 널리 퍼져있는 화교들의 경제력과 중국 기업들의 해외 투자 자원 ⑤ 15개 국가들과의 육로와 기타 여러 국가들과의 바다로 인접해서 이루어지고 있는 방대하고도 복잡한 무역 규모 등을 들 수 있다.

물론 중국 경제가 앞으로도 순탄하게 고도의 경제발전을 이루기는 어렵다. 하지만 때로는 여러 어려움을 겪어서 일시적으로 약간의 경차륙을 겪기도 하겠지만, 앞서 비관론에서 제기되고 있는 바와 같은 심각한 경착륙이나 경제 붕괴 내지는 파탄에는 이르지 않을 거라고 판단한다.

예를 들면 과거 비관론자들이 중국 경제 붕괴의 근거로 들었던 사건 가운데 80년대 이후의 사례를 살펴보기로 한다. 우선 1989년 천안문 사태로 중국이 내부적으로 혼란에 빠지자 서방 국가들이 중국 경제에 대한 심대한 우려를 표명했다. 그런 심각한 내부적인 혼란에도 불구하고 중국은 1988년 11.3%의 고도 경제성장률에서 1989년 4.2%, 1990년엔 3.9%의 저조한 경제성장률을 보이기는 했지만 서방 국가들이 우려한 바와 같은 심각한 경제위기는 거치지 않았다.

1997년 말부터 시작된 아시아의 외환위기로 인해 우리나라를 비롯한 아시아의 네 마리 용을 중심으로 주변 여러 국가들이 심각한 금융위기를 겪었다. 이에 따라 우리나라의 경제성장률이 아래 도표에서 나온 것처럼 1997년 5.9%의 경제성장률을 보이다가 1998년에 마이너스 5.5%의 성장률로 떨어졌다. 당시 경제규모가 2위였던 일본의 경우도 이런 여파를 벗어나지 못하고 1997년 경제성장률이 1.1%에서 마이너스 1.1%로 떨어졌다. 이에 반해 미국은 1997년도 경제성장률이 4.5%에서 1998년도에도 4.5%의 양호한 실적을 거두었다. 중국의 경우 경제성장률이 1997년도 9.2%에서 1998년도에는 약간 떨어진 7.8%를 보였을 뿐이다. 당시 서방 국가들이 중국 경제의 붕괴 또는 파탄을 우려했지만 도표에서 알 수 있는 것처럼 별다른 타격을 받지 않고 굳건히 견딜 수 있었다.

중국, 미국, 한국과의 경제성장률 추이 비교

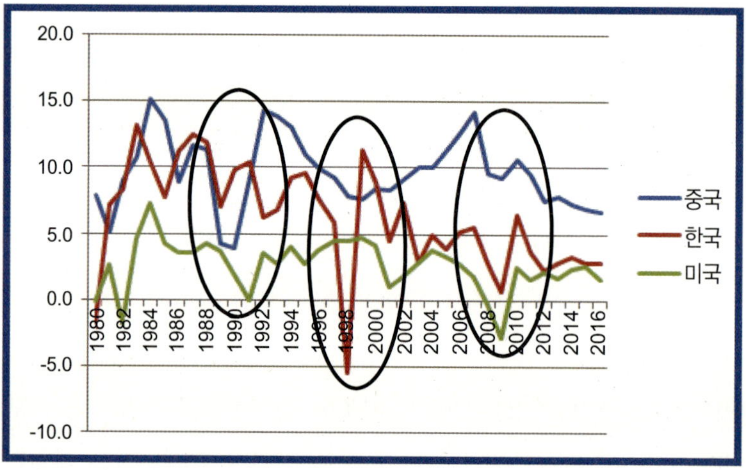

자료 : 한국은행 통계에서 도표화

2007년 하반기 미국발 금융위기로 전 세계가 심각한 경제적 위기를 겪게 되었다. 이로 인해 미국의 경제성장률은 2007년 1.8%에서 2008년 마이너스 0.3%, 2009년엔 더 심각해서 마이너스 2.8%의 저조한 실적을 보였다. 이에 반해 많은 경제, 금융 전문가들이 우려했던 중국은 2007년도 14.2%의 경제성장률이 비록 약간 떨어지기는 했지만 2008년도 9.6%, 2009년도 9.2%로 매우 견고한 성장을 보였다. 참고로 우리나라의 경우도 미국발 금융위기의 영향을 받아 경제성장률이 2007년도 5.5%에서 2.8%로 떨어졌다가 2009년도에는 0.7%로 어려운 시기를 겪은 바 있다.

이러한 중국 경제의 외적 영향에 대한 대항력과 회복되는 빠른 복원력으로 미루어 앞으로 발생할지 모르는 여러 어려움도 중국경제는 잘 견딜 것으로 판단한다.

비관론이 주장하고 있는 근거로는 금융의 부실, 사그라지지 않는 부동산 개발 붐과 이에 따른 거품, 그림자 금융, 지방자치단체의 자금난, 중국 거시경제지표에 대한 불신 등을 들 수 있다. 여기서는 시간과 지면의 한계로 가장 큰 문제로 지적받고 있는 중국 부동산 개발 붐과 이에 따른 부동산발 거품 폭발 가능성, 그리고 근본적인 문제인 중국의 거시경제지표에 대한 불신에 대해서 설명하고자 한다.

중국의 부동산 거품 폭발 가능성

이미 설명한 바와 같이 중국 경제가 지속적으로 고도의 성장을 이룩한 배경에는 중국의 부동산개발에 따른 공헌이 가장 크다. 과거 중국 경제발전의 약 50%가 부동산투자에 따른 기여로 추정될 정도로 중국의 부동산 개발이 중국 경제 발전에 기여한 정도가 컸다. 중국의 경제발전과 더불어 부동산에 상당한 거품이 형성되어 있다고들 판단한다. 만약 부동산에 내재된 거품을 해소하지 않으면 중국의 경제 체질이 급속하게 약화될 수 있다. 부동산 거품 폭발 가능성에 대한 여러 우려에도 불구하고 여전히 대도시를 중심으로 부동산 가격은 상승하고 있다.

이와 더불어 아직도 주요 도심에서 뿐만 아니라, 심지어는 시골에서까지 부동산 개발이 붐을 이루고 있다. 대책 없는 부동산 개발은 앞으로도 엄청난 후유증을 유발시킬 것이다. 중국내 부동산 개발이 이처럼 과도하게 성행하는 이유는 지방정부, 은행과 부동산 개발업자간의 결탁 때문이다. 지방 정부 공무원 입장에서는 부동산 개발로 인해 세수가 증가하고, 고용이 창출되며, 인구가 유입되며 경제는 활성화 되고, 본인에 대한 평가는 좋게 됨과 아울러 수수료 수입도 증가한다. 특히 지방에서는 도심 인근의 부동산 대부분을 대개 고위 공무원과 관련된 사람들의 소유로 알려지고 있다. 이러하니 공무원 입장에서는 언제든지 부동산을 개발하려고 한다.

은행 입장에서는 부동산 개발업체나 부동산 분양자들이라는 신규 고객이 창출된다. 이로써 은행의 예금이 증가하고 대출 등을 통해 은행의 자금을 활용하여 이익을 증대시킬 수 있다. 또한 지방 정부와 결탁하여 지방 정부를 고객으로 더 확고히 만들 수 있기 때문에 지방 정부의 말을 듣지 않을 수가 없다. 지방 은행으로서는 지방 정부가 가장 큰 고객이다.

부동산 개발업자 입장으로서는 유휴 부동산을 활용하는 호기를 맞이한 것이다. 부동산 개발업체로서는 지방 정부와 관계만 좋으면 거의 원가없는 수익 사업 가능성이 가장 큰 분야가 부동산 개발이다. 중국은 지방 정부의 고위층이 맘만 먹으면 부동산 개발을 매우 쉽게 할 수 있는 구조다. 예를 들면 고위층이 적당한 부동산 개발업체와 은행을 선정한다. 정부의 정책과 관련되는 지역을 책정하여(고위층이기 때문에 사전에 개발 가능성이 높은 지역에 대한 정보를 매우 쉽게 얻을 수 있다) 부동산을 개발하도록 한다. 은행 지점장을 불러 부동산 업체에 대한 대출을 지시한다. 담보는 대상 토지다. 부동산 개발업체로서는 부동산을 개발하기 전에 분양을 통해 자금을 마련하고, 은행의 대출을 통해 부족한 자금을 융통한다. 성공할 경우 대박을 터뜨리며, 만약 실패할 경우에도 크게 걱정하지 않는다. 과거의 경우 부동산 개발업체 사장이 해외로 도망 가버리면서 부도처리를 하면 끝이다. 이런 구조이기 때문에 대책 없는 장밋빛 전망에 따른 난개발이 중국 전역에서 성행하고 있다.

지금에야 상황이 이와 약간 다르겠지만 내가 보기에는 여전히 이런 악습이 잔존하고 있다. 때문에 중국에서 부동산 개발 붐을 저지하기는 매우 어렵다. 결국 중국 부동산 개발에 따른 거품의 폭발 가능성은 상존한다. 중국 정부가 부동산 개발의 거품 가능성에 대해 심각한 우려를 갖고 대처를 하지 않으면 향후 엄청난 후유증을 겪을 것으로 우려된다. 그렇다고는 하더라도 부동산의 거품이 폭발한다고 해서 중국 경제가 심각하게 타격을 받을 거로 판단되지는 않는다.

중국의 거시경제지표에 대한 불신

서양의 중국 전문가들은 자기들의 예측이 벗어날 경우 어김없이 중국 정부의 통계 조작을 거론하면서, 마치 자기들의 예측은 틀림이 없는데 중국 정부가 통계를 조작했기 때문에 자기들의 예측이 틀린 것으로 나타났을 거라 책임을 회피하곤 했다. 물론 내가 보기에도 과거 중국의 통계 조작은 상당 부분 있었을 거로 생각한다.

내가 직접 겪은 바 있는데, 내가 중국 선양시 정부의 금융고문으로 근무하던 2005년 1월 나는 우연치 않게 선양시 정부의 2004년도 업무 실적이라 할 수 있는 대외비<공작보고서(工作報告書)>를 볼 수 있었다. 2005년 1월 4일 당시 선양시장이 선양시 당 인민대회에서 전년도 업무 실적을 보고한 자료였다. 그 자료에 이미 2004년도 선양시의 경제실적이 표기되어 있었다. 물론 추정치이긴 하지만 거기에는 2004년도 선양시의 경제성장률, 선양시 기업들의 수출입 규모, 관광 수입까지 구체적인 수치로 나타나 있었다.

아무리 추정이라 하지만 그처럼 구체적인 수치 제시는 나같이 서구 거시경제 시스템을 익힌 사람에게는 매우 충격적이었다. 그래서 계속 그런 수치를 확인해 갔는데 그 당시만 하더라도 중국 내 모든 시, 성과 중앙정부는 매년 1월 초 해당 지역의 거시경제 지표를 내부적으로만 발표하고 공표하지는 않는다. 그런 다음에 2월 말 늦어도 3월 초에는 인터넷에 이런 실적을 올려 모든 사람들이 볼 수 있도록 조치했다. 해당 도시나 성, 중앙정부의 최종 거시경제지표는 매년 9월 말이나 10월 초에 발간되는 통계연감에 확정된 수치로 기재된다.

그런데 웃기는 건 애초 매년 1월 4일 발표했던 수치가 10월 확정된 통계연감에서 나타난 수치와 그렇게 크게 차이가 나지 않았다는 점이다. 이런 측면에서 중국 정부의 모든 통계 수치에 대한 믿음을 나는 갖지 않게 되었다.

그러나 많은 세월이 흐른 지금 생각해보면 단기적이나 부분적으로 약간의 통계 조작은 있었을는지 모르나, 장기적인 관점에서 볼 때 중국이 발표한 통계에 대해 어느 정도의 믿음을 갖게 되었다. 예를 들면 오랜 기간에 걸쳐 중국 정부가 통계를 조작했다면 현실과 많은 차이를 발견할 수 있다. 그러나 현재 내가 중국에서 생활하면서 느낀 점은 갈수록 중국이 경제적으로 무서운 실체로 변모해 가고 있다는 점이다.

이곳 선양시의 경우 불과 14년 전만 하더라도 가장 중심도로였던 왕복 10차선을 거의 뒤덮을 정도의 자전거 물결은 사라졌고, 이제는 어느 때나 자동차로 꽉 막혀 있을 뿐이다. 이제 모든 시골에까지 넘쳐나는 차량으로 심각한 주차난과 교통난을 겪고 있다.

만약 그간 중국 정부가 발표해 온 통계가 잘못되었다고 한다면, 내가 은행에 근무하면서 봐왔던 중국 업체들의 기적같이 빠른 성장과정을 어떻게 설명할 수 있을까? 도시뿐만 아니라, 시골에까지 부동산 개발붐이 일어나고 있는 현상, 날마다 높아져 가고 있는 빌딩과 아파트들의 실물 부문을 어떻게 설명할 수 있을까?

여러 번 중국 통계의 허구성이 중국 경제 전문가들 사이에도 회자된 적이 있었다. 예를 들면 중국 각 지역의 GDP를 다 합하면 국가 전체의 GDP를 훨씬 초과할 거라는 우스개소리도 있었다.

물론 중국경제 통계에 대한 신뢰성에 의구심을 가질 분야가 좀 있다. 대표적으로 1장 '중국을 바로 보자(21쪽)'에서 설명한 바와 같이 중국이 육로로만 해도 15개 국가와 인접해 있고, 바다로도 많은 국가들과 인접해 있다. 때문에 이들 국가 간 날마다 발생하고 있는 소위 접경무역에 대한 통계를 명확히 알 수가 없다. 많은 밀무역이 성행하고 있는 데다, 날마다 수많은 사람들이 왕래하면서 많은 교역을 하고 있기 때문이다. 이들을 중국의 세관에서 정확히 파악을 할 수가 없다. 다만 그 규모는 무시할 수 없을 정도로 추정될 따름이다. 우리나라와 중국 간 소위 '다이공(帶工, 보따리 장사)'이라는 명목으로 얼마나 많은 물건들이 비공식적으로 왔다 갔다 하는가?

우리가 좀 알고 있는 중국과 북한과의 교역만 하더라도 마찬가지다. 내가 추정한 바에 따르면 북한과 중국간 공개적인 교역뿐만 아니라, 중국 중앙정부, 동북3성(랴오닝성, 지린성, 헤이룽장성)간 북한과의 비공개적인 교역은 전혀 통계에 잡히질 않고 있다. 아울러 북중 간 막대한 규모의 밀무역을 추정조차 할 수도 없다. 이러한 이유 등으로 중국과 인접 국가 간 이루어지고 있는 방대한 물품의 교역에 대한 통계를 신뢰하기가 힘들다.

아울러 방대한 국유기업의 점유율이 높기 때문에 통계의 투명성을 보장할 수 없다. 민간기업이라 하더라도 회사의 통계를 믿을 수가 없었다. 내가 산업은행 선양 사무소나 베이징 지점에서 근무하면서 중국 업체들에 대한 재무제표를 많이 검토해봤으나 그들의 재무제표는 그저 단순한 참고 자료로만 활용했지 신뢰성이 거의 없었다. 중국 회사의 재무제표는 최소 3종류로 나뉘었다. 하나는 세무용, 하나는 은행용, 하나는 내부용이다. 우리는 그들이 제시한 엉터리 재무제표보다는 직접 공장에 가서 제품의 생산 설비와 생산과정, 거래처와의 관계 등을 참고하여 대출을 해줬다.

아무튼 중국 정부가 과거 발표했던 거시경제지표에 대한 의심은 비단 외국 서방의 중국 전문기관뿐만 아니라, 심지어는 중국내 경제학자들이나 정치가들도 가지고 있었다. 대표적으로 2007년도 랴오닝성 서기로 활동했고, 현재는 총리로 재직중인 리커창(李克强)만 하더라도 '당시 랴오닝성의 거시경제 지표를 믿지 않고 나름대루 발전량, 철도 화물 유수량과 중장기 은행대출규모를 감안해서 경제지표를 추정한다고 하여 소위 '리커창지수'[11]를 만들어내기도 했다.' 다만 이런 보조지표도 중국의 거시경제지표를 제대로 반영한다고 볼 수 어렵다. 중국 경제의 빠른 산업구조의 변화와 IT의 빠른 신장세와 서비스업의 확산 등을 고려할 때 실물 거시경제의 흐름을 제대로 파악하기는 어렵다.

중국내 통계의 허구에 대해 중국 정부는 금년 초에야 공식적으로 인정하게 되었다. 랴오닝성은 2011년부터 2014년까지 4년간 재정수입을 20~30% 부풀렸음을 시인했다.[12] 이와 관련하여 시진핑 주석의 비난에 직면한 랴오닝성은 지난 4년간 명목 GDP를 20% 하락 조정하기로 했다.[13]

이처럼 중국 경제는 매우 복잡한 구조를 지니고 있다. 수많은 국가와의 변경무역, 대규모 국영기업의 높은 점유율로 인한 통계의 불투명과 사회주의 잔재인 '숨어있는 경제주체' 간의 경제활동 등으로 중국 경제의 통계에 대한 신뢰성은 본질적으로 큰 문제를 안고 있다.

중국의 복잡한 경제구조를 바다로 친다면 엄청나게 복잡한 구조를 갖춘 바다이다. 예를 들면 난류와 한류가 겹친 곳이고, 곳곳마다 바다의 수온이 달라 다양한 어종들이 매우 복잡한 생태계를 이루고 있다. 얕은 곳이 있는가 하면, 매우 깊은 심연도 있다. 온천이 계속

---

11) http://baike.baidu.com/item baidu 百科

12) http://news.cnr.cn/native/gd/20170111, 人民日報 2017.1.11.

13) 연합뉴스 2017.8.22. 이와 관련해서는 시진핑 주석이 리커창 총리를 비롯한 중국 공청단 지도자에 대한 견제용이라는 해석도 있다.

뿜어져 나오는 곳도 있다. 수많은 바다나 담수와 연결되어 끊임없이 민물이 들어오고 있고, 민물과 교류하는 곳이 많다. 이런 복잡한 바다의 구조를 단순한 모형으로 판단한다는 것 자체가 잘못된 것이다.

이런 내재적인 신뢰에 대한 문제점 외에 또 하나 거론할 수 있는 게 서양학자들의 그릇된 시각과 잘못된 분석기법이다. 서양인들의 부정적인 중국관은 역사적 경과와 더불어 서양과는 완전히 다른 정치제도, 유례없는 중국식 경제모델, 완전히 다른 언어와 문화적인 배경 등 때문에 서양으로 하여금 중국을 이해하는 것을 불가능하게 했다.[14)]

예를 들면 치즈 맛에 깃들인 서양인들이 동양의 된장국을 파는 식당에서 그동안 맛보았던 음식도 아니고, 냄새가 심하여 잘 팔리지 않을 것이며 그런 식당은 망할 것이다고 판단하는 것과 다를 바 없다. 먼저 중국의 경제 등을 이해하려면 중국에서 생활하며 피부로 느껴봐야 하는 것이다. 한두 번 된장국을 맛보고 영 음식도 아니고 냄새만 고약하다고 말하는 것과 다를 바 없다.

중국 경제에 대한 서방국가들의 우려와 더불어 가끔 제기되었던 중국의 붕괴에 대해서 약간 언급을 하고자 한다. 중국이 붕괴한다면 러시아처럼 여러 나라로의 분열을 의미한가? 중국이 과연 여러 나라로 분열될 수 있을까? 시장 지역이나 위구르를 제외하고는 고도의 경제발전을 구가하고 있는 중국과 분열하려는 소수민족은 없다. 내몽고만 보더라도 내몽고는 결코 중국과의 분열을 바라지도 않고, 현실성도 없다. 시장이나 위구르 지역만 하더라도 중국의 강

---

14) 떠오르는 용 중국, 김하중, 비전과 리더십, 2003, 33쪽.

력한 통제력과 중국 정부에 의한 한족의 꾸준한 유입정책으로 독립 국가로서의 독립은 현실적으로 어렵다. 소수 민족 지역들이 이미 중국과 경제적으로 너무 밀접되어 있다. 어느 소수민족 자치구에서 독립할 경우 과연 경제적으로 자생력을 갖출 수 있을까?

결론적으로 나는 중국의 저력을 믿는다. 앞으로도 중국 경제는 약간의 어려움은 겪겠지만 꾸준하게 성장할 것이다. 이미 3장 '중국인의 능력(222~239쪽)'에서 언급했듯이 구성원인 중국인의 체득화한 뛰어난 상술과 실리주의, 강력한 생존본능, 탁월한 창의력 등이 중국 경제를 굳건히 뒷받침을 하고 있기 때문이다. 우리는 앞 장에서 중국인이 발명한 세계의 유명한 여러 발명품 등을 알아봤다. 우리가 살펴 본 유명 발명품 외에도 용광로, 침술을 비롯한 뛰어난 동양의학 등을 발전시킨 중국인의 저력을 간파한 짐 로저스도 중국 경제의 앞날에 대한 믿음을 확신하고 있다.[15)]

3 경제력을 무기화

언론을 통한 외국 기업 혼 내주기

중국은 매체 중 가장 영향력이 있는 국영중앙텔레비전(CCTV)를 통해 매년 3월 15일에는 특정 기업들의 제품 불량, 속임수 판매, 서비스 불량 등의 실태를 보도해오고 있다. 매년 3월 15일 밤에 방송되는 소비자고발 프로그램인 '3.15완후이(晚會)'를 통해 문제가 심

15) A Bull in China, 짐 로저스 지음, 김태훈 옮김, 에버리치홀딩스, 2008, 111쪽.

각한 기업들의 실태를 소비자에게 알려서 소비자들의 주의를 촉구시키며, 해당 기업과 모든 기업들에게 경종을 울린다는 취지에서 출발했는지는 모른다. 그러나 상당수의 대상 기업들이 외국 업체들이기 때문에 외국 업체들로서는 이 '3.15완후이' 프로그램이 한 마디로 저승사자나 다름없다. 이 밖에도 중국의 언론매체들은 수시로 외국 기업들의 제품 불량 등에 대해 방송을 하면서 자국민들에게 경각심을 주고 있다.

아무튼 이 프로그램에서 해당 업체에 대한 문제점이 한 번 방영되면 제품 불매운동은 물론, 주가의 폭락과 중국인들의 항의 등으로 극심한 몸살은 물론 경영에 엄청난 타격을 받게 된다. 그런데 문제는 이 프로그램이 외국 업체를 상대적으로 많이 방영한다는 점이고, 최근 들어서는 중국 측도 이런 점을 의식했는지 양념식으로 자국 업체도 몇 개 끼어서 방영하고 있다. 다만 자국 업체들에 대해서는 소소한 문제점을 지적하는 수준에 머물고 외국 업체에 대해서는 매우 근본적인 문제부터 거론을 하여 중국인들로 하여금 해당 제품을 구매하지 말라는 식으로 몰아가곤 한다.

과거 중국중앙텔레비전에서 고발한 주요 외국계 기업들을 보면 2011년 한국의 금호타이어를 비롯하여 2012년 맥도날드, 2013년의 애플과 폴크스바겐, 2014년의 니콘, 2015년의 랜드로버와 벤츠, 폴크스바겐, 2016년의 장난감과 의류 등 잡화, 2017년에는 일본 농산품과 나이키 제품 등의 문제점을 크게 부각시킴으로써 해당 업체들이 제품에 대해 사과하거나 리콜하는 등으로 고객의 불매운동을 완화시켜 왔다.

특히 2015년에는 중국 부자들의 전유물로 잘 알려진 호화 외제차 브랜드 '랜드로버'를 비롯해 동펑닛산, 상하이 폴크스바겐, 벤츠 등 외제차 기업들이 걸려들었다. 이날 중국국영텔레비전은 랜드로버의 변속기 결함을 지적했다. 차량이 고속 주행도중 갑작스럽게 멈춰서는 등 변속기에 잦은 고장이 발생하고 있다는 것. 랜드로버 사에서는 변속기를 업그레이드 하거나 새 부품으로 교체해주고 있지만 여전히 잦은 고장이 발생하고 있다고 소비자를 인용해 보도했다.

중국 3.15 완후이 고발 주요 외국계 기업

연도	기업명	고발 내용	처리 방안
2011년	금호타이어	불량고무 타이어 의혹	사과 및 리콜 조치
2012년	맥도날드	유통기한 지난 고기 사용 의혹	관련자 엄벌
2013년	애플	핸드폰 AS문제	AS정책 개선
2013년	폴크스바겐	기어변속기 불량	38만4천 대 리콜
2014년	니콘	D600 모델 검은 반점 현상	사과 및 리콜 실시
2015년	랜드로바	자동차 변속기 결함	사과 및 문제 해결 약속
2015년	벤츠, 폴크스바겐, 닛산	AS 수리비 부풀리기 의혹	사과 및 조사 착수
2016년	태국, 한국, 미국 등	수입 아동용 장난감, 의류, 기저귀, 주방용품 등 불량	판매 금지
2017년	일본 식품회사	핵폭발사고 지점 농산품에 의혹	처리 중
2017년	나이키	신발에 공기층 의혹	조사 및 처리중

자료 : 2011년부터 2015년까지는 아주경제, 2015.3.18.
2016년과 2017년은 중국 http://315.cctv.com

변속기 결함 문제가 불거지자 랜드로버 측은 방송 직후 즉각 사과 성명을 발표했다. 랜드로버는 해결방안을 적극 마련 중으로 해당 변속기 소프트웨어 업그레이드 조치를 실시하는 한편 당국에 해결방안을 이미 마련해 보고했다고 전했다. 이와 함께 향후 대리점들과 협력해 최단 시간 내에 문제 해결을 완수할 것이라고 약속했다.

외국 자동차가 기업 대리점들의 수리비 부풀리기 의혹도 제기했다. 방송은 동펑닛산, 상하이 폴크스바겐, 벤츠 대리점에서 고장과 관계없는 부분까지 수리하며 거액의 비용을 청구하고 있다고 지적했다. 방송은 베이징, 텐진, 상하이 등 7개 성과 시 지역에서 해당 업체들 대리점을 22차례에 걸쳐 방문 조사를 실시한 결과 수리비 부풀리기 행위가 16차례 발생했다고 고발했다. 이에 해당 업체들은 즉각 사과 성명을 발표하여 사태 수습에 나섰다.

여기에 반해 자국 업체들의 문제점을 고발한 사례를 보면 2015년 차이나모바일의 전화회선 불법 개통, 차이나 유니콤의 휴대폰 실명제 불이행, 샤오페이양(小肥洋) 등 유명 훠궈(火鍋, 중국식 샤브샤브)업체의 불량식품 의혹 등을 약간 방영하기도 했다.[16] 독자들도 대략 눈치 챘듯이 위 내용을 보면 외국 기업들에 대한 고발은 매우 근본적이며, 개선하는 데 상당한 비용과 시간이 소요될 사항들이고 심각하다. 반면에 자국 업체들에 대한 고발은 솔직히 말하면 중국 어디에서도 흔히 발생할 수 있는 일상적인 문제이고, 개선하기도 쉬운 간단한 문제점만 구색에 맞추기 위해 양념 식으로 약간만 다루고 있음을 알 수 있다.

---

16) 아주경제, 2015.3.18. http://ajunews.com/view/20150316085238966

2016년도에는 중국 국가품질검사국이 아동용 수입 의류, 장난감, 기저귀와 주방용품 등을 조사한 결과 총 654건 중 217건이 불합격으로 판정되어 불합격율이 33%에 달했다. 이 가운데 수입 장난감 124건 중 28건이 아이들이 쉽게 질식할 수 있거나 또는 물리적으로 안전성에 문제가 있는 걸로 나타났으며 관련 국가로는 태국, 한국, 독일과 미국 등으로 나타났다고 발표했다. 아동 수입 의류와 관련해서는 133건을 조사한 결과 29건이 품질 불합격으로 나타났으며 관련국으로 한국, 터어키와 미국을 들었다.[17)]

2017년에는 일본과 미국의 나이키와 관련된 두 건이었다. 하나는 일본의 핵 발전소 폭발지연 인근에서 생산된 농산물이 중국으로 수입되어 중국에서 이미 유통된 건이었다. 선전 식품회사가 일본으로부터 일본 산 농산물 분유, 쌀, 오트밀과 술 등을 수입하여 중국에 유통시켰는데, 제품의 설명서에 산지가 명확치 않아 설명서를 뜯어보니 기존 설명서에 산지가 2011년 일본 쓰나미로 인한 핵발전소가 폭발한 지역 인근에서 생산된 농산물로 나타났다. 세관을 통할 수가 없었을 거라고 질문하니 회사 사장이 세관을 정식으로 통관하지 않은 물건이라고도 밝혔다. 결국 밀수품이란 뜻이다. 조사한 바에 의하면 이미 약 20억 원 가량의 상품을 1만 3천 명의 소비자에 판매한 걸로 나타났으니 앞으로 이를 회수하거나 처리하는 데 적잖은 노력이 따라야 할 것으로 판단된다.

다른 하나는 미국 나이키의 농구화와 관련된 고발 건이었다. 나이키 농구화를 구입하여 사용했던 중국인이 고발한 건인데, 그 신

---

17) http://jingji.cctv.com/2016/3/15

발은 에어줌(Air Zoom), 공기층이 있어서 착지할 때 발을 매우 편하게 해준다해서 고가에 구입했다. 그런데 실제로 운동을 하면서 착지할 때마다 발목이 시큰거려 나중에 칼로 그 신발을 뜯어보니 있다는 공기층은 없고, 그 자리에 고무로 채워져 있었다고 한다.

원래 나이키 회사는 2008년 베이징 올림픽 농구시합에서 우승을 거둔 미국의 NBA팀이 신었던 신발과 같은 제품으로 한정 판매한다며 광고를 했다. 이에 많은 중국인들이 구매했으며 약 60여 명의 구입자가 불만을 품고 고발한 건인데, 해당 나이키 지사에서는 처음에는 허위광고가 아니다며 부인을 했다. 계속 방송사와 중국 당국에서 조사가 들어가자 나중에는 허위광고임을 인정했다. 다만 자기들 규정에 따라 환불만 가능하고, 다른 신발을 구입하게 된다면 25%를 할인해 준다고만 하고 별다른 배상은 부인했다.

그런데 중국의 소비자 보호법에 의하면 제품의 불량이 발견될 경우에는 구입가격의 3배까지 배상을 의무화했다. 중국의 유력인사가 방송에 나와 이런 말까지 하면서 만약 나이키가 단순한 환불만 해주고 배상을 하지 않는다면 중국의 법률에 대항하는 거라며 위협까지 했다. 사실 나이키는 이번 만 그런 게 아니고, 2011년에도 이와 유사한 허위광고를 해서 약 8억 원의 벌금을 납부한 적도 있었다. 아무튼 이 사건과 관련하여 중국 나이키 공장에 약 20여 명의 품질관리국 공무원이 방문하여 허위광고 실태, 생산 경위, 판매 실태, 판매처, 기존 고객의 투서와 이에 대한 회사의 대응실태 등을 전반적으로 조사 중에 있다.[18)]

---

18) http://315.cctv.com

2011년 금호타이어 고발건도 내가 파악한 바에 의하면 공장 내 근무자가 사전에 방송국 직원과 공모하여 사진기를 지니고 공장에 진입하여 공장 내부에서 발생하고 있는 사항을 몰래 촬영한 걸로 나타났다. 더욱이 타이어를 생산할 때 발생하는 폐고무를 재활용하는 건 일상적이라는 담당자의 말도 들었다. 그럼에도 불구하고 방송국에서는 불량 타이어를 생산하고 있다면서, 중국 국민들의 생존을 위협하는 물건을 생산하고 있다고 한 마디로 매도를 해버렸으니 아무리 설명을 해도 중국인들의 불안감을 해소시킬 수 없었다.

이런 식으로 외국 회사들의 내부적인 문제점들을 고발한다면 안 당할 업체가 하나도 없다. 한편 자국 업체들의 문제점은 외국계 업체에 비하면 정말 더 심각하다. 외국 업체들은 중국 측의 이런 얄팍한 술수에 안 넘어가기 위해 매우 몸조심을 해오기 때문이다.

2011년 초 나는 산업은행 선양사무소 대표에서 산업은행 베이징지점장으로 발령이 나서 3월 18일 우리의 금융감독원에 해당하는 중국의 은행감독위에서 해당 지점장으로서의 능력 등을 심사하는 면담에 임하였다. 면담장에는 여성 두 사람이 두툼한 자료를 들고 들어왔다. 들어오자마자 내가 자리에서 일어나 명함을 주었다. 대개 중국 공무원들은 명함을 주지 않는 데 그들은 선선히 명함을 주며 인사를 나누었다. 우선 내 명함을 자세히 본 두 여성은 내가 아직 '산업은행 베이징지점장 겸 중국점포 총괄장'이라는 직책을 쓰지 않고 '산업은행 선양사무소 대표'라는 명함을 보고 만족하듯이 웃었다. '아직 명함을 만들지 않았네요?' 알면서 묻는 거다. 나는 곧바로 대답했다. '당신네 은행감독위의 승인이 나질 않았는데 내가 어떻게 그런 명함을 만들 수 있겠느냐? 잘 부탁드린다'고 답하니 매우 만족해 했다.

우리나라 은행 지점장들이 중국 은행감독위 면담에 들어가기 전에 명함에 이미 '○○ 지점장'이라는 직함을 만들어 갔다가 매우 혹독하게 당한 사례들을 익히 알고 있었다. 그런 명함을 보면 중국 측 은행감독위 공무원들이 웃으면서 '아니, 실력도 좋으시네요? 우리가 아직 승인도 하질 않았는데 어떻게 이런 명함을 벌써 만들고 다니세요?' 하며 조롱한다는 거다.

우선 면담에 들어가기 전에 상사인 듯한 여성이 웃으면서 면담을 영어로 할거냐? 중국어로 할거냐?며 물었다. 속으로는 영어나 중국말 보다는 한국말로 했으면 했지만, 순간적으로 그 여성이 자기 부하직원이 있는 곳에서 자기의 영어 실력을 과시하고 싶다는 걸 알고 '영어나 중국어 아무 거도 좋다'며 배짱 좋게 대답했다. 그랬더니 그 여성이 웃으며 '그냥 편하게 중국어로 하자'며 나왔다. 나는 내심 '중국어나 영어나 불편하기는 똑같다'는 생각은 했지만 '그럼 더 좋다'며 호쾌하게 받았다.

면담은 잘 진행되었다. 그런데 말미에 자료를 뒤적이며 '최근 금호타이어 공장에서 발생한 불량타이어 건을 아느냐?'며 물었다. 나는 솔직히 며칠 전에 발생한 그 금호타이어 건을 전혀 알지 못했다. '모른다'며 사실대로 말했더니 그 여성은 잘 걸렸다는 식으로 '아니, 당신네 나라의 대기업이 우리 중국에 와서 불량제품을 만들어 판매하다가 이번에 걸렸는데, 그 중요한 사건을 모르고 어떻게 은행 지점장을 할 수 있느냐?'며 한 참을 잔소리 해댔다. 자동차의 타이어는 이용자의 생명과 직결되는데 어떻게 그처럼 무책임하고 비양심적으로 불량타이어를 만들 수 있느냐? 등으로 나를 한참 몰아세우기까지 했다. 마치 나를 금호타이어 공장장이나 사장으로 생각하는 것 같았다.

내가 몰라서 죄송하다며 계속 사과를 하자, 좀 지나서 그 여성은 '하기야 모를 수도 있을 것 같다'며 나를 이해한다며 화제를 돌려 은행 업무와 관련해서 많은 질의 응답을 주고받아 그런대로 마무리를 잘 지었다. 이처럼 중국에서는 외국 기업들의 비리나 문제점이 고발되면 전 사회가 들끓는 것 같았다.

경제 보복

중국은 불과 15여 년 전까지만 하더라도 도광양회(韜光養晦)[19]라는 방침을 내세워 외국의 내정에 그게 간섭하지 않고, 정중동의 자세로 관망하거나 묵인하면서 외국과의 긴장관계를 완화하는 데 주력했다. 그런데 최근에는 강력한 경제력을 바탕으로 그들의 본심을 노골적으로 드러내고 있다. 마치 그동안의 용이 입에서 불을 뿜을 때까지 수년간을 조용히 참고 기다렸다가 이 모든 무기가 다 자랐다고 판단되는지 노골적으로 이빨과 발톱을 드러냄으로써 이해 당사국에 상당한 위협을 가하고 있다.

중국이 무서운 데는 여러 이유가 있지만 정치, 군사적 요인으로 인한 다른 국가와의 긴장을 강력한 경제력을 무기로 보복조치를 군사행동처럼 과감하고도 전면적으로, 기습적으로 추진한다는 점이다. 아울러 군중심리를 이용하여 자국민으로 하여금 불매운동이나 시위 등을 몰래 부추기도 한다.

---

19) 자신의 재능이나 명성을 드러내지 않고 참고 때를 기다린다는 뜻. 필자 주

어찌 보면 중국이 주변국이나 이해 관련국을 길들이려는 습성은 최근에 생긴 것은 아니다. 중국은 유사 이래 주변국을 변방의 속국으로 취급하여 공물을 요구하거나, 왕의 승계를 정해주는 등으로 통제해왔다. 19세기 후반부터 정치 혼란 및 외군의 침략 등으로 자기 나라마저 잃은 데다, 2차 대전 직후에는 국민당과의 내전, 심각한 경제난으로 주변국을 통제할 엄두조차 없었다. 그러나 20세기 후반부터 강력한 개혁개방의 과실로 경제가 발전하자 앞에서 이미 설명한 바와 같이 서서히 과거 주변국을 통제해왔던 습성이 되살아난 것 아닌가 싶다.

물론 주변국이나 이해 관련국들이 이제는 과거처럼 중국에 통제를 받으려는 상황은 전혀 아니다. 그럼에도 불구하고 중국은 강력한 경제력을 무기화하여 갖은 압력을 발휘해서 주변국이나 이해 관련국을 최대한 자기 의도대로 끌어가려는 것으로 오판한다. 어느 나라나 다른 나라와 분쟁이 생길 때는 어느 정도의 방법을 동원해서 상대국을 유도, 설득하려 하지만 중국처럼 이렇게 온갖 수단을 동원해서 전면적으로 상대국에 압력을 행사하지는 않는다. 최근에 들어서만 해서도 중국은 여러 주변 국가나 관련 국가들에게 자기의 주장을 관철하기 위해 여러 보복조치를 감행해왔다.

과거의 경제보복 사례[20]

▪ 한국의 사례 : 마늘에 대한 관세 인상을 이유로 우리 제품 수입 중단

한중 마늘 분쟁의 시작은 값이 치솟은 국내 마늘 시장에 값싼 중

20) http://news.chosun.com/site/data/html_dir/2017/03/09/2017030900830.html를 주 내용으로, http://realtime.wsj.com/korea/2012/10/04를 참고.

국산 마늘이 대거 수입되면서 부터다. 국산 마늘의 반값도 안 되는 중국산 냉동 마늘의 습격에 마늘 농가는 주저앉고 말았고, 농협이 정부에 중국산 마늘에 대한 피해 구제를 신청하기에 이르렀다. 결국 우리 정부는 중국산 냉동 마늘과 초산조제 마늘(식초에 절인 마늘)의 관세율을 기존의 30%에서 315%로 대폭 올리는 세이프 가드 조치[21]를 취했다.

우리의 세이프 가드 조치가 있은 지 일주일 만에, 중국은 한국산 휴대폰과 폴리에틸렌의 수입을 전면 금지한다는 보복 조치를 발표했다. 규모가 우리 중국산 마늘 수입액의 무려 50배에 달했다. 이 조치는 WTO의 국제 규정에 어긋나는 것이었지만, 우리 정부는 반발 한 번 하지 못한 채 중국과의 마늘 협상에 돌입했다. 결과는 우리의 백기! 우리는 휴대폰과 폴리에틸렌의 수입 중단을 푸는 대신, 향후 3년간 매년 3만2천~3만5천kg의 중국산 마늘을 30~50%의 낮은 관세로 수입해 오기로 합의했다. 이에 마늘 재배 농민들은 크게 반발했지만, 당시의 외교통상부는 6억 달러의 수출길이 다시 열렸다고 긍정적으로 평가했다

■ 프랑스의 사례 : 달라이 라마 회동을 빌미로 비행기 구입 중단

티베트 망명정부의 지도자인 달라이 라마Dalai Lama를 일부 국가의 지도자들이 만나는 행위에 대해서도 중국은 노골적으로 불만을 표출한다. 티베트의 독립을 인정하지 않는 중국 정부와 독립을 지지하는 달라이 라마 사이에는 역사적으로 갈등의 골이 깊기 때문이

21) 특정 품목의 수입 급증으로 국내 업체의 심각한 피해가 있을 경우, 관 세를 인상하거나 수입량을 규제할 수 있는 제도.

다. 대표적으로 프랑스와 영국이 달라이 라마 때문에 중국의 괴롭힘을 받았다.

2008년 니콜라 사르코지 당시 프랑스 대통령이 유럽연합(EU) 의장 자격으로 달라이 라마를 만나자 중국이 들끓었다. 특히 사르코지와 달라이 라마의 만남은 중국 정부의 계속된 경고에도 불구하고 성사된 것이라 중국인들의 분노가 더욱 심했다. 중국의 인민일보는 사르코지의 행동을 '악질적인 도발'이라고 규정하며, 값비싼 대가를 치를 것이라고 경고했다.

사르코지와 달라이 라마의 회동 이후, 프랑스와 중국 사이는 급격히 경색됐다. 원자바오 당시 중국 총리는 유럽 순방 일정을 짜면서 프랑스만 쏙 뺐다. 그러면서 스위스, 벨기에, 독일과 영국 등 다른 유럽 국가들을 순방하면서 '믿음의 여행'이라는 표현을 썼다.

프랑스와 수교 45주년을 맞아 예정돼 있던 축하 행사에 중국 측 주요 인사들이 갑자기 참석을 하지 않기도 했다. 가장 큰 경제 보복은 당시 중국이 프랑스로부터 구입하기로 했던 에어버스 150대를 전격 취소한 것이었다. 냉랭했던 양국 관계는 이듬 해인 2009년 프랑스가 티베트 독립을 지지하지 않겠다고 선언하며 비로소 회복되었다.

한편 프랑스와 함께 유럽 강대국에 속하는 영국도 달라이 라마 때문에 곤혹을 치른 적이 있다. 2012년 중국은 캐머런 당시 영국 총리가 달라이 라마를 국빈 대접했다는 이유로 중국으로부터 투자 계획을 줄줄이 취소당했기 때문이다. 이후 영국은 중국에 '저자세 외교'를 보였는데, 캐머런 총리가 직접 '티베트의 독립을 지지하지 않는다'고 천명해야만 했다.

■ 노르웨이의 사례 : 반체제 인사에 노벨 평화상을 줬다는 이유로 연어 불매

노르웨이 연어의 수난은 2010년 노벨평화상을 받은 류샤오뽀(劉曉波: 2017년 사망)라는 인물 때문에 시작됐다. 중국 국적의 류샤오뽀는 오랜 기간 인권·민주화 운동을 해 온, 중국에서는 반체제 인사로 찍힌 사람이었다. 그런데 노르웨이는 류샤오뽀를 노벨평화상 수상자로 선정하면서 중국에 '큰 책임을 요구한다'며 직격탄을 날렸다. 중국이 이러한 노르웨이의 '도발'에 크게 분노한 것은 당연지사였다. 중국은 노르웨이 대사를 소환해 항의하는 한편, 류샤오뽀의 부인을 가택연금하고 일부 국가들에게 노벨상 시상식에 불참하도록 협박하는 등 방해 공작을 펼쳤다. 결국 2010년의 노벨평화상 시상식은 주인공인 류사오뽀가 빠진 채로 열렸다.

노벨평화상 사태 이후 중국은 노르웨이 산 연어에 대해 수입 금지 조치를 내렸다. 당시 노르웨이는 중국에 연어를 수출하는 1위 국가로, 중국내 점유율이 92%에 달했다. 그러나 이 조치 이후 30% 이하로 점유율이 추락했다. 중국의 경제 보복은 연어에만 국한된 것이 아니었다. 중국은 노르웨이와의 어업 장관 회담을 돌연 취소하는 것을 시작으로, 양국의 자유무역협정(FTA) 협상도 무기한 연기했다. 그러면서 손상된 양국 관계가 회복되기 위해서는 노르웨이의 공식 사과가 있어야 한다고 큰소리쳤다.

결국 두 손을 든 쪽은 노르웨이였다. 노르웨이 외무장관은 연어 수입 금지 조치가 시행된 지 6년 만에 중국을 방문해 리커창 총리를 만난 뒤, 양국의 무역관계 정상화가 담긴 공동성명을 발표했다.

이 공동성명에는 노르웨이의 간접적인 사과와 함께, 앞으로 중국의 이익을 해치는 행위를 지지하지 않겠다는 다짐이 담겼다.

- **일본의 사례 : 댜오위다오(釣漁島)에서 자국민을 체포했다는 이유로 희토류 수출 중단**

중국과 일본은 센카쿠 열도(중국명 댜오위다오)의 영토문제로 분쟁이 발생했다. 사실 영유권 분쟁은 오래전부터 있어왔는데, 2010년 일본이 센카쿠 열도 주변에 들어온 중국 어선의 선장을 체포하며 극에 치달았다. 중국 정부는 일본 대사를 여러 차례 불러 선장을 석방하라고 항의했고, 일본이 이에 응하지 않자 급기야 희토류 수출을 전면 금지했다. 중국은 일본 직원에 대한 비자 발급 지연, 희토류 수출 금지 외에, 일본 여행 상품의 판매도 금지해 큰 타격을 입혔다.

중국의 전방위적인 압박을 견디다 못한 일본은 결국 체포했던 선장을 석방했다. 하지만 중국은 사태가 발생한 지 2개월여가 지나서야 일본에 희토류 수출을 재개한다고 밝혔다.

희토류 전쟁은 일본이 백기를 들며 일단락됐지만, 2012년 일본이 센카쿠 열도의 국유화를 강행하자 이 두 국가에는 또 한 번 위기가 닥쳤다. 당시 일본인이 중국 현지에서 무차별 폭행을 당할 만큼 중국 내 반일 감정이 높았다.

아울러 일본의 기업 활동에 미치는 악영향도 심각하였다. 예를 들면 중국의 보복조치로 인해 일본의 도요타 자동차가 중국으로 수출되는 자동차 감산에 들어갔고, 일본 항공사들은 중국행 여행객이 무더기로 줄자 노선 감편을 결정했다. 중국 내 일본 공장 상당수는 파업이 장기화되며 여전히 공장을 돌리지 못하기도 했다.

당시 일본 게이자이신문에 따르면 도요타는 중국 내 반일감정 격화로 판매량이 급감하자 후쿠오카 공장의 렉서스 자동차 생산량을 하루 1,300대에서 1,000대로 20% 이상 줄이기로 했다. 도요타 사장은 '중국 내 반일시위가 시작된 후 자동차 판매량이 30%나 줄어 재고 증가를 우려해 감산을 결정했다며 양국 정부가 사태 해결에 나서달라'고 호소했다.

이와 관련 일본의 다이와종합연구소는 일본 자동차의 중국 수출이 한 달만 차질을 빚어도 직접 손실이 1,445억 엔에 달하고 관련 업계까지 더하면 3,000억 엔에 이를 것으로 전망했다. 이는 지난 1월을 제외하고 사상 최악을 기록한 일본의 8월 무역적자액 7,541억 엔의 40%에 해당하는 규모다.[22)]

중국 정부 역시 고위 인사의 방일을 줄줄이 취소하고, 센카쿠 열도 주변에 함선과 전투기를 배치했다. 하지만 일본은 센카쿠열도 국유화 방침을 끝내 철회하지 않았다. 양국의 긴장 관계는 2014년 중국에서 열린 아시아·태평양경제협력체(APEC) 정상회의를 계기로 다소 완화되었다.

한편 일본은 특히 중국이 희토류를 무기로 횡포를 부리자, 자국의 희토류 개발 프로젝트에 1조 5천억 원을 투자했다. 그 결과 희토류를 뺀 자석, 자동차 모터 등을 만드는 데 성공했다. 그와 동시에 인도와 정상회담을 하고, 희토류의 수입 통로 확장에도 힘을 썼다. 전방위적으로 노력한 끝에 중국에서 전량 수입하다시피 한 희토류

---

22) 서울경제 2012.9.25.

의 중국 의존도를 낮출 수 있었다.

■ 필리핀의 사례 : 국경분쟁을 이유로 바나나 구입 거절

중국과 필리핀의 영유권 분쟁은 2012년 불거졌다. 남중국해에 있는 스카보로섬(중국명 황옌다오)에서 중국 어선을 단속하는 필리핀 전함과 중국의 초계함이 대치하는 사건이 벌어진 것이다. 이후 중국은 필리핀에 '분수를 알라'는 등 거친 발언을 쏟아내는 동시에, 경제 보복을 시작했다. 중국은 당시 필리핀 관광객의 20%가 중국인인 점을 감안, 필리핀 여행을 즉각 중단시켰다. 이어 필리핀 과일류에 대한 검역을 대폭 강화하며 바나나와 파인애플 등의 수입을 사실상 금지했다. 표면적으로는 필리핀산 바나나에서 해충이 발견됐다는 이유였다.

2013년 필리핀은 남중국해 영유권 분쟁을 국제중재재판소로 가져갔다. 15개 항목으로 나눠 제기된 영유권 문제에 대해 중재재판소는 필리핀의 승소를 선고했다. 중국의 남중국해 영유권 주장이 아무런 근거가 없다는 이유였다. 그러나 중국이 패소 후 곧바로 바나나 수입 금지 조치를 해제한 건 아니다. 중국은 필리핀에 두테르테 대통령이 취임한 후 미국과 거리를 두기 시작하자, 비로소 바나나 수입 금지 조치를 풀어줬다. 그러면서 바나나 외에 망고와 새우 등 필리핀 농수산물 수입 품목 확대도 검토 중이라고 덧붙였다. 재판 결과에도 꿈쩍하지 않던 중국이 자신들의 이익에 도움이 될 것 같자 도리어 먼저 손을 내민 것이다.

중국과 남중국해 영유권 분쟁을 겪은 필리핀은 중국의 바나나 수입·관광 보복에 속수무책으로 당하는 듯 싶었다. 그러나 차근차

근 준비한 끝에 국제중재재판소의 승소 판결을 이끌어냈다. 처음에는 아무도 필리핀이 이길 줄 몰랐던 '달걀로 바위 치는' 게임이었다. 물론 법대로 해도 중국이 따르지 않는다는 건 문제다. 하지만 중국도 '움찔'할 수 있다는 걸 보여준 사례였다.

■ 타이완의 사례 : 반중 성향의 대통령을 이유로 여행 금지

중국이 타이완에 경제 보복을 하게 된 배경은 2016년 취임한 타이완의 첫 여성 총통 차이잉원(蔡英文) 때문이었다. 중국은 타이완 독립을 지지하는 반중 성향의 차이잉원에게 처음부터 적대적인 태도를 보였다. 차이잉원이 당선되면 중국 국민의 타이완 관광을 제한하겠다고 으름장을 놨고, 실제로 차이잉원이 총통으로 취임하자 관광 보복을 그대로 시행했다.

중국 의존도가 높았던 타이완의 관광 시장은 이 조치로 큰 타격을 받았다. 차이잉원이 취임한 뒤 중국인 관광객이 전년보다 30% 이상 줄어들었다. 타이완에서 중국인 관광객이 줄어든 건 8년 만에 처음 있는 일이었다. 하지만 중국의 보복이 오랫동안 영향력을 미치진 못했다. 중국인은 줄었지만 타 국가의 관광객은 꾸준히 늘어, 지난해인 2016년에는 타이완을 찾은 관광객이 최고치를 기록했다.

한국에 대한 사드의 보복 조치

우리의 사드설치와 관련한 중국의 경제보복 조치는 정말 군사작전과 다름없다. 내가 그렇게 말한 이유는 다음과 같다. 첫째, 중국의 이번 사드 보복조치는 사전에 치밀하게 계획되었다. 사실 내 친한 중국인 친구를 2017년 1월 경 만난 적이 있었다. 그때 그 친구가

내게 말하길 자기 친구가 선양 공항에 고위직으로 근무하고 있는데 중앙 정부로부터 최근 문서가 하달되었다고 한다. 주요 내용은 만약 한국이 사드를 배치하게 되면 중국 측에서는 그에 따른 단계적 조치를 취하도록 하는 내용인데, 거기에는 단계적으로 중국 항공기의 한국으로의 비행 금지도 포함되었다고 했다.

나는 그때만 하더라도 설마 중국이 그렇게 까지야 하겠느냐? 괜히 우리에게 겁주는 것 아니냐?고 반문하고 전혀 믿질 않았다. 물론 중국은 2016년 10월부터 서서히 우리나라에서 중국으로 들어오는 물량의 통관을 엄격히 하여 물동량을 감소시키거나 관세를 더 부과시키는 방법 등으로 보복 조치를 취하고는 있었다. 하지만 비행기의 항공까지 통제하는 조처는 너무 현실성이 없을 거라고 판단했다. 그런데 3월 초부터 중국 정부는 자국 비행기의 한국으로의 취항을 금지시켜 버렸다.

둘째, 중국의 사드 보복 조처는 중국 전역에 걸쳐 일시에 추진되었다. 우리 한국인과 한국 기업들을 대상으로 남방에서부터 북방에 이르기까지 보복 조치가 취해졌다. 여기서 피해를 덜 입은 회사나 업종으로서는 은행 등과 같은 금융업과 일부 한국 회사로 인식이 덜 된 회사들이거나, 영업실적이 좋아서 세금을 잘 납부하고 있다고 인식되는 회사들 뿐이었다.

셋째, 대규모로 모든 수단을 다 동원했다. 물류를 취급하는 모든 공항과 항구 등에서 통제를 함은 물론 이용할 수 있는 경찰력, 소방서, 세무, 위생 등의 부처뿐만 아니라 여행을 관광하는 관광부처까지 총망라하였다. 아울러 국민까지 동원하여 한국 물품 불매운동을 전개 시켰고, 어떤 지역에서는 반한 시위까지 벌였다.

사실 대기업이나 조그마한 영세업체를 불문하고 중국에서 소방과 위생에 걸리지 않을 업체는 하나도 없다. 중국은 평소에는 이런 사항을 다 눈감아주고 있다가 어떤 문제가 생겨 기업이나 개인에 대한 징벌적 조처가 필요할 때는 그동안 누적시켜왔던 온갖 비리를 모아 한꺼번에 과감하고도 전면적으로 터뜨리는 경향이 있다. 이번 사드보복도 이와 유사한 케이스다.

넷째, 해당 국가에서 항의를 하면 자기네들은 전혀 그렇지 않다고 거짓말을 태연하게 한다. 이미 손자병법에서도 말한 바와 같이 거짓말이야말로 군사전략 중 가장 중요한 전략이다. 이번 3월부터 본격적으로 추진된 사드보복조치에서도 중국 경찰들이 우리나라 회사들을 방문하여 우리나라 직원 한명 한명을 불러 세우며 여권을 조사하면서 출입국 경위, 거주지 등을 물어가면서도 '한국인을 보호하기 위해 개인 신상을 파악하고 있다'는 뻔히 아는 거짓말을 둘러댔다. 이런데도 불구하고 중국 정부는 정식으로 보복에 대해 부정해왔다.

내가 경영하는 식당에서도 가끔 손님들은 사드를 이야기하면서 노골적으로 반감을 표시하기도 했다. 중국정부가 직접 표면적으로 나서지 않고 약간의 방향만 제시하거나 언질만 하더라도 군관민이 동시에 들고 일어나기 때문에 속수무책으로 당할 수밖에 없다.

다섯째, 보복이나 제재를 실시하면서 실적을 보고받고 관리함으로써 상호간의 경쟁심을 유발시켰다. 군사작전의 전과 올리기 경쟁과 다름없다.

여섯째, 매우 체계적이었다. 체계적이라 함은 모든 관할 유관기관끼리 서로 긴밀하게 연락을 하며 관리를 함은 물론, 향후 전개될 수 있는 시나리오별 대응책까지 마련하여 철저히 통제, 관리함을 의미한다.

우리는 이번 사건을 계기로 중국의 민낯을 매우 뚜렷하게 알게 되었다. 본 책자의 1장 '중국을 바로 보자'에서 설명한 쓰촨극의 변검을 절실하게 체험하게 되었다. 그들은 수시로 얼굴을 바꿔가는 변검의 달인이 되어 있었다. 중국은 이제 막강한 경제력을 무기로 주변국이나 관련국을 길들이려 한다는 점이다. 1992년 수교 이래 한중관계는 밀월이라 할 정도로 매우 친밀한 관계를 유지해왔다. 우리는 이 기간을 활용하여 더욱 굳건한 경제력을 발전시켜올 수 있었고, 중국 또한 우리를 활용하여 우리로부터 경제발전의 유형이나 노하우를 많이 전수받았다.

이제 중국은 홀로 설 수 있게 되었음은 물론, 세계 2위의 경제대국으로 우뚝 서게 되었다. 중국은 드디어 이빨과 발톱이 다 자란 호랑이가 되었다. 중국은 이제 다 자란 이빨과 발톱으로 주변국이나 관련국을 자기들 입맛에 맞게 길 들이려하고 있다. 중국은 항상 우리에게 복음만은 아님을 우리는 알고 이를 깊은 교훈으로 삼아야 할 것이다.

좀 더 구체적으로 우리나라 기업들이 중국의 사드 보복조치로 당한 사례로 중국에 진출한 롯데그룹을 들 수 있다. 2017년 3월초 중국의 사드에 대한 본격적인 보복조치가 시행되면서 소방서가 선양시에 진출한 롯데백화점내 지하 식당과 7층 식당을 점검하면서 한국인이 경영하는 한식당만 골라 백화점내 가스를 사용 못하게 되어 있는데, 가스를 사용하고 있다면서 영업정지 처분을 내렸다. 그때 한국 식당 주인들이 왜 우리 한국 식당만 그런 처분을 내리느냐?

백화점내 모든 식당들이 똑같이 가스를 사용하고 있는데, 중국 식당들은 그대로 영업을 하도록 하고 우리만 영업정지를 내리느냐고 항의를 했지만 그들은 자기네들이 알아서 하는 사항이니까 당신네들은 상관하지 말라며 위협을 해댔다. 이와 더불어 위락시설 공사를 하고 있었는데 그 공사마저 별다른 이유없이 공사 중단명령을 내려버렸다. 누구나 알고 있듯이 공사가 중단되면서 유지보수와 직원 경비 등 비용만 막대하게 들어가게 되었다.

한편 롯데마트는 2008년 베이징 왕징에 중국 1호점을 개원했다. 이후 텐진, 산둥, 랴오닝 등으로 사업 영역을 넓혔다. 당초 계획은 2018년까지 중국 내 지점 300개 확대, 매출 2000억 달러 달성이 목표였다. 그러나 중국의 사드 보복조치에 시달리다 결국에는 손실을

중국 선양시 롯데그룹의 중단된 건설현장

자료 : 한겨레신문, 2017.9.19.

무릎쓰고 100여개의 점포를 완전 철수하기로 했다. 이마트에 이어 롯데마트까지 중국에서 철수를 결정함으로써 우리나라의 대표적인 두 유통업체가 중국에서 철수를 하게 된 것이다. 이는 물론 여러 요인이 있었겠지만 중국의 사드 보복조치가 결정적인 요인으로 분석된다.

사드 보복의 표적이 된 롯데그룹은 중국 랴오닝성 선양시에 총 3조원을 투자해 부지 16만m^2, 연면적 145만m^2에 백화점, 극장, 아파트, 놀이공원, 호텔, 사무실과 쇼핑몰 등을 짓기로 했다. 예정대로라면 2018년 말까지 완공해야 하지만 이제는 불가능해졌다. 2014년 4월 준공된 백화점, 극장, 아파트를 제외한 나머지는 아직 형체도 갖추지 못하고 있다. 최근 롯데 백화점을 취재한 한겨레 신문 기자의 기사를 그대로 옮겨본다.

중국 선양시 롯데백화점내 텅빈 매장

자료 : 한겨레신문 2017.9.19.

2017년 9월 16일 토요일 오후 선양롯데월드의 백화점은 거의 비어 있었다. 곳곳에서 50%, 30% 세일이 진행중이었지만 점원들이 두세 명씩 모여 대화를 나누고 있을 뿐 손님은 보기 힘들었다. 3층과 4층에 각각 자리한 여성복, 남성복 특판장을 10여분씩 지켜봤더니 각각 1명, 3명이 지나가면서도 물건은 구경도 하지 않았다.[23)]

롯데 그룹을 비롯하여 중국에 진출한 여러 업체들의 피해가 갈수록 늘어갔다. 한때 중국에서 매우 인기가 높았던 한국 자동차에 대한 중국인의 무시도 뒤따랐다. 현대・기아차의 중국 시장 점유율은 2013년 6.8%를 정점으로 해마다 떨어져 지난해 5.1%로 낮아졌다. 올해 들어선 3%대로 뚝 떨어졌다. 이처럼 사드 보복에 따른 영향은 유통업체 뿐만 아니라 화장품업체는 물론, 자동차 산업과 여행 관광업 등에까지 커다란 타격을 입게 되었다. 더욱이 중국내 한국 제조업체들은 거의 대부분 소방 및 위생점검과 각종 세금조사 등으로 엄청난 벌과금을 부과해야 했다. 나중에 자세히 설명하겠지만 내 식당도 예외가 아니었다.

어떤 사람들은 중국의 이런 보복행위에 대해 참으로 유치하고, 졸렬하다고 평할지 모른다. 하지만 우리로서는 이에 대한 뾰족한 대응방법이 없고 앞으로도 이와 유사한 보복이 언제 생길지 알 수 없다.

우리가 감정적으로 유치, 졸렬하다고 해봐야 문제 해결에 아무런 도움이 되질 않는다. 이 기회에 아예 '중국은 유치, 졸렬하고 어떤 목적을 위해서는 수단과 방법을 가리지 않으며, 이해관계에 따라

23) 한겨레신문, 2017.9.19.

안면을 몰수하는 나라'라고 인식하고 대응해야 할 것이다. 시간이 어느 정도 지나면서 우리에 대한 사드보복 조치의 반작용으로 중국 기업체들에 약간의 부정적 영향이 나타나는 이유 등으로 중국 정부는 서서히 보복조치를 완화하고 있지만, 이런 사례가 언제 또 발생할지 모르기 때문이다.

제6장

중국에서의 개인 사업

1. 커피숍 운영
2. 식당 운영

06

중국에서의 개인 사업

여기에서는 내가 그동안 중국 생활을 하면서 직접 사업을 하게 된 커피숍과 식당 운영 경험을 밝히고자 한다. 그렇게 함으로써 중국에서 사업의 여러 어려움과 문제 해결 사례를 독자들에게 알려 중국 사업운영에 조금이라도 도움을 주고자 한다.

1 커피숍 운영

커피숍 인수

선양시에서 커피숍을 하나 인수하기로 했다. 인수 대상은 소위 선양 코리아 타운이라 할 수 있는 시타(西塔)중심 2층짜리 건물에 우리 평으로 약 300평 규모로 상당히 큰 커피숍이었다. 나 혼자가 아니라 2명의 동업자가 있어 세 사람이 지분을 균등하게 1/3씩 나눠서 참여했다. 이 가운데 한 분은 선양에서 유명한 조선족 동포로 명망도 있었고, 사람이 매우 대범한데다 이해심도 깊었다. 동업을 하면 사람을 알 수 있다는 말이 있지만 동업을 하면서 이 분의 인품이 매우 훌륭함을 느낄 수 있었다.

마침 내 처제가 우리나라에서 약 20년간 커피숍을 운영해봤기에 우리나라식 경영방법을 도입하면 꽤 될 것 같았다. 처제는 주방이나 종업원의 서비스 등 커피숍 내부를 책임지고, 다른 조선족 여성이 소방, 위생 및 각종 세무를 비롯해서 원재료 구입 등 대외적인 업무를 책임지는 식으로 커피숍을 운영하게 되었다.

경영 방법

동업자 셋이서 투자만 하고 경영에는 직접 관여하지 않는 방식이었다. 우리 동업자 셋은 커피숍에서 무슨 어려운 일이 생기면 옆에서 지원해주는 방식을 택했다. 특히 조선족 동업자는 선양에서 워낙 유명한 데다, 인맥이 광범위해서 소방, 세무, 위생 등 커피숍을 운영하는 데 관련된 모든 대외업무를 맡아서 잘 처리해주었다. 나는 커피숍을 직접 운영하지는 않고 경영기획 같은 큰 틀을 기획하는 업무는 도와주었다. 나와 같이 다른 동업자 두 분도 비전문가가 나설수록 회사가 안 된다는 생각이 있었다. 더구나 우리 셋은 각자의 회사 일로 바빠서 커피숍을 관리할 시간도 없었다.

그간 나로서는 중국에서 은행 직원으로 근무하면서 우리나라 기업들에게 중국이 어떠하고, 중국인들이 어떠하니 뭘 조심해야 하고, 뭘 유의해야 한다는 등 혼자 잘난 척 하면서 그저 교과서 내용만 읊어주고 다녔다. 나는 막상 커피숍을 실제 운영은 하지 않고 옆에서 지켜만 봤어도, 중국에서 사업을 한다는 게 얼마나 힘든 일인지를 뼈저리게 느낄 수 있었다.

어떤 직장에 몸을 담고 주재원으로 생활하는 것과, 실제로 조그마한 식당이나 커피숍을 운영하면서 발생하는 현실과의 괴리는 너무 크고 깊었다. 그 괴리가 큰 만큼 시간과 돈이 낭비되었다. 다행히 이미 설명한 대로 우리 커피숍은 매우 유명하고 인맥이 막강한 조선족 동포가 동업자로 있어서 모든 외풍을 잘 차단해 주었다.

직원 관리

그럼에도 불구하고 커피숍 운영을 옆에서 지켜보노라니 많은 어려움이 있었다. 이 가운데 거의 날마다 내 처제의 신경을 거스르게 한 사항이 직원관리였다. 우선 그 지역에서 좀 유명한 커피숍이다 보니 조선족 동업자 지인의 자녀들이 커피 제조나 커피숍 운영관련 경영기법 등을 배우기 위해 많이 채용되었다.

그들은 약 3개월 내지 6개월 정도 나름대로 배울 만큼 배웠다고 스스로 판단하면 커피숍을 과감히 그만 두었다. 나중에 알고 보면 다른 곳에다 커피숍을 차렸다. 때로는 자기들만 그만 두는 게 아니고 우리 커피숍에서 열심히 일하고 능력 있다 싶은 직원들을 데려갔다.

그러하니 우리 커피숍에서는 직원들 교육 및 훈련시키기 바빴고, 좀 쓸 만하다 싶으면 여기저기 커피숍에서 봉급을 좀 올려주는 식으로 유혹하여 데려가 버렸다. 그렇다고 그게 미워서 직원들을 제대로 교육이나 훈련을 안 시킬 수도 없었다. 당장에 우리가 아쉬웠기 때문이다. 이처럼 중국에서는 어떤 상도덕을 전혀 기대할 수가 없었다.

한편 커피숍이 우리 평수로 약 300 평이다 보니 규모가 크기도 했지만, 중국 종업원들의 근무 태도나 열성 등이 너무 미치지 못해서 총 직원 수가 20명이 넘었어도 손님이 약간만 많으면 서비스가 따라가질 못했다. 우리나라 같으면 약 10명만 해도 충분히 대처할 수 있었을 텐데도 중국 종업원들의 능력은 차이가 많았다. 자연히 인건비의 비중이 매우 컸다.

우리나라 사람들은 중국에 와서 크건 작건 나름대로의 사업을 하려할 때 중국 직원들의 봉급이 매우 저렴한 점에 대해 크게 만족을 하고 사업성을 더 좋게 보는 경향이 있다. 이는 언뜻 매우 자연스런 현상이다. 하지만 중국 직원들을 고용해서 관리하다보면 우리나라 종업원들의 회사에 대한 충성도, 근무 태도나 열의 등을 종합적으로 검토해 볼 때 단순히 중국 직원들의 봉급이 저렴하다고 볼 수 없음을 알게 된다.

직원들을 많이 거느리다보니 직원들 간 사소한 일이 자주 발생했다. 직원 간 연애 사건, 약간만 훈계를 해도 커피숍을 쉽게 떠나가버리는 건 등으로 매일 직원을 모집하고, 교육 및 훈련을 시키는데 많은 시간을 허비했다. 무슨 일이 발생할 때마다 주주 중 두 사람이 한국인이고, 경영자가 한국인이라서 그런지 말도 안 되는 일로 많은 돈을 요구하는 경우도 자주 발생했다. 한 마디로 어떤 폭행이나 부상 건이 발생하면 그걸로 한 몫을 단단히 잡으려는 직원가족도 있었다.

한 번은 임신한 여종업원이 음식을 나르다가 넘어져서 약간의 찰과상을 입었다. 그 여직원은 그날 바로 커피숍을 그만 두었다. 그 다음날부터 가족까지 대동하여 날마다 커피숍을 찾아와 혹시 유산했을지 모르니 치료비와 보상비를 요구하며 소란을 피웠다.

우리 커피숍에서는 직원이 근무 중 부상당할 가능성에 대비해서 이미 보험을 가입해 두었다. 그런데 보험으로 처리할 만한 부상이 아니었는데도 돈을 요구하며 영업을 못하게 방해를 했다. 그런 때일수록 그들의 요구에 전혀 대응하지 않고 더욱 엄격하게 대처하기로 하고, 나중에 경찰까지 부르겠다고 위협을 해서 쫓아 낸 적도 있었다. 직원이고 외부 공무원들이고 간에 여기저기서 갖은 핑계로 돈을 요구했다.

이와 별도로 대도시에서 커피숍을 운영하기 위해 채용한 직원들 대부분의 집이 도심에서 멀다보니 커피숍 부근에 직원들이 거주 할 숙소 마련이 문제였다. 두 동업자의 말을 들어보니 직원용 숙소를 마련해주는 것보다 차라리 봉급을 일부 올려서 직원들로 하여금 숙소를 정하도록 하는 게 비용도 덜 들고, 사후 발생할 문제를 많이 줄일 수 있다고 하였다.

직원들에게 숙소를 마련해주면 아무래도 젊은이들이기 때문에 함께 거주하면서 직원 간 애정문제 등으로 많은 문제가 발생한다는 거였다. 또한 직원들이 돈 몇 푼에 쉽게 직장을 옮기기 때문에 집세, 전기세나 물세 등 집주인과 정산할 문제도 많이 발생한다는 거였다. 따라서 직원들 숙소를 우리가 마련해주지 않고 그들로 하여금 스스로 알아서 마련하도록 한 대신에 봉급을 약간씩 올려주는 방법을 택했다.

대외 문제 해결

한편 세무나 소방, 위생 등에서 자주 커피숍을 방문해서 트집을 잡고 돈을 요구했다. 특히 소방의 권한은 막강했다. 한 번은 소방에서 대대적으로 검사가 나왔다. 우리 커피숍은 고전적인 이미지를 자아내기 위해 목재를 주로 사용해서 장식을 했다. 테이블뿐만 아니라, 의자는 물론 벽과 천정도 목재를 주로 사용했다. 심지어는 홀의 벽을 자그마한 통나무로 벽돌 쌓듯이 쌓아두기도 했다. 손님들 입장에서는 매우 편안하고 안락해 보였다.

중국의 소방관련 규정대로 한다면 우리 커피숍은 당장 문 닫아야 했다. 물론 중국의 소방 규정대로 한다면 우리 커피숍뿐만 아니라 아마 중국의 모든 커피숍이나 식당이 다 문을 닫아야 할 것이다. 어찌되었든 내가 보기에도 중국의 소방 규정과는 너무 동 떨어진 장식이었다. 아니나 다를까 소방이 와서 많은 부분에서 지적을 하고, 당장에 시정조치 하도록 했다. 거의 모든 벽과 천정을 다 뜯어야 함은 물론, 2개 층을 사용하고 있었기 때문에 2층에 비상구를 2개 만들어야 했다. 한 개는 이미 되어 있었는데, 소방에서는 한 개를 더 만들어야 한다고 우겼다.

가게 면적에 따라 비상 통로의 수가 규정되어 있었다. 소방의 지적대로 개선하려면 우리가 보기에 최소 2개월간 커피숍을 운영하지 않고 내부를 다 뜯어야 했다. 아울러 2층에 비상구를 하나 더 만들어야 했다. 추가 장식비만 최소 약 1억 원은 들어야 했다.

또한 커피숍이 나름대로 긴급 소화기, 소방 호스 등 여러 소방설비를 갖추고 있었지만 모두 퇴짜를 맞아 다시 구입해야 했다. 원인은 소방서가 지정한 상점에서 구입하지 않았다는 것이다. 참으로 어이가 없었지만 어쩔 수 없었다.

아무튼 동업자 간 많은 고민 끝에 시정할 수 있는 장식비를 최소화하고, 영업은 중단할 수 없다고 결론지었다. 결국 소방관련 모든 사항은 조선족 동업자가 책임져서 해결하도록 했다. 그 조선족은 커피숍 소방관련 문제를 해결하기 위해 약 2개월에 걸쳐 많은 소방

관련 간부들을 만났다. 소방관들과 많은 회의 끝에 2 층에 비상구를 하나 더 만들고, 벽이나 천정은 뜯지 않고 그 위에 벽돌무늬의 벽지를 발라 해결한 적도 있었다. 이 소방문제를 해결하기 위해 그 조선족 동업자는 소방 공무원들을 접대하는 등으로 개인적인 돈을 많이 썼을 것임에도 불구하고 그것에 대해 우리에게 이야기 한 적도 없었다. 물론 공식적으로 공무원들에게 별도로 들어가는 비용은 커피숍에서 지불하였다.

식자재 구입

커피숍에서는 각종 커피, 과일 주스에서부터 피자, 이태리 면, 볶음밥 등 다양한 식사류와 팥빙수 등에 이르기 까지 각종 음료를 팔았다. 따라서 매우 다양한 재료와 과일 등을 구입해야 했다. 처제는 중국말도 하지 못했을 뿐만 아니라 중국생활에 익숙하지 못한 데다, 커피숍 내부 운영을 책임졌기 때문에 재료 구입은 다른 직원이 전담했다.

그런데 날이 갈수록 거래처가 고정됨으로써 재료가 신선하거나 좋아지는 게 아니고, 오히려 신선도도 떨어질 뿐만 아니라 가격도 비쌌다. 하도 이상해서 한 번은 시장조사를 가봤더니 다른 상점에 비해 우리 커피숍에 납품하는 상점이 가격뿐만 아니라 재료의 품질도 훨씬 떨어졌다.

처제는 이를 유심히 지켜봤다가 각종 재료가 들어올 때마다 점검을 하면서 좋지 못한 재료는 바로 반납을 함과 아울러 거래처를 즉시 바꿔버렸다. 그 뒤로는 좋은 가격에 좋은 재료가 들어왔다. 또 2, 3개월이 지나면 재료의 품질이 떨어지기 시작했고, 그 때마다 거래처를 바꿔서 대처를 했다.

앞 장에서 설명한 것처럼 중국인들은 우리와 달리 오히려 단골을 속이는 수법을 사용했다. 나중에 알면 알수록 중국인들의 이상한 상술을 이해할 수 있었다. 그들의 생각과 우리의 생각은 이런 면에서도 확연히 달랐다. 우리는 단골일수록 더 신뢰하고 이해한다. 그럼으로써 거래가 더욱 원활하고 가격이나 제품의 품질 등도 신경을 덜 쓰게 된다. 하지만 중국은 오히려 오래 거래할수록 가격이나 제품의 품질에 신경을 써야 했다.

그들은 거래방식에서 우리와 달리 생각했다. 자기와 거래를 하게 됨으로써 우리 측에서 그간 많은 이익을 얻었고, 점차 자기들을 믿을 수 있기에 더 쉽게 속일 수 있다고 생각했다. 개인 사업을 하다보니 중국인들의 단골에 대한 이런 생각을 더욱 뼈저리게 느낄 수 있었다.

가맹 희망 회사들과의 협상

커피숍을 운영한 지 5, 6개월 되면서 점차 유명해지자 여기저기서 가맹점을 희망하는 사람들이 나타났다. 대략 5군데서 우리 커피숍과 가맹점을 열고 싶다고 하여 만나고 협상을 하기 시작했다. 결론은 그들은 가맹점을 하겠다는 걸 미끼로 우리 커피숍의 운영방침이나 경영기법은 물론, 장식 노하우, 매출이나 수익 등 영업상황까지 다 파악한 다음에는 여러 핑계를 대며 가맹점을 하지 않겠다고 하였다.

우리로서는 진실로 그들 모두가 가맹점을 할 것이라고 생각은 안 했지만, 그래도 성심성의껏 그들을 대해주고, 커피숍 운영에 관한 여러 구체적인 물음에 대해서도 친절히 알려주었다. 왜냐하면 그들의 의도가 매우 불순했지만 어차피 커피 사업이 새로운 사업이기 때문에 여러 군데서 커피숍이 생겨나면 수요도 창출될 거라 생각했기 때문이었다.

그렇긴 한다 하더라도 그들의 태도는 너무 심했다. 영업기밀까지 파악하려는 의도를 가끔 내비치기도 했다. 그들도 사업을 하는 사람들이라서 어느 정도 상도덕을 기대한 우리의 잘못이 컸다. 그들은 우리의 영업기밀을 묻는 데도 전혀 미안함 같은 걸 느끼지 않는 것처럼 보였다.

한 회사와는 조건이 거의 합의가 되어 계약을 체결하기로 했다. 그 동안 합의되었던 사항 등을 기초로 해서 계약서를 작성하고 계약을 체결하기로 했다. 계약서에 사인을 하기로 만났는데 난데없이 상대방 측에서 갑자기 문구 수정을 요구했다.

내용인즉 우리 측에서 상대 직원들에 대한 교육을 3개월 시켜주는 대가로 인민폐 10만 원(한화 약 1천6백 5십만 원)을 주기로 합의했는데, 문구 하나를 삽입하자고 했다. 우리는 내용상 큰 문제가 없다면 동의하기로 했더니, 그 문구 내용은 매일 그들이 사용하는 원자재를 우리가 구입하는 가격으로 구입해서 우리가 그 점포까지 배달해줘야 한다는 조건이었다. 무기한으로. 우리 커피숍에서 중국 측 점포까지는 차로 최소한 1시간이나 소요된다. 이런 터무니없는 내용을 요구하는 데도 그들은 눈썹하나 까딱하지 않았다. 결국엔 그 협상도 깨졌다.

커피숍에서 철수

비록 내가 커피숍을 직접 운영은 하지는 않았지만, 점차 회사 일이 바빠져서 그 마저도 더 이상 관여를 할 마음의 여유도 없었다.

또 몇 가지 다른 일도 생겨서 나는 커피숍에 대한 지분을 다른 사람에게 양도하고 그만 두었다.

원래 세 사람이 공동으로 지분을 균등하여 투자했을 때 한 사람이라도 지분을 남에게 양도하고자 할 때는 다른 두 사람의 동의가 필요했는데, 두 분 다 내 사정을 잘 이해해 주어서 쉽게 지분을 양도하고 커피숍 투자를 철회할 수 있었다.

2 식당 운영

식당 구상

중국 생활하면서부터 식당 경영에 관심이 많았다. 어려서 부모님이 식당을 하여 많은 손님들이 우리 식당을 이용하였고, 시골이었지만 그런대로 형제자매들 8명 가운데 6명을 대학 보냈으니 경제적으로 어렵지는 않았던 것으로 기억한다. 특히 아버지는 베푸는 마음이 많아서 식당으로 번 돈으로 약을 많이 사서 동네 아픈 분들에게 무료로 치료를 해주거나, 특히 뼈가 삐었거나 골절 당한 분들에겐 뼈를 맞춰주기도 하거나 약으로 치료를 해주었다.

지금 생각해보면 그런 의료 봉사활동이 완전 불법이었지만, 시골 조그마한 동네에서 아파도 돈이 없어 병원은커녕 약국에 가서 약을 살 엄두도 내지 못했던 사람들이 주변에 쫙 깔려 있었다. 인정이 넘쳐난 아버지는 주변 불쌍한 사람들을 그냥 지나치지 않고 돌보아 주었다.

나도 이런 기질을 유전 받았는지 주변의 불쌍한 사람들을 보면 그냥 지나치지 못했다. 특히 어려서 우마차에 깔려 한동안 두 다리가 붙은 채로 생활 한 탓인지 몰라도 장애인과 고아들에 관심이 많았다. 이런 사람들을 돕기 위해서 고정적인 수입원을 마련해야 했고, 그 수단으로 식당을 택했다. 특히 중국 사람들은 보통 우리나라 사람들에 비해 식사 주문량이 거의 3배에 이를 정도로 많은 점에 착안하여 식당을 운영해보기로 했다.

마침 내가 회사의 사장으로 부임한 지역에 몇 군데의 한국식당이 있었지만, 모두 중국인이 운영하는 한국식당이라 우리 맛을 제대로 자아내는 식당이 없었다. 그럼에도 불구하고 그런 한식당에 손님들이 줄을 서 있기도 했다. 내가 식당을 운영하기로 한 이유 중 하나는 이곳 중소도시 식당들의 음식을 나는 제대로 먹을 수가 없었다. 내가 특별히 비위가 약한 것도 아니었는데도 불구하고 이곳 지역의 너무 짠 음식이 매우 부담스러웠다. 나는 짠 음식을 매우 싫어하는데 유독 이 지역의 음식은 엄청 짰다. 아마 내륙 깊숙한 지역이라서 그런지는 몰라도 도저히 식사를 제대로 할 수 없을 지경이어서, 이곳 올 때마다 식사 때문에 애를 먹었다. 때문에 차라리 내 식당을 차려 내 입맛에 맞는 음식이라도 먹어야겠다는 생각에 더 간절히 식당을 운영해야겠다고 생각했다.

드디어 식당을 하기로 작심을 하고 몇 군데 장소를 알아본 다음에 집에서 가깝고 전망도 좋은 곳에 식당을 차리기로 했다. 그 전에 가까운 친구와 그의 통역을 도와줄 조선족 후배를 불러들여 식당사업에 전념시키고 나는 회사 경영에 전념할 수 있었다. 초기에는 식당 관련 모든 일을 내 친구에게 맡겼다.

식당을 하기로 작정하면서 이왕이면 전문 한식 불고기를 하기로 했다. 우리나라의 전통 숯불고기를 주 메뉴로 하면서 다른 여러 가지의 부대 음식을 곁들이기로 했다. 중국인들은 점심과 저녁 식사는 우리와 달리 여러 종류의 음식을 골고루 많이 먹는 습성이 있었다.

동북지역의 중국인들은 아침은 매우 가볍게 죽 한 사발에 찐 옥수수 반 개나 약간의 만두를 먹었다. 여유가 있는 사람들은 점심이나 저녁에는 식사 때마다 육해공군의 고기류를 즐겼다. 예를 들면 돼지고기나 소고기는 물론이고, 닭고기 등의 조류와 생선구이 등을 꼭 챙겼다. 그들의 식사량은 우리의 약 3배 정도였고, 음식이 남으면 거의 싸가지고 갔다. 약 10년 전에만 하더라도 남은 음식을 싸가지고 가려고 하질 않아, 내가 느끼기에 너무 심한 음식 낭비라 생각했는데 어느새 많은 음식을 시킨 다음에 남은 음식을 자연스레 싸가지는 좋은 습관을 지니게 되었다

특히 그들 대부분은 맥주를 좋아해서 점심부터 맥주를 곁들여 가며 식사를 하는 습관이 있었다. 동북지역 중국인들의 주량은 대단하여 우리의 주량에 비할 바가 아니었다. 대개는 우선 입가심용으로 맥주로 시작했다가, 나중에 와인이나 고량주를 들이켰다. 물론 요새는 동북의 주량이라 하더라도 술을 많이 자제하는 것 같았다.

개업 준비

직원 모집 및 교육

식당 운영권을 움켜쥔 내 친구는 직원을 모집하기 시작했다. 직원을 모집하기 위해 인쇄물을 만든 다음에 여기저기 전봇대나 아파트 단지 내 엘리베이터 주변 등에도 인쇄물을 붙였다. 마침 식당 주

변에 커다란 시민공원과 광장이 있었기에 거기서 많은 사람들에게 인쇄물을 뿌리며 직원을 모집도 하고 식당에 대해 광고도 했다.

특히 주방 직원들을 채용한 다음에는 이미 체결한 가맹점주인 후배에게 부탁해서 약 10일간 모점인 선양 식당에서 주방관련 교육을 시켰다. 홀 서빙 담당도 함께 교육을 시켰다.

식당을 운영할 때 가장 중요한 게 주방의 요리솜씨였기 때문에 가맹 식당 사장이 개업을 앞두고 3일간은 우리 식당에 와서 요리 담당자들에게 음식 재료 고르는 법부터, 음식 만드는 전 과정을 다시 실습시켰다. 다행히 한식당에서 약 10년을 일했다는 직원이 있어 한식 음식의 맛을 상당히 근접하게 맞출 수 있었다. 우리는 그를 주방장으로 임명하고 그에 맞는 월급 등 대우를 해주었다.

장식

한편 장식회사를 선정해서 장식도 했다. 장식회사는 그 지역 내 친한 갑부를 통해 소개받은 장식회사로 정했다. 우리가 장식회사를 정할 수도 있었지만, 식당 장식에 대해 아는 바도 없었기 때문에 차라리 그 지역 친구의 도움을 받는 게 여러 모로 나을 것으로 판단했다.

장식회사는 원래 책정한 기일보다 더 한참 늦게 서야 장식을 마감할 수 있었다. 우리는 장식회사를 완전히 믿고 특별나게 검사를 하지 않았는데, 나중에 보니 이게 화근이었다. 영업을 하다 보니 식당 운영에 가장 중요한 환기설비를 엉망으로 해 놓았음을 알게 되었다. 한식 불고기 식당이다 보니 환풍 시설이 매우 중요했는데, 지인의 소개로 장식회사를 소개받았기 때문에 이를 믿었던 우리가 매우 잘못한 탓이 컸다.

환풍 시설이 잘못되어 안에 공기의 압력이 너무 약한 탓에 밖에서 문을 열려고 하면 잘 열리지 않고, 안에서 나가기 위해 문을 열려고 해도 문이 잘 열리지를 않았다. 게다가 숯불로 인한 연기가 밖으로 잘 빠져 나가지를 못했다. 약 7개월을 버티다가 어쩔 수 없이 약 일주일 영업을 하지 않은 채 환풍 설비를 다 뜯어내고 새롭게 장식을 하는 수밖에 없었다. 이로 인해 경비가 추가로 5백만 원이 들었다. 아무리 친한 지인의 소개라 하더라도 중국에서는 철저한 관리감독을 해야 함을 뼈저리게 느끼게 되었다.

식당 광고

장식회사가 장식을 하는 약 2개월간 내 친구와 통역은 날마다 직원을 교육시킴과 아울러 직원들과 더불어 식당 광고를 다녔다. 전단지를 만들어서 아파트 단지나 시민공원, 광장 등에서 만나는 사람들마다 나눠주기도 했다. 많은 사람들이 최초의 한국 식당이라는 점에 대해 호기심과 함께 좋은 반응을 보였다.

지인의 도움을 받아 지방 텔레비전에도 광고방송이 나가서 손님들의 반응이 매우 좋았다. 역시 텔레비전의 영향력은 어딜 가나 최고였다. 특히 그 지역에서 한국인 최초 한국 식당이라니 너도나도 한국인을 보겠다며 많은 손님들이 들이 닥치기도 했다.

시골 도시였지만 초기에는 우리 식당에 왔던 손님들이 몰고 왔던 벤츠만 최소 100대는 되는 듯 했다. 시골 도시에서 어떻게 그렇게 많은 벤츠가 있었는지 그저 놀랄 따름이었다. 더욱이 벤츠를 몰고 온 손님들은 거의 20대나 30대 초반의 젊은 남녀들이었다.

가격 책정

식당을 운영하면서 음식 가격은 친구가 그 지역 좋은 식당의 가격을 살펴본 다음에 그보다 약 10% 비싸게 책정했다. 왜냐하면 그 지역에서 최초의 한국 식당이었고 친구와 내 처제랑 우리나라 사람이 둘이었는데, 그에 따른 인건비 비중이 컸기 때문이었다. 대신에 모든 걸 한국식으로 하도록 했다. 예를 들면 음식의 맛, 위생 및 친절한 서비스로 경쟁력을 높이고자 했다.

우리는 고객층을 중상류 이상으로 설정했고, 거기에 맞는 가격대를 제시했다. 내 후배 사장이자 내 식당의 가맹주는 그간 주변에 약 10군데의 가맹점을 가지고 있었는데, 우리 식당의 가격대가 평균 약 30%나 저렴하다고 했다. 그런데도 손님들은 가격이 너무 비싸다고들 했다. 식당이 소재한 곳은 소득수준이 매우 낮은 곳이었고, 특별히 활성화된 산업도 없었다. 그런데도 불구하고 개업한 지 얼마 되지 않았던 시기만 보면 식당에 왔던 손님들은 지역 내 내노라하는 부유층들이었다.

다만 식당 개업 날부터 이 주일간은 원 가격의 50%를, 그 후 한 달간은 20%를 할인하여 식당 광고 및 선전을 전개했다.

위생 철저

식당을 운영하면서 가장 신경을 쓴 게 음식의 맛과 위생이었다. 특히 지역 내 유일한 한국 식당이라는 경쟁력을 높이기 위해 위생에 각별 신경을 썼다. 이를 위해 주방이 두 면에서 보이도록 완전 개방을 시켰다. 오가는 손님들이 주방과 요리사의 모습, 요리하는 현장을 볼 수 있도록 했다.

한편 화장실을 남성용과 여성용으로 구분하여 별도로 마련했다. 대개 중국의 일반 식당들은 화장실이 남녀 공용이 많았다. 그러다 보니 화장실을 이용할 때마다 여러 가지 신경이 쓰였고, 불만스러웠다. 식당이 그리 넓지는 않았지만 남녀 화장실을 구분해서, 화장실의 위생을 별도로 관리했다.

날마다 회의 시간을 가져 줄기차게 위생을 강조했다. 중국인들의 위생 관념은 매우 희박하다. 식당 바닥에 휴지나 식탁 위에 남은 조그마한 음식 찌꺼기들을 치우려 하질 않았다. 가장 청결해야 할 주방에서도 그들은 요리를 하면서 쓰레기를 쓰레기통에 넣질 않고, 한참을 두었다가 퇴근 무렵에 한꺼번에 처리하려는 습관이 있었다.

식당을 운영하면서 이런 작은 위생문제로 많은 말다툼이 일어났다. 그들의 눈으로는 매우 깨끗한 것 같은데, 왜 사장은 지저분하다고 그러느냐며 불평불만이 많았다.

사실 중국인들의 위생이나 청결관념은 우리와 매우 차이가 났다. 일상생활에서도 그대로 나타난다. 내가 전에 살았던 아파트 옆집은 수시로 쓰레기가 있는 봉지를 밖에다 내 놓는다. 아마 그들도 그 쓰레기가 보기 흉할 뿐만 아니라, 냄새도 역겹기 때문에 집 안에 두질 않고 밖에 두었다가 집을 나갈 때 일 층 쓰레기통에 버리려는 생각인 것 같았다. 그러다보니 옆집과 자주 언쟁을 벌이곤 했다. 자기 쓰레기는 자기 집에 두었다가 나갈 때 쓰레기통에 버려야 함에도 불구하고, 자기 문과 우리 집 문 사이에 쓰레기 봉지를 방치했다. 아무리 언질을 줘도 막무가내였다.

이런 건 오히려 약과다. 어떤 집은 아예 집 세간, 예를 들면 안

쓰는 소파 등도 버젓이 문 밖에 쌓아두고 있다. 신발장은 대부분의 가정이 밖에 두고 지낸다. 이제는 그런 사소한 일로 이웃과 싸우기도 싫어 아예 단념을 하고 살아가고 있다.

그들의 청결이나 위생관념과 관련해서 재미있는 일화가 있다. 내가 현재 살고 있는 집주인은 조선족이다. 딸이 하나 있고, 사위가 한족으로 중국 경찰이다. 이 조선족 주인은 매우 세련되었다. 처음 집 구경을 갔을 때 깜짝 놀랐다. 세간이나 가구 배치 등이 우리나라와 비슷해서 맘에 쏙 들었다. 계약을 체결하면서 조선족 주인도 중국인에게는 세를 주지 않고, 한국인에게만 세를 주겠다며 몇 개월을 비워두고 있었다고 한다. 그 이유를 물으니 중국인 사위가 집을 이렇게 깨끗하게 꾸몄는데, 만약에 중국인이 세 들어 살면 몇 개월 못가서 집이 엉망이 되고, 더러워질 터이니 중국인에게는 절대 세를 줘서는 안 된다고 했단다. 이런 중국인 가정이 꽤 많다.

다행히도 한국인들이 집을 깨끗이 잘 관리한다는 소문이 퍼져 있었다. 사실 집을 잘 관리하고 지내면 살고 있는 당사자들에게도 당연히 좋은 일이다. 그런데도 불구하고 중국인들은 아무 데나 쓰레기를 버리고, 치우지도 않는다.

이런 생활에 젖은 중국 종업원들에게 위생관념을 인식시키느라 거의 6개월이 지났다. 그런데도 불구하고 가끔은 청결이나 위생 문제로 말썽이 나곤 했다.

개업

원래 식당을 차리려면 먼저 사업자등록증을 받아야 했고, 식당 장소를 물색하고 장식을 하려면 공사허가 등도 받아야 했다. 그렇지만 나는 이 모든 관공서 업무를 완전 무시해 버렸다. 나는 우리 기업들이 중국에 진출하면서 내게 자문을 구할 때마다 중국 관련 법률이 이러저러하니 관련 법률을 우선 철저히 지켜서 약점을 없애야 한다며 돌아다녔다. 그런데 내 식당관련 업무에 필요한 행정 절차를 완전 무시하는 데는 나름 이유가 있었다.

내가 생각하기에 이곳 아는 사람도 별로 없는 외지에서 식당을 개업한다며 정상적인 절차를 밟으면 어느 세월에 허가가 나온다고 보장을 할 수도 없었고, 행정 처리 때마다 웃돈이 얼마나 들어갈지 도저히 가늠이 되질 않았다. 한 마디로 돈은 돈대로 엄청 들어갈 것이고, 시간 또한 엄청 낭비될 게 뻔했다. 차라리 이럴 바에야 '매를 한 번에 크게 맞는 게 낫다'라는 생각을 하게 되었다.

식당 운영

개업식 날 전기 차단

이미 설명한 대로 식당을 경영하기로 하면서 사전에 식당 운영에 관한 아무런 지식도 경험도 없었기 때문에 마침 아는 식당 사장과 프랜차이즈 계약을 체결하여 직원들 교육이나 식당 운영 전반에 걸친 사항을 그로 하여금 교육시키게 하는 등 모든 일을 일단 위임했다. 나머지 식당을 준비하면서 취해야 하는 행정 신청도 하지 않은 상태에서 완전 무대포의 기질로 장식을 밀어 부친 다음에 개업식을 정했다.

원래 식당을 개업하고자 할 때는 최소 일 주일 전부터 아는 친구 등을 초청하여 시험가동 차원에서 무료시식 기회를 가져야 했다.

이 기회를 통해 시행착오 과정을 거쳐서 개업식 날 제대로의 면모를 갖춰야 했다. 나와 내 친구는 이 모든 걸 무시해버리고 바로 개업식을 하면서 손님들의 불평불만을 한꺼번에 듣고 해결하기로 하였다.

식당 개업식을 하기로 한 아침에 식당을 전담한 내 친구가 숨넘어가는 목소리로 전화를 했다. 개업 준비를 하고 있는데 아침 일찍 무슨 '소방경찰 특별 합동감찰단'이라는 곳에서 와서 무슨 자격으로 식당을 운영하느냐? 사업자등록증이 있느냐? 소방 허가를 받았느냐? 식당 사장이 누구이기에 이처럼 무대포로 아무런 정부의 허가증도 없이 식당을 버젓이 개업하려고 하느냐?며 전기 배전판을 봉해버렸다고 한다.

개업식을 위해 무용단까지 초빙했는데 전혀 생각지도 않은 문제가 터져버렸다. 노래 부르며 춤을 추기위해서는 당연히 전기가 필요했는데 참으로 난감했다. 할 수 없이 친한 공무원에 부탁을 해서 어렵사리 전기를 임시적으로 사용할 수 있다는 허락을 받아 예정대로 무난하게 개업식을 마쳤다. 여기저기 한국인이 운영한다는 소문의 힘이어서인지 손님들이 들이 닥치고, 앉을 자리가 없었다.

손님들은 여기저기에서 음식을 재촉하고 불판을 사용하는데 연기가 잘 빠져 나가질 않아 식당 안에 연기가 자욱했다. 종업원들은 이론적으로만 서비스에 대한 교육을 받았지, 한 번도 제대로 서비스를 실습하지 않았기 때문에 우왕좌왕 한 마디로 난리가 아니었다. 나까지 나서서 음식을 배달하며 도와주면서 끝날 때까지 그런대로 무난하게 개업식 날을 넘길 수 있었다.

개업식을 끝내고 직원을 시켜 전기관련 공무원을 별도로 만나서 큰 문제없이 해결을 했다. 다행히도 손님들은 불판에서 피어오르는 연기에 캑캑거리면서도 큰 불만을 표시하지 않았다. 개업식 날이라서 인지 당연히 이처럼 왁자지껄하며 술 마시고 고기 구워먹으며 시끄럽게 떠드는 게 자연스럽다고 생각해서, 종업원들의 늦은 음식 전달 등의 걱정거리에 대해서는 별 의견을 제시하지 않고 모두 만족해하며 떠났다. 물론 중국인들 특유의 속맘을 내비치지 않으려하는 속성 때문이었는지도 모른다.

식당의 영업 정지령

중국의 최대 명절인 춘절(우리의 설)을 앞두고 어느 날 밤 친구에게서 또 다급한 전화가 왔다. 밤늦게 무슨 '랴오닝성 특별 감찰단'이라며 다수의 공무원들이 또 식당엘 들이닥쳤단다. 처음에는 우리에게 무허가 식당이라며 영업정지를 일단 일주일 처분했다고 한다. 일주일 내 개선을 하지 않으면 3개월간 영업정지 시키겠다고 엄포를 놨다고 한다.

이상하게 우리 식당엔 오는 공무원들마다 꼭 '특별'이라는 단어를 붙이고 왔다. 더욱 이상한 건 그 하고많은 랴오닝성의 도시에서 시골 벽촌이나 다름없는 조그만 중소도시, 그것도 조그만 골목이나 다름없는 곳엘 무슨 '랴오닝성'에서 우리 식당만 꼭 찍어서 특별 감찰단을 조직하여 감찰 나왔다는 것도 참 웃기는 일이었다.

내가 보기에는 관할 공무원들이 춘절 명절을 앞두고 여태 벼르고 있다가 결정적인 순간에 내 식당에 들이닥친 듯싶었다. 솔직히 그들 입장에서는 내 식당이 하나의 큰 밥줄로 보였을는지도 모른다. 그렇지 않고야 랴오닝성에서 하도 많은 도시도 많고, 큰 상가도 많은데 그런 건 돌보지 않고 하필 이 조그만 중소도시의 한가한 곳에 감찰 나올 리가 없었다.

하지만 그들에게 이것저것 따졌다가는 한 마디로 '너 잘 만났다'는 식으로 지적사항을 낼 게 뻔했기 때문에 돈 몇 푼 쥐어주고 '우리가 외국인이라 뭘 모르고 한 일이고, 지시사항은 다 개선해 놓겠다며 무조건 굽신거리라'고 일렀다. 아니나 다를까 대접을 실컷 받고 용돈까지 챙기며 그들은 큰 인심 쓰듯 '한국 사람이 사업을 한다니 특별히 봐 준다'며 바로 영업정지를 풀어줬다고 한다. 특별 감찰단이어서인지 몰라도 특별히도 잘 봐주었다.

종업원들의 어깃장

식당을 운영하면서 전문가가 하나도 없기 때문에 아무래도 많은 인원을 고용할 수밖에 없었다. 일단 요리사만 해도 3명에 설거지 전담 1명, 손님이 많을 때는 2명을 두기도 했다. 1층 홀에는 두 명, 2층 홀에도 두명을 두었다. 여기에 탄을 관리하는 탄장 한 명, 경리 한 명에 한국인 최소 1명을 두었으니 인건비가 만만치 않았다. 한 달에 최소 5백 여 만원이 인건비로 나갔다.

그런데도 초기 손님들이 몰려오자 주방장이 어깃장을 놓기 시작했다. 특히 주방이 너무 바쁘고 힘들다는 이유로 요리사 한 명을 더 고용해야 하며, 자기의 봉급을 10% 올려주지 않으면 자기가 그만두겠노라고 했다. 그 전부터 그 주방장의 태도가 여러 면에서 거슬렸다. 가끔 밖에서 담배를 피우질 않나, 위생 모자를 쓰라고 해도 듣질 않았다. 특히 우리가 보기에 음식 재료상과 짜고 웃돈을 챙기는 것 같았다. 몇 번 이런 일로 걸리기도 했다.

당시 식당을 전담 경영하고 있었던 처제는 이런 일에 대비하여 다른 요리사로 하여금 주방장의 요리를 다 가르쳐 왔다. 결국 식당 개업 약 5개월이 지난 상태에서 주방장이 먼저 사고를 쳤다. 자기가 식당을 그만 두겠다고 선수를 쳤단다. 처제는 속으로 얼씨구나 좋다면서 바로 그만두라고 했다. 그는 자기의 주장을 실현시키기 위해 우리에게 겁을 주려고 맘에도 없는 말을 한 탓에 바로 잘렸다. 자기 생각엔 자기가 없으면 식당 일이 안 돌아 갈 거라는 생각에 그만 두겠다는 걸 무기로 봉급을 더 올려 받으려 했지만, 수개월 전부터 그를 자를 준비를 해 온 우리로서는 매우 좋은 기회였다. 직원들이 가끔은 자기가 없으면 마치 식당 일이 제대로 돌아가지 않을 거라고 잘못 판단해서 봉급을 인상하지 않으면 그만 두겠다는 말을 하곤 했다.

물론 우리도 종업원 대우에 대해 각별히 신경을 썼다. 주변 어느 식당보다도 봉급이 높았다. 또한 한 달에 무조건 이틀 쉬도록 했다. 아니면 반차 식으로 오전, 오후로 나눠서 쉬도록 하기도 했다. 그럼에도 불구하고 종업원들은 자기네들에게 잘해 준 점은 당연시하고, 자기들의 주장만 하곤 했다. 잘해 줄수록 요구 사항이 높아만 갔다.

식당 경리를 포함해서 사람들이 무척 순했고, 우리의 말을 잘 따라 주었다. 내 집사람과 처제는 특히 위생을 중요시하여 항상 직원들로 하여금 청소를 깔끔히 하도록 시켰다. 그러다보니 직원들이 내 집사람이나 처제가 뭘 말하려고만 하면 바로 위생, 위생하며 웃으면서 청소를 하려할 정도가 되었다.

그럼에도 불구하고 약간의 분쟁이나 다툼은 있게 마련이었다. 4

월 말이었다. 그 때 주방장이 휴가 중이었고, 다른 직원 두 명도 그 날만 나오고 안 나오기로 해서 사람이 매우 부족할 때였다. 평소 항상 친절하고 우애롭게 대하던 경리가 갑자기 내 처제에 불만을 이야기 하더니 자기가 내일부터 식당 일을 그만두겠노라고 폭탄선언을 한 다음에 자기가 직접 카운터에 가서 자기 봉급을 계산하여 가져가 버렸다고 한다. 만약 주방장을 포함해서 식당의 주요 일을 다 처리해왔던 경리까지 빠지면 식당이 제대로 돌아갈 리가 없었다. 여기에 홀에서 근무하던 종업원 두 명까지 안 오게 된다면 당장 다음날부터 식당에 큰 문제가 생길 수 있었다.

우리의 판단으로는 아무래도 주방장과 경리가 서로 짜고 우리를 골탕 먹이게 하기 위해 이런 작당을 하는 걸로 판단했다. 처제 말에 의하면 평소에도 주방장과 경리가 자주 어울려 뭔가를 논의하곤 했다고 한다. 우리는 이 때에 물러서는 안 된다고 생각하여 다음날에 바로 다른 경리를 찾기로 하고, 주방장은 바로 해고시켜 버렸다.

우리가 예상외로 강경하게 나가자 경리는 이틀 지나서 자기의 잘못을 인정하고 다시 식당에서 일하게 되었다. 사실 경리는 식당 주인보다 더 열심히 일해 왔다. 그래서 그의 정성이나 열성을 감안하여 그 사건을 눈감아 주었다. 다만 주방장은 평소에도 뭔가를 꾸미는 것 같았던 데다, 주방장이라는 권위만 앞세우고는, 자기의 책무를 하려하질 않아서 그렇지 않아도 해고 시키려고 벼르고 있었다. 차라리 이번 기회를 통해 가차없이 해고시켜버렸더니, 이틀 후 자기가 다시 일하면 안 되겠느냐?고 연락이 와서 이미 다른 사람을 채용했다고 냉정하게 거절한 적이 있었다. 이처럼 가끔 직원들이 모의해서 일을 하지 않겠다며 나설 때는 과감하게 대처했다.

사드 보복조치 및 여파

2017년 3월 초에 난데없이 중국의 대대적인 사드 보복조치가 시행되었다. 중국 전역에 걸쳐 시행된 사드 보복조치로 거의 모든 우리나라 기업들이 크든 작든 상관없이 철퇴를 맞았다. 우리 식당도 여기서 예외가 아니었다. 3월 2일 출입국관련 경찰 2명이 식당엘 와서 내 집사람과 처제로 하여금 다음날 출입국관리국에 출두하라고 지시하며 갔다. 작년 초부터 내 친구가 다른 일로 귀국한 다음에 내 집사람과 처제가 식당을 운영하고 있었다. 이튿날 집사람과 처제가 식당 경리랑 출입국관리국에 가서 오후 2시부터 4시까지 조사를 받았다.

먼저 경찰이 처제보고 나이를 물어보는 등 시시콜콜 신상을 따졌다.

『월급을 얼마 받느냐?』

『한 달에 1만원(한화 165만원)을 받는다』

『그렇게 많이 받느냐?』

『한국에서는 많은 게 아니다』

『무슨 소리냐? 이게 어떻게 많은 게 아니냐?』 등 한참을 물어보고, 내 집사람에게도 비슷한 질문을 했다.

『너는 봉급을 얼마나 받느냐?』

『나는 한 푼도 받질 않고 있다.』

『왜, 한 푼도 안 받느냐? 한 푼도 안 받으면 문제가 있는 것 아니냐?』

『그래서 나도 문제라고 생각한다.』 그랬더니 자기네들끼리 낄낄거리며 한참을 웃기도 하면서 분위기가 매우 좋았다고 한다.

『아직은 장사가 잘 안되어 안 받고 있다.』 등으로 답변을 하니 안됐다는 표정들을 지으며 한 참을 이런 식으로 물어보면서 마음을 편하게 해주었단다. 좀 있다가 여자 경찰들이 오더니

『한국 사람들은 피부가 좋다. 언니 동생이라면서 외모가 서로 다르다. 동생은 엄청 어려 보이고, 언니는 나이 들어 보인다.』며 내 집사람 속을 한참 긁어 놓더니

『역시 한국의 화장품이 좋아서 그런 모양이다. 그런데 둘 다 왜 그렇게 젊어 보이냐? 무슨 비결이 있느냐?』

이처럼 약 2시간 가량을 노닥거리면서 집사람과 처제를 무장해제 시키더니 마지막엔 갑자기 안면을 완전 몰수하면서 불법취업 명목으로 벌금 2만 위엔(한화 330만원)에 처한다고 하였다.

마침 출입국의 간부를 평소 잘 알고 있어서 전화로 좀 봐달라고 사정을 했다. 간부는 지금 중국 전역에서 사드보복을 하도록 지시를 받았는데 마침 관할지역에 한국인이 영업하는 곳이 유일하게 우리 식당 한 군데 밖에 없기 때문에 실적을 보고해야 하는 입장에서 어쩔 수 없다며, 벌금이 과하다면 벌금을 다소 낮춰주겠다면서 벌금을 약 80만원으로 낮춰주었다.

그들은 당장에 벌금을 가져와야 한다며 내 처제로 하여금 식당에 가서 벌금을 가져오게 하고, 그 대신에 내 집사람을 인질로 잡고 있었다. 평소에도 내 집사람은 걱정도 사서 하는 사람인데 무서운 중국 경찰 취조실에 갇혀 있어서 맘고생을 엄청 했다. 결국 약 한 시간 지나서 내 처제가 가지고 온 벌금을 확인한 다음에야 둘 다 같이 풀려났다.

며칠 뒤 내 집사람과 처제가 파출소에 출석하라는 명령을 받았

다. 집사람과 처제는 바짝 긴장하여 파출소를 가려다, 우리가 거주하고 있는 집주인이 파출소장이며, 그 파출소장이 '혹시 어려운 일이 생기면 연락하라'는 인사치레의 말을 들은 바 있었다. 집주인에게 전화로 사정을 이야기 했더니 집주인이 '전혀 걱정하지 마라. 내가 파출소 직원에게 연락해 놓을 테니 그냥 이튿날 파출소만 가면 된다'고 했단다. 그 이튿날 파출소엘 갔더니 경찰이 아무 것도 묻질 않고 사진을 각각 1장 씩 달라고 했다. 내 집사람은 준비한 사진도 없던 차에 마침 처제 사진이 2장 있어 '한 장은 언니 사진이고, 다른 한 장은 내 사진이라'며 보여줬더니 경찰이 더 이상 묻지 않고 처리해 주었단다. 원래는 내 집사람이나 처제가 중국에 와서 생활하고 있는 이상 파출소에 거주지 신고를 했어야 했는데 이를 어김으로써 여기서도 상당한 벌금을 물어야 했다.

한 번은 식당 셔터 문이 고장 나서 셔터 문 수리를 시키고 좀 깎아달라고 했더니 셔터 문 수리공이 '너네들 사드 때문에 깎아줄 수 없고, 만약 너네들이 사드를 철회한다면 깎아줄 수 있다.'고 하여 '사드는 우리 대통령이 결정한 사항이지 우리와는 아무런 관계가 없다.'고 사정을 하여 수리비를 약간 깎기도 했다. 이처럼 사드에 대한 보복조치는 시골도시까지도 깊숙이 파고들었다.

사드의 파고는 여기에 그치지 않고 계속 이어졌다. 어느 때는 세무서 직원이 찾아오고, 어느 때는 소방관이 찾아오는 등 한 마디로 와서는 안 될 사람들은 뻔질나게 드나들고 와야 할 손님들은 썰물처럼 사라져버렸다. 당초 식당을 우리나라 사람이 없는 이곳에 선택한 이유 중의 하나도 차라리 이런 곳에서 '차별화'를 취해서 경쟁력을 높이자는 차원이었는데 사드의 보복조치로 '차별화'가 아니라

'표적'이 되어 버렸다.

내가 중국에서 조그마한 식당을 개업해서 영업한 데도 사드의 보복조치는 식당 영업에 막대한 영향을 주었다. 그런데도 불구하고 사드를 설치하더라도 중국이 보복조치를 취하지 않을 거라던 우리나라의 잘난 고위직 공무원들은 지금 대체 어떻게 변명할 것인가? 과연 그들이 그런 점에 대해 조금이라도 고민이나 검토를 한 적이라도 있을까? 의심된다.

외교에 문외한인 내가 보기에도 우리 정부의 사드관련 외교정책은 완전히 낙제점이었다. 그 당시 정부가 판단하기에 사드 배치가 불가피하다면 중국 등 주변국에 충분히 설명할 명분이 있었다. 특히 중국과 관련해서는 중국이 공개적으로 몇 번이나 사드 배치의 절대 반대를 외치고 있을 때 오히려 우리는 이를 이용해서 우리에게만 사드배치 절대 반대를 외치지 말고, 사드가 배치되는 근본 이유는 북한에 있으니 북한을 설득해서 핵실험이나 미사일 발사 등을 못하게 해야 한다고 주장해야 했다.

그런데 중국은 북한의 무모한 핵실험이나 미사일 시험발사 등에 대해서는 앵무새같이 '한반도 평화를 위협해서는 안된다'는 말만 지껄이고 북한에 대해서는 그에 상응한 아무런 보복 등을 취하지 않고 있었다. 또한 중국이 사드 배치에 반대하는 이유는 사드배치에 따르는 레이다로 중국의 동북지역 군사기밀을 탐지할 가능성이 있다고 판단해서라는데 이에 대해서는 우리 정부가 거꾸로 중국에 물어볼 사항이 있다. 그렇다면 현재 중국은 우리 한반도를 샅샅이 탐지하는 데 이에 대해서 우리 정부는 왜 중국에 아무런 반박도 못하고 있는가?

아무튼 사드 보복에 의한 조치로 중국에서 사업을 하고 있는 우리나라 사람이나 기업들은 안팎으로 시련에 시달리고 있다. 우리 제품에 대한 판매는 현격히 떨어지고 있고, 내부적으로는 소방, 위생, 세무, 출입국관리국 등에서 수시로 우리나라 사람들을 불러들이며 조사를 벌이고 있다. 그 때마다 상당한 금액의 벌금 등을 물어주고 있다.

우리 식당도 예외가 아니다. 오히려 시골이라서 한국인이 경영하는 식당이 우리 하나 뿐이라서 그 지역에서는 완전히 사드보복의 표적이 되어버렸다. 수시로 출입국 경찰이 찾아와서 불법 유무를 확인하고, 소방과 위생은 불법 여부를 조사하고 간다. 이에 반해 손님들은 갈수록 감소하고 있어 경영에 막대한 손실이 발생했다. 더 큰 문제는 이런 보복조치가 언제 해제될 지 예측할 수가 없다는 점이다.

이번에는 더욱 엄격해서 출입국 관리소 내 분위기가 다소 삼엄한 방으로 끌려 들어갔단다. 어두컴컴한 방에 들어서니 의자 하나만 중앙에 덩그러니 놓여 있었다. 경찰이 거기에 앉으라고 한 걸 처제가 무서워서 앉을 수 없다고 버티니 경찰도 어쩔 수 없었는지 다른 의자에 앉힌 다음에 질문을 시작했다.

마침 연락을 받은 내가 처제와 통화를 하려 했는데 경찰이 못하게 해서 통역과 연락을 주고받았다. 통역이 자기가 잘 알아서 하겠노라며 나를 많이 안심시켰다. 취조 내용은 처제가 취업증이 없이 왜 불법으로 식당을 영업하고 있느냐? 였다. 물론 이는 법적으로 불법이다. 식당을 경영하든 무슨 사업을 하든 취업증을 받아야만 가능하다. 우리는 이와 관련해서 한 번 조사를 받았고, 이에 따른 벌금도 납부했으며, 현재 취업증을 받기 위해 서울에 가서 취업증 발급을 위한 여러 서류 등을 다 준비해서 신청하려 한다며 사정을 이야기 했다. 그래도 벌금이 또 나왔다. 또 윗사람에게 사정을 이야기해서 취업증을 받아서 정식으로 식당을 경영한다는 조건으로 이번에는 벌금 없이 풀려났다.

웃긴 건 평소에는 그 경찰들이 우리 식당엘 가끔 와서 식사도 하고 내 처제랑 이런저런 이야기도 나누며 간다고 했다. 평소에는 매우 우호적인 태도를 보이다가 어떤 시기가 닥치면 이처럼 안면을 갑자기 몰수하고 법을 들이대며 불법 운운하면서 무섭게 돌변한다는 점이다. 우리는 여기에서도 전술한 바와 같이 편리할 대로 수시로 안면을 몰수하는 변검을 절감할 수 있었다.

식당 철수

마침내 더 이상 견딜 수 없다고 판단하여 나는 식당을 철수하기로 했다. 식당 내부적인 문제보다는 불경기와 사드 보복에 의한 조치로 손님이 줄어든 데다, 언제 이 보복 조치가 해제될지 알 수 없어 손실을 감당하고 마냥 기다리고만 있을 형편이 못되었다.

막상 식당을 철수하려 하니 경제적 손실도 손실이지만 우릴 믿고 그동안 묵묵히 따라주며 재미있게 지내왔던 종업원들이 맘에 걸렸다. 하지만 달리 방법이 없었다. 우선 지역 신문에 식당 매도 광고를 낸 다음에 몇 번에 걸친 문의 전화는 받았지만, 눈치가 그냥 한 번 떠보는 수준인 것 같았다.

사실 식당을 하기 위해 장식이나 설비, 직원들 교육 등에 들어간 비용이 만만치 않았지만 식당을 철수하기로 하니 장식이나 설비관련 비용만 순수비용으로 산정되고, 회수할 형편이 못되었다. 그럼에도 불구하고 앞으로 닥칠 손실을 생각해서 설비 등을 헐값으로 팔거나 아니면 땡 처리 수준으로 처리하기로 했다.

조그마한 식당이었지만 여러 사항을 정리해야 했다. 우선 그동안 이용해주었던 고객에 대한 감사의 말부터 챙겼다. 종업원에 대해서는 마지막 날인 6월 30일 점심을 같이하면서 서로의 아쉬움을 이야기하고 먼 장래를 기약하는 수밖에 없었다. 아울러 그들을 보내면서 그들이 필요로 하거나 갖고 싶은 식당 물건은 그들에게 주기로 했다. 식당 오토바이는 우리 식당일을 자기 일처럼 여기며 열심히 해 주었던 경리에게 주기로 했다. 기타 그릇이나 식사 도구 등은 종업원들에게 주기로 했다.

식당 운영에 관한 물세와 전기세 등 각종 유틸리티 비용은 물론, 보험 등도 체크해서 정산하기로 했고, 전화와 인터넷 등 통신관련 등도 정산해야 했다.

이전에 무엇보다도 그동안 우리의 편의를 위해 애써준 여러 분들을 전화로 초대하여 모시기로 했으나, 문 닫을 식당에 초대받느니 차라리 자기네들이 우릴 모시겠다고 하는 분들도 있었다. 참 고마운 분들이었다.

임차기한은 다행히 8월 말이니 그때까지 식당을 매도하려 하겠지만 여의치 않으면 모든 물건을 땡처리 하기로 했다. 많은 손실이 예상되지만 포기하는 것이 마음이 편했다. 혹시 모를 문제에 대비해 처제를 그 곳에 남기고 집사람은 철수하여 나와 합류하기로 했다. 다만 식당과 관련 발생할 문제에 대비하여 경리에게 매달 일정액의 보수를 주고 식당을 관리하면서, 매수자를 알아보도록 했다. 매수자를 찾으면 약간의 수수료를 주기로 했다.

나중에 다른 한국인이 그 도시에서 무슨 사업을 하더라도 조금이라도 한국인에 대한 인상을 좋게 하기 위해 마무리를 깔끔하게 하기로 했다. 대표적으로 식당 카드를 구입하여 사용하고 있었던 고객들에게는 언제든지 문의 오는 대로 잔여 금액을 환불시켜 주었다. 그랬더니 환불받은 고객 모두 '이런 경우는 처음이고, 역시 한국인은 다르고 친절하다'며 칭찬을 아끼지 않으면서 우리 식당의 철수를 애석해 했다.

식당을 완전히 철수하기 위해 회사에 대한 폐업신고까지 하기로 했다. 일단 공상국에 가서 알아봤더니 회사 폐업관련 지역 신문에 공고를 해야 했고, 각종 세금을 제대로 납부했는지 조사를 받아야 했다. 당장 필요한 건 식당을 운영하면서 발생한 각종 세금 영수증이었다. 그런데 이를 분실하게 됨으로써 세금 영수증 분실관련 벌금을 물어야 했다. 아울러 세금 영수증 분실과 관련해서 달리 지역 신문에 공고를 내야 했다. 앞으로 신문 공고하고 나서 세금의 납부 관련 문제를 해결하고 나야만 폐업 결론이 날 것으로 판단된다.

주변 사람들은 날보고 굳이 폐업까지 할 필요 없고, 그냥 철수하면 될 것이라며 답답해하기도 했다. 하지만 나는 달리 생각한다. 깔끔히 정리하고 철수해야만 하는 게 당연한 일이고, 어차피 나는 중국에서 계속 사업을 하리라 생각하고 있었기 때문에 모든 일을 철저히 합법적으로 하기로 작정을 했다. 철수하면서까지 철저하게 한국인의 좋은 인상을 심어주고자 했다.

제7장

회사 투자 및 철수의 시사점

1. 매각공고 방법 검토
2. 기업실사와 투명한 자료 제공
3. 적극적인 인맥 활용
4. 계약서의 철저한 검토
5. 회사 매각시 유의 사항
6. 매도 계약 체결시 유의 사항

07

회사 투자 및 철수의 시사점

일반적으로 중국에 투자한 우리나라 업체들의 공통적인 특징은 초기에 해당 지역 시나 공업단지의 달콤한 시장개방이나 토지 무료 제공, 일부 세금 우대 등에 현혹되어 투자 계약을 체결하고 투자를 하게 된다. 투자를 하는 과정에서 점차로 여러 사항들이 쉽사리 해결되지 않는 상태에서 시나 공업단지와 체결한 여러 독소 조항만 부각되기 마련이다.

예를 들면 첫째, 토지 무료 제공이 실제로 무료 제공되는 게 아니고 일단 투자 회사가 해당 토지를 구입한 다음에 투자 진척도에 따라 시나 공업단지가 토지대금을 분할 환급해 주게 되어 있다. 이것마저도 여러 조건이 따른다. 예를 들면 언제까지 얼마의 투자를 해야 한다든지, 언제까지 생산과 매출을 얼마까지 달성하도록 해야 한다든지 하는 내용 등이다. 이런 내용 등이 충족되어야만 토지대금을 환급해준다는 조건이다. 만약 이러한 조건을 충족하지 못할 경우에는 오히려 막대한 벌과금을 지불하도록 되어 있다. 우리나라 회사들은 이런 독소조항을 너무 가볍게 보는 경향이 있다.

둘째, 각종 세제 혜택이다. 솔직히 각종 세금은 토지세를 제외하고는 투자회사가 생산하거나, 상당한 매출 실적을 달성해야만 받을 수 있는 혜택이다. 중도에 자금 부족 등의 이유로 가동이나 투자가 중단된 회사의 경우에는 거의 향유할 수 없는 혜택이다. 다만 토지세는 차원이 다르다. 토지세는 해당 토지를 활용하고 있는 거와는 상관없이 부담하게 되어 있다. 따라서 무작정 토지를 많이 점유할 필요가 없다. 그만큼 상당한 금액의 토지세를 부담해야 한다.

셋째, 각종 유틸리티 비용이다. 이 가운데 전기료는 상당한 부담이 될 수 있다. 공장 가동과 관계없이 공장 가동을 위한 전기가 들어왔다는 이유만으로도 매달 상당한 전기료를 부담해야 한다.

넷째, 대개 계약서상 10년 내 전매나 양도, 담보제공 등을 할 수 없도록 되어 있다. 이러한 행위를 하려면 사전에 시나 공업단지의 승인을 받아야만 하고, 승인을 받기 위해서는 시나 공업단지가 요구하는 조건을 충족해야만 한다. 결국 막대한 경제적 비용을 지불해야 하는 것이다.

다섯째, 회사를 매각하기 전에 다른 주주들의 동의를 받아야 함은 물론이고, 다른 주주들의 지분을 정리해야만 한다. 그런데 이런 지분 정리가 쉽게 이행되지 않는 경우가 허다하다.

여섯째, 공사 건설과 관련하여 건설회사 등과의 분쟁을 해결해야 한다. 이를 해결하기 위해 상당한 비용과 시간이 소요됨은 물론이다. 중국내에서는 법관들이 중국 회사 편을 들기 때문에 소송에서 우리나라를 비롯한 외국 회사가 이기기란 하늘에 별 따기이다.

회사를 매각하고 매각대금을 한국으로 송금하는 것도 큰 난관이다. 중국법에 의하면 본국으로 송금을 하기 위해서는 매수자의 동의와 매수자의 구좌를 통해서만 가능하도록 되어 있다. 본국으로 송금을 하기 위해서는 거래 은행과 관할 외환관리국의 승인을 받아야만 가능하다. 결국 매각대금을 본국으로 송금하기 위해서는 매수자, 거래 은행, 외환관리국의 세심한 심사를 받아야만 한다. 매수자 입장에서는 세금이나 각종 부채 등을 매도 회사가 제대로 납부했는지 세밀하게 파악하려 들기 마련이고 매각 대금을 본국으로 송금하기까지 매도 회사는 매수 회사의 통제를 받을 수밖에 없다.

❶ 매각공고 방법 검토

회사를 매각하고자 할 때 지방 광고매체나 언론을 이용하여 공개적으로 알리는 방법이 있고, 비공개적으로 접촉하는 방법이 있다. 우리 회사는 공개적인 방법을 사용하지 않고 비공개적인 방법을 택했다. 왜냐하면 공개적인 방법은 매각사실을 일반인에게 빨리 널리 알려준다는 장점이 있는 반면에 회사 규모가 그다지 크지 않고 조그마한 지방도시에 소재하고 있는 우리 회사는 오히려 이렇게 공개할 경우 매수를 희망하는 중국 업체들끼리 쉽게 결탁하여 매각대금을 매우 저렴하게 깎아내려 매입하려는 농간을 부리기가 쉬울 것으로 판단했기 때문이다. 아울러 우리 회사는 건설회사와의 소송이 제기되어 있었을 뿐만 아니라 채 정리하지 않은 거래처와의 부채도 있었기 때문에 이들이 이런 사실을 알 경우 매각에 상당한 악영향을 끼칠 것으로 우려되었다. 좁은 지역이고, 회사 규모가 그다지 크지 않을 경우에는 이런 비공개적인 방법도 검토할 만하다.

❷ 기업 실사와 투명한 자료 제공

회사를 매각하고자 할 때 가장 역점 둘 사항은 매수희망자가 매각회사에 대해 많은 의심을 갖고 있다는 점이었다. 이미 2장 '중국인의 기질'에서 설명한 바와 같이 특히 중국인들 특유의 의심은 거의 병에 가까울 지경이라는 점이다. 우리 회사는 이런 상황을 십분 감안하여 회사를 소개할 때마다 회사의 부채와 채권관련 명세표까지 첨부했다. 아울러 그들의 의심을 해소시켜주기 위해 관련 공무원들과의 면담을 주선하고 같이 참석하여 관할 공무원을 통해 우리의 자산, 부채 상황 등을 확실히 알 수 있게 배려했다.

한편 이에 더 나아가 우리 회사의 회계사까지 알려주어 회계사를 통해서도 우리 회사의 자산 부채 상황을 확실히 알 수 있도록 조처하였다. 이러한 우리의 투명성을 강조한 태도에 모든 중국 기업체들은 호평을 해주었다. 그러나 그들의 호평은 호평에 그칠 뿐, 실제로 매수하고자 할 때에는 가능한 매수가격을 더 깎아 내리려 하였다. 시간이 흘러갈수록 우리에게는 매우 불리했다. 일단 매월 납부해야 하는 토지세와 전기료 등이 만만치 않았다. 토지세도 큰 부담이었다. 전기료는 공장을 가동하지도 않고 겨우 사무실만 사용하고 있는 데도 당초 공장을 가동하기 위한 전력을 인입했기 때문에 가만히 앉아서 매월 최소 4백만 원씩이나 납부해야 했다.

이런 실정이라 계약이 늦어질수록 우리 회사는 엄청난 자금압박에 시달려야 했다. 이러다가 최악의 경우에는 모든 공장설비나 사무실 등을 그대로 놔두고 소위 야반도주해야 하는 것 아닌가 고민이 되기도 했다.

❸ 적극적인 인맥 활용

중국에서 사업을 할 때는 인맥을 적극적으로 활용해야 한다. 중국에서는 관시라는 말을 많이 듣게 되는데, 인맥의 중요성을 의미한다. 아는 사람이라고 해서 무조건 의지해서는 안 된다. 중국 사람이라고 해서 또는 중국에서 오래 생활했다고 해서, 중국을 잘 안다는 이유로 인맥을 활용하려 해서는 안 된다. 인맥을 활용하고자 할 때는 나름대로 대상자의 신분, 직책, 과거의 경력 등을 면밀히 따져봐야 한다. 다른 아는 지인을 통해 크로스 체크도 해서 적절성 여부를 잘 검토해야 한다.

우리 회사만 하더라도 전임 회장이 어떤 연고로 중국인 브로커를 알게 되었고, 그 친구를 그처럼 철저히 믿고 의지했는지 모르겠지만 그 중국인 때문에 처음부터 끝까지 여러 어려움을 겪어야 했다.

회사의 전임 회장을 모시고 투자 예정지역을 시찰 갔을 때 그 중국인 브로커가 내게 명함을 주면서 자기가 중국 상임위원 중 한 사람의 사촌동생이라고 했다. 그가 준 명함에는 여러 회사와 직책이 적혀 있어서, 명함 두 장이 꽉 찼다. 순간 거의 사기꾼이라는 느낌이 들었다.

겪어 볼수록 그런 느낌을 떨칠 수 없었다. 그는 우리말을 한 마디도 못했다. 하지만 말솜씨가 뛰어났고 머리도 매우 좋은 듯 했다. 결국 우리 회사는 그 중국인의 말을 전적으로 믿고 투자를 결정했다. 물론 나름대로 회장 스스로도 여러 사항을 많이 검토했을 것이지만, 알아갈수록 이해 안가는 부분이 갈수록 많았다.

투자 지역 선정, 투자규모 결정이나 계약 내용 등에서도 불합리한 면이 무척 많았다. 물론 결과가 좋지 않다 보니까 이런저런 문제점이 더욱 부각되기도 했을 것이다.

내가 부임하면서부터 어떤 인맥을 활용해야 할 것인가 몹시 고민하였다. 왜냐하면 회사의 현황을 살펴보니 사업을 지속시킬 수 있는 상태가 아니었다. 본사에도 바로 보고했지만 차라리 철수를 적극 검토해야 했다. 그때부터 철수도 감안하면서 회사를 잘 매각하기 위한 절차에 들어갔다. 그러기 위해서는 토지증 발급, 건설회사와의 경비문제, 준공문제와 철수에 따른 위약금 문제 등이 산적해 있었다.

선양에 주로 머물면서 한 편으로는 투자자를 물색하고, 다른 한 편으로는 최악의 경우를 상정한 철수를 할 때 위약금 등 경비를 최소화 하기 위한 인맥을 찾기 시작하고, 중국인 친구들로부터 많은 자문을 받았다. 아울러 투자해당 지역의 시와 공업단지 공무원들과의 교류를 자주 가졌다. 무엇보다도 해당 공무원들은 우리가 야반도주 식으로 철수하지 않을까 하고 몹시 걱정하는 것 같았다.

여러 해를 거치면서 무엇보다도 시와 공업단지 공무원들과의 신뢰를 쌓은 덕분에 무난한 철수를 할 수 있었다. 그들은 우리의 입장을 많이 이해해주고 철수를 적극 도와주었다.

이처럼 중국에서 사업할 때 인맥은 정말 중요하다. 자랑 같지만 투자 초기에는 우리가 비록 인맥을 잘못 활용하여 많은 불필요한 경비를 낭비했지만, 철수할 때는 인맥을 잘 활용하여 그나마 많은 경비를 아낄 수 있었다.

❹ 계약서의 철저한 검토

정보의 비대칭 : 중국 정부의 매뉴얼, 우리 기업의 무모성

한중 수교가 이루어진지 벌써 25년이 지났고, 한중경제 협력은 안정적으로 매우 공고하게 밀착되었다. 지금도 여러 지역, 여러 분야에서 한중간 경제협력이 확대 발전하고 있다. 중국은 세계 시장으로서의 역할을 할 만큼 경제적으로 발전하여 미국 다음으로 강력한 경제대국이 되었다. 우리 입장에서는 중국의 경제력과 발전가능성을 활용하여 우리 기업이나 경제발전의 토대로 삼아야 할 것이다. 그런데 우리 기업들은 중국에 진출하면서 개별적으로 진출하다 보니, 시장조사나 중국 정부 측과의 협상, 또는 중국 기업과의 협상 등에서 항상 개별적인 능력에만 의존하려 한다. 여기에는 몇 가지 이해가 되는 면도 있다. 예를 들면 회사의 중요한 기밀 사항을 다른 회사나 단체에 알리길 꺼려하는 측면도 있다.

또한 해외에서 같은 우리나라 사람들로부터 당한 많은 사기 건들 때문에 오히려 우리나라 기업이 우리나라 사람들을 기피하는 경향도 강하다. 내부적으로는 회사 스스로 자기네들의 능력을 과신하거나, 파견된 직원들 스스로 다른 한인단체나 다른 기업들의 자문을 받으면 그만큼 마치 자기네들의 자존심에 상처받는다고 생각하는 것 같았다.

몇 푼 되지 않는 이러한 좁은 생각으로 얼마나 많은 손실을 입을 수 있는지는 나중 문제다. 내가 그간 겪어 본 바에 의하면 우리 기업의 중국 투자 성격은 매우 독특하다. 대기업은 대기업대로 자기네들이 대기업이기 때문에 자기네들의 역량과 능력만을 믿고 자기들 스스로 시장조사를 하거나 중국 정부와 협상을 한다. 자기네들이 그에 충분한 능력이 있음을 너무 과신하고, 중국을 매우 우습게 보는 습성이 있다. 중소기업은 중소기업대로 소위 오너의 사고방식이나 경영철학에 너무 의존하며 투자를 결정한다.

특히 중소기업 사장들을 만나보면 성공한 기업체일수록 자기 잘난 맛에 도와주려는 사람이나 단체의 호의를 완전히 무시하는 경향이 강하다. 한 마디로 완전 고집불통의 사장을 많이 봐왔다. 내가 ○○회사의 중국 사장으로 가기 전 회장을 내 차로 두 번 직접 모시고 투자 현장을 간 적이 있었다. 차 안에서 중국 투자의 위험성이나 중국 측 공무원들의 말을 너무 믿지 말라는 식으로 중국 투자에 대한 신중성을 강조하다 보니 회장으로서는 기분이 썩 좋지 않았던 모양이었다. 한 번은『김 대표! 김 대표는 은행에서만 일해서 사업에 대해 잘 모르겠지만 나는 그동안 40여 년간 산업현장에서만 살아왔어요. 매번 어렵다, 불가능하다는 말을 무시하고 그걸 극복하다 보니 이렇게 큰 기업으로 발전시켜 왔어요. 중국 투자에 여러 위험성이 있겠지만 부정적인 요소만 보지 말고 많은 긍정적인 요소도 봐야 할 거에요.』

한 마디로 날 보고 '당신은 산업계에 대해 잘 모르니 가만히 있어'라는 말로 들렸다. 내가 그 당시 중국투자 자체를 부정하는 게 아니었다. ○○회사는 두 번째 중국에 오면서 회계사, 건설사업가 등을 대거 데려왔다. 내가 의아하게 생각하여 물었더니 관할 시와 계약을 체결하기 위함이라고 했다. 너무나 황당했다. 현장에 와서 보니 공장용지도 확보되질 않았고, 시에서는 어떻게든지 이 기업을 유치하겠다는 일념으로 여기저기 옥수수 밭 한 가운데를 데리고 다니면서 여기가 좋네, 저기가 좋네 하며 공장용지를 소개했다. 세상에! 공장용지도 확정하지 않은 상태에서 무슨 계약을 체결하겠다는 무모함인지 도저히 이해할 수가 없었다. 시에서는 적극적으로 설치며 투자를 유치하고, 회장도 덩달아 계약서에 곧 사인을 할 마음 같이 모두들 붕 떠 있었다.

그 때가 9월이었는데 시에서는 지금부터 토목공사를 한 다음에 내년 4월 정도면 제품을 생산할 수 있도록 온갖 조치를 해주겠다고 허풍을 떨었다. 그 쪽은 중국 동북 만주벌판이다. 겨울의 강추위가 얼마나 매섭고, 늦가을 되면 땅이 얼어서 삽자루 하나 땅에 들어가질 못할 것이고, 잘해야 이듬해 4월부터나 토목공사가 가능할 것이다. 옥수수는 한창 여물어가고 있는데 무슨 수완으로 옥수수 밭을 밀어내고 당장에 토목공사를 할 수 있다는 건가?

시 공무원들은 하나같이 지금 당장에 계약을 체결하자는 식으로 몰아갔다. 회사 측에서 마음에 두는 공장부지가 있다면 어디든지 제공하겠다고 유혹을 했다. 아무튼 회장은 이런 시 공무원들의 태도에 매우 만족해하며 자신감과 자만감에 빠져 중국 공무원들의 상투적인 칭찬 등에 이미 빠져있는 듯했다. 참다못해 내가 한 소리를 했다.

『여기 중국 공무원들이 말한 바와 같이 그처럼 쉽게 내년 4월에 대형 제품을 생산할 수 있을 정도로 속도감 있게 일이 추진된다면 이게 무슨 중국이겠느냐? 미국같은 선진국도 이처럼 일을 빨리 추진하지 못할 것이다.』

한 마디로 바람 빠지는 소리를 했더니 그때부터는 내 말을 전혀 들으려는 기색도 없었다. 그런 낌새를 눈치 챈 나는 더 이상 회장에게 부정적인 말을 하지 않았다. 괜히 기분만 상하게 할 게 뻔했기 때문이다.

나중에 알고 보니 시 공무원들이 제시한 옥수수 밭 주변에 고압선이 지나가서 터를 옮기고 하는 등으로 많은 시간을 보내 1년이 지난 그다음 해 10월에야 기공식을 하게 되었고, 나도 그 기공식에 참석하였다. 원래 시 공무원들이 4월에 제품을 생산할 수 있게 모든 인프라를 구축시켜주겠다는 언약은 결국 완전 허황된 말이었음이 입증되었다.

내가 ○○회사 일로 중국 시 공무원들을 접촉해본 결과 그들은 그동안 한국기업과의 모든 투자과정에 관련된 경험이나 지식 등을 축적한 다음에 그를 토대로 매뉴얼 해 놓은 것 같았다. 한 마디로 중국 측은 철저한 투자유치의 프로가 되어 있었고, 우리 기업들은 개별적인 접촉을 통한 투자과정에서 아무런 노하우나 경험 등을 비축하지도 않은 풋내기 같았다.

투자과정에서 우린 여전히 순수 아마추어 상태인 반면에 중국의 모든 시와 공업단지 공무원들은 엄청난 베테랑이 되어 있었다. 중국 공무원들은 우리 기업의 속성, 우리나라 사람들의 기질 등을 철저히 연구했고, 이를 하나하나 축적하여 이미 체득해 두었다. 그들은 우리의 투자과정에서의 요구사항, 수순 등을 미리 파악하고 그에 대한 대응책을 미리 염두에 두고 있었다. 바둑으로 치면 9급과 9단의 차이 같았다. 우리말에 '어당팔'이라고, '어리숙해 보이지만 당수가 팔 단'이라는 말이 있다. 이 말이 중국 공무원들에게 딱 들어맞는 말이다. 중국 사람들은 아무래도 좀 어리숙해 보인다. 의복 등에도 별로 신경을 쓰지 않기 때문에 더욱 어리숙해 보인다. 항상 깔끔하게 다니는 우리나라 공무원들이나 회사원들을 봐온 우리나라 사람이 보기에 중국 사람들은 상당히 어리숙해 보일 것이다.

겉은 어리숙해 보일지는 몰라도 내면은 우리와 비교되지 않을 정도의 높은 단수를 자랑하고 있다. 이러니 우리가 그들과 투자관련 협상이나 계약을 체결할 때마다 우리가 얻을 수 있는 건 별 게 없고, 계약서상 우리 기업에 불리한 독소조항만 많았다. 소위 정보의 비대칭성에 의해 우리는 매우 불리한 상태에서 그들과 협상하고 계약을 체결하기 마련이니 그럴수록 더욱 더 신중한 접근자세가 필요하다.

최악의 경우를 상정하여 우대 및 제약조건의 신중한 검토

전문 통역 활용

투자관련 계약을 체결할 때 매우 신중해야 함은 두 말할 가치도 없다. 대개 투자자들은 낙관적인 전망에 따라 투자하기 마련이기에 자연히 많은 장미꽃 청사진을 그린 상태에서 접근하기 때문에 부정적인 장미의 가시를 못 보거나 가시의 심각성을 간과하기 쉽다. 게다가 중국인들이 자주 활용하는 매우 애매모호한 표현으로 인해 나중에 커다란 분쟁이 되는 수도 있다. 더욱이 통역 또는 번역하는 과정에서 아무래도 우리말에 능숙하지 못한 조선족이나 한족의 통역이나 번역의 오류로 인한 오해가 나중에는 분쟁이 되는 경우도 많았다.

사실 통역이나 번역 말이 나와서 하는 말인데 중국에서 생활하며 많은 손님들을 모시고 중국 고위층이나 기업가들과 면담을 할 때 통역이 얼마나 엉터리로 통역을 하는지 알게 되면 대부분 기겁을 할 것이다. 예를 들면 2006년 우리나라의 전경련 회장을 비롯한 간부들이 동북3성 시찰단으로 오게 되었고, 나도 그분들을 수행하게 되었다. 한 번은 지린성 간부들과의 면담에서 통역이 어떻게 된 일인지 너무 엉뚱하게 통역을 하고 있었다.

지린성 간부는 1, 2, 3차 산업에 관한 이야기를 하고 있었는데 통역이 이를 무슨 여행관련 유의사항 등으로 완전히 거짓말 통역을 하고 있었다. 참으로 어처구니가 없어 한참을 참다가 마침내 손을 들어 『통역이 너무 잘못하고 있다. 너무 엉터리다.』라고 쏘아 붙였더니 한 마디로 난리가 났다. 한동안 소란이 나고 마침내 지린성 간부 중에 참석한 우리 조선족 한 분이 나서서 직접 통역을 함으로써 일단락 된 적도 있었다. 내가 생각하기에 당초 통역은 우리 일행 가운데 중국어를 할 줄 아는 사람이 없는 걸로 큰 착각을 해서 자기 멋대로 통역을 했지 않았나 싶다.

이런 일도 있었다. 2003년 중국 재경관이 동북의 요지인 선양에 출장을 왔다. 선양 금융담당 부시장과 면담을 하기로 되어 있어 나도 우리 측의 통역을 구했고, 시에서도 전문 통역관을 참석시켰다. 아무래도 내가 데리고 온 통역은 전문가가 아니라서 시의 전문통역관이 통역을 전담하기로 하고 면담을 이어갔다. 재경관이 금융이나 산업의 구체적인 사항에 관해 이야기를 나누다보니 전문 금융용어, 예를 들면 프로젝트 파이낸싱이네 신디케이트네 하는 용어 등을 사용하게 되었다. 시 전담 통역이 그런 용어 등을 재차 확인하지 않고 우리나라가 1988년 올림픽을 계기로 대외개방을 크게 할 수 있어서 경제적으로 발전할 수 있었다는 둥 자기 멋대로 생각나는 대로 통역을 해버렸다. 그러하니 재경관의 대화와 금융 부시장의 대화가 엇나갈 수밖에 없는 상태에서 매우 어색하게 면담을 끝마칠 수 있었다.

통역이 이해가 안 되면 다시 물어서라도 확인하여 통역을 해야 함에도 불구하고, 마치 그렇게 되면 자기의 실력이 형편없을 거라고 판단해서인지 통역들이 이처럼 확인을 하지 않고 맘대로 설명을 하는 경우가 무척 많다.

면담이 끝나고 우리끼리 식사를 하면서 그 통역관에 대한 이야기를 하게 되었다. 그 당시 그 통역관이 시 공무원이었기 때문에 통역을 크게 잘못했어도 내가 통역을 잘못한다고 공개적으로 나설 수도 없어 매우 난감했던 경우도 있었다.

우대 및 제약조건의 철저한 검토

'세상에 공짜 식사는 없다'라는 말이 정설이다. 계약사항에는 우대조건이 있는 반면에 우리가 지켜야 할 제약조건이 있기 마련이다. 우리로서는 당연히 우리가 누릴 우대조건을 좀 더 증대시켜야 함은 물론, 제약조건은 가능한 최소화해야 한다. 이 말은 참으로 당연한 말인데도 불구하고 내 경험에 의하면 우리는 우대조건에만 신경을 쓰고 제약조건에는 거의 신경을 쓰지 않음을 알게 되었다.

왜냐하면 제약조건은 대개 경영상태가 악화하는 등의 이유로 회사를 매각하고자 하거나, 철수 등 최악의 경우를 상정하여 삽입된 조항이기 때문에 대개 눈여겨보지도 않는다. 또한 우리나라 사람들의 기질 상 나중에 그런 경우가 발생하면 또 그 때 가서 해결하면 되겠지 하고 너무 쉽게 판단하고 넘어가는 경우가 대부분이다. 가장 기본적으로 계약 내용에 대한 번역이 제대로 되었는지 확실히 하나하나 확인할 필요가 있다. 통역이나 번역에 대한 비용을 아끼지 말고 전문 통역을 대동시키는 방법이 가장 효율적이며 비용이 적게 소요된다.

중국에 투자하려는 우리 기업에 가장 솔깃한 중국 측의 제안이 토지를 공짜로 주겠다는 내용이다. 이와 아울러 각종 세제혜택을 들 수 있다. 토지 무료 제공은 우리가 정말 잘 따져봐야 한다. 중국 측이 정말 공짜로 우리 같은 외국기업에게 토지를 공짜로 줄 수 있겠는가? 하는 점이다. 물론 약 15년 전만 하더라도 외자유치에 혈안이 되어 있었던 중국 공무원 입장에서는 한 푼이라도 외자를 유치해야 하는 게 승진과 평가의 중요 기준이었기에 가능했겠지만 지금은 그 때와 입장이 완전히 달라졌다.

토지를 무료로 제공하겠다는 내용을 곰곰이 따져보면 요새는 실제로 토지를 바로 무상 제공하는 게 아니고, 일단은 외자 기업이 구매하도록 한 다음에 시나 공업단지에서 외자 기업의 투자 진행상황이나 공사 진척도에 따라 토지대금을 기업발전기금이라는 명목 등으로 환급해주고 있다. 여기에 몇 개의 함정이 도사리고 있음을 간과하는 경우가 많다. 일단 기업발전기금이라는 명목으로 토지대금을 환급해줄 때도 까다로운 조건이 많이 붙어있다. 이를 자세히 살펴보면 투자를 어느 정도 해야 한다. 제품을 언제까지 얼만큼 생산해야 하며 그렇지 않을 경우에는 위약금을 물어야 하거나 발전기금을 회수할 수 있다는 조항이 있다. 우리 기업들은 이런 독소조항을 간과하고 계약을 덜컥 체결하곤 한다.

이런 독소조항 외에 우리의 부동산세와 다름없는 토지세를 들 수 있다. 우리 회사의 경우 전체 토지면적에서 일부만 일단 구입하여 사용하고 있었으며, 나머지 토지는 채 구입하지 않은 상태로, 그냥 점유하고 있었다. 그런데도 불구하고 우리 회사는 토지세라는 명목으로 활용하고 있지도 않은 토지에 대한 세금을 포함하여 매월 1천4백만 원을 납부해야 했다. 사실 중국 측은 토지를 공짜로 제공한다고 유혹하여 외국 업체들을 유치하고 나서는 토지세율을 크게 높여서 토지세를 받기 때문에 약 20년 이내에 토지세로 토지가격을 완전히 받아 낼 수 있었다.

토지세에 또 다른 함정이 있는데 토지를 완전히 활용하고 있지 않고, 더군다나 토지를 구입하지 않았는데도 불구하고 괜히 계약서에 토지를 이만큼 갖겠다는 의사 표시 하나로 토지세만 많이 납부하는 경우도 있다. 투자하고자 하는 기업체는 당장 활용할 토지를 중심으로 계약을 체결하거나, 아니면 충분한 자금력이 있을 경우에나 많은 유휴 토지를 점유해야 할 것이다.

한편 토지세와 같이 매우 억울하게 생각되는 전기료를 들 수 있다. 전력을 거의 사용하고 있지 않음에도 불구하고 매월 상당한 금액을 전기료의 명목으로 납부해야 하는 경우도 많다.

최대한의 우대 조건 요구

사실 우리 회사 정도면 조그마한 중소도시에 투자를 하기로 했기에 중국 측과 협상에서 훨씬 많은 우대조건을 받아낼 수도 있었다. 예를 들면 저렴한 토지 가격을 요구해야 했다. 이는 언뜻 어차피 공업단지에서 토지를 무상으로 제공하기 때문에 토지가격이 높든 낮든 아무런 차이가 없는 것 아닌가? 싶지만 전혀 그렇지 않다. 요사이는 토지를 투자 기업이 먼저 구매를 하고, 투자의 진척에 따라 토지가격을 환급해준다. 때문에 일단 토지가격이 저렴하다면 토지를 구입할 투자비용이 감소하며, 저렴한 토지가격에 따라 토지세를 부과하기 때문에 토지세도 훨씬 낮아질 수 있다. 아울러 협상을 잘 해서 토지가격을 저렴하게 책정 받는다면 나중에 토지가격 상승에 따라 자산의 증가폭도 훨씬 더 커질 수 있다.

또는 저리의 토지세 적용이나, 비록 점유는 하고 있지만 사용하지 않은 토지에 대한 토지세 면제, 전기료의 인하 등을 요구해서 많은 경비를 줄여야 한다.

5 회사 매각시 유의 사항

회사의 약점 보완

회사를 매각하고자 하였다면 회사를 객관적으로 잘 분석해서 회사의 강점 및 약점을 제대로 파악해야 한다. 나는 회사의 사장으로 부임하자마자 우리 회사에 대한 철저한 분석을 시도했다. 먼저 베이징의 유명 감정회사를 물색하여 우리 회사에 대한 감정을 실시했다. 감정 평가 결과 우리 회사 각 건물에 대한 객관적인 가격을 포함해서 우리 회사의 자산 가치를 알 수 있었다. 이를 바탕으로 매도가격을 어느 정도 추정하여 매수 희망자들에게 객관적인 자료를 제공하여 신뢰도도 높일 수 있었다.

이와 더불어 우리 회사와 거래한 업체들 가운데 말썽을 크게 피울 수 있을 것으로 판단되는 업체들을 만나 채무액을 조정해서 채무를 일부 줄이거나 아니면 조금씩 상환을 하면서 그들의 감정을 달래주어 말썽을 부릴 소지를 줄여왔다. 다만 건설회사만은 워낙 말을 듣지 않고 막무가내라서 관할 공무원들에 조정을 부탁도 해봤지만 공무원들마저 고개를 설레설레 흔들며 조정을 거부해서 결국엔 소송까지 갔고, 최후엔 건설회사 사장과 면담을 통해 해결하게 되었다.

매각 협상은 특히 시간과의 싸움임을 중국에서는 더욱 실감할 수 있었다. 중국 측들은 우리가 이미 투자하여 공장을 비롯해서 사무실이나 직원 숙소 등을 우리가 최악의 경우 떼어갈 수도 없다는 걸 잘 알고 있었다. 그들은 시간을 끌수록 우리가 불리하다는 것을 잘 알고 가격을 크게 후려쳐 그저 공짜로 사려는 마음을 가진 업체들도 꽤 있어서 때론 그들과 말다툼을 격하게 벌이기도 하며 '너희들에게 파느니 차라리 안 팔고 공업단지에 그냥 줘버리고 가겠다'는 기개를 보이기도 했다. 속으로는 나 자신도 걱정이 많았지만 때로는 중국인들에게 대책 없는 그런 기개도 보일 필요가 있다.

우리 회사를 매각하고자 할 때 가장 큰 약점은 준공처리를 할 수 있느냐였다. 준공관련 회사의 상황은 상당히 복잡했다. 애초에 1차 건설회사가 공사를 하던 도중에 어떤 이유에서인지 철수를 하고, A라는 다른 회사가 2차로 공사를 하게 되었다. 공사를 하던 중 자금부족으로 공사가 중단된 채 공사 현장을 감독하던 우리나라 회사 직원도 우리나라로 돌아가서 회사를 그만 두었다.

이 와중에 공사관련 각종 자료들도 사라져 버렸다. 원래 공사관련 모든 자료는 우리 회사, 건설회사와 감리회사가 소유하고 있어서 각종 공사관련 분쟁이나 준공처리에 대비했어야 했음에도 불구하고 회사가 어려우니 공사관련 직원이 떠나면서 관련 자료를 제대로 챙기는 직원이 한 명도 없었다. 이러한 사실을 알고 있는 건설회사는 모든 자료를 우리에게 제공했다고 우기고, 감리회사는 자기네들이 자료를 지니고 있지 않다며 딱 잡아떼기에 바빠 자료를 제대로 갖출 수가 없었다.

우리가 보기에 감리회사가 공사관련 자료를 당연히 구비하고 있을 것임에도 불구하고 건설회사와 감리회사가 서로 짜고 무조건 자료를 가지고 있지 않다며 버티었다. 물론 자료를 지니고 있지 않은 우리 회사에 가장 일차적인 문제가 있었고, 공사 담당 직원마저 회사를 떠나 도대체 공사관련 기성상태를 알 수 있는 직원이 한 명도 없는 데다, 건설회사 사장과 어떤 이야기를 했는지 알 수도 없었다. 소송 중에서도 나타났지만 건설회사 사장은 옳거니 하면서 모든 사항을 이미 떠나버린 공사 담당 직원과 이렇게 하기로 했다느니 저렇게 서로 하기로 양해를 구했다느니 하면서 자기 유리한 이야기만 골라 했고, '가제는 게 편이라'는 말이 있듯이 판사는 노골적으로 건설회사 사장 편만 들었다. 우리에게 '받고자 했던 모든 건설관련 비용을 다 받았다'는 건설회사 사장의 각서가 있음에도 불구하고 우리가 패소했다.

아무튼 우리 회사로서는 준공필증이 없다보니 많은 매수 희망자들이 매수의사를 밝히다가도 준공필증이 없다하면서 가격을 크게 후려치려 하거나 매수를 할 수 없다고 돌아서버렸다. 매수 희망자들로서는 매수 가격을 후려칠 매우 좋은 핑계거리가 생겼고 나로서는 참으로 난감하였다. 나는 여기에 대한 대응논리를 세웠다.

『너희들이 말하는 바와 같이 토지증 있고, 준공필증까지 갖추고 있다면 누가 이처럼 싸게 회사를 매각하겠느냐? 맘 없으면 없다고 빨리 결정해라.』 하며 화도 냈다가 큰 소리도 쳤다가 어르기도 했다가 여러 가지를 시도해 보기도 했다.

이러는 와중에 시간만 가고 마음은 계속 타들어가고 있었다. 우리 회사의 자금사정을 살펴보면 그 해 6, 7월을 넘기기도 힘들었다. 잡힐 듯 잡힐 듯 잡히지 않고 지내오면서 중국인들은 준공필증이라는 약점을 무섭게 물어지면서 대폭적인 가격인하를 노렸다. 이 치명적인 약점에 나는 계속적으로 '그러니까 가격을 대폭 내려서 팔려고 한다. 우리 회사를 사는 순간에 상당한 이익을 벌게 되어 있다'는 논리로 맞대응하는 수밖에는 달리 다른 방법이 없었다.

직원 정리 및 우대

회사를 매각하기로 결정할 때 유의할 사항은 기존 직원에 대한 대책이다. 우리 회사야 많은 직원들을 채용하기 전에 자금이 부족했기에 직원들을 많이 채용하지 않았을 뿐만 아니라 그마저도 서서히 정리를 하고 있었다. 직원 스스로도 회사가 장래성이 없다고 판단했는지 미리 알고 그만 두기도 하였다. 나는 회사의 필수 요원은 남겨두기로 하였다. 결국 회사의 필수 요원으로는 나를 포함하여 부사장(한국인), 행정직원(조선족), 운전기사와 청소요원 이렇게 5명으로 줄여왔다. 이 가운데 행정직원인 조선족이 매우 성실하고 능력까지 겸비하여 높은 봉급을 주며 대우를 해주었는데 도중에 회사를 그만두고 더 좋은 회사로 옮기고자 하여 어쩔 수 없이 보내야만 했다. 그 전에 그를 잡아두기 위해 회사가 철수할 때까지 근무할 경우 보상금 성격으로 6개월 봉급을 주기로 했음에도 불구하고 그는 전망이 매우 좋은 중국 회사에 취직이 되어 떠나기로 했다.

회사 매각계약을 체결하고 정리를 하는 시점에서 조선족 직원이 떠나고 이를 대체할 행정직원을 마땅히 구하기가 매우 어려웠다. 왜냐하면 우리 회사를 정상적인 회사로 속이고 직원을 채용할 수도 없었고, 그렇다고 매각관련 여러 업무를 수행하는 데 행정직원 없이 나와 부사장만 담당하기에는 일이 너무 벅찼다. 매수 회사의 각종 자료 요구뿐만 아니라 공업단지 공무원들의 요구, 본사와의 업무 등을 소화하기에는 우리 둘만으로는 너무 벅찼다. 직원을 모집한다고 공고를 냈음에도 불구하고 공모하는 직원이 없었다. 시골인 데다 곧 철수할 회사에 정상적인 사람이라면 와서 근무할 리가 없었다.

고민에 고민을 거듭하다가 내가 평소 잘 알고 있었던 조선족이 마침 다른 회사에 근무하다가 심신이 지쳐 쉬고 싶다는 이야기를 들었다. 그를 간신히 설득하여 채용했다. 다행히 그 직원이 철수하는 날까지 우리 업무를 매우 성실히 도와줘서 업무와 관련해서 큰 어려움 없이 대처할 수 있었다.

철수 때까지 직원 간 화합이 중요

회사를 철수하기로 하면서부터 직원 간 여러 눈치싸움이 많아졌고 동요가 심해졌다. 중국 현지 직원들은 회사를 나갈 궁리만 하고 있었고, 틈만 나면 노골적으로 우리에게 짜증을 부리거나 말을 잘 들으려 하질 않았다. 그래서 서서히 직원을 정리해가면서도 회사를 떠날 때 기분 나쁘지 않게 보내주었다. 떠나는 직원에게도 잘 해주었지만, 회사에 남아서 회사를 철수시킬 때까지 같이 근무할 직원 간 화합도 매우 중요시했다.

남아 있는 문제는 우리 회사의 부사장인 우리나라 직원이었다. 내 업무는 경영의 총괄이었지만 중요하거나 큰 결정은 내가 담당하고, 모든 실무는 부사장이 책임지고 처리해 왔다. 따라서 그 직원의 업무부담이 매우 막중했고 만약 그 직원이 회사를 그만 둔다면 회사의 매각 및 철수관련 업무가 상당히 어려웠을 것이다. 나는 이를 대비하여 몇 년 전부터 우리 회사 부사장에 대한 대우를 본사에 수 차례에 걸쳐 부탁을 하여 회사를 철수하는 대로 본사에서 정식 직원으로 계속 근무할 수 있도록 본사 경영진으로부터 답을 받아 그가 마음 편하게 근무할 수 있도록 해 두었다.

내 전임 경영자는 회사를 매각하게 되면 자기가 잘린다는 생각에 투자자 물색에 매우 소극적으로 대처해왔다고 들었다. 이는 매우 근시안적인 생각이다. 본사가 절실히 희망하고 있는, 가장 중대한 회사의 매각에 집중하면서 회사를 제대로 매각했을 경우 그에 대한 우대 등을 본사와 상의하는 방식이 훨씬 현명하다. 아울러 경영자로서 일종의 도덕심이나 책임감을 겸비해야 했다. 우리나라 기업이 중국에 투자를 잘못하여 엄청난 경제적 손실을 입어 어쩔 수 없이 철수를 하고자 할 때 개인의 근시안적인 이익만 생각해서 매우 소극적으로 투자자를 물색하는 시늉만 하는 행위는 이적행위에 지나지 않는다.

한편으로는 본사의 배려 부족도 한 요인이 된다. 본사에서는 이런 현지 경영진에 대한 대우조건을 미리 제시하여 적극적으로 투자자를 찾아 회사를 원활하게 매각하게 되면 거기에 따른 적절한 보상책을 제시했어야 했다. 왜냐하면 경영자 입장에서 회사를 매각하게 되면 일자리가 없어지고 다른 보상도 없다면 어느 경영자가 적극적으로 투자자를 찾으려 하겠는가? 아무튼 남아있는 직원에 대한 우대 또는 보상책을 마련해 놓으니 서로가 이해하고, 화합하면서 철수하는 그 날까지 매우 우애롭고 보람차게 잘 지낼 수 있었다. 이 자리를 빌어 끝까지 남아서 온갖 궂은일을 마다않고 열심히 잘 처리해주었던 부사장과 조선족 동포, 운전기사 등에게 감사를 드린다. 아울러 나를 믿고 중국내 모든 사항을 내게 일임해 준 본사의 경영진에게도 감사를 드린다.

만약에 우리 회사내부에서 직원 간 많은 문제가 발생했다면 회사를 순조롭게 매각하고 철수할 때까지 많은 어려움에 봉착했을 것이다. 예를 들면 현지 직원으로서는 주인이 바뀌니까 우리에게 잘 보일 필요는 없고 매수회사에 잘 보이기 위해 우리의 내부 자료를 매수회사에 몰래 제공할 수도 있었다. 또는 서로간 사이가 좋지 않았다면 우리를 골탕 먹이기 위해서도 못된 짓을 할 수도 있었다. 다행히 우리 회사 직원들은 모두 성실히 우리 회사를 위해 열심히 일했다.

6. 매도 계약 체결시 유의사항

매수 회사에 대한 사전 조사

회사를 매각하고자 할 때 매수를 희망하는 회사에 대한 조사도 필요하다. 과연 회사가 우리 회사를 매수할 의사와 능력을 갖추고 있는지 확실히 알아야 거기에 따른 적절한 대응도 할 수 있다. 매수 회사를 제대로 알기는 매우 어렵다. 특히 중국 기업체의 상황을 알기는 정말 어렵다. 그들이 우리에게 이야기를 하고, 그들의 자료를 살펴도 자금상황을 도저히 알 수 없다. 나는 마침 우리 회사를 구입하고자 하는 중국 회사가 같은 공업단지에 있기 때문에 공업단지 공무원들을 통해서 그들의 실상을 어느 정도는 파악할 수 있었다. 한편으로는 현지 내 친구들을 통해 어렴풋하게나마 매수 회사의 사정을 알 수 있었다.

일반적으로 중국 회사들은 자기네들의 자료나 정보는 전혀 공개하지 않고 마냥 우리 회사에 대해서는 온갖 자료만 요구해 놓고는 나중에 이러 저러한 변명을 해가며 시간만 끌다가 구매의사가 없다는 투로 돌아 서버린 경우가 많았다. 우리 회사로서는 참으로 아까운 시간만 낭비한 데다 우리 회사에 대한 정보만 알려주는 꼴이 되었다. 그렇다고 매수 희망자가 요구하는 자료나 정보를 안 알려줄 수도 없었다. 마침 우리 회사는 공업단지에서도 지대한 관심을 지니고 있었다. 자기네들 입장에서도 내심 우리 회사가 좋은 매수자를 만나 순조롭게 매각되고, 우리 회사도 제대로 철수하며, 매수자도 순조롭게 공장을 가동하게 된다면 모두에게 좋은 일이기 때문에 공업단지 공무원들이 정말 물심양면으로 우리 회사를 도와주고자 하였다.

공업단지에서는 매수 희망 회사로 하여금 사업계획서, 구매자금의 조달 능력 등을 알 수 있는 자료를 요구함과 아울러 우리와 수차에 걸친 면담을 거쳐 매수자의 의사와 공장 가동능력 등을 점검하였다. 마침 최종적인 매수자는 같은 공업단지 내 회사였고, 많은 공무원들이 잘 알고 있는 회사였기 때문에 매수자에 대해 크게 우려를 하지 않았다.

매각하고자 할 때 시나 공업단지의 태도 파악

대부분의 업체들이 공업단지에 입주하게 될 때는 상당한 우대를 받는 대신에 이에 걸맞은 제약조건을 이행해야 하는 책임이 있었다. 우리 회사도 예외는 아니어서 공업단지와 계약서를 체결할 때 제약조건으로 '10년 내 회사를 전매하거나 양도할 수 없으며, 만약 전매하거나 양도하고자 할 때는 관할 공업단지의 승인을 받아야 하고, 혹시 토지를 무상으로 제공받았다면 토지대금을 납부해야 하거나, 공업단지로부터 발전기금이나 다른 명목 등으로 자금을 지원받은 게 있다면 이를 환급해야 한다'는 규정이 있었다.

그럼에도 불구하고 공업단지에서는 우리 회사의 어려운 사정을 십분 이해하여 이러한 책임사항을 면제해주고 우리 회사의 매각을 쉽게 승인해 줌과 아울러 많은 도움을 주기까지 했다. 원칙대로 한다면 우리 회사는 투자한 지 7년이 채 안되기 때문에 전매나 양도를 할 수 없었다. 그럼에도 불구하고 공업단지에서는 이를 승인해 주었는데, 물론 내부적으로 많은 논란이 있었겠지만 여기에는 공업단지 나름대로의 계산도 있었을 거라 판단된다.

계속 우리 회사의 전매를 금지시킨다면 공업단지 내 휴면업체가 볼썽사납게 자리 잡고 있어, 외관상 좋지 않을 뿐만 아니라 현실적으로도 매우 비경제적이다. 차라리 우리 회사를 빨리 매각시켜 자금력을 갖춘 좋은 회사가 공장을 가동한다면 세금수입도 올릴 수 있고, 고용도 창출시킴으로써 재정수입도 증진시킬 수 있다는 계산하에서 그렇게 결정했으리라 본다. 하지만 계약서상 명확히 '10년 내 전매나 양도를 못하게' 규정되어 있기 때문에 만약에 공업단지에서 우리로 하여금 10년이 지나서야 전매나 양도를 허락한다면 우리 회사 입장에서는 꼼짝없이 버티면서 많은 경비를 부담하다가, 결국에는 자금 부족으로 토지세나 전기료 등을 체납하여 빈손으로 쫓겨날 가능성도 있었다.

그렇지 않으면 야반도주하여 '악덕 기업'으로 오명을 뒤집어 쓸 가능성도 있었으며 나 같은 경영진은 블랙리스트에 올라 중국에 다시는 올 수 없는 신세가 될 수도 있었다.

유관 기관과의 긴밀한 교류는 필수

회사를 정상 운영하거나 매각하여 철수 등을 불문하고 업무관련 공무원들과의 긴밀한 교류는 필수적이다. 우리나라 어떤 기업들은 자기 잘난 맛에 중국 공무원들을 우습게 생각하거나 무시하는 경우를 가끔 보아왔는데 이는 정말 잘못된 경우다. 중국 공무원들의 권력은 실로 막강하여 우리 기업의 숨통을 쥐고 있다고 생각하며 그들과 교류를 강화할수록 회사에 도움이 됨을 명심해야 한다.

우리 회사는 내가 사장으로 부임한 이래 줄곧 공무원들과 면담을 가져 그들에게 우리 회사에 대한 믿음을 심겨주면서, 우리 회사의 동향을 수시로 알려주기도 했다. 사실 그 공업단지 내에 외국 업체는 우리 회사가 딱 하나였기 때문에 우리 회사에 대한 시나 공업단지의 관심이 실로 지대하였다. 따라서 공업단지 내 간부들로서는 우리 회사에 대한 우려와 걱정이 많았고, 그렇다고 그들이 우리에게 일일이 전화하거나 우리 공장을 방문해서 동향을 파악한다는 것도 그들이 매우 꺼려했다. 왜냐하면 크게 도와주지도 못할 상황이면서 우리를 귀찮게 하기 싫었던 것이다. 나는 그들의 심정을 이해하여 우리가 먼저 그들에게 우리의 실상 및 동향을 알려줌으로써 그들의 우려와 근심걱정을 덜어주었고, 동시에 그들에게 '역시 한국인들은 다르다'는 인식을 깊게 심어주었다.

가끔은 그들과 식사를 하기도 하였고, 내가 주로 선양에 거주하기 때문에 내 부하직원으로 하여금 최소 일주일에 한 번씩은 돌아가면서 공무원들과 식사를 하도록 하였다. 아울러 중국의 명절 때면 감사의 마음을 표하기 위해 어려운 자금 상황이었지만 한국에서 오면서 약간의 선물을 사서 주기도 하였다. 값싼 선물이었지만 그들은 항상 고마워했고 우리를 매우 친절히 대해 주었다.

우리는 시나 공업단지 공무원들뿐만 아니라 거래은행 직원이나 외환관리국 직원들과의 교류도 빈번히 가져, 의문이 생길 때마다 수시로 그들에게 물으면 매 번 그들은 참으로 친절하게 우리를 대해 주었다. 사실 그 시에 외국 기업체는 손가락으로 꼽을 정도로 적어서 외국환 관련 업무를 숙지하고 있는 은행직원이나 공무원들이 드물었고, 그들의 지식이나 경험도 부족했다. 그럼에도 불구하고 여기저기 물어보며 우리에게 매우 성실한 답변을 해주었다. 이 자리를 빌어 그들의 열성과 대민정신에 감사를 드린다. 물론 그들로 하여금 그렇게 하도록 우리도 그들에게 각별하게 대해주었다.

철수할 때까지 사용할 사무실 등 챙기기

나는 회사와 계약을 체결하기 전부터 매수자의 양해를 구한 게 있었다. 다른 건 놔두고 우선 당장에 필요한 본래 우리 회사의 차량, 우리가 철수할 때까지 사용할 임시 사무실 무료 사용, 기타 업무상 필요할 프린터나 책상, 의자 등을 요구했다. 그들은 나의 제의에 크게 개의치 않았다. 하기야 우리가 사용할 탁자나 의자 없이도 1, 2층 사무실에 탁자와 의자 등이 모두 갖추어져 있었기 때문이다.

우리가 사무실을 철수할 때까지 무료로 사용을 요구한 이유는 우리가 그들과 사무실을 같이 사용해야 서로 업무 인수인계할 때 편리하기 때문이다. 더구나 우리가 철수할 때까지 불과 몇 개월 사용할 사무실을 구하기도 어려웠기 때문이기도 했다.

다행히 매수자 측에서는 우리의 요구를 들어주워 철수할 때까지 차량을 사용했다가 철수 직전에 차량은 매각을 했다. 이처럼 철수할 때까지 사용할 수 있는 자산을 어느 정도 챙겨두어야 업무를 순조롭게 지속할 수 있다.

자금 송금

회사를 매각하게 되면서부터 매각대금을 본국으로 어떻게 무사히 송금시키느냐가 가장 큰 문제로 대두되었다. 관할 지역의 총영사관은 물론, 아는 코트라 관장들, 중국 대사관내 경제담당 영사 등에 문의를 해도 제대로 알 수가 없었다. 막연하게 대부분은 비공식적인 방법으로 자금을 본국에 송금시킨 걸로 알고 있었다. 우리 회사는 내 성격상 그럴 수가 없고 끝까지 공식적인 루트를 밟아 본국에 송금하리라 작심을 했다. 물론 최악의 경우에는 어쩔 수 없겠지만 이 기회에 정당한 방법을 택하기로 했다.

그런데 본국으로의 송금 문제를 알아보니 가장 큰 문제가 지역내 은행직원이나 외환관리국 어느 누구도 이와 관련된 지식이나 경험이 전무했다. 그들은 가능한 이처럼 골치 아픈 업무를 맡지 않으려 했다. 나 자신도 그들의 그런 태도에 짜증도 났지만 한편으로는 그들을 이해할 수도 있었다. 나라도 가만히 있어도 봉급은 절로 나오는 데 굳이 복잡하고 알지도 못하는 업무를 맡기가 매우 꺼림칙했을 것이다. 생전 가보지 않은 새로운 업무를 맡았다가 혹시 자금상 어떤 문제가 발생하면 그 책임을 바로 져야 하기에 상당한 위험도 따랐다. 우리도 걱정이었고, 그들도 우리를 도와주고는 싶은데 알지도 못하고, 한 번도 경험해보지 않은 사항이라서 여기저기 물어가며 위험한 다리를 두드려 가듯이 하나하나 헤쳐 나갔다.

결국 며칠간의 씨름 끝에 해법을 찾았다. 회사 명의를 변경한 다음에 회사 매도 계약서를 가지고 해당 은행과 외환관리국에 가서 본국으로의 송금을 신청하는 방법이었다. 이럴 경우 우리 회사는 없어졌지만 구좌는 살아 있었고, 이 구좌에 있는 자금을 매수 회사의 구좌를 통해서만 해외로 송금이 가능했다. 우리 구좌에서 바로 해외로의 송금을 할 수는 없었다. 우리는 매수회사에 협조를 요청한 다음에 매각대금을 해외로 송금할 수 있었다.

제8장

중국인과 협상 시 유의사항

1. 사용 용어에 주의
2. 허풍에 속지 말자
3. 외모에 속지 말자
4. 모호성에 속지 말자
5. 모든 시나리오를 준비하자
6. 우리의 상식과 동떨어진 그들의 상식
7. 통역에 유의
8. 시간과의 싸움에 대비하자
9. 포카 페이스 : 의중이나 감정을 드러내지 않는다
10. 법치보다는 인치
11. 돌려치는 수법에 유의
12. 억지 주장이나 무리한 요구에는 과감한 대응이 필요
13. 중국인과 대화엔 논리가 더 필요
14. 상대의 약점을 이용해서 가격 후려지기 등
15. 중국인과 협상의 실례

08

중국인과 협상 시 유의사항

중국인과 협상시 유의사항을 설명하기 전에 중국인이 본 한국인의 기질이나 협상술에 대해 설명을 하기로 한다. 왜냐하면 이를 비교함으로써 과연 우리는 중국인에 대해 얼마나 제대로 알고 있고, 중국인들은 우리를 어떻게 보고 있는가에 따라 우리의 대응전략도 변화있게 구사해야 하기 때문이다.

중국인이 보는 한국인의 기질이나 성격에서 매우 흥미로운 점이 몇 가지 있다. 여러 지적 가운데 다음의 몇 가지 지적사항은 우리의 커다란 약점이다. 우리는 중국인에 비하면 투명 구슬이고 투명 호수인 것이다.

우선 한국 일행 중에는 일반적으로 제일 앞장선 사람이 직위가 제일 높은 사람이며, 협상의 결정자이다. 따라서 그를 집중 공략해야 한다. 한국은 중국처럼 '간판 따로, 실세 따로'인 경우가 거의 없다. 대부분 명함에 있는 직위와 실세가 일치한다.

협상장에서 한국인은 일본인보다 호쾌하다. 그들은 자신의 의견과 생각을 비교적 빨리 내놓는다. 히든카드보다는 오픈 카드를 즐겨 쓴다. 상대에게 자신의 카드를 공개하고 상대방을 어떻게든 설득시키려는 경향이 강하다. 그들은 협상의 명수이다. 한국인은 열세를 우세로 전환시키려는 흥정에 능수능란하다.

한국인은 오늘 협상하면, 내일 계약하고, 모레는 개업하자고 달려든다. 그들은 마치 처음 만나는 상대와 거래가 꼭 이루어져야 한다는 강박관념에 사로잡힌 것 같다. 빨리 성과를 보아야 직성이 풀리는 한국인의 조급성을 잘 알고 대처하면, 그들처럼 상대하기 쉬운 외국인은 없다.

한국인은 세밀하고 차분한 시장조사와 사업타당성 심사과정은 생략한 채 우선 일을 저질러놓고 보는 경향이 있다. 따라서 한국인을 상대할 때는 지연작전을 쓰고 시간을 끌어라. 성격이 급한 한국인들은 분통이 터지고 제풀에 겨워 백기를 들고 말 것이다.[1)]

이처럼 중국인들은 한국인의 기질을 나름대로 잘 파악하고, 대응책을 마련해놓고 있다. 그럼에도 불구하고 우리는 중국인들에 대해 막연한 '믿지 못 하겠다' 거나 뭔가 '어리숙하다' 거나, '촌스럽다' 는 등의 선입감만 가지고 있지 그들의 심리를 파악하려하질 않는다. 중국인이라면 아예 접촉도 하질 않으려 한다. 물론 그간 한중간의 경제문화 교류 등을 통해 우리 기업들이 많은 중국인들과 접촉을 했을 것이다. 그럼으로써 형성된 중국인 또는 중국 기업가에 대한 불신과 편견 등이 있을 수 있다.

앞 장에서도 몇 번 설명했지만 이런 편견 가운데 특히 불신감을 들 수 있는데, 그들은 시간을 잘 준수하지 않는다. 때로는 약속도

1) 차이나머천트, 김동하, 한스미디어, 2016, 198~203쪽 재인용.

그냥 일방적으로 취소해버리거나 자기 멋대로 변경해버리는 경우도 허다하다. 우리는 상대방을 면담하고자 할 때 사전에 상대방과 조율을 거쳐 세세한 일정을 준비하는데, 특히 동북지방 중국 기업가들은 여전히 그런 일정 자체를 무시하는 경우가 허다하다. 이러니 중간에서 일정을 준비해야 하는 실무자들은 참으로 고달프기 마련이다.

간신히 마련한 면담에서도 매우 엉뚱한 의견을 제시해서 우리를 당혹하게 하는 경우도 많다. 그럼에도 불구하고 우리는 중국 기업들과 지속적인 접촉을 통해 우리의 발전을 가속화할 수 있는 방안을 마련해야 한다.

❶ 사용 용어에 주의

체면이라는 용어

대인관계에서 중국인들이 가장 중요하다고 생각하는 게 체면이다. 자기네들 스스로 그렇게 말하고 또 한국인을 포함한 외국인들도 그렇게 생각한다. 사실 중국인들은 체면이란 단어를 매우 즐겨 사용한다. 다만 이 체면이라는 단어는 너무도 많은 뜻을 포함하고 있어, 내가 보기에는 우리의 '거시기'와 같이 여러모로 다양하게 사용되지 않나 싶다. 중국인들이 말하는 체면에 대한 나의 견해는 나 혼자만의 생각은 아닌 듯싶다. 19세기 말부터 중국에서 생활하며 중국을 연구했던 한 서양학자(Arthur Smith)도 '체면이라는 의미는 실로 넓어서 다 쓰지 못하고 다 이해하지도 못할 정도다'라고 했다.

체면을 중요시하는 중국인들은 여러 사람 있는 곳에서 면박을 당하거나 비평받는 걸 대단히 싫어한다. 자기네들도 그렇게 생각해서 상대방을 면전에서 좀 체로 구박하거나 비난하지는 않는다. 불만을 이야기할 때도 만면에 웃음을 머금고 부드럽게 거절을 하곤 한다. 만약 그들이 면전에서 구박을 하거나 비난했다면 이는 그들의 기분이 굉장히 상했음을 의미한다. 또한 면전에서 거절을 했다면 이는 추진하기가 매우 어렵다는 걸 의미한다.

그래서인지는 몰라도 그들은 거절할 일도 '알았다' 거나 '하오(좋다)'라는 말로 일단 상대방의 기분을 나쁘게 하지 않으면서 대답을 미루는 방식을 자주 활용한다. 이는 중국인들 입장에서는 동의를 의미하기도 하지만 거절을 의미하기도 하다. 이 단어가 거절을 의미하는가 또는 동의를 의미하는가는 후속조처가 있느냐에 달려 있다. 후속 조처가 없이 이야기할 때마다 이런 식의 '알았다'거나 '하오' 등의 답이 온다면 이는 거절을 의미하는 게 확실하다. 우리의 체면을 생각해서 면전에서는 차마 거절을 못하고, 이렇게 에둘러 좋은 표현으로 거절을 의미하는 거다.

이와 관련 일화는 참으로 많다. 내가 잘 아는 형님은 중국에서 생활한 지 20여년이 되었다. 현재 선양에 커다란 부동산을 소유하고 있는데, 문제가 생겼다. 부동산과 관련하여 관할 구청과 소송이 발생했다. 그 분은 가끔 관할 구청의 높은 사람과 만나거나 또는 선양시의 높은 사람과 만날 때마다 그 분들이 '잘 알았다'거나 '하오' 등으로 답변을 해 와서 해결되겠거니 하고 기다렸지만 해결될 기미가 전혀 없었다. 그렇게 만나게 된 지 몇 년이 흘렀으며, 그러는 와중에 여러 공무원들과 친하게 되었다. 한 참이 지나고 나서 그 중

몇 명이 그 형님에게 넌지시 이렇게 말하더란다.

『아니, 중국생활 하루 이틀 했느냐? 윗사람이 그렇게 말하고도 움직이지 않는 건 당신 체면을 생각해서 차마 단도직입적으로 거절을 못하고, 당신 알아서 포기하라는 뜻인데, 그렇게 말귀를 못 알아듣고 계속 요청을 하면 어떻게 하느냐? 이건 안 된다는 의미를 긍정적으로 표현하는 인사치레 말이니 절대 현혹되지 말고 포기하라.』

결국 그 형님은 이런 방식이 통하지 않음을 깨닫고 다른 방법을 강구 중에 있다.

나도 이와 유사한 경우를 겪었다. 전 장에서 설명한 바와 같이 식당을 철수하면서 그동안 신세진 공무원에게 전화로 고맙다는 말과 함께 화장품을 하나 선물로 줄테니 한 번 만나자고 요청을 했다. 그 공무원은 바로 '하오, 언제 연락 주겠다'더니 그 뒤로 연락이 없었다. 나는 가끔 생각날 때만 그에게 전화를 해서 사정을 이야기하고 화장품을 줄테니 꼭 연락 달라 했고, 그럴 때마다 그 공무원은 고맙다며 연락을 주겠다고 했다. 이러기를 2개월이 지났는데도 연락이 없었다.

그 뒤로 몇 번이나 또 내가 연락을 했건만 답은 꼭 같았다. 한참을 더 지나고 나서야 그의 의도를 알았다. 그 화장품을 마음으로만 받겠다는 뜻임을. 결국엔 화장품을 전달도 못하고 철수하게 되었다.

체면을 강조하는 중국인들의 용도 또한 다양하다. 자기네들이 충분히 수용할 수 있는 사안도 가끔은 여러 사정으로 어렵지만 '내 체면을 생각해서' 특별히 봐준다는 표현을 자주 사용한다. 마치 크게 인심이라도 쓰듯이. 한편으로는 상대방을 공격하고자 할 때도 자주 사용된다. '당신 때문에 내 체면이 크게 손상되었다'는 식이다. 도대체 내가 무얼 잘못해서 자기의 무슨 체면이 얼마나 손상되었는지에 대해서는 구체적으로 설명을 하지 않고 그냥 두루뭉술하니 그렇게 자주 표현을 하며 자기의 불만을 토로하기도 한다.

또한 상대방에게 무슨 부탁을 할 때도 이 체면이라는 단어를 자주 사용한다. '내 체면을 봐서라도 가격을 좀 더 깎아 달라'거나, '내 체면을 생각해서라도 가격을 더 높여 달라' 등이다. 중국인들이 자주 사용하는 체면이라는 말 표현보다는 그들의 의중을 깊이 생각해야 할 일이다.

어떻게 보면 중국인들이 스스로 가장 중요하다고 여기는 '체면'은 순전히 자기 변명용이거나 자기 과시용이지 상대방을 배려하는 단어는 결코 아니다. 이 말은 '나는 체면을 중요시하니 내 체면을 구기게 하지 말아 달라'는 나 중심의 단어일 뿐이고, 상대방에 대한 배려심은 결코 없음을 명심해야 한다. 중국인들이 즐겨 사용하는 이 '체면'이라는 말에 너무 조심을 하거나 중요시 할 필요는 없다. 오히려 이를 구실로 그들을 설득하는 데 활용하는 협상술이 필요하다.

제공이라는 단어

중국인들이 자주 사용하는 특유의 모호한 단어에 유의해야 한다.

중요한 사항에 대해서는 묻고 확인하여 구체적으로 언급되도록 해야 한다. 수시로 말을 바꾸기도 하지만, 단어의 의미가 잘 못 전달되는 경우가 많아 나중에 주재원들이 곤혹을 당한다.

예를 들면 중국 공무원들이 즐겨 쓰는 단어가 '제공'이다. 이를 통역은 별 주의치 않고 '준다'라고 통역한다. 물론 '제공'이라는 단어는 '준다'라는 의미도 있다. 그러나 이를 우리는 자주 '거저 준다'라는 식으로 받아들이기 쉽다. 어떤 공무원들은 '무상제공'이라고도 말한다. 이를 통역하면 '거저 준다'라는 의미가 된다.

그러나 여기에는 매우 무서운 조건들이 있는데 우리 측에서는 별로 대수롭게 생각지 않고 '거저 준다'라는 말에 현혹되어 급하게 계약을 체결하기도 한다. 나중에 보면 계약서 문구에 여러 조건들이 있음을 알게 된다. 그 때는 이미 계약이 끝난 상태이다.

대표적인 예를 들면 중국 지방정부는 외자유치 차원에서 외자기업들이 투자를 하면 땅을 '제공'한다고 한다. 이를 한국 기업들은 공짜로 생각하여 덥석 계약을 한 다음 땅을 달라고 하면 서서히 그 내용이 우리가 생각한 바와 전혀 다른 의미가 있음을 알 게 된다.

먼저 우리로 하여금 땅값을 치르게 한다. 그러나 여기에 몇 가지 함정이 있다. 땅값을 치르면 그 즉시 땅값을 돌려주는 게 아니다. 우리가 투자한 실적에 따라 그 땅값을 발전기금이나 다른 명목으로 돌려준다. 그리고 거기에는 상당한 조건들이 있다. 우리가 '거저 준다'라는 말에 현혹되어 계약할 때 거의 주의하지 않았던 단어들이 이미 계약서에 있게 됨을 나중에야 알게 된다. 땅값을 돌려받으려면 먼저 상당한 자금을 투자해서 공장을 가동해야 하거나, 제품을 생산해야 한다는 점 등이다.

이때까지 진행되는 동안에 회사는 이미 상당한 돈을 투자했기 때문에 어쩔 수 없는 단계에 접어든다. 이때부터는 입장이 완전히 바뀌게 된다. 서서히 공무원들의 목줄이 조여옴을 느낀다. 땅값을 지불했다면 토지증을 발급받아야 하지만 토지증을 발급받기가 쉽지 않다. 토지증을 손에 넣어야 그걸 담보로 대출을 받을 수가 있어

자금을 유용 할 텐데 그게 말처럼 쉽지 않다. 토지증이 없으면 비록 건물이 거의 준공되었다 하더라도 거의 매매가 되질 않는다.

시나 공업단지 입장에서는 토지증을 쉽게 주려하지 않는다. 토지증을 수단으로 회사를 통제하려 한다. 토지증을 받고나도 문제는 생긴다. 토지세가 한 마디로 장난이 아니다. 매년 땅값의 6~7%를 토지세라는 세금으로 내야 한다. 공장용지를 한꺼번에 많이 구입 또는 점유한 회사의 경우에는 당장 토지를 활용도 하지 않으면서도 엄청난 토지세에 시달려야 한다. 이러니 회사로서는 기가 막힐 노릇이다.

보통 15년 정도 지나면 토지세라는 명목으로 땅값이 절로 떨어지고 외자기 들어오고, 고용이 창출되어 주민 수득이 증대하고, 수출실적이 오르고 각종 세금이 들어오니 시나 공업단지 입장에서는 절로 돈이 되는 사업이 외자유치 사업이다. 중국 공무원들이 즐겨 쓰는 '제공'이라는 뜻은 우리로서는 '분양' 또는 '매각'이지 그냥 공짜로 주겠다는 뜻이 전혀 아니다.

약 10여 년 전에 한 회사 직원이 선양시 공무원과 협상을 할 때 공무원이 사무실을 '제공'하겠다고 말했고, 통역도 아무 생각없이 이를 그대로 통역을 했다. 그 직원은 이를 곧이곧대로 그냥 무료로 주는 걸로 오해를 해서 본사에 보고했다. 본사에서는 당연히 그 직원을 칭찬하고 좋아라' 했다. 점차 시간이 지나고 나서야 '제공'이 단순히 무상 제공이 아니고, 유상 제공임을 알게 되었다. 나중에 그 직원은 본사로부터 매우 곤혹스런 핀잔을 들어야만 했다.

과거 10여년 전만 하더라도 이 지역 공무원들이 사용하는 용어를 곰곰이 살펴보면 상당히 권위적인 용어를 즐겨 사용하고 있음을 알게 되었다. 방금 설명한 '제공'이라는 용어가 대표적이다. 공무원들이 의식적으로 그런 용어를 사용하는지는 알 수 없으나, 그간 50년 넘게 이어져 온 사회주의 공무원들의 관료주의가 몸에 밴 게 아닌가 싶다. 사회주의라 항상 일반 백성들에게 직장을 제공하고, 집을 제공하고, 식량을 제공하고, 식권이나 배급표를 제공하는 등으로 일상생활을 통제해 왔다. 약 50년 넘게 이어져온 사이에 공무원들은 자기네들의 언행을 무의식적으로 일반 백성을 위해 베푸는 걸로 인식하는 것 같았다.

하오(好) 등의 용어

식사를 하거나 면담을 할 때 중국인들은 '하오'라는 단어를 매우 즐겨 쓴다. 이걸 우리는 우리가 원하는 것을 이룰 수 있다는 확신을 갖고 즐겁게 먹고 마시고 난 후 그 다음날부터 일을 하려하면 우리가 생각한 대로 전혀 움직이지 않음을 알게 된다. 중국인들이 즐겨 쓰는 하오는 우리의 요청을 다 받아들인다는 뜻이 아니다. 그냥 자기의 기분이 좋을 때 쓰이는 단어로서 '당신네들의 애로사항을 알게 되었다'는 뜻으로만 받아들여야 한다. 또는 아무 의미 없이 그냥 분위기가 좋았다거나 만남이 좋았다는 정도로만 해석하는 게 가장 마땅하다. 굳이 우리가 원하는 바를 다 성취하려면 그 단어에 속지 말고 더 세세히 따져 완전한 다짐을 받아야 한다.

이와 유사한 단어로 이엔지우이샤(研究一下, 연구해볼게), 칸칸바(看看吧, 한 번 봐볼게), 칸이샤(看一下, 한 번 봐볼게), 카오리바(考慮吧, 한번 검토해볼게) 등은 아무 의미 없는 인사치레가 아니다. 내 경험에 의하면 안 된다는 의미로 해석함이 타당하다. 그들은 체면을 중요시하기 때문에 모처럼의 면담 분위기를 망치지 않기 위해 부정적인 말을 거의 사용하지 않는다. 긍정적인 외교적인 언사를 사용함으로써 상대방인 우리가 자기의 의도인 부정적인 의미로 잘 이해하길 바라면서 사용하는 상투적인 문구들이다. 그들의 이런 외교적인 언사에 각별한 유의를 해야 한다.

문제 없다라는 답변

우리 기업들이 투자를 하기 위해 해당 공무원들을 만날 때 나름대로 많은 준비를 하기는 한다. 여러 의문 사항 또는 앞으로 전개될 여러 예상되는 문제점을 우려할 때마다 중국 공무원들은 그런 건 이무 문제가 없고, 나중에 문제가 생기면 자기가 다 해결할 수 있으니 걱정 말라고 안심을 시킨다. 내 경험에 의하면 중국 공무원 한 사람 한 사람이 모든 문제를 다 해결해 줄듯이 이야기한다. 그 옆에서 듣고 있는 윗사람은 그저 웃음으로 동의하는 척할 뿐이다. 실제 문제에 부딪히면 상황이 완전히 바뀌어버린다.

투자를 앞두고 있는 우리 입장에서는 가능한 모든 예상되는 문제점을 점검하고 대응을 해야 하지만, 한편으로는 해당 공무원들이 다 해결해 줄 수 있으니 지금 걱정할 것 하나도 없다고 안심을 시키니 약간 걱정되기도 하지만 그 공무원의 말을 믿지 않을 수 없다. 약간 미심쩍은 태도로 물으면 그렇게 나를 못믿느냐?며 핀잔을 주기 때문이다.

실무자 입장에서는 이러지도 저러지도 못한 상태에서 투자는 진행된다. 그 와중에 역시 예상되는 문제점들이 나타나는데 그처럼 큰 소릴 쳤던 공무원들은 이제 하나 둘 이런저런 핑계를 대며 우리로 하여금 해결하도록 한다. 때로는 그토록 큰 소릴 치며 우리를 안심시켰던 공무원은 아무 소리도 없이 이미 다른 곳으로 떠나 버렸다.

우리가 정도로 업무를 하려해도 정도를 찾기가 무척이나 어렵다. 공식적인 절차와 방법을 찾는 것부터 힘들다. 우선 중국 모든 정부 부처가 상하를 막론하고 엄청난 인력구조를 보인다. 문제 해결을 위해 누굴 찾아야하는가 부터가 난관이다. 또한 해당 공무원들의 말이 거의 다르다. 누구의 말을 더 들어서 업무를 처리해야 하는지부터 헷갈린다. 이러는 와중에 많은 시간과 돈을 낭비하게 된다.

❷ 허풍에 속지 말자

우리는 일반적으로 중국인들이 허풍이 세다로 인식하고 있다. 사실 중국인들의 허풍은 정말 대단하다. 어디까지가 허풍이고, 어디까지가 진실인가를 구분하기가 매우 어렵다. 물론 우리의 허풍도 세다. 하지만 중국인의 허풍에 비하면 우리는 애교 수준이다.

특히 중국 공무원들의 허풍은 더 세다. 우리 기업들이 투자를 하려할 때는 더욱 강력하다. 위에서 설명한 바와 같이 담당 공무원이 문제 없다 라는 식의 발언도 일종의 허풍이다. 이와는 다른 허풍도 많다. 예를 들면 중앙 정부를 들먹이며 중앙 정부의 시책에 의해 곧 우리 시가 금방 어떻게 크게 발전할 것인가 라던가, 지금은 공항이 없지만 조만간 공항이 들어설 것이고, 그렇게 되면 서울과 이곳과는 2시간 거리에 있다는 등이다. 또한 고속도로가 개통되면서 베이징과 1시간 내로 갈 수 있고, 중심 도시인 선양과는 30분 만에 도착할 수 있다는 등의 이야기 등이 있다. 조만간 해당 지역이 국가급

공업단지로 승격될 것이고, 많은 외국 기업들도 오기로 되어 있다는 등, 회사가 들어서면 기술력을 갖춘 인력을 모집하는 것도 큰 문제인데 이런 것들도 해당 공무원들이 다 해결해 줄 것처럼 허풍을 떤다.

회사와 공장이 들어서기 위해서는 가장 기본적인 인프라, 소위 7통1평이 필수적이다. 7통은 전화, 전기, 인터넷, 가스, 난방, 상수와 하수를 말한다. 1평이란 공장부지를 조성하기 위한 토지정리를 의미한다. 이 7통1평을 위한 비용의 분담 문제, 주체, 시기와 방법 등에 대한 면밀한 조사가 이뤄져야 한다.

중국 공무원들은 이 인프라와 관련해서는 자기네들이 다 해준다라고 표현한다. 이때 누가 관련 비용을 부담하는 것인지? 만약 시나 관할 공업단지가 부담한다면 거기에 어떤 부대조건이 있다면 무엇인지? 등에 대해서도 철저히 알아 봐야 한다.

협상이 어느 정도 무르익고 상호 신뢰가 생길 즈음에 공무원들이 문제가 생기면 자기에게 연락하라는 말을 많이 한다. 최근 사드 보복조치에 따른 예를 제외하고, 실제로 문제가 생겨 연락해서 그 문제를 해결해 준 공무원을 여태 본 적이 없었다.

③ 외모에 속지 말자

가끔 중국 공무원이나 회사의 사장을 만날 때 헷갈릴 때가 많다. 아무도 명함을 주지도 않는다. 도대체 누가 누구인지 알 수가 없다. 또한 누가 최고의 의사결정권자 인지도 알 수 없다. 그러다보면 괜히 헛다리 짚어서 그 사람을 상대로 깊은 이야기를 나누다가 한참

만에야 그가 실세가 아니고, 어리숙해 보인 사람이 실세인 경우가 더러 있다.

면담을 하고자 할 때는 철저하게 실세가 누구인지를 먼저 파악해야 한다. 최소한 담당이 누구인지를 알아야 그를 상대로 이야기를 할 수 있다. 중국인들은 우리를 보자마자 누가 실세인지를 바로 안다. 우리가 실세에 대한 언행에서 바로 눈치로 알게 된다. 중국에서는 사회주의의 오랜 관습에서인지는 몰라도 권력이 매우 높은 사람에 대해서도 예의를 크게 차리지 않는다.

2002년 말 선양에 처음 왔을 때 선양시 정부에서 나를 초청하여 간담회를 한 적이 있었다. 그 당시 선양시장이 나를 상대로 연설을 하고 있었는데, 바로 그 옆에 앉아 있었던 부시장이란 사람이 큰 소리로 전화를 하고 있었다. 나는 그 사람의 전화 소리에 도대체 잘 들을 수가 없었고, 분위기가 매우 어수선했다. 그럼에도 불구하고 그 시장은 개의치 않고 자기의 이야기를 계속 이어갔다. 참으로 어이가 없는 일이었다. 나는 자칫 전화를 하는 사람이 시장이고, 지금 내게 이야기를 하는 사람이 부시장인줄 착각까지 했다.

❹ 모호성에 속지 말자

중국인들은 모호한 단어들을 자주 사용한다. 공무원이나 기업가들이나 우리가 보기에는 아무 내용도 없는 상투적이거나 모호한 말들만 나열하면서 무슨 시간을 그리 끌며 오랫동안 연설을 하는지 정말 감탄스럽기 까지 하다. 그들은 내용 없는 말을 몇 시간이고 할 줄 안다.

그들이 내용 없는 말을 그처럼 하는 이유는 아마 사회주의 국가의 특성상 괜히 구체적인 단어를 사용했다가 향후 미칠 좋지 못한 파장을 두려워한 탓이 아닌가 싶다. 게다가 문화대혁명이라는 문화대파괴의 과정을 겪으면서 생겨난 본능이 아닌가 싶다. 또는 천재적인 언변술로 그런 모호한 단어를 사용하다가 향후 일의 진전 상황에 따라 자기에게 유리하게 해석하려는 의도가 숨어있는지도 모른다.

아무튼 그들은 매우 모호한 단어들을 즐겨 사용해서, 우리는 면담이 끝나고 나서도 도대체 무슨 말을 하는지 모르겠다며 우리끼리 다시 모여 상의하기도 하다.

중국어 특유의 모호한 단어들이 있다. 예를 들면 마샹(馬上)으로 '곧'이란 뜻으로 번역되지만 우리의 '곧'이란 의미와는 거리가 너무 멀다. 상황에 따라 몇 년이 걸리기도 하다. 특히 공무원들이 사용하는 마샹은 시기를 짐작할 수 없다. 때로는 안 된다는 의미이기도 하다. 공무원들이 마샹, 마샹만 한다면 이 상태로는 안 되니 알아서 포기하거나, 아니면 상황 변화를 통해 다른 방법을 강구하라는 뜻으로 해석하는 게 더 낫다.

이와 유사하게 '다음 날'이란 뜻의 '가이텐(改天)'도 시한이 없다. 다음 날이란 우리에게 2, 3일 정도의 짧은 기간을 의미하지만, 중국에서는 기약할 수 없다. 나는 경험상 공무원이나 중국 기업가가 '가이텐'에 연락하겠다고 하면 '연락을 하지 않겠다'는 뜻으로 받아 들인다. 오히려 내가 연락을 먼저 하는 경우가 있으면, 또 '가이텐'이다.

중국인들은 돈이 꿈이요, 신앙이요 종교나 다름없다. 그럼에도 불구하고 돈이란 단어를 직접 사용하기를 무척 꺼린다. 이는 우리도 마찬가지로 직접 돈이란 단어를 사용하기를 꺼리지만 우리는 돈을 신앙이요 종교라고는 전혀 생각하지 않는다. 아무튼 대화 중에 중국인들이 체면을 거론했다면 돈에 대한 이야기로 생각하면 된다.

중국인들이 즐겨 사용하는 단어 가운데 '차부뭐(差不多)'가 있다. 우리로 보면 '별 차이 없다'라는 뜻이다. 예전에 중국의 고질적인 병 가운데 하나가 이 '차부뭐'라고 생각했던 후스(胡適, 1891~1962년)가 '차부뭐 선생전'이라는 소설로 당시 중국인들의 사고방식을 탓한 적이 있을 정도로 중국인들은 여전히 이 단어를 즐겨 사용한다. '대략 거기서 거기다'라는 인식 속에서 크게 차이 나지 않는다면 동일시하는 습관으로 세세하지 못하고 치밀하지 않은 중국인의 사고방식을 인용한 단어로 제격이다.

또는 우리가 일상 적으로 어떻게 지내? 라든가 회사 생활 어때? 등으로 안부를 물을 때 중국인들은 즐겨 '하이 커이(還可以), '하이 싱(還行)'으로 답을 하곤 한다. 그들에게 정확한 단어의 뜻을 물으면 우리의 '그저 그래' 또는 '괜찮아'정도 된다. 물론 우리도 '그저 그래' 라는 단어를 사용은 하지만 빈번하게 쓰지는 않고 '요새 좀 힘들어', 또는 '좀 피곤해' 등으로 좀 더 구체적인 답변을 하게 된다.

5 모든 시나리오를 준비하자

면담이나 계약을 앞두고는 면담이나 계약이 끝날 때까지 긴장을 풀어서는 안 된다. 도중에 너무도 황당하게 내용이나 태도가 크게 바뀔 수 있다. 생각할 수 있는 각각의 변수를 생각하고 미리 대비를 해두어야 한다. 계약의 근본 내용을 뒤바뀔 가능성이 항상 도사리고 있다. 따라서 가능하다면 미리 실무자와 연락해서 이번 면담이나 회의 때 주로 어떤 내용을 거론할 것인가를 알고 준비를 한다면 면담이나 회의를 훨씬 순조롭고 효율적으로 이끌 수 있을 것이다.

6 우리의 상식과 동떨어진 그들의 상식

우리는 단일 민족 뿐만 아니라, 우리가 받은 교육의 수준이나 정도 또는 생활습관들이 거의 단편 일률적에 가깝다. 그러다보니 이렇게 말해도 저렇게 알아 들을 수 있는 소위 상식이 통하는 사회에 살고 있다. 예를 들면 우리끼리는 음악, 미술, 체육, 역사, 정치, 철학, 문학 등을 가리지 않고 대하를 꾸준히 이어갈 수 있다.

하지만 중국에서는 완전 다르다. 우리의 상식이 도저히 통하질 않는다. 중국의 지식층이라고 해도 그들과 대화를 나누다 보면 그들의 역사나 철학, 예술 등에 대한 지식이 매우 미천함을 느낄 수 있다. 그리하여 가끔 대화가 도중에 완전 끊어져버린 경우가 많다. 특히 내가 보기에 그들은 대체적으로 음악, 미술, 체육이나 철학 분야 등에 대한 지식이 매우 부족했다. 그들의 정치적 요인에서 그 이유를 찾을 수 있다.

대학을 졸업한 학생들을 상대로 대화를 하다가도 그들의 몰상식에 속으로 깜짝 놀랄 때가 많다. 우리가 세계 각 분야에 대한 여러 상식들을 공부하는 사이에 그들은 사회주의 정치에 몰입한 탓이 아닌가 판단된다.

물론 중국이라고 해서 상식이 없는 사회는 아닐 것이다. 내가 생각하건대 사실 중국에도 상식이 있을 수 있다. 다만 그들은 많은 인구, 다양한 민족과 그에 따른 다양한 문화 등 때문에 그들의 상식의 폭이 매우 광범위하다고 생각한다. 그런 차원에서 중국은 최소한 우리의 상식이 통하는 나라는 아니다.

우리가 우리의 상식에 사로잡혀 이렇게 하면 되겠지 하고 의례 지레짐작으로 대화를 이어가려 했다간 나중에 크게 손해 볼 가능성이 높다. 하나하나씩 짚어주지 않으면 나중에 여러 문제에 부딪히게 된다.

7 통역에 유의

통역의 중요성을 간과해서는 안 된다. 좀 비싼 돈을 들여서라도 통역은 정말 잘 선택해야 한다. 통역의 잘못으로 인한 피해는 고스란히 우리 측에 이전되기 마련이다. 예전에는 주로 조선족 동포에 의한 통역을 많이 활용했지만, 요새는 많은 중국 젊은이들이 한국에 유학을 갔다 왔거나, 중국 대학에서 우리말을 전공해서 우리말을 잘 하곤 한다. 따라서 통역 선택의 폭이 예전에 비해 매우 넓어졌다.

우리가 중국에 쉽고 빠르게 정착할 수 있었던 건 무엇보다도 조선족의 커다란 도움 때문이었다. 이를 생각해서라도 우리는 조선족에게 더 많은 애정을 가지고 대해야 할 것이다. 다만 통역 등에 대해서는 워낙 민감하고 중요하기 때문에 심사숙고하여 선정해야 한다.

8 시간과의 싸움에 대비하자

중국인들은 '빨리 빨리'를 입에 달고 다니는 우리나라 사람들을 가리켜 '샹더콰이, 쭈어더콰이, 호우후이더콰이, 가이더콰이(想得快, 作得快, 後悔得快, 改得快)'라며 자주 흉을 본다. 이는 생각도 빨리 하고, 행동도 빨리 하고, 후회도 빨리해서 고치기도 빨리 고친다라는 뜻이다. 조급한 생각과 얕은 지식으로 섣부른 결정을 내린 한국인이 결국엔 후회도 빨리하고 내린 결정을 금방 다시 고친다는 것을 비꼬는 표현이다. 상담이나 계약 시 우리 특유의 조급함이나 서두름은 협상에서 오히려 불리한 결과만을 초래한다.[2)]

중국인들은 시간관념이 매우 희박하다. 중요한 회의가 있을 때도 그렇고, 모임에서도 항상 늦는다. 우리나라도 약 40년 전에는 '코리아 타임'이라는 말이 유행할 정도로 시간관념이 없었다. 중국인들의 희박한 시간관념 때문에 중간에서 면담을 주선하는 실무자들은 맘과 몸이 고생이다. 아직도 최소한 이곳 동북지방의 중국인들은 시간이 돈이라는 개념이 없다. 시간을 두고 또는 시간을 무기로 삼아 우리를 난처하게 해서 자기들에게 유리한 방향으로 만드는 재간이 있다.

앞 장에서도 설명한 바와 같이 내가 우리 회사를 매각하고자 수많은 매수 희망자들을 만났지만, 그들은 전혀 서두르지 않고 우리가 말라 비틀어질 때를 기다리며 즐기는 것 같았다. 중국인들은 시간을 가지고 즐기고 있으며, 우리는 시간에 쫓기며 목표 달성에 매진을 하는 모습이니, 중국인들과의 면담 때마다 질 수 밖에 없다.

---

2) 차이나 머천트, 김동하, 한스미디어, 2016, 50쪽.

9 포카 페이스 : 의중이나 감정을 드러내지 않는다

중국내 우스개 소리가 있다. '1 더하기 1은 얼마냐?'라는 물음에 평범한 중국인이라면 바로 '2'라고 대답할 것이다. 어느 정도 사회적 지위가 있는 사람은 '글쎄 2같은데 아닌가?'라며 조심스럽게 답한다. 지위가 상당히 높은 중국인이라면 '1 더하기 1?'라고 되묻고는 더 이상 대답하지 않는다는 것이다.

우리와 비교할 때 중국인은 깊이를 알 수 없는 늪과 같은 반면에 우리는 깊이가 훤히 들여다보이는 호수와 같다. 우리는 중국인에 비해 투명 호수요, 투명 구슬이다. 안이 훤하게 들여다보인다. 이러한데다 성질까지 급해서 중국인과 협상에 번번이 당하기 마련이다.

10 법치보다는 인치

중국에서는 법치보다는 인치가 더욱 강한 지역이다. 감히 이렇게 말할 수 있는 이유가 있다. 물론 중국에도 여러 법률이 있고, 법관도 있고, 변호사도 있다. 다만 여러 분야에서 사회주의 잔재가 남아 있어 법률이 구체화되어 있지 않고, 체계화도 아직 미흡한 실정이다.

내가 14년 전 선양에 처음 왔을 때 알고 지내왔던 조선족 동포가 우리의 지입식 방식으로 차를 구입해서 자기가 차량을 운전해왔다. 나중에 그 기사와 다툼이 생겨서 결국 기사를 해고함과 아울러 그 차량도 사용하지 않게 되었다. 나와 다툼으로 인해 차량도 활용하지 못하고 기사라는 직업에서 해고되었던 그는 거의 매일 내게 전화로 갖은 협박과 공갈을 치기 시작했다. 심지어는 학교에 다니고 있는 내 아이들을 해치겠다는 협박까지 하게 되었다. 그의 차량에는 내 골프채를 비롯하여 내 물건들이 꽤 있었다. 보증금도 받지 못한 상태였다.

하루는 서로 협의하여 문제를 평화롭게 처리하기로 하고 그를 집으로 불렀다. 해결 방안에 대해 물어보니 그는 '당초의 계약서대로 하자'며 오히려 큰소리를 쳤다. 나는 속으로 '옳다구나'하며 계약서를 그에게 보여줬다. 과연 계약서대로 하자니 그가 매우 불리하게 되어 있었다. 그러자 그는 태도를 돌변하며 '중국엔 법은 법이고, 관습이 더 통한다'며 관습에 따라야 한다면서 도망을 가버렸다. 그 후론 내게 오지를 않고 전화로 날마다 내게 심한 욕을 섞어가며 갖은 공갈을 쳤다. 그 전까지만 하더라도 나를 존경하는 형님으로 모시겠다며 내게 매우 공손했던 친구였다.

나는 이 문제를 해결하기 위해 많은 우리나라 기업가들과 한국인 단체와 영사관까지 쫓아다녔다. 대부분의 답변은 그가 돈을 요구할 터이니 돈으로 해결하는 방법밖에 없다고 충고를 해주었다. 나는 돈으로 문제를 해결한다면 그에게 지고 들어가는 것이라 판단하고, 그에게 돈 한 푼 주지 않고 해결하겠노라고 큰 소리를 쳤다. 몇 개월간 아무런 해결의 기미가 보이질 않는 상태에서 중국 경찰에 도움을 요청했다.

경찰은 마침내 그 자를 잡았다면서 나와 협상을 하는 게 좋을 것 같다고 나를 설득했다. 나는 일단 동의를 하고 경찰과 함께 그와 만났다. 나는 그를 만나자 마자 큰소릴 치며 대들었다. 일부러 쌍소릴 뱉으며 나섰다. 내가 먼저 선수를 쳤다. 요지는 같이 차를 타고 다니면서 그에게 중국어를 배우기 위해 녹음기를 가지고 다니며 그의 말을 녹음했었다. 그는 발언 중에 중국 경찰이나 공무원들의 부정부패를 거론하면서 경찰이나 공무원들을 최소 6개월간 감옥에 가두어야 한다는 등의 발언도 서슴치 않았다.

나는 이를 빌미삼아 '만약 내 골프채 등 물건과 계약 보증금 약 5백만 원을 주지 않는다면 이 녹음기를 바로 경찰이나 공안당국에 보내겠다'고 협박을 했다. 가만히 옆에서 그 말을 듣고 있던 경찰이 갑자기 그에게 화를 내며 '뭐? 우리를 최소 6개월간 감옥에 보내야 한다고?' 하면서 그를 비난하기도 하면서 가만히 두지 않겠다고 위협도 가했다. 그는 사태가 매우 심각하게 돌아가고 있음에 위협을 느껴 결국 날짜를 정해서 경찰의 입회하에 서로 내 녹음 테이프와 자기가 보관하고 있는 내 물건과 보증금을 교환하기로 했다.

정해진 날 경찰의 입회하에 우리는 마주 앉았다. 서로 동시에 교환할 물건을 탁자위에 올려놓았다. 순간에 나는 탁자위에 놓여있던 당초 내 물건들과 보증금은 물론 당초 내가 주기로 했던 녹음테이프까지 모조리 잽싸게 내 자리로 가져다 놓고 흥정을 했다.

『원래는 내가 녹음테이프를 너에게 준 대신에, 내 물건과 보증금을 돌려받아야 하지만 그렇게는 못한다. 왜냐하면 내가 녹음테이프를 네게 주고 나서 내가 선양에 머무는 동안 네가 나를 괴롭히거나 내게 나쁜 짓을 할 줄 모르니 신변 보호용으로 내가 이 테이프를 계속 가지고 있어야 한다. 내가 중국에 머무는 동안에 네가 나를 괴롭힌다면 나는 언제든지 이 테이프를 경찰이나 공안기관에 넘기겠다. 이것은 내 가족의 신변 보호용이기 때문에 네게 절대 줄 수 없다.』

그는 너무 황당해 했고, 내가 감히 그렇게 선수를 치며 나올지는 생각도 못했던 것 같았다. '원래 약속과 다르지 않냐?'고 따지기만 했다. 입회했던 경찰도 처음에는 이해하지 못해 하더니 내 말을 듣고 나서 내 의견을 동의를 해버리니 그도 어쩔 수 없어했다. 결국엔 그 기사와의 문제를 돈 한 푼 들이지 않고 깔끔하게 처리할 수 있었다.

내가 여기서 이 문제를 장황하게 서술한 데는 이유가 있다. 중국인들은 자기네들이 유리한 방향대로 법률을 따지다가, 불리하면 관습법을 거론하거나, 인맥을 활용하기도 했다. 그러니 우리로서는 관련 법률도 준수해야 할뿐만 아니라, 관습도 잘 알아야 하고, 나름대로의 인맥도 가져야 했다.

내가 중국 회사의 사장으로 근무하면서 소송에 휘말렸을 때마다 변호사는 사람을 찾아야 한다며 별도의 돈을 요구했고, 우리는 어쩔 수 없이 그에게 돈을 주고 대응을 했다. 법률로써의 대응은 물론이고, 별도의 인맥을 찾아야만 했다. 중국은 여전히 법률로써만 통하는 사회는 결코 아니다.

⑪ 돌려치는 수법에 유의

중국인들은 가끔 이 돌려치는 수법을 많이 사용한다. 무슨 뜻이냐 하면 자기가 체면이나 인정상 처리는 해줘야 하는데, 처리를 해주자니 무리가 따른다. 그렇다고 처리를 안 해주면 친구 간에 의가 상할 염려가 있기 때문에 자기는 말로 인심을 쓰고, 대신에 부하 직원으로 하여금 거절을 하도록 하는 수법이다.

내가 회사를 매각하고 철수를 하려 할 때 이 수법에 몇 번이나 당해서 약 1개월 가량을 허송한 적이 있었다. 앞 장에서 설명했듯이 우리 회사를 인수했던 회사는 전면에 회장, 사장과 여 부사장이 나섰다. 매각관련 회의 때부터 여 부사장이 계속 우리에게 무리한 요구를 하거나 쓴 소리를 했다. 우리가 회장이나 사장에게 하소연을 할 때마다 그들은 자기들도 여 부사장에 대해 포기를 했다면서 고개를 절레절레 흔들었다. 여 부사장이 쉰을 넘은 노처녀라서 히스테리 증상이 매우 심하다고 했다. 자기네들도 그 여 부사장 때문에 맘고생을 많이 한다고 우리보고 참으라고만 했다.

매각 과정에서 몇 가지의 난관을 극복하고 거의 철수를 앞두면서 매각대금을 한국으로 송금하는 데 문제가 생겼다. 앞에서 설명한 바와 같이 매각자금을 한국 등 외국으로 송금하고자 할 때는 매수자의 구좌를 통해서만 가능했다. 매수자의 회장과 사장을 만나 우리의 사정을 설명하고 급하게 한국으로의 송금을 부탁했다.

그때마다 그들은 만면에 웃음을 띠고 '여러 가지 문제가 아직 해결되지 않은 상태에서 자금을 한국으로 보내는 데는 많은 무리가 따르나 특별히 김 사장의 체면(여기서도 이 중국인은 어김없이 체면이라는 단어를 사용했다)을 생각해서 보내주겠다'며 여 부사장에게 이야기를 해 놓을테니 내일이라도 바로 송금하라고 했다. 우리는 일단 영문을 모른 채 '참으로 고맙다'며 감사한 마음으로 그 다음날 일찍 그 여 부사장을 만나 자초지종을 이야기하며 한국으로의 자금 송금을 부탁하면 매 번 아직 인계인수가 안 되었니, 문제가 아직 해결이 안 되었니 하면서 시간을 끌었다.

몇 번이나 회장과 사장을 만나서 이야기를 해도 '여 부사장이 담당인데, 자기네들이 이야기를 해 놓았으니 가서 바로 송금할 수 있을 거'라며 우리를 돌려보내곤 했다. 이들은 내 체면을 생각해서 일단 우리에게는 해 주겠다고 하고선 막상 여 부사장한테는 트집을 잡아 송금을 못하게 한 걸로 판단되었다.

결국 우리는 이 회사의 치졸한 이런 돌려치기 수법에 넘어가 약 1개월을 허비해야 했다. 지금 생각하면 그 여 부사장은 우리와 관련해서 총대를 메고 실무적으로 우리 업무를 방해한 악역을 맡은 것이다.

⓬ 억지 주장이나 무리한 요구에는 과감한 대응이 필요

협상을 할 때 중국인들이 억지 주장을 하거나 악역을 동원하여 무리한 요구를 할 만큼 협상의 기본도 모를 것 같은 경우가 많다. 그때마다 우리 측에서 논리적으로 그런 주장이 불합리하고, 요구는 너무 지나치다고 설명을 하면 대개 수긍을 한다.

예를 들면 우리 회사를 매수하겠다는 측에서 여 변호사까지 동원하여 왔다. 여 변호사가 악역을 담당했는지 앉자마자 대뜸 우리가 제시한 매각대금의 60% 가격으로 매수할 의향이 있다고 가격을 후려쳤다. 게다가 많은 조건을 제시했다. 건물 준공필증을 완비해야 한다, 다른 회사의 공장에 있는 우리 설비(당시 우리 회사는 발주했지만 잔금을 채 지불하지 못한 상태에서 수주처의 공장에 보관되어있는 일부 설비가 있었다)를 우리 공장에 언제까지 갖다 놓아야 한다 등을 요구했다.

당돌한 여 변호사의 제의에 기분이 상할 정도가 아니라, 내심 화가 단단히 났다. 이건 도발에 가까웠다. 그렇지만 얼굴에 웃음을 머금고 설명을 했다. 가격은 한 푼도 깎을 수 없다. 설비도 우리 공장에 가져다 설치하기 위해서는 우선 잔금을 지불해야 하고, 대형 설비를 설치하기 위해 공장 바닥에 별도의 특수 바닥공사를 해야 하는데 소요되는 경비 등을 감안할 때 무리한 요구이기 때문에 받아들일 수 없다고 거절을 했다.

한 마디로 딱 잘라 거절하면서 우린 다른 회사와 접촉을 하고 있으니 그만 만나자며 돌려보냈다. 그리고 우린 다른 회사와 거래를 위한 접촉을 하고 있었다. 며칠이 지난 후 우리에게 무리한 요구를 했던 그 쪽에서 오히려 연락이 왔다. 우리와 만나고 싶으며 협상을 다시 하자는 요구였다.

나는 거절을 하면서 당신네들 같이 무례하게 우리가 제시한 가격의 60%로 구입하겠다는 기업들을 만난 적도 없고, 만날 필요도 없다. 이제 당신들이 우리가 제시했던 가격대로 구입하겠다고 해도 더 이상 당신들을 만나지 않겠다고 아예 단언을 해버렸다. 내 생각에 이런 회사는 또 나중에 말을 돌려가면서 가격을 인하하려 할 것이 뻔했기 때문이다.

그 뒤로도 약 3개월 정도 그 쪽에서 협상을 다시 하자는 제의가 왔지만 더 이상 응하질 않았다. 시간이 갈수록 우리 회사의 부담만 늘어갔지만 우리의 결기를 보여줄 필요가 있다고 생각해서 거절을 해버렸다.

⑬ 중국인과 대화엔 논리가 더 필요

아무리 막무가내인 중국인들도 논리적으로 대응을 하면 의외로 쉽게 수긍을 하고는 했다. 상대방이 우리의 약점을 찾아서 자기들 유리할 대로 이끌어간다면, 우리도 상대방의 약점을 찾아야 한다. 우리만 약점 있고, 상대방은 약점이 없을 수 없다.

정 상대방의 약점을 찾을 수 없다고 판단될 경우에는 우리의 강점을 더 부각시키면 된다. 예를 들면 우리 회사의 약점은 컸고, 강점은 없는 듯 보였다. 약점으로는 준공필증이 없다는 점, 토지증을 완전히 발급받지 못했다는 점도 문제였지만 더 큰 문제는 따로 있었다. 시간이 갈수록 우리는 회사 운영비 부족에 시달리고 있었다. 버틸 수 있는 기간이 겨우 약 6개월밖에 남지 않았다. 또한 매각이 안 된다고 해서 공장물건을 떼 가지고 갈 수도 없었다. 그대로 방치해놓고선 야반도주하는 식으로 한국으로 가는 수밖에 없었다.

중국 기업들은 이런 상황을 훤히 꿰뚫고 우리를 완전히 저렴하게 매수할 기회만 노리고 있었다. 시간은 그들의 편이었다. 마치 아프리카 초원에서 죽어가고 있는 얼룩말을 옆에서 주시하고 있는 독수리처럼 느껴졌다. 이해는 갔지만 참으로 비정한 세계였다.

아무리 고민을 해도 중국인들이 솔깃할 우리 회사의 강점을 찾기는 참 어려웠지만, 나중에는 우리 회사가 제시한 가격과 거의 지어진 공장건물, 사무실 등 밖에는 없다는 결론을 내렸다. 그때부터 상대방이 우리 회사의 약점을 이야기할 때마다 나는 그래서 이처럼 저렴한 가격으로 회사를 매각하는 거다. 너희들이 말한 대로의 조건을 우리가 갖추었다면 왜 우리가 좋은 공장을 이처럼 저렴하게 매각하려 하겠느냐?며 맞섰다. 그럴 때마다 중국인들은 쉽게 수긍을 하며 고개를 끄덕이곤 했다.

⑭ 상대의 약점을 이용해서 가격 후려치기 등

중국인들은 흥정의 명수다. 여러 수단을 동원해서라도 가격을 후려치거나 자기에게 유리하게 또는 손실을 줄이려고 노력한다. 우리 회사를 매각할 때도 그들은 우리의 제일 큰 약점인 건물 준공필증이 없다는 점, 토지증을 제대로 발급받지 못했다는 점 등을 제기하며 가격의 인하를 꾸준하게 요구했었다.

우리는 마침 다른 매수 희망회사와 논의 중이었기 때문에 그걸 무기로 삼아 그들의 그런 요구를 일거에 거절해버리고 우리의 의도를 관철시켰다. 우리도 사전에 알아 두었던 그들의 큰 약점을 이용하여 우리에게 유리한 방향으로 이끌 수 있었다.

그들은 갑자기 수주를 많이 받아서 기존 공장 생산능력 가지고는 감당을 할 수 없었다. 납기 기한은 다가오니 제품을 바로 생산할 수 있는 우리 회사와 같은 공장을 당장 구입해야 했다.

또한 그들이 우리 회사의 약점을 거론하며 가격 인하를 제기할 때마다 나는 '그러니까 이처럼 저렴하게 매각하는 거다. 싫으면 싫다고 이야기하라, 우린 현재 접촉하고 있는 다른 회사와 계약을 체결할 것이다'며 압박을 가했다. 물론 이건 신경전이다. 다른 회사를 또 찾아 여러 흥정을 하기란 참으로 어려운 일이었지만 강하게 나갔다.

우리가 양보하면 중국 측은 계속 치고 들어올 것 같았고, 그렇게 되면 그들이 원하는 방향대로 상당한 가격인하가 불가피할 것처럼 느껴졌다. 그러다가 나중에는 협상이 중단되어 괜히 시간만 낭비하면서 공장 운영비용만 소요되는 악순환이 될 가능성이 컸다. 차라리 빨리 결단을 내려 포기할 건 포기하되 가격 인하만은 절대 거절했다.

과거 사회주의 풍조가 왕성했거나 문화대혁명의 시기에 철저한 자기비판을 받아왔던 중국인들은 살아남기 위해 상대의 약점을 철저히 파악하고 집요하게 물고 늘어져야 살아남을 수 있었다. 우리 회사를 매각하고 나서도 매수 회사는 자기네가 약간 불리한 입장에 몰리면 우리 회사가 준공필증이 없었음에도 불구하고 우리 회사를 자기네들이 인수했다며 아주 인심 쓰듯이 거론하곤 했다. 이런 태도는 회사를 철수하는 날까지 계속되었다.

15 중국인과 협상의 실례

협상을 할 때 중국 측은 여러 가지 예상되는 변동사항을 고려한 공식적인 문서를 1에서 10안까지 준비해 온다. 여기에 비해 우리나라 기업은 고작 한두 가지 안만 준비해간다. 한 영국 실업가는 '1980년 이전 중국과의 무역협상은 마치 여러 겹의 커튼을 치고 있는 회의실에서 이루어지는 것 같았다'고 말했다. 기껏 앞에 앉은 부사장과 계약을 맺으면 커튼 뒤에서 사장이 나와 '무슨 소리냐?'고 묻는다. 다시 사장과 계약을 맺으면 그가 서류를 들고 '회장에게 보고해야 한다'며 역시 커튼 뒤로 달려간다. 당연히 일이 성사되는 것은 늦어질 수밖에 없다.[3]

나는 이와 유사한 사례를 간접 경험한 바 있다. 산업은행 선양

---

3) 차이나 머천트, 김동하, 한스미디어, 2016, 59~60쪽.

주재원으로 근무할 때 산업은행 부행장이 중국의 큰 발전업체와 계약을 체결하기 위해 베이징에 출장을 왔다. 당초대로 계약을 체결하기로 하고 베이징에 출장을 왔지만, 중국 회사는 우리에게 불리한 문구의 삽입을 주장하며 계약을 체결하지 않고 미루기만 했다. 부행장 일행은 본사에 출장을 연기 신청하고 며칠을 기다렸지만 중국 측의 터무니없는 주장에 어쩔 수 없이 계약을 체결하지 못하고 돌아간 일도 있었다.

10여 년 전에 대기업의 중국 대표가 내게 직접 전해준 이야기다. 그 회사 본사의 부사장이 중국 기업과 계약을 체결하기 위해 베이징에 출장을 왔다. 원래 목요일 오후에 계약을 체결한 다음에 상호 축하 파티로 만찬을 하기로 했다. 계획대로라면 부사장 일행은 금요일 귀국하기로 되어 있었다. 그런데 목요일 저녁이 되어도 중국 회사의 회장이란 사람이 나타나질 않았다. 한 참이 지나서야 중국 측으로부터 회장이 다른 지방에 출장을 가서 일이 생겨 못오고, 금요일에 계약을 체결할 수 있다고 전했단다. 할 수 없이 금요일까지 기다렸지만 여전히 회장은 오질 않았다. 계약 체결일이 토요일로 연기되었다. 토요일 오후 늦게서야 회장이 나타나서 계약 체결을 하려할 즈음에, 중국 회장이 갑자기 이의를 제기하며 계약서에 몇 가지 문구를 삽입해야 한다며 우기기 시작했다. 상호 옥신각신하며 따지다가 밤 10시 경에 이르러 한국 회사의 단장인 부사장이 자기 책임으로 그 내용을 받아들일 수 없다고 판단하여 어쩔 수 없이 한국의 회장에게 전화로 문의했다고 한다.

『회장님, 다름 아니라 이제야 계약을 체결할 것 같은데 중국 측에서 우리에게 약간 불리한 내용의 문구를 추가하자고 요구하는데 어떻게 할까요?』

『어이, 김 부사장. 지금이 몇 시고 여태까지 그 계약하나 체결을 못하고 미루다가 또 우리에게 불리한 내용의 문구를 추가시키겠다고? 그건 당신 맘대로 하시오!』

부사장이 전화한 시간이 중국 시각으로 밤 10시지만 한국 시각으로는 밤 11시다. 원래 목요일 오후에 체결할 계약을 여태 체결하지 못하고 미루다가, 토요일 그것도 밤 11시에야 회장에게 전화를 하게 되었으니 회장이 화를 내지 않을 수 없었을 것이다.

부사장은 한참을 고민하다가 계약은 체결해야 한다는 강박관념에 자기 책임 하에 그 계약을 체결하고 돌아간 즉시 해고되었다고 한다. 나중에 알고 봤더니 본사 부사장 일행이 묵은 호텔을 알아 낸 중국 측에서는 호텔 카운터를 통해서 부사장이 금요일에 귀국할 계획임을 이미 알고 있었다.

중국 측은 한국 사람들이 출장을 오면 어김없이 출장 목적을 달성해야 한다는 강박관념에 사로잡혀 있음을 간파하고 있었다. 때문에 계약을 체결할 즈음에 자기네들에게 유리한 문구를 삽입시키자고 해도 대부분의 한국 대표단들이 이를 수용해서라도 계약을 체결하여 출장 목적을 달성하려 한다는 점을 이미 파악하고 있었다.

더구나 금요일 귀국하기로 되어 있는데 토요일까지 미루어도 한국 측에서는 기다려 줄 것이고, 특히 토요일 밤 늦게 본사 회장에게 감히 전화를 못하고 대표가 책임지고 중국 측에 유리하게 계약을 체결할 수 있을 것이라고 예측했다는 거다. 이 얼마나 주도면밀한 중국 측의 준비성인가?